한말 외국인 기록 07

조선의 모습 / 한국의 아동 생활 / 상투의 나라

이 책의 맞춤법과 띄어쓰기는 역주자의 의견을 기준으로 했습니다.

개정판
한말 외국인 기록 07
조선의 모습 / 한국의 아동 생활 / 상투의 나라

1999년 10월 20일 초판 1판 1쇄
2019년 11월 1일 개정판 1쇄

저 자 | E. G. 켐프 / E. 와그너 / L. H. 언더우드
역주자 | 신복룡 / 신복룡 / 신복룡 · 최수근
발행인 | 임동규
발행처 | **(주)집문당**
등 록 | 1971. 3. 23. 제2012-000069호
주 소 | 03134 서울시 종로구 돈화문로 82 집문당빌딩 5층
전 화 | (02)743-3192~3 팩스(02)742-4657
이메일 | sale@jipmoon.co.kr
홈페이지 | www.jipmoon.co.kr

편 집 | 장이지
디자인 | 임용우

ISBN 978-89-303-1838-9 04900
978-89-303-1831-0(세트)

가격 25,000원

이 도서의 국립중앙도서관 출판시도서목록(CIP)은 e-CIP홈페이지(http://www.nl.go.kr/ecip)와 국가자료공동목록시스템(http://www.nl.go.kr/kolisnet)에서 이용하실 수 있습니다.
(CIP제어번호: CIP2019042397)

조선의 모습

The Face of Manchuria, Korea, Russian Turkestan

Part II *The Face of Korea*

E. G. 켐프 지음/신복룡 역주

집문당

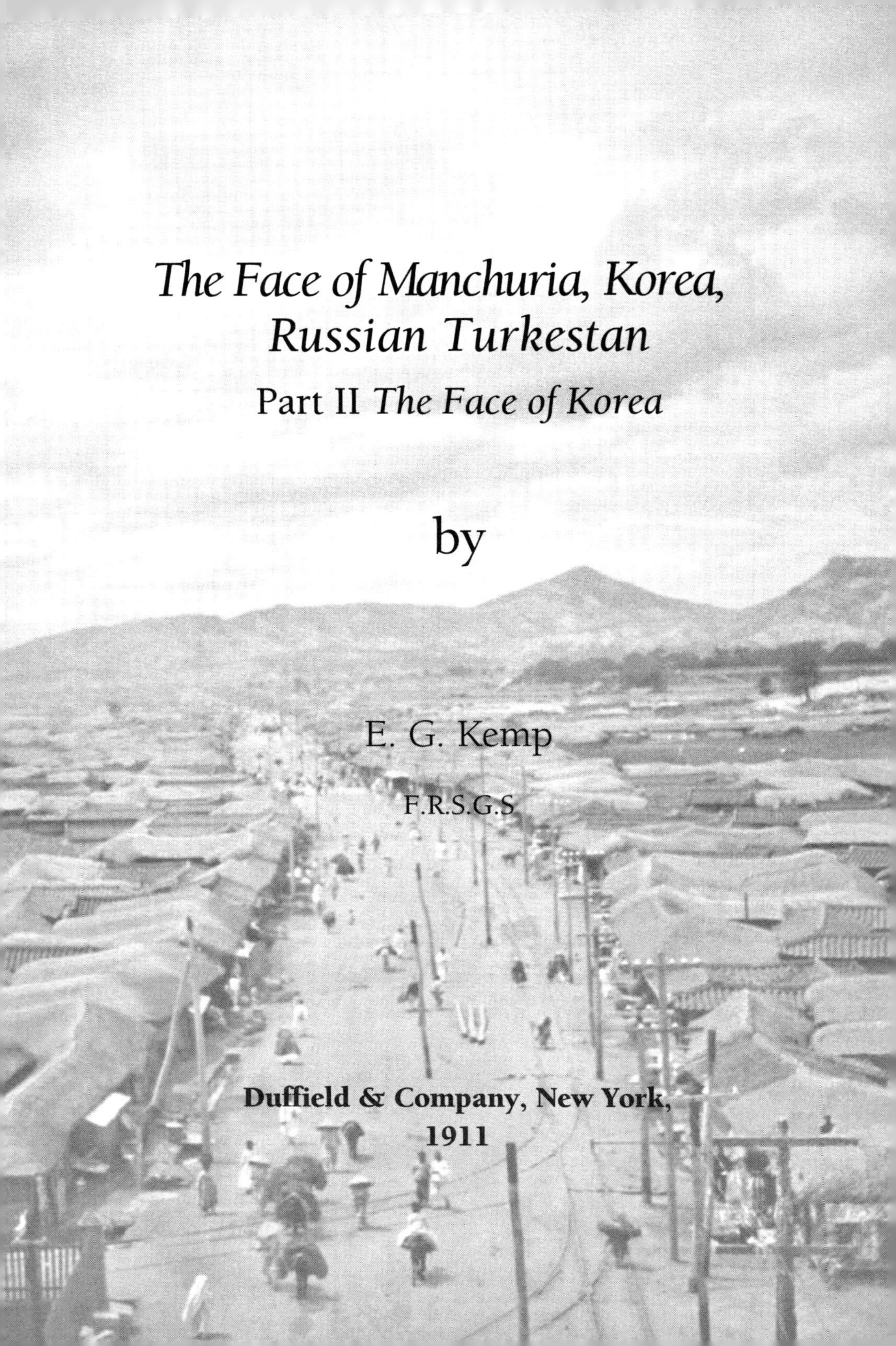

The Face of Manchuria, Korea, Russian Turkestan

Part II *The Face of Korea*

by

E. G. Kemp

F.R.S.G.S

Duffield & Company, New York, 1911

헌사

나의 세 자매에게

만주 요녕에 있는 조선의 관문

눈먼 스님

어느 사찰

상복 입은 모습

부끄럼이 많은 조선의 아낙네

조선의 부인상

민비의 능

묘지

부산

시골 풍경

만신창이의 어느 조선인

장승

서울 북문

역주자 서문

한국의 풍광은 얼마나 아름다운 걸까? 객기로 살던 젊은 날에 나는 강릉(江陵) 경포대(鏡浦臺)에서 영주(榮州) 불영사(佛影寺)까지 걸어서 여행하던 추억을 소중하게 간직하고 있다. 그 추억은 오랜 세월이 흘러 알프스나 그랜드 캐니언을 본 후에도 사그라지지 않았다. 그 아름다운 풍경 때문에 중국의 누구인가는 "원컨대 조선에 태어나 금강산이나 한번 보았으면…"(願生高麗國 一見金剛山)이라고 시를 읊었는지도 모른다.

조선의 풍광을 보고 싶어 한 시인 묵객 가운데 한 벽안의 여인이 있었는데 그가 바로 이 책의 필자이다. 책의 말미에 붙은 여행 지도와 서문에 따르면, 그는 1910년 2월 1일에 시베리아횡단철도를 타고 만주를 거쳐 한국에 도착하여 한반도를 일주하고 돌아갔다. 그의 글이 일기체가 아니기 때문에 언제부터 언제까지 며칠을 한국에서 머물렀는지는 알 수 없으나 한반도 전역을 돌아본 것은 틀림이 없다. 그는 시베리아횡단철도를 타고 온 길을 따라 귀국 길에 터키스탄을 관광하고 돌아갔다.

뉴욕의 고서점에서 이 책을 처음 보았을 때 나는 이 책에 수록된 아름다운 유화에서 눈을 뗄 수가 없었다. 특히 조바위를 쓴 여인의 모습은 새 각시 시절의 어머니의 모습을 보는 것 같았으며, 어쩌면 이는 한국회화사에 남을 그림일 것 같다는 생각이 들었다. 나는 이 책이 개화기의 문물을 소개하는 탁월한 여행기라고는 생각하지 않았으나 그 그림과 화가가 본 한국의 풍광을 소개하고 싶어 이 책을 번역하기에 이르렀다.

이 책은 본시 한국만의 견문기가 아니다. 이 책은 3부작으로 되어 있는데, 제1부는 만주편이고, 제2부는 한국 편이며, 제3부는 터키스탄 편으로 구성되어 있다. 이 번역판에서는 그 전문을 수록하지 않고 제2부인 한국 편만을 실었다. 완역을 수록하지 못한 데 대하여는 필자와 독자들에게 미안함을 금할 수 없다.

◆ ◆ ◆ ◆ ◆

필자인 켐프(Emily Georgiana Kemp : 1860~1939) 여사는 영국의 모험가이며 작가이며 화가였다. 부유한 침례고 집안에서 태어나 최초로 옥스퍼드대학 섬머빌대학(Somerville College, Oxford)에서 수학한 다음 다시 슬레이드 예술학교(Slade School of Fine Art, University College London)에서 공부했다. 그는 중국, 조선, 인도, 중앙아시아, 아마존을 여행하면서 풍경을 그리고, 그곳 여성들의 교육과 복지, 그리고 그들의 종교적 역할에 관한 글을 썼다.

그는 신학자인 돗스(Marcus Dods), 모험가인 영허스밴드(Francis Younghusband) 및 슈바이처(Albert Schweitzer)와 가깝게 지냈다. 그는 자신의 생애에 수집한 각지의 유물들을 섬머빌 칼리지에 기증했으며, 『중국의 패기』(Chinese Mettle, 1921)를 써 프랑스지리학회로부터 홍조(紅條)메달(Grande Médaille de Vermeil)을 받았다. 이 당시는 식민지주의 시대였기 때문에 지리학은 식민주의 첨병으로서 국가로부터 엄청난 지원과 대우를 받았다. 따라서 왕립지리학회회원이나 그로부터 메달을 받는다는 것은 대단한 영광이었다. 그는 이 밖에도 『중국의 모습』(*The Face of China*, 1909), 『만주 · 조선 · 터키스탄』(*The Face of Manchuria, Korea and Russian Turkestan*, 1910), 『신강성 여행』(*Wanderings in Chinese Turkestan*, 1914), 『플로렌스 에드워드의 회고록』(*Reminiscences of a Sister, S. Florence Edwards of Taiyuanfu*, 1920), 『여인의 사랑』(*There Followed Him, Women*, 1927)을 썼다.

켐프 여사는 왕립 스코틀랜드지리학회 회원(Fellow of the Royal Scottish Geographical Society : F.R.S.G.S.)으로서, 풍경 화가로 1893년부터 1913년

까지 활동했다. 그의 작품은 알파인 클럽 갤러리(Alpine Club Gallery)에 9점, 워커 아트 갤러리(Walker Art Gallery, Liverpool)에 1점, 여성예술가협회(Society of Women Artist)에 2점이 소장되어 있다.[1)]

◆◆◆◆◆

한말외국인기록을 전집 19권으로 출판하겠다는 집문당의 임경환(林京煥) 사장님의 제의를 들었을 때 기쁘기도 했지만 너무도 엄청난 일이라 엄두를 낼 수가 없었다. 그러던 차에 이러한 고충을 들은 1998학년도 건국대학교 정치외교학 과목의 나의 수강생들 300명이 한 장씩 컴퓨터에 입력해 주겠다고 나섰을 때 나는 한없이 고마왔고 크게 용기를 얻었다.

나는 그 300명의 이름을 여기에 일일이 적을 수 없는 것이 미안하고 유감스럽다. 모두가 고생했고 고맙지만, 특히 이형구(李衡求) 군과 김(金)한길 군이 많은 몫을 타이핑했으며, 변영욱(邊泳旭) 군은 교정 작업을 하느라고 많은 고생을 했다. 사내답지 않게 수줍음이 많은 조교 박성진(朴城進, 지금은 한국학중앙연구원 연구원) 군은 마음이 넉넉지 못한 나의 방에서 마음 고생이 많았으리라고 생각되며, 주석을 찾으려고 각국의 대사관과 문화원을 찾아다니면서 싫은 내색 한 번 하지 않았다.

건국대학교 대학원 박사 과정의 고경민(高敬旼, 지금은 제주대학 교수) 군과 석사 과정의 형은숙(邢恩淑) 양은 컴퓨터 작업을 하느라고 많은 고생을 했다. 그들의 고생이 단순한 고생으로 그치지 않고 앞날의 그들의 학문 생활에 좋은 경험이 될 수 있다면 나로서는 미안함을 덜 수 있을 것이다. 원판 사진의 복사를 허락해준 호산방(壺山房)의 박대헌(朴大憲) 사장에게도

---

1) J. Johnson & A. Greutzner(compiled), *The Dictionary British Artist : 1880～1940*, (London : Antique Collectors Club, 1984); 'Kemp'

감사한다. 끝으로 편집 교정과 출판 과정에서 고생하신 집문당의 우진주 상무님과 편집부 직원 여러분, 그리고 신세진 모든 분들에게 깊이 감사한다.

1998년 10월 28일
2019년 11월 1일에 가필함
역주자 신복룡 씀

원저자 서문

나는 친구인 맥두걸 양(Miss MacDougall)과 함께 3년 가까운 시간에 걸쳐 중국의 동북쪽으로부터 서남쪽으로 여행했다. 그곳에서 벌어지고 있는 변화를 보고 싶은 나의 관심은 간절하면서도 이러한 변화가 그 국민의 생활에 어떤 영향을 끼치고 있을까에 대한 걱정이 나의 마음을 꽉 채우고 있었다. 의화단(義和團) 사건(1900) 이후 청국 정부로부터 상업적·정치적 잇권을 얻으려고 각축해 온 유럽과 그 밖의 열강들은 이제 어느 정도 물러서 있다.

그러나 아직도 먹이를 물고 서로 으르렁거리는 개떼처럼 청국에 대해 탐욕스러운 눈길을 떼고 있지 않다. 특히 러시아와 일본은 끈질기게, 그러나 조용히 그들의 접경 지대에서 힘을 겨루고 있다. 바로 이 접경 지대가 만주와 한국이며, 새로운 개발이 기대되는 곳도 바로 이곳이다. 나는 여행에 앞서 이곳에 관한 책을 많이 읽었지만 변화가 너무 빨리 진행되고 있기 때문에 읽은 책들이 금세 낡은 정보가 되어 나로 하여금 지금의 그들의 모습을 읽을 수 없게 만들었다.

그러한 한 예로 『모닝 포스트』(*Morning Post*)의 특파원 위그햄(Whigham)이 1904년에 쓴 『만주와 한국』(*Manchuria and Korea*)의 예를 들어보고자 한다.

> "하나님이 지상에 최초로 내려온 곳이 만주였는데 그는 이곳을 멸망시키기로 마음먹었다는 식의 미친 생각을 갖지 않고서야 일본이 만주를 침략하고자 한다는 것을 도저히 믿을 수가 없다. 만약 일본이 심양(瀋陽)을 점령한다면 일본은 만주의 고도(古都)에서 또 다른 모스크바를 발견할 수 있을 뿐일 것이다. 무슨 말을 하고 무슨 짓을 하든, 만주가 일본에게 무슨 소용이 있다는 말인가? 일본은 러시아에 맞서면서까지 요(遼)의 땅을 장악하고 싶어

> 하지 않을 것이다. 이는 마치 프랑스를 거슬리면서까지 영국이 노르만디(Normandy)를 장악하고 싶어 하는 것과 꼭 같기 때문이다. …… 결론적으로 말하건대, 만주에 관한 한 러시아는 지금 불사조와 같다……"[1)]

위의 글은 러일전쟁이 일어나던 해에 발표된 것이다.

지난날 중국에 관해서 읽었던 책에서 너무나도 많은 감동을 받은 나는 만주와 한국을 방문하여, 내가 연전에 출판한 『중국의 모습』(*The Face of China*)에서 묘사한 바와 꼭 같이 글과 그림으로써 이들을 묘사하기로 결심했다. 지난번에 동행했던 친구들도 동행하기를 열망했다.

우리는 1910년 2월 1일에 여행길에 올라 시베리아횡단철도에 몸을 실었다. 이 행로에 대한 여행기는 무수히 많았지만, 그 글에는 내가 알고자 하는 것들이 대부분 간과되어 있었다. 따라서 나는 만주 국경을 넘는 데서부터 얘기를 시작하되 내가 지난날에 기록한 글과 중복되는 것을 피하고자 한다. 시베리아를 지나는 귀로(歸路)에 관해서는 이 여로를 밟고자 하는 분들을 위해 가능한 한 소상하게 기록하여 그들에게 도움을 주고자 한다. 아울러 나는 귀국한 뒤에 자료들을 보충하여 지금의 이 지역의 조건에 관한 일반적인 정보를 수록했다.

당초에 4개월에 걸친 여행을 작정했을 때만 해도 우리는 터키스탄까지 갈 계획은 없었다. 그러나 우리의 여행길이 그곳으로 가는 철로와 연결되어 있을 뿐만 아니라 시베리아횡단철도 선상에 있는 사마라강(Samara)[2)]에서 3일 거리에 있다는 것을 알고서는 그곳을 여행 계획에 포함시킴으로써 우리의 귀로를 더욱 다채롭게 만들고자 했다. 이곳이 모슬렘 학문의 중심지이며 러시아가 중앙아시아를 문명화시키면서 겪은 체험을 견문한다는 것이 얼마나 흥미 있는 일인가의 문제는 더 말할 나위도 없고 이 지역은 그 자체가 예

---

1) (원저자 주) Whigham, *Manchuria and Korea*, 1904, pp. 49, 117～119, 153.
2) 사마라강(Samara) : 지금의 러시아 우랄산맥 서편의 오렌부르크(Orenburk)를 관통하는 강.

술적 관심의 대상이 되었다. 러시아는 질투에 찬 눈길로 여행객들을 보고 있기 때문에 심지어는 열차를 타고 가는 여행임에도 불구하고 터키스탄으로 가려면 특별 허가를 받아야만 한다.

터키스탄의 여행을 신청하기 위해서는 상트페테르부르크에 있는 영국 대사관에 신청해야 할뿐만 아니라 러시아 정부가 이곳을 여행하는 사람들에게 호의적인 허가를 내주기까지는 몇 주일이 걸린다. 우리가 들은 바에 따르면, 모든 요건이 합법적으로 갖춰졌다 하더라도 그곳 경찰들은 상부로부터 아무런 지시가 없다는 이유로 저지당하며 그럴 경우에는 왔던 길로 돌아가야 한다는 것이다. 그와 같은 낙담스러운 정보에도 불구하고 우리는 운에 맡기고 그 길을 들어섰다. 우리는 정상적이 절차를 거쳐 러시아 외무성이 영국대사관으로 발급하는 구상서(口上書, Note Verbale)[3]를 받아 타쉬켄트(Tashkent), 사마르칸트(Samarkand), 그리고 보카라(Bohkara)로 들어 갈 수 있었다. 우리가 러시아의 국경을 "드나들기"가 얼마나 어려웠던가에 관한 기록은 본문에 수록되어 있다.

여행의 어려움에도 불구하고 러시아령 터키스탄은 가볼 만한 곳이었기에 이 책에서는 가능한 한 많은 지면을 할애했으며, 사마르칸트에 대해서는 더 많은 그림을 실었더라면 좋았으리라는 아쉬움이 남는다. 나의 모든 그림들은 시간이 짧고 더구나 악천후여서 많은 고통을 겪은 것들이지만 그 나라와 그 주민들의 모습을 정확히 그리려고 노력했으며, 특히 나보다 앞서 이곳을 여행한 분들의 사진에서 볼 수 없는 색깔을 보여주려고 노력했다.

우리는 여행을 떠나기에 앞서 중도에 온갖 위험이 도사리고 있다는 경고를 많이 들었다. 나는 가마꾼들의 성화 때문에 호랑이, 산적 떼, 야만족, 일

---

3) 「구상서」(口上書, Note Verbale) : 구상서는 대사들이 서명한 각서보다는 비공식적이며 각서(Memorandum)보다는 공식적이다. 구상서에는 서명을 하지 않지만, 말미에 관례적으로 사용되는 인사말을 덧붙이는 것이 일반적이다. 사실상 이런 정중한 인사말을 첨언시키는 것 때문에 구상서는 비망록(Mémoire)과 구분된다.

본의 저질 깡패들의 위험을 겪어 보는 기쁨을 맛보지 못했고, 불필요한 위험에 뛰어들어 머리를 절레절레 흔드는 모습을 볼 수 있는 기쁨을 맛보지 못한 것이 못내 아쉽기만 하다. 그러나 마치 그러한 일이 일어나 짜릿한 맛을 보기나 한 것처럼 본문에 기록하고 있지만 실은 나도 그런 일을 겪지 못했다는 것을 다른 여행자들에게 고백하지 않을 수 없다. 우리가 본 줄무늬 동물이라고는 얼룩 다람쥐뿐이며, 우리가 두려워하며 만난 사람은 어느 절간의 스님뿐이었다.

나는 우리의 여행이 그토록 즐겁도록 도와준 선교사들에게 감사의 말을 빼놓을 수 없다. 그들의 도움이 없었더라면 우리는 많은 흥밋거리를 놓쳤을 것이다. 만주에서 활약하는 아일랜드 장로교회와 스코틀랜드 장로교회의 의료 봉사단과 한국에서 활약하고 있는 미국 장로교회와 호주 장로교회의 여러 가지 활약에 관해서는 이 책에서 짧게 다루었지만, 그들이 얼마나 가치 있는 활약을 하고 있는가는 그들을 겪어 본 사람만이 알 수 있다. 지난 10년 동안의 어려운 시기에 그들은 자신이 얼마나 가치 있는 일을 하고 있는가를 입증했으며, 지금 그 땅에 드리우고 있는 먹구름이 걷히고 그들이 훌륭하게 견디고 있는 시련을 이겨 행복한 날이 오기를 나는 진심으로 기원한다.

나는 지금 이 글을 쓰면서 『세계 사업』(*World's Work*) 1910년 6월호를 받았다. 나는 지금 일본의 작가들이 만주 문제에 관하여 무엇을 말해야 하는가에 관한 기사를 읽고 있다. 아다치 킨노스케(安達金之助)의 지적에 따르면, 러일전쟁으로 인한 격심한 재정 압박에도 불구하고 일본은 지금 육군을 3배로 증강했으며, 해군력은 30만 명의 인명 손실을 가져온 러일전쟁 직후 몇 년 동안의 수준으로 증강했다고 한다. 일본이 이와 같이 군비를 증강하는 것은 향후 중국과의 대결에 필요하기 때문이다.

러일전쟁의 종전 무렵에 일본의 고무라 주타로(小村壽太郎)[4] 백작은 중

---

4) 고무라 주타로(小村壽太郎 : 1855~1911) : 일본의 외교관. 후작(侯爵). 미야자키(宮崎) 출신. 미국 하버드대학에서 수학(1874~1880)하고 귀국하여 외무성에 들어가 조선 공사

국 정부가 일본의 식민지주의자들에게 만주를 개방하도록 유도했다. 그러나 중국으로서는 매년 봄이면 몇 천 명의 잉여 인구를 이주시키는 곳으로 만주가 절대적으로 필요했기 때문에 고무라의 그와 같은 제안은 중국인의 분노만 불러 일으켰을 뿐 거절당할 수밖에 없었던 것은 당연한 일이었다. 따라서 지금 일본으로서의 태도는, "만약 중국이 일본으로 하여금 만주를 식민화하도록 허락하지 않는다면, 길은 하나밖에 없다 : 무슨 수를 쓰든지 밀고 들어가는 것이다."

지금 일본의 인구 밀도는 영국, 벨지움, 홀랜드, 색소니(Saxony), 알사스-로렌, 헤세(Hesse), 바덴(Baden)보다 훨씬 작다. 그 밖의 유럽 국가와는 비교할 바가 못 된다. 새로이 체결된 러일동맹(Russo-Japanese Alliance)[5)]은 주로 철도 부설과 관련되어 있으며, 일본은 중국이 몽골로 이어지는 철도의 부설을 포기하라고 요구하고 있다.

지금 러시아는 이르쿠츠크(Irkutsk)와 북경(北京)을 잇는 철도를 계획하고 있다는 것은 다 아는 비밀이며, 이는 중국에 대한 내정 간섭임이 분명하다. 지금의 극동의 상황은 매우 흥미롭다. 그러나 나는 사태의 장래를 예언할 만한 지식도 없고 또 그렇게 뻔뻔스럽지도 못하다. 나로서는 지금의 사태를 정확히 기술할 수 만 있다면 내가 이 책을 쓰는 목적은 이루어진 셈이다. 일본이 취한 최근의 조치는 한국을 병합한 것이고 그 다음은 일본으로 향할 것이다.

1910년 8월 26일

원저자 씀

(1895), 외무차관, 주미공사(1898~1900), 러시아공사(1900)를 거쳐 외무대신(1901~1906, 1908~1911)을 지냈고, 영국대사(1906~1908)를 역임함.

5) 러일동맹(Russo-Japanese Alliance) : 1910년 7월 4일에 주러시아 일본 공사 모토노 이치로(本野一郎)와 러시아 외상 이스볼스키(Alexander P. Isvolsky) 사이에 체결된 제2차 러일협약을 의미한다. 내용은 만주의 현상 유지와 이에 대한 댓가로 한국에서의 일본의 우위를 인정하는 것이었다.

차 례

제 6 장 심양에서 한국으로

우리는 오전 8시에 일본의 보통 열차를 타고 심양(Moukden)을 떠났다. 그러나 안동까지의 상설 선로는 짧은 거리만 완성되어 있었다. 우리가 탄 열차에는 일어로 쓰인 간판이 있었는데 그 밑에 영어로 간략하게 "밧줄을 놓으십시오."라고 선명하게 쓰여 있었다. 어떤 밧줄이나 신호 줄도 보이지 않았으므로 그 간판은 쓸모없는 것이었다.

2시간 30분의 여행 뒤 우리는 일등석이 없는 경편 철도로 갈아타야 했다. 그 열차의 편의 시설은 모든 면에서 한정되어 있었으며 폭이 좁은 의자는 매기(Maggie)의 형제들이 『여성 백과』에서 읽은 "쿠션 있는 좌석"을 그리워하게 했다. 야외 풍경의 아름다움에도 불구하고 여행은 지루하게 느껴졌다. 우리는 번번이 산골짜기를 엉금엉금 기어 올라갔다. 만주 변방에는 몇몇의 찌들은 소나무를 제외하고는 울퉁불퉁한 돌산이어서 식물이라곤 거의 볼 수가 없었다.

우리는 일본인들이 부설한 모든 철로 변에서 서성대고 있는 많은 군인들을 볼 수 있었다. 중국 정부는 철로의 10마일마다 한 명의 군인이 주둔하는 것을 허락했다. 그러나 티에나가(Tyenaga) 씨의 『만주의 전략 철도』라는 기사에 따르면 703마일의 철로에 15,000명이 주둔하고 있다고 한다. 그들은 여러 곳에 주둔하고 있다. 그러나 일본은 바로 몇 달 전에 열강들에게 그들의 군대를 만주로부터 철수시킨다고 하지 않았는가!

한낮에 잠깐 휴식을 취하는 동안 우리는 일본 관리로부터 차를 대접받으면서 그들의 "점심 도시락"에 대한 설명을 들었다. 도시락은 세 개의 깔끔하고 작은 그릇과 종이 수건 그리고 젓가락으로 되어 있는데 제일 위의 그릇에는 밥이 들어 있고 다음 것에는 야채 요리가, 그리고 세 번째는 작은 고기 군만두와 생선 그리고 그 밖의 맛있는 것들이 들어 있었다.

다른 일본 여객은 소맷자락에서 이쑤시개, 칼, 과일 등을 꺼내어 설명해 주었다. 그 소맷자락에서 나오는 것들, 이를테면, 공책, 연필, 손수건, 담배, 성냥, 화투 등은 우리들에게 계속 흥미를 불러 일으켜 주는 것들이었다. 마침내 그는 객차 뒤에 붙어 있는 트럭으로 가서 석탄 덩어리를 집어 종이에 싸더니 다른 귀중품들이 들어 있는 소매에 집어넣었다. 아마 그의 소맷자락은 작은 주머니라고 말하는 것이 더 옳을 것이다. 그는 우리가 막연하게 알고 있는 일본인의 재미있는 표본이었는데, 만주에서는 이러한 모습들이 흔히 있는 일이다.

여행 첫날의 그의 복장은 유럽, 중국, 일본의 혼합품이었으나, 다음날, 그는 앉아 있는 모습에는 전혀 어울리지 않게 유럽 목사들이 입는 검은 예복과 흰 셔츠를 입고 나타났다. 그는 고무장화를 벗고 담요를 접어 두었던 좁은 의자에 올라가 옷을 조심스럽게 여민 다음 가부좌를 하고 앉았다. 만약 그의 귀를 내리덮고 있는 챙이 넓고 커다란 중절모가 없었더라면 그는 두 팔을 접어 명상에 잠긴 부처와 같은 모습이었을 것이다. 그는 대부분의 시간을 자면서 보냈으나 때때로 깨어 있을 때에는 곧 그의 공책에 정열적으로 빠르게 글을 쓰곤 했다.

열차가 산을 구불구불 올라갈 때 실내 공기는 점점 차고 답답해지기 시작했다. 왜냐하면 우리가 탄 객차는 만원이었으나 우리들을 제외한 모두가 담배를 피웠기 때문이다. 우리는 남은 도시락 조각으로 난로에 불을 땔 수 있었으며, 다행히도 거기에는 석탄 그릇이 있어 불을 계속 땔 수 있었다. 그런데 주요한 결점은 그 공간이 너무 좁아 불똥을 피할 수 없다는 점이었다. 어떤 사람의 옷에는 구멍이 두 개나 났다.

밤을 지내려고 오후 7시 30분에 열차가 멈추자 우리는 유럽풍으로 단장된 일본 여관으로 향했다. 그 여관은 10면체로 된 나지막한 기둥 탑으로 구성되어 있었고 10개의 면으로 객실을 만들었다. 이 객실의 안쪽 벽은 문으로 되어 있는데 7개의 문이 침실로 통할 수 있었다. 그 문들은 모두 똑 같았기 때문에 누구도 자기의 방을 잘 기억할 수 있을 것 같지 않아 불청객의 출입을 막으려면 문을 막아야만 했다. 다른 손님들은 번갈아 목욕을 하고 나서 호텔의 실내복과 실내화를 걸치고 난로 가에 앉아 담배를 피웠다.

우리는 다음날 아침 8시에 다시 출발하여 어제와 꼭 같이 산골짜기를 오르고 강을 거듭 건넜다. 언덕의 중턱에는 보다 많은 식물들이 자랑스럽게 자라고 있었고 갈색의 낙엽들은 아직도 이 산 속에서 자유스럽게 자란 야생 뽕나무에 매달려 있었다.

6시가 바로 지나자 우리는 안동에 도착하여 전날 밤을 지냈던 여관 주인이 소개해 준 일본 여관으로 갔다. 어제 밤의 그 여관 주인은 이미 그들에게 역에서 우리들을 맞이하라고 전보를 쳐 놓은 것이었다. 안동은 꽤 큰 곳이었으며 일본인 부락은 중국인 촌과 상당히 떨어져 있었다. 철도와 나루터가 호텔 가까이에 있었다. 우리는 압록강의 남쪽 강변의 의주에서 기차와 연결되는 배를 타려고 때맞춰 나루터로 떠났다.

우리들은 표를 샀으나 매표소에는 거스름돈이 하나도 없었다. 그래서 나는 3/4 페니를 초과해서 그들에게 지불하게 되었고 그는 좀 뒤에 거스름돈을 나에게 주겠다고 했다. 나는 뒤에 그 많은 사람들을 뚫고 거스름돈을 받으러 가는 것이 부질없는 일일 것 같아 가지 않았다. 그러나 한 시간 뒤에 우리가 의주에서 기차에 앉아 있는데 역무원이 진지하게 3/4 페니를 가져다 주지 않는가!

강은 불길해 보이는 얼음덩이로 가득 차 있어 그것들을 뚫고 예인선이 나아간다는 것이 어려워 보였다. 사실 그 때문에 바로 그 주에도 하루 이상 배가 운행될 수가 없었다. 그러나 우리들은 곧 건널 수 있어서 행운이라고 생각했다. 그 강의 결빙 때나 해빙 때는 도강이 무척 지연되는 일이 흔히 있었다. 그리고 불행히도 거기에는 어떤 종류의 다리도 없었다. 상설 선로를 위해서는 다리의 건설이 불가피했다. 그러나 일본인들이 대륙 간 상설 선로를 완성하려고 모든 신경을 쏟고 있지만 2년 이내에 다리를 건설하리라고는 기대되지 않는다.

예인선은 매우 작고 붐볐으나 얼음덩이를 뚫고 용감하게 나아가 지정된 기차가 우리를 기다리고 있는 압록강의 조선 쪽 제방에 약 15분 만에 내려주었다. 피곤한 여행객을 맞이할 일등 객실도 없었고 여행 가운데 인정받을 만한 훌륭한 점심 요리도 없었다. 평양에 도착하기에 앞서 역무원들은 다용도 옷솔을 우리들에게 제공함으로써 그들의 서비스를 마무리했다.

조선의 모든 것은 우리들이 만주를 떠날 때 보았던 것과는 이상한 대조를 이루었다. 만주의 차가운 색조는 따뜻하고 붉은 흙으로 바뀌었으며, 그 위에는 푸른 봄의 첫 상징이 나타나기 시작했다. 우리에게 익숙해진 푸른 옷 대신에 여기의 모든 사람들은 도시와 농촌을 가릴 것 없이 흰 옷을 입고 있었다. 쌀이 주식이기 때문에 논이 많이 눈에 띄었다. 다만 똑같은 것은 일본 철도와 일본 관헌이었는데, 이들은 만주에서와 같이 눈에 잘 띄지 않았으나 외관상으로는 만주와 여기에서 확실하게 뿌리박고 있었다.

한국은 영국보다 약간 넓어서 약 8만 평방 마일이고 인구는 약 1,200만~1,300만이다. 한국에는 산이 많기 때문에 특히 북쪽 지방의 많은 부분에서는 사람이 살 수 없다. 사실상 어떤 사람들은 다만 국토의 1/4에만 사람이 살고 있다고 평가한다. 1904년 일본인들이 인구 조사를 실시할 때까지 한국에는 인구 조사가 없었다. 한국인들은 인구 조사가 세금을 징수하기 위한 준비로 알고 두려워했기 때문에 정확한 인구 조사를 저지하는 데 모든 노력을 기울였으며 그로 말미암아 조사 결과 인구가 950만보다도 적은 숫자로 나타났다. 다른 인구 조사가 지금 진행되고 있는데 아마 좀 더 정확할 것이다.

한국은 가치 있는 산물이 풍부한 나라인데 중요한 것 가운데 하나가 금이다. 또한 우수한 무연탄과 다른 광물들이 많은데 아직까지는 이 자원들이 거의 이용되지 않고 있다. 현재 184개 정도의 광산이 영국 · 미국 · 독일 · 프랑스의 회사들에 조차되어 있는데 그 전망이 매우 좋다. 한국은 세계에서 다섯 번째의 면화 생산국인데, 해상과 육지로의 수송이 용이하여 무역을 시작하려고 하는데 일단 시작되면 매우 빠르게 성장할 것 같다.

조선 사람들은 천성적으로 평화롭고 근면하며, 현명한 규율 아래 그들 국가는 이상적인 국가가 될 것임에 틀림없다. 기독교 신앙과 교육이 빠르게 확산되고 있으며 기독교도는 벌써 20만이 되었다고 한다.

쓰는 글자는 25자로 구성된 한글이지만, 학식 있는 한국인은 한자를 쓰며 국민 모두는 한자를 알기를 원한다. 선교사들은 그 나라의 글자인 언문을 사용하기로 결정했으며 기독교 서적의 대부분을 언문으로 발행했다. 신교의 선교사들은 다만 25년 동안 한국에서 일해 왔지만 가톨릭은 오래 전부터 있었다. 그들은 엄청난 박해를 받았는데 이는 한국 역사에서 가장 놀랄 만한 사건 가운데 하나이다. 개신교는 굉장히 성공했고, 다음의 장에서 설명하려는 선교 사업에서 새로운 방법들을 도입했다. 이러한 선교 방법은 다른 나라의 선교 발전에 굉장히 큰 영향을 끼친 것 같다. 자신이 받은 재능을 다른 사람에게 넘겨주거나 그들의 국민들에게 복음을 전할 책임이 있다는 의무를 한국인만큼 더 확실하게 깨닫는 사람은 없다.

제 7 장 평 양

우리는 이른 오후에 평양에 도착했다. 종군 기자들은 Ping Yang이라 쓰고, 일반적으로 Piang으로 발음한다. 역에서 1.5마일 정도 떨어진 시내까지 우리를 데려갈 친절한 여관 주인이 보낸 가마를 발견했다. 다른 여객들은 인력거를 탔고 또 다른 사람들은 두 사람이 앉을 의자를 갖추고 앞면이 없는 상자처럼 생긴 작고 익살스런 손수레를 탔다.

그 손수레는 가장 좁은 궤도의 선로 위를 달리는데 양쪽에서 끄는 인부들에 끌려 굉장한 속도로 달려갔다. 나는 평양 이외의 어느 곳에서도 이와 같은 것들을 본 적이 없었다. 우리는 가마와 인부의 등에 "지게"라고 불리는 틀에 짐들을 실어 보냈다. 우리가 태안부에서 데려온 통역 주 씨(Chiao)는 우리를 데리러 온 친절한 한국의 전도사와 함께 걸어갔다. 그의 성은 턱(jowl)처럼 조우(jow)로 발음한다.

우리는 중국말이 한국의 어디에서나 통용된다고 들었으나 우리가 들었던 대부분의 정보가 그랬듯이, 그것은 완전히 잘못 알았음이 드러났다. 그리고 이 두 사람이 다만 글로써만 의사 소통을 하는 것을 보고 매우 우습게 느껴졌다. 그들은 가면서 먼지 많은 길바닥 위에 글을 썼다. 다행스럽게도 속도는 느렸다. 한국의 인부들은 중국인들 같지 않다. 그들은 휴식을 위해 꽤 자주 우리들을 내려놓았으며 그때가 그들이 글로써 의사 소통을 할 수 있는 좋은 기회였다. 역 가까이에는 크고 멋있는 붉은 벽돌의 새 막사들이 있었으며 일본인 촌이 생겨나고 있다. 매우 지저분하고 호전적인 듯한 유럽풍의 건축물들이 그곳의 품위를 손상시키고 있는 것을 여러 곳에서 보며 마음이 서글펐다.

미국 장로교 건물들은 이것들과 좋은 대조를 이룬다. 그것은 한국 스타일의 건물을 서구적 필요에 적합하도록 고친 것이다. 그러나 그 건물들 맞은편 언덕 꼭대기에 이상하게 생긴 학교가 있는데 너무 튀어나오게 건물이 서 있어 아름다운 풍경에 흠집을 내놓은 것 같다. 그와 같은 건물들이 유행하는 것은 한국의 주요 도시에서 그 아름다운 전경을 심하게 해치는 것이다.

평양은 매우 오래된 도시이며 기자가 그곳을 통치할 때인 기원전 1122년까지 거슬러 올라간다고 한다. 평양 거리는 아직 굉장한 매력을 가지고 있으나 나날이 그 매력이 줄어든다. 가게에는 먹을 수 있는 이상한 종류의 것들이 많이 있는데 그 가운데 해초를 포함한 생선이 많다. 말린 오징어를 줄지어 매달아 놓았는데 주민들의 눈에는 그것이 맛있게 보인다. 여러 종류의 생선을 말려서 살 사람이나 가게의 장식을 위해서 보기 좋게 매달아 놓았다. 생선 가게를 지나면 모자 가게들이 있는데 나는 이들이 이상하게만 보였다.

한국에는 다양하고 이상한 것이 많다고 쓴 어떤 책을 본 적이 있는데 그 필자의 심정을 이해할 만하다. 보통 모자는 빳빳하고 검은 천으로 만드는데 옛날 웨일즈의 모자보다는 낮고 검은 줄로 턱밑으로 잡아맨다. 한국인의 복장은 모두 희기 때문에 검은 모자와 강한 대조를 이룬다. 머리는 길게 길러 머리 위에 모아 묶는데 투명한 모자 속에 그것을 묶은 것이 보인다.

아주 꼭 맞는 말총 모자를 안쪽에 쓰는데 넓이가 1/4인치쯤 되는 끈으로 모자 아래 부분의 상투를 동여매어 혈액 순환에 지장을 준다. 아침의 모자는 흰색이거나 크림색이고 아직도 아침에 꽃을 거꾸로 한 것 같은 큰 모자를 쓰고 빳빳하고 손질하지 않은 긴 두루마기를 입는 것이 일반적이다(viii

면의 그림 참조). 선비들은 어느 정도 다른 모양의 갓을 쓰며, 소년들은 짚으로 만든 특별하고 작은 모자를 쓰고 결혼식을 올린다. 관리들의 모자는 굉장히 다르다. 그 모양은 책의 표지에 있다.

길을 지나가면서 보는 가장 흔한 광경 가운데 하나는 물을 나르는 사람이다. 지금까지 평양의 필요한 물은 전부 강에서 길어 사람이 등에 물통을 메고 물을 운반했다. 사실, 중국과는 다르게 한국에서는 거의 모든 것을 등에 지고 운반했으며 종종 그 짐은 굉장히 무거웠다. 배의 모양을 하고 있는 평양은 떠 있는 도시라는 오래된 전설이 있어 배가 침몰할까 두려워 아무도 땅을 파려고 하지 않는다.

시 외곽의 가장 재미있는 곳 가운데 하나는 절벽의 꼭대기에 아름답게 위치해 있는 유명한 절인데, 이곳에는 전쟁의 신을 모시고 있다. 그 절은 작고 잘 보존되어 있었으며 우리가 그 절에 들어가는 데는 승려들이 처음에 좀 반대했다. 다른 모든 절들처럼 참배자들을 위한 건물 안의 공간은 불충분했다. 그러나 그들은 단체적인 예전의 개념을 가지고 있지 않아 그것은 중요하지 않았다.

한국의 원래 종교는 악령들을 숭배하는 무속이었다. 무속이 처음에는 유교로 대치되고 다음에는 불교(A. D. 550)로 대치되었다고 생각할 수 있지만 아직 무속은 사람들 마음속에 남아 있어 불교·유교와 함께 나란히 지켜진다. 그 사당은 서울은 물론 한국 모든 곳에 널려 있다. 중국인들의 경우와 마찬가지로, 교육받은 한국인들의 종교에서 중요한 점은 조상 숭배이다. 대가의 선산에는 2~3세대의 조상의 비명을 모신 집들을 볼 수 있다. 한국에는 중국보다 절이 훨씬 적으며, 덜 화려하고 절을 찾는 빈도도 낮다.

우리는 다음으로 일본인들이 지은 새로운 급수 시설을 방문했다. 그들은 시내가 내려다보이는 언덕 정상에 아름다운 지점을 골랐는데 그것은 마치 강 속에 있는 섬과 마찬가지여서 다리를 통해 지상과 연결되었다. 물장수의 풍경은 이제 추억 거리가 되겠지만, 좋은 물을 공급함으로써 변화에 대한 주민들의 마음을 달래 줄 것이다.

나는 한국인들에 대해 종종 제기되는 더러움에 대한 비난에 매우 놀란다. 왜냐하면 대체로 한국인들은 유럽의 어떤 나라와도 맞먹을 정도로 정결하기 때문이다. 그들은 옷을 하얗게 하고 잘 세탁하는 데 가장 원시적인 도구를 가지고 끝없는 시간과 정열을 쏟는다.

의복은 젖은 상태로 접어 판 위에 올려놓고 두 개의 방망이로 일정한 시간 동안 빠르게 다듬이질한다. 그 소리는 온 거리에 항상 울려 퍼지고 바로 울타리 너머에서 들려오는 소리와 같다. 만약 당신이 아파서 누워 있으면 그 끝없는 소리는 인도의 뇌막염 새의 기록에서 보는 것처럼 신경을 날카롭게 하기 쉽다.

우리는 급수 시설을 따라 하상까지 내려 온 뒤 맞은 편 언덕으로 올라갔다. 많은 사람들이 휴일을 즐기는 것 같았으며, 도시의 아름다운 경치를 볼 수 있는 전망대로 올라가는 도중에 일본의 다방이 있었다. 소나무가 많은 언덕 위로 오래된 성벽과 망루가 솟아 있고 조금 더 올라가니 역사적 흥미를 끄는 무덤이 있다.

소나무 숲 가운데 기자의 무덤이 있다. 입구가 굳게 닫혀 있어 우리는 대충 돌아 볼 수밖에 없었다. 모든 중요한 한국의 무덤처럼 그것은 죽은 사람이 부렸던 부하의 형상들과 동물의 형상으로 둘러싸인 흙무덤이었으며, 제단에는 제물이 놓여 있다. 기자는 기원전 1122년에 중국에서 난을 피해 한국에 왔다고 하는데 그가 왕조의 창시자이며 나라의 이름을 조선이라 지었다. 그 왕조는 거의 천년 동안 계속되었다. 평양의 오래된 성벽은 기자의 통치 시절부터 있었다고 한다. 그러나 놀랍게도 지금 파괴되고 있는 중이다. 이것은 탐험가 쿡[1]의 첫 번째 일당이 온 것과 꼭 같다.

---

1) 쿡(J. Cook : 1728~1779) : 영국의 탐험가. 남태평양의 타히티, 뉴질랜드, 오스트레일리아, 뉴기니아를 탐험하고(1778)하와이에서 원주민에게 피살됨.

* 조선의 최근세사의 간략한 요약

이 책의 독자는 지난 반세기 동안 꼬리를 문 복잡한 사건들에 대해 기억을 되살리는 것이 가능하다. 그래서 나는 감히 간단한 사실들과 함께 그 연대를 기록함으로써 쉽게 기억들을 뛰어넘을 수 있게 했다.

1876 : 처음으로 일본과 조약 체결; 이전에 러시아와 미국이 통상 조약을 체결하려고 노력했으나 실패했다.

1883 : 영국 · 미국 · 독일과 통상 관계가 열렸다. 내부적인 파벌 때문에, 정부 안의 보수파를 대표하는 중국인들은 일본의 파벌을 대표하는 개화파에 대항하여 한국을 장악하기로 결정했다.

1885 : 중국과 일본은 사전에 합의가 없이 군대를 한국에 파견할 수 없다는 조약을 체결함.[천진조약]

1890 : 이 무렵에 첫 번째 선교사를 한국에 보냈는데 주로 미국인이었다.

1894 : 동학란을 평정하려고 중국이 일본에 알리지 않고 군대를 파견했으며, 이로 말미암아 결과적으로 일본과 전쟁을 하게 되었는데, 중국이 완전히 패배했다.

1896 : 러시아의 영향력이 강력해졌다. 왕이 러시아공사관으로 피난했다. 러시아와 일본 사이에 한국의 독립을 존중하고 상호 합의 없이 군대를 보내지 않기로 한 로바노프-야마가타협정이 체결됨.

1903 : 러시아는 술책으로 압록강변의 목재 벌채권을 얻었으며, 안동-용암포 맞은 편 연안의 서북방에 있는 항구를 요구했다. 그들은 이 항구를 니콜라스 항이라고 불렀다. 영국과 미국도 용암포의 개항을 요구했으나 러시아의 영향으로 허가되지 않았다.

1904 : 러시아와 일본의 전쟁 선포 ; 한국은 한국의 독립에 기초를 둔 일본의 주장에 동의했다. 그 이후로 일본은 꾸준히 한국 문제에 대한 간섭을 늘려 왔다.

1907 : 왕은 일본의 압력으로 그의 조카(*sic*)에게 왕위를 양위했다.

제 8 장 평양에서의 일요일

일요일은 신속한 선교와 지속적인 설교를 통한 신앙심의 강화, 그리고 국내 원조자들과 마찬가지로 외국인들에게 자료를 배포하는 일로 평양의 선교사들에게는 매우 바쁜 날이다. 교회 건물이 완성되기에 앞서 집회가 너무 커져 평양중앙교회뿐 아니라 39개의 다른 교회들도 장소가 비좁아 신도들이 "벌 떼" 같은 경우가 많았다는 이야기를 들었다. 35개의 교회는 평양 주위의 지역에 있고 4개의 교회는 평양 시내에 있다. 교회들 가운데 가장 최근에 생긴 교회의 신도 수가 벌써 561명이나 된다. 이것은 16년 동안의 선교의 결과이다. 선교사는 1894년에 그 곳에 들어 왔으며 바로 그 해에 첫 번째 개종자가 세례를 받았다.

우리들은 예배의 현장을 둘러보려고 10시경에 출발했다. 첫 번째로 방문한 곳은 여자들의 강습회였다. 거기에는 위쪽의 큰 방에 약 500여 명의 여자들과 거의 같은 수의 어린이들이 있었다. 한국의 교회와 학교의 문 앞에서 처음으로 눈에 띄는 것은 신발이다. 모든 방문객은 들어가기에 앞서 신발을 잘 벗어 놓는다. 바닥에는 자리가 깔려 있으며 모두 가부좌를 하고 앉는다.

아기들은 시끄럽다. 그들의 울음소리는 연설자의 말을 충분히 방해하지만 유럽 아이들의 울음소리만큼 날카롭지 않다. 오르간 앞에 아주 예쁜 한국 소녀가 앉아 연주를 하는데 그 소리는 노래보다 매우 높았다. 그러나 화음의 잘못은 성실함으로 보상되었다. 예배 때의 모든 청중의 경건한 집중은 인상적이었다. 어린 아이들 조차도 예배 때는 그들의 손으로 눈을 가렸다.

지하실에서 "성채를 지켜라"라는 어린이들의 활달한 노래 소리가 들렸다. 그리고 우리는 주일 학교가 진행 중인 것을 알았다. 각 학급들이 마루에 둥글게 앉아 있고 여자 선생님이 각각 중앙에 있었다. 지금까지는 어른들만큼 아이들의 선교에 주의를 기울이지 않았으나 그들은 온 정신을 쏟아 선생님을 바라보고 있으며 선생님은 그들에게 가르침을 전하려고 온갖 노력을 다한다.

우리는 다음으로 평양중앙교회를 방문했는데 막 남자들의 아침 성경 공부가 끝나고 여자들이 모여들고 있었다. 흰 옷을 차려 입은 많은 여자들이 책을 보자기로 싸서 그들의 허리 앞쪽에 동여매거나 혹은 등에 매어 가져오고, 어린 아이들이 색동옷을 입고 있는 것을 보는 것보다 더 매력적인 광경은 다른 어디에서도 볼 수 없을 것이다. 예배는 마치 가정에서 보는 주일학교와 같다.

개막 찬송과 기도를 마친 뒤에 여자들은 각 반으로 나누어진다. 나비처럼 명랑하고 나이를 좀 먹은 소녀들은 교회의 뒷쪽에 나누어 가르친다. 몇 몇 소녀들은 장소를 차지하는 모자를 쓴다. 그 모자는 우산보다 훨씬 크고 두 손으로 운반하며, 앞쪽에는 머리에서 시작하여 뒷쪽으로는 오금까지 내려간다. 이 모자는 이 지역의 독특한 모습인데 이것은 햇볕이나 비를 막기 위해서 뿐만 아니라 천한 남자들의 눈길을 맞추지 않으려고 쓴다. 나는 이 큰 모자를 쓰고 현관에 서 있는 여학생 한 명을 스케치했다.

그들은 교회 바깥의 현관에 그들의 신을 벗어 놓아야 한다. 부유한 계층의 젊은 여자 몇몇은 수녀 같은 두건을 쓰고 머리에서 발까지 번쩍이는 흰 비단옷을 입고 하얀 모피 줄이 들어간 작고 깜찍한 소매 없는 조끼[背子]를 입고 있어 꽤 매력적으로 보인다. 모피는 조끼의 모든 가장자리와 옷의 진동 바깥 둘레에 달려 있다.

한국의 여성들은 이름이 없다는 이상한 결핍증으로 상처를 입는다. 여자들은 애칭을 가질 수 있을지 모르나 이름은 없다. 여자는 흔히 남편의 이름조차 모른다. 만약 그 여인이 기독교인이어서 세례명을 받으면 이것은 여자의 존엄성에 대한 새로운 감각을 그에게 줄 것이다. 지난날 한국의 여자들은 그 가치를 인정받지 못했다. 그러나 여자들은 기독교의 영향을 받아 책임감을 느끼기 시작했으며, 사람들에게 복음을 전도하는 일도 떠맡고 있다.

우리가 평양에 도착하기 직전에 여자들을 위한 2주일 동안의 성경 공부가 있었는데 500명 이상이 참석했다. 그들 가운데 많은 사람은 여기에 참석하려고 아주 먼 거리를 걸어서 왔다. 어떤 사람은 먹을 것을 가지고 70마일이나 걸어 왔다. 그리고 평양에서는 무료로 기독교인의 집에 투숙했다가 열심히 성경 공부를 끝내고 다시 그들의 집을 향해 먼 길을 떠났다. 선생님이나 여전도사가 되기를 바라는 여자들을 위해 특별 성경 학교가 있는데 많은 여자들이 고향의 교회에서 추천을 받는다. 평양중앙교회의 여전도회는 몇 년 동안 두 전도사를 지원했다.

중앙교회의 아침 학교 학생은 500~600명이 되었다. 그래서 남녀가 함께 예배를 보는 오후에는 1,500명~1,700명이 참석하여 교회는 넘칠 듯이 가득 찬다. 훌륭한 길 목사[1])는 강인한 성격의 한국인으로서 일본의 침략으로부터 일어나는 재난을 줄이는 데 많은 일을 했다. 일본에 대한 저항이 완전하게 희망이 없음을 알았다.

길 목사는 사람들에게 도망가지도 말고 저항하지도 말도록 설득하여 남쪽에서 일어났던 유혈 사태를 북쪽에서 일어나지 않게 했다. 그의 영향력은 강력할 뿐 아니라 광범위하다. 그리고 늘어나는 문맹 때문에 그의 일이 줄

1) 길선주(吉善宙 : 1869～1935) 목사를 의미하는 것으로 보임. 본시는 불가의 승려였으나 1897년에 기독교로 개종한 뒤에 평양의 장대현교회 목사로 시무하였고, 독립협회에도 간여했으며, 3 · 1운동 당시에는 민족 대표 33인으로 서명했다.

어드는 것을 보는 것이 안타깝다. 그는 본디 유학자였으나, 수동적인 신념에 만족하지 않고, 마음의 평화를 위해 정열적으로 근엄한 생활을 하고 있다. 이 시대를 길 목사는 다음과 같이 말한다.

> "나는 모든 세속적인 출세와 부정하고 깨끗지 못한 충동의 생각을 떨쳐내려고 노력하고 있었다. 왜냐하면 나는 그때에도 지금 내가 하는 것처럼 옳고 그른 것을 알았기 때문이다. 나는 마음속에 보름달 같은 이상을 집중함으로써 마음을 순수하게 하려고 노력했다. 나의 생각을 이에 집중함으로써 나는 세상일에 대해 문을 닫고 영적인 진식의 경지를 확보하려고 노력했다. 나는 영적인 어떤 것의 비전을 갖고 싶었다. 그러나 끝내 나의 노력에도 불구하고 나의 마음은 기꺼이 버려야 하는 생각들로 가득 찼다. 나는 승리할 수가 없었다. 산에서 기도가 끝나고 나의 친구들 집으로 갔을 때 그들의 대화가 전부 세속적인 출세와 저속한 이야기들뿐이어서 나는 굉장한 혐오감을 느꼈다."

길 목사가 기독교인이 되었을 때 그는 자신을 위해서가 아니라 남을 위하여 정의에 대한 정열적이 욕망을 똑같이 가지고 있었다. 국민들이 점점 더 무심해질 때 그는 매일 아침 4시에 기도 모임을 갖기 시작했다. 그리고 곧 여기에 600~700명이 참가했고 결과적으로 굉장한 신앙 부흥 운동이 일어났다. 그의 신도들은 다른 사람에게 기독교 지식을 심어 주려고 3,000일 이상을 봉사하겠다고 약속했다.

우리는 다음으로 평양신학교를 방문했는데 학생들이 학교를 비우는 일요일에는 교회로 사용했다. 거기에서 우리는 중앙에 앉은 선생님과 함께 수많은 남자들이 마루에 앉아 있는 것을 보았다. 한국에서의 많은 교육이나 설교는 한국인들에 의해서 이루어진다. 그리고 모든 교회에는 한국인 목사가 있다. 외국의 선교사는 그 지역의 넓은 지역에 뻗쳐 있는 교단들의 감독으로 행동한다. 한 교단에는 때때로 50~60개의 교회가 소속되어 있다.

대학생들은 도시와 농촌에서 전도하거나 순회 설교를 하느라고 매우 바빴다. 그리고 이러한 일들을 촉진하려고 토요일 오후나 월요일 오전에는 수업이 없다. 그들은 1년 가운데 3개월만 학교에 남아 있고 나머지 9개월은 현장에서 일하면서 보낸다. 그들의 과정은 5년 이상으로 늘어났으며, 이러한 조정에 따라 신학교가 대표하는 네 번의 전도 사업은 일반 부원 가운데에서 적당한 수의 교사를 공급할 수 있다. 똑같은 사람이 3년 연속으로 파송되는 것은 특별한 자격의 경우에만 그렇다고는 하지만, 이런 방법으로써 이 교사들은 한 해에 3개월의 시간을 절약할 수 있다.

신학교의 학장은 물론 영구직이고 평양에 살고 있다. 그 분은 모펫[2] 박사인데 그는 평양에 처음 부임해 왔을 때 돌멩이에 맞았다. 지난날 그가 거리를 지나가면 다음과 같은 말을 종종 듣곤 했다.

"이 검은 악당을 봐라! 왜 여기 왔지? 죽여 버리자!"

평양보다도 더 지독하게 기독교를 반대하는 곳은 어디에도 없을 만큼 악명 높은 도시였다. 현재의 학생 수는 126명이고 전도단으로는 미국의 남/북장로교, 오스트레일리아 장로교, 캐나다 장로교가 있다. 대학은 수수하고 점잖은 한국형의 건물이며 운동장을 평평하게 고르자마자 사택 주위에 기숙사를 지으라는 제안을 받고 있다.

이곳을 떠나 우리는 시내를 가로질러 감리교선교회의 건물이 당당하게 서 있는 곳으로 갔다. 그 건물들은 모두 미국풍이었다. 그 좋고 큰 교회에는 종루가 있어 멀리서도 볼 수 있고 소리를 들을 수 있다. 여자들이 있는 뒤쪽으로 들어가니 장막으로 남자들 쪽과 나누어 있었으며 실내는 사람으로 가

---

2) 모펫(S. A. Moffet, 한국명 : 마포삼열, 마부열) : 미국 장로교회 소속의 선교사로서 1890년에 입국하여 1934년에 귀국할 때까지 주로 평양에 체류하면서 평양신학교와 숭실학교의 창설에 주도적 역할을 했으며, 1911년의 105인 사건 당시에는 국제 여론에 항의하는 등 한국의 자주를 위해 헌신했다.

득 차 있었다. 선교사 가운데 한 사람이 우리에게 그 교회는 한국에서 "실내 공간"이 가장 크다고 말했다. 우리들이 들어갔을 때 4명의 남자 아이가 연단에 올라가서 찬송가를 불렀는데 우리 일행 가운데 어느 누구도 찬송가를 한국말로 불렀는지 영어로 불렀는지 분별하지 못했다.

설교가 시작되었을 때 우리는 순례 여행을 계속하려고 그곳을 빠져 나왔다. 서로 다른 전도 사업 사이에 가장 훌륭한 조화가 존재한다. 그날의 설교자는 장로교에 속하는 사람이었다. 두 개의 전도 사업 사이의 중요한 차이점은 전도 정책이다. 장로교는 한국인들의 용기를 북돋워 교회의 부흥을 그들 스스로의 노력에 의존하게 하고 그들의 교회를 한국 풍으로 건축하게 하고 한국인 자신의 비용으로 전도 사업을 떠맡게 한다. 한국인들의 교회 헌금은 모든 교파를 합해 25,000파운드에 이르고 신도의 수는 20만 명에 이른다. 이는 25년 전도 사업으로의 결과로는 나쁘지 않다. 이 숫자는 에든버러 세계전도대회를 위한 보고서에서 발췌한 것이다.

미국성공회는 장로교에서처럼 많은 것을 한국 교회에 기대하지 않는다. 그들은 목사관을 가지고 있으며, 재량권이 매우 크다. 그들은 그들 마음대로 쓸 수 있는 많은 자금을 가지고 있으며 지역 사회에 교회를 지으라고 요구하지도 않는다. 그와는 달리 장로교에서는 단 2년 안에 갚아야 하는 돈을 빌려줌으로써 신도를 돕는다. 초등학교조차도 완전히 한국인들에 의해서 유지된다.

감리교회는 맹인 전도를 시작했고, 맹인 소녀의 학교 설립을 약속했으며, 맹인들을 위해 다른 학교들을 설립하려고 브라유식 점자[3] 교과서를 준비하고 있다. 장로교에서도 맹인 소년들을 위한 수업을 시작했으나 그들의 생계수단으로 무엇을 가르칠 것이냐? 라는 점에서는 여자 맹인들의 경우보다 더 어렵다. 그들은 브라유식 점자의 『신약성서』를 준비하기 시작했으나 그것

---

3) 브라유식(Braille) 점자 : 프랑스인인 브라유(Louis Braille : 1809~1952)가 고안한 점자.

은 굉장히 많은 개정이 필요할 것이다. 영국해외성서보급회는 그것이 준비되는 대로 원가로 인쇄해준다고 약속했다. 한국의 많은 맹인들은 불쌍한 사람이다. 그들의 생계 유지 수단은 점을 치는 것이다.

끝으로 나는 평양의 기독교인의 특징에 대해 한 마디 첨가하지 않을 수 없다. 이러한 지적은 나머지 한국의 교회에도 똑같이 적용되는 것이다. 그것은 놀랄 만한 기독교인의 수를 보는 것뿐만 아니라 그들의 특징을 보라는 것이다. 에든버러회의에서 능력 있는 연설가의 한 사람은 송도의 윤치호[4]이다.

윤치호는 전직 학부대신으로서, 토착 교회의 지도자이며 교양 있고 세련되어 어떤 나라에도 자랑할 만한 사람이다. 그는 교회의 엄청나게 빠른 성장으로 말미암아 일어나는 위험을 지적했으며, 교회의 성장에 따른 책임과 더불어 교회에 대한 바람직한 신뢰를 주장했다. 나의 경험에 따르면 내가 방문했던 많은 선교 분야 가운데 한국에서는 이 점이 가장 두드러진다.

한국의 기독교인은 배움에 대한 소질과 함께 교육열이 매우 높으며, 이 훌륭한 국민들을 보지 못한 사람이 예상할 수 있는 것보다 훨씬 더 훌륭하게 자치할 수 있고 교회를 형성해 나갈 수 있다. 그들은 성경 공부에 엄청난 정열을 바쳤다. 신천에 있는 성경 학급의 회원 수는 1,300명이 넘으며 성경은 오늘날 한국에서 가장 많이 읽히는 책이다.

한국인들은 중국 고전을 외우듯이 성경을 외운다. 1년 동안 『마태복음』을 제외한 신약성서 전부를 외워버린 두 여학생이 있었다. 그러나 30년 전까지만 해도 소위 이 은자의 나라에서는 성경이 팔리는 것을 금지했다. 그래서 제본되지 않은 묶음으로 성서를 가질 수밖에 없었고, 주민들이 전국에

4) 윤치호(尹致昊 : 1865~1945) : 아산 출신. 신사유람단의 일원으로 도일하여 귀국하지 않고 그곳에서 일어와 영어를 배움. 조선 주차 초대 미국 공사인 후트(L. Foote)가 조선에 부임할 때 그의 통역관으로 귀국. 갑신정변이 실패하자 미국으로 망명하여 에모리대학에서 수학한 뒤 갑오개혁 당시에 귀국. 프랑스에 유학(1896~1897)한 뒤 귀국하여 만민공동회에서 활약. 105인 사건(1911) 이후에 친일의 성향을 보임.

배포했다. 한국에 기독교가 들어온 것은 주로 그들의 덕분이다.

한국 교회의 또 다른 인상적인 측면은 그들이 "기도"에 집착하고 기도의 효험을 절대적으로 믿는다는 점이다. 세계 어디에 매주의 기도 모임에 1,300~1,400명이 모이는 곳이 있겠는가? 평양중앙교회의 경우가 그렇다. 새벽 기도 모임에 대해서는 벌써 언급했지만 나는 우리 모국의 교회에서도 이와 유사한 행렬을 찾아볼 수 없다고 생각한다.

적잖게 중요한 것은 돈과 노동의 문제에 대한 관대함의 특징이다. 몇몇 교회에서는 전도를 하지 않은 어느 누구도 그들의 회원으로 받아들이지 않는다. 기여의 형태는 어떤 정해진 시간 동안에 일을 하겠다고 약속하는 데서 시작했다. 지난해에 한국의 신도들은 67,000일의 봉사를 약속했다. 이미 이야기를 다 했기 때문에 더 이상 돈에 관한 한국인의 관대함을 상세히 말하는 것은 필요하지 않다. 그러나 내가 반드시 지적해야 하는 것은 한국 기독교인들의 대부분이 몹시 가난하다는 것과 그들이 몸소 하는 것뿐만 아니라 그들이 지원하는 일의 양에는 엄청난 자기 희생이 포함되어 있다는 것이다.

제 9 장 한국 천주교의 역사

천주교의 활동에서 볼 수 있듯이, 조선에서 개신교 선교 활동의 급격한 팽창은 기독교에 대한 태도라는 면에서 이 나라의 역사에 하나의 전기를 만들었다. 이 역사는 매우 독특한 것이어서 앞으로 살펴볼 몇몇 인물들로써 특정지어진다. 외국인의 도움이 필요한 때에도 그러한 도움 없이 활동을 수행할 수 있도록 해준 열성과 자기 희생, 그리고 신념과 독립 정신은 역사의 여러 장면에서 발견된다.

이러한 선교 활동의 첫 세기 동안 어떠한 교회도 조선보다 더 부단하고도 무자비한 박해를 경험한 교회가 없을 뿐만 아니라 무수한 영웅적인 순교자들을 만든 곳도 없다. 그 역사는 달레[1]의 『한국교회사』에 충분히 서술되어 있다. 나는 그 책에 깊은 감명을 받고서 감히 이 책을 간단히 요약하고자 마음먹게 되었다. 왜냐하면 자신들만의 힘으로는 역사를 연구할 수 없는 사람들에게 이것은 매우 흥미로울 것이라는 희망 때문이었다.

한국에 최초로 천주교가 도입된 것은 이상한 일로 말미암은 것이었다.

---

1) 달레(Charles Dallet : 1829~1878) : 프랑스의 파리외방전교회 소속의 신부로서 포교보다는 문필로 유명했다. 그는 조선을 방문한 적은 없으며 파리에 있으면서 조선 교구의 다블뤼(M. N. A. Daveluy) 신부가 수집해 보낸 자료에 입각하여 『조선교회사』를 집필했다. 1877년에 월남을 거쳐 도쿄에 도착했으나 곧 병사했다.

1592년 일본은 조선을 정복하려고 20만 명의 군대를 파견했다. 이들 가운데 상당수는 자신이 천주교도라는 이유로 선발되었는데, 일본은 이들을 제거하고자 고심하고 있었다. 다이코사마[2]라는 장군은 그 전쟁이 그들을 근절시킬 좋은 방법이라고 생각했다. 그러나 전쟁이 장기화되자 천주교도인 장군 고니시 유키나가가 일본에 성직자를 보내 줄 것을 요청했고, 이로써 조선에 선교 활동이 시작되었다.[3] 많은 개종자들이 세례를 받았고, 선교의 희망이 보일 무렵에 갑자기 군대는 일본으로 철수하였다. 그 뒤 이들은 극심한 박해를 받게 되고 두 국가에서 신앙 활동이 완전히 근절되었다.

조선은 모든 외국인들이 나라 안으로 들어오지 못하도록 빈틈없는 정책을 고수했다. 가끔 북경의 제수이트교단으로부터 중국어로 된 몇 권의 책들만이 들어왔다. 1784년에 이르러서야 선교 활동은 재개되었고, 그 활동은 순수한 한국인들 사이에서 퍼져 나갔다. 체격이 건장하고 총명한 이벽[4]이라는 젊은 사람이 있었다. 그는 친구인 이승훈[5]이 아버지를 따라 중국에 간다는 말을 들었다. 그래서 이벽은 친구인 이승훈에게 외국인들의 종교와 과학을 연구할 수 있도록 자신이 중국의 외국인들을 방문할 수 있는 기회를 마련해 줄 것을 부탁했다.

이승훈이 자기의 부탁을 들어주었을 뿐 아니라, 천주교인이 되어 세례를 받았다는 말을 듣고 이벽은 깊은 감명을 받았다. 그 뒤 이승훈은 책과 십자가, 그림 등을 고향에 가지고 돌아와 곧 이벽에게 책들을 보내 주었다. 이벽

---

2) 다이코사마(太閤様) : 흔히 막부 시대의 쇼군을 의미하지만 여기서는 도요토미 히데요시를 의미함.

3) 이때 조선에 입국한 신부는 포르투갈 출신의 세스페데스(G. Cespedes)였다. 그러나 그가 조선에서 선교 활동을 했다는 것은 사실과 다르다.

4) 이벽(李蘗 : 1754~1786) : 본명은 덕조. 정약용 등과 천진암에서 서학을 공부한 초대 교인. 아버지가 그의 믿음 때문에 자살하자 이벽도 배교하고 고통 속에 죽음.

5) 이승훈(李承薰 : 1756~1801) : 1780년에 진사시에 합격한 뒤 동지사 서장관인 아버지 이동욱을 따라 북경에 들어가 한국인 최초로 천주교 영세를 받음. 귀국할 때 많은 서학 서적을 가져옴으로써 한국 초대 교회의 발전에 기여함. 그 뒤 평택현감(1789)을 지냈으며, 진산사건(1791) 이후 일시 배교했다가 신유박해(1801) 때 처형됨.

은 그 책들을 연구하려고 은둔하여 그가 이제까지 공부한 그리스도교적인 진실한 삶에 대해 곰곰이 생각하고 난 뒤, 그것에 대해 확신을 갖게 되었다. 이벽은 천주교인이 되자마자 그의 친구인 이승훈에게 복음을 들려주었다.

> "천주는 수많은 우리 동포를 긍휼히 여기시며, 세상의 구원의 혜택들을 우리가 공유하도록 하시고자 하십니다. 이것은 하느님의 명령입니다. 우리는 그의 부르심을 외면할 수 없습니다. 우리는 반드시 이 종교를 전파하고 온 세계를 복음으로 가득 채워야 합니다."

이러한 설명은 현재의 조선 기독교인의 느낌과 행동을 얼마나 완전하게 표현할 수 있을까!

이벽은 곧 복음 활동을 시작했고 그의 활동은 성공적이었다. 그러나 현재까지도 계속되고 있는 박해가 드디어 임박했다. 젊은 신도들을 도와주거나 지도할 외국인 선교사가 없었으므로, 그들은 익숙해져 있는 관습에 대한 천주교 교리의 입장을 이해할 수 없었던 것은 당연하다. 그들은 성경을 통해 구세주의 개념을 발전시켰으며 신도들 가운데서 성직을 선출했는데 이러한 제도는 몇 년 동안 방해받지 않은 채 지속되었다.

그러나 시간이 흐름에 따라 이것은 북경 교구로부터 인정을 받을 수 없다는 사실과, 이전의 종교적 믿음의 근거를 이루며 한 민족의 삶의 중요한 통합적인 부분인 조상 숭배를 완전히 포기해야만 한다는 사실을 알았을 때 이것은 그들에게 매우 심각한 타격이 되었다. 그들은 조상의 위패를 없애 버리라는 명령에 충실히 따랐고 이로써 박해의 폭풍이 교회를 휩쓸었다.

지도자들은 고문당했고 처형되었지만, 신앙의 포기를 거부했다. 그럼에도 불구하고 개종자들의 수는 증가했으며, 북경에서 이승훈의 침례가 있은 지 10년 뒤에 조선에는 4천 명의 천주교인들이 있게 되었다. 비교적 평화로운 시기가 뒤이었고 교회는 공고해졌다.

마침내 중국으로부터 레메니우스[6]라는 성직자가 1791년에 파견되었지만 그는 조선으로 들어올 수 없어 북경으로 되돌아가야만 했다. 몇 년 동안은 선교사를 파견하려는 더 이상의 시도가 없었다. 그때 주문모[7]라는 젊은 중국인기 그 위험한 임무를 위해 선발되었다. 그는 폭풍우가 휘몰아치는 어느 날 밤 한국인으로 변장을 한 채 물샐틈없는 경비를 뚫고 국경을 건너는 데 성공했다. 몇 달 뒤 그가 조선에 잠입했다는 소식이 당국에 알려졌다. 그리고 그의 체포령이 시달되었다.

그러나 선교사가 파견되기를 오래전부터 갈망해 왔던 조선 사람들은 헌신적으로 그를 보호했다. 그 때문에 조선 당국은 그 대신 그를 조선으로 데리고 온 조선 사람들을 체포했다. 당국은 이들에게 심한 고문을 가했으나 결국 그의 소재를 얻어내는 데 실패하자 당국은 이들을 처형하였다. 그 동안 주문모는 어떤 헌신적인 부인[8] 덕분에 안전하게 지내면서 비밀리에 끊임없이 선교 활동을 계속했으며, 그 여신도는 많은 아녀자들을 선교하는 중요한 활동을 수행하고 있었다.

당시 조선의 왕이었던 정조의 통치 기간 동안 박해는 다소 완화되었지만, 그 왕이 1800년 죽자마자 박해는 더욱 가혹해졌다. 마침내 주문모는 체포되어 다른 많은 사람들과 함께 기꺼이, 그리고 기쁘게 순교했다. 그때의 그의 나이는 겨우 스물다섯 살이었다. 다음 해까지 박해는 계속되었다.

그 해에 왕은 천주교의 문제를 처리하기로 결정했다는 이상한 칙령을 발표했다. 또다시 감옥을 가득 채운 천주교도들이 곧 재판에 회부되어 처형되

---

6) 레메니우스(Jean dos Remedios : ?~1793) : 중국인 신부. 성은 오(吳)씨임. 1786년에 신부가 된 뒤 마카오에서 사목하다가 구베아(A. de Gouvea) 주교의 명령에 따라 조선에 입국하려 했으나 실패하고 돌아감.

7) 주문모(周文謨 : 1752~1801) : 중국인 신부. 소주 출신. 북경신학교에서 신학을 공부. 1794년에 신부로서 최초로 조선에 입국하여 미사를 집전했고, 기호지방에서 포교하던 가운데 신유박해 당시에 의금부에 자진 출두하여 새남터에서 처형되었다.

8) 강완숙(姜完淑 : 1761~1801)을 가리킴. 초기 천주교회 순교자로서 성인의 지위에 오름. 세례명은 골롬바임.

었으며, 그 뒤에는 재판조차도 제대로 열리지 않았다. 일을 신속히 처리하려고 많은 사람들이 공개적으로 처형되었고 많은 사람들이 투옥되었다. 그 뒤 잠시 동안 잠잠한 상태가 되자 교회는 숨 돌릴 여유가 생겼다. 그러나 모든 교회의 지도자들은 이미 처형당한 뒤인지라 교회는 비참한 상태에 빠지게 되었다.

조선의 교회는 북경에 있는 주교에게 다른 성직자를 보내 줄 것을 새롭게 요청했으나 주교는 이 요청을 들어줄 수가 없었다. 왜냐하면 프랑스혁명으로 말미암아 선교 그 자체가 부진한 상태에 있었기 때문이다. 이 무렵에 북경 교구는 선교사를 해외에 파견하지 않고 있었던 터라 향후 당분간은 한국에 선교사를 파견할 기미도 보이지 않았다. 무수한 위험을 무릅쓰고 수차에 걸쳐 밀사가 중국에 파견되어 성직자의 파견을 절실하게 호소했으나 헛수고였다. 나 자신과 마찬가지로, 천주교회의 제도나 교리를 싫어하는 사람들에게는, 많은 신자들을 존경하고 사랑한다고는 하지만, 이처럼 성직자가 없는 곳에서는 믿음이 위장된 축복처럼 보이는 것은 당연하다.

1816년에 다섯 번째로 조선 교회의 밀사가 북경에 도착했다. 주교는 밀사의 긴급 요청에 못 이겨 그들에게 선교사를 파견할 것을 약속했다. 아직도 박해가 심한 상태였기 때문에 누군가가 선교사를 안내하여 비밀리에 조선으로 안내한다는 계획도 세웠다. 마침내 약속 시간이 되었다.

그러나 약속 장소에서 조선의 밀사들은 성직자를 만날 수 없었다. 거의 희망이 없는 선교 사업을 기꺼이 맡아 할 사람을 찾을 수가 없었던 것이다. 그 뒤 몇 년의 세월이 흘렀다. 1827년까지 조선의 천주교도들은 옛날과 같은 신앙심을 보여주었으며, 고통을 받으면서도 영웅적으로 행동했다. 그 뒤 3~4년 동안 비교적 평온한 기간이 지속되면서 교회는 수적으로 꾸준히 증가했다.

고통 받는 천주교인들에게 응원군을 보내 줄 것을 호소하는 내용의 편지가 교황에게 전달되었다. 교황은 그 호소문을 프랑스에 있는 파리외방전교회의 책임자에게 발송했다. 이 외국 선교 기구는 1805년에 나폴레옹에 의해 해체된 뒤 얼마 전에 다시 설립되었다. 그 책임자는 선교사들에게 그 호소문을 발송해서 널리 알리도록 했다. 그 결과 시암[9]에 있는 선교사인 브뤼기에르[10]가 복음적 사랑과 열정으로 불타는 편지를 통해 위험한 일을 자원했다.

북경 교구는 그의 제안을 수락하고 몇 번의 연기를 거친 뒤에 그는 나폴리에서 교육받은 젊은 중국인 성직자를 수행하고 출발했다. 그 젊은 중국인 사제 역시 자원이었다. 그들은 입국에 성공하지 못하고 피곤한 여행만으로 3년이 지났는데, 그것은 어느 정도는 북경의 선교회가 그 동안 한국에 파견되어 있었던 중국 사제들을 질투한 때문이었다. 그러나 마침내 그러한 난관이 극복될 순간이 되었을 때 브뤼기에르 신부는 갑자기 병에 걸렸고 약속된 땅의 문턱에서 죽고 말았다.

1836년 최초의 유럽의 선교사[11]가 조선으로 잠입했다. 이어서 꾸준히 성공적으로 다른 사람들도 들어왔다. 끊임없는 박해에도 불구하고 1838년 천주교인의 숫자는 9천여 명 정도로 늘어났다. 다음 해에는 더 심한 박해가 있었는데, 이때 많은 계층의 한국인들과 함께 3명의 프랑스 선교사가 밀고에 의해 처형당했다. 당국은 이들을 근절시키고자 했다.

그러나 천주교인에 대한 일반 조선 사람들의 태도는 더 이상 과거와 같지 않았다. 과거에는 그들이 경멸을 받았던 데 견주어, 이제는 존경을 받게 되었다. 왜냐하면 사람들은 이 종교에는 아무도 범접할 수 없는 큰 힘이 있다는 것을 깨달았기 때문이다. 숫적으로는 천주교인들이 거의 멸절되었고, 화

9) 시암(Siam) : 지금의 태국.

10) 브뤼기에르(Barthèlemy Bruguière : 1792~1932) : 파리외방전교회 소속 신부. 1815년에 사제 서품을 받고 태국, 북경을 거쳐 초대 조선 교구장으로 임명되어 입국을 시도하던 가운데 열하에서 급환으로 사망함.

11) 모방(Pierre Philibert Maubant : 1803~1839) 신부를 의미함. 파리외방전교회 소속의 신부. 그는 1836년 겨울 압록강을 건너 입국하여 교세 확장에 힘쓰는 한편, 김대건 · 최양업 · 최방제 등을 마카오 신학교로 유학시켰다. 1839년 충청도 홍주(홍성)에서 체포되어 한강에서 처형되었다.

를 면한 사람들은 완전히 궁핍한 상태로 전락했으나 여전히 그들의 신앙심에 충실했다.

천주교도가 아닌 한국인들도 그들을 도와 밭을 경작하는 데 필요한 곡식을 빌려주었고, 그들이 정직하게 상환하리라고 굳게 믿었다. 이러한 신용은 그들과 같은 민족인 다른 조선 사람들의 경우에서는 찾아보기 힘든 것이었다.

외국인 선교사들이 처형당했기 때문에 한국 교회의 생활에는 새로운 발전이 있었다. 처음으로 중국에서 축성된 두 명의 조선 사람 신부를 보유하게 되었다. 그들은 그 어느 때보다 더 박해가 심해 도움이 매우 필요한 때에 조선의 교회로 돌아왔다. 그들 가운데 하나인 김대건의 경우는 선교의 기간이 매우 짧았다. 그는 짧은 기간 동안 완벽히 임무를 수행하였기 때문에, 용기와 정열이 넘쳐흘렀던 스물다섯 살의 나이에, 오랜 기간이 지나야 완성되는 순교의 왕관을 쓰게 되었다. "왜냐하면 그의 영혼은 하느님을 즐겁게 했기 때문이다."[12]

1850년, 2명의 프랑스 선교사가 다시 활동하고 있었는데, 끊임없는 박해에도 불구하고 교회의 꾸준한 성장에 도움을 주었다. 유럽의 선교사들은 본래 잠입에 의해서만 조선으로 들어갈 수가 있었으며, 항상 선교에 대한 박해 속에서 무수한 고난을 참아 내야만 했다. 선교는 공개적으로는 전혀 수행되지 못했다. 다블뤼[13]는 이 고난을 다음과 같이 묘사하고 있다.

> "1859년은 이렇게 요약될 수도 있다. 고통이 연속적으로 겹쳤다. 그러나 모든 것에서 하느님의 보호가 있었고, 고난 가운데서 복음 활동이 진전되었다."

---

12) 『구약성경 외경 : 솔로몬의 지혜』 4 : 14.

13) 다블뤼(Marie Nicolas Antoine Daveluy : ?~1866?) : 파리외방전교회 소속의 신부. 1846년 김대건과 함께 조선에 입국하여 주교 베르뇌의 보좌 신부로 활약하다가 1866년의 병인사옥 때 주교와 함께 순교했다.

북쪽의 러시아인들의 호전성으로 말미암아 1866년 조선의 왕은 모든 천주교인을 근절시키리라고 단호하게 결심하게 되었다. 결국 체포된 모든 프랑스 선교사들은 처형되었다. 12명 가운데 9명이 체포되었다. 그들은 처형당하기에 앞서 고문을 당한 것 같다. 그 가운데 한 명이 다블뤼 주교였는데, 그는 조선에서 21년을 보냈다. 또 어떤 사람은 다만 9개월밖에 조선에서 머물지 않은 사람도 있었다. 체포되지 않은 세 사람은 조선 땅을 탈출하는 데 성공하여, 그 가운데 하나가 천진에 있던 프랑스 제독에게 그 비참한 이야기를 모두 했다. 결국 조선을 공격하러 원정대가 파견되었다.

이러는 동안에 조선의 교회는 극심한 박해에 노출되었다. 그리고 조선의 백성들로 하여금 천주교를 믿게 하려는 외롭고 긴 투쟁을 하게 되었다. 여기서 달레(Père Dallet)의 말은 끝난다. 그러나 현재의 조선의 천주교의 위치와 숫자에 관해 한 마디도 없이는 이야기를 끝낼 수 없다고 생각한다. 다만 그것이 크로제(Krose)가 쓴 『가톨릭통계연감』(1908)의 통계 자료의 범위를 넘지 못하는 것이 유감일 뿐이다.

선교 사업은 파리신학교의 임무이다. 한국에는 45명의 유럽 성직자들이 있고, 53명의 수녀와, 지금은 각각 다른 영역에서 활동하고 있는 한국인 사제 10명이 있었다. 한국인 신도는 64,070명에 이르렀고, 예비 신자는 8,220명이다. 45개의 지교회가 있으며, 상당히 많은 수의 학교도 가지고 있다.

나는 서울에서 일하고 있는 수녀들을 방문하여 개인적으로 세세한 일들을 말할 수 있기를 희망했었다. 그러나 분위기가 몹시 좋지 않다는 사실 때문에 그렇게 하지 못했을 뿐만 아니라, 많은 단체들을 방문하지 못했다. 그리고 이러한 냉랭한 분위기로 말미암아 거기에 머무르는 동안 많은 시간을 집안에 머물러 있어야 했다.

제 10 장 서 울

베니스와는 달리, 해가 진 다음에는 서울에 들어가지 말아야 한다. 그러나 우리는 밤늦게 도착했다. 희미한 불빛이 비치는 거리를 따라 인력거를 타고 들어갔다. 목적지까지 많은 돌길을 지나갔다. 선교사들을 위한 핀더 양(Miss Pinder)의 휴식처는 이 도시의 높은 지대에 근사하게 위치하고 있었다.

아침 햇살이 비추었을 때 우리는 이 도시에 대해 전혀 색다르고, 아름다운 인상을 받았다. 이 도시는 화강암으로 된 높은 구릉으로 에워싸여 있었다. 화강암 구릉은 하루의 시간이 변함에 따라 금빛에서 짙은 청색까지 다양하게 바뀌었다. 전에는 웅대한 대문을 지나 통과할 수 있는 높은 담이 그 주위를 에워싸고 있었는데 이제는 아주 세속적이고도 추한 일본인들의 집을 짓는 석재로 쓰려고 순식간에 사라져 버렸다. 우리는 매일매일 새롭고 흥취 있는 변화를 만끽했다. 어떤 사람은 공중 위생 시설조차도 아주 비싸게 구매하고 싶은 충동을 느낀다.

우리는 매우 화창한 봄날 아침, 고궁을 방문하러 출발했다. 지금은 저렴한 입장료를 받고 일반에게 고궁을 공개하고 있는데 약간의 규칙을 지켜야만 한다. 첫 번째 규칙은 방문객들이 경건한 복장을 입어야 하고, 다음은 입장객은 새나 물고기 등을 잡아서는 안 된다. 왕궁은 매우 넓은 땅을 차지한 채 높은 담으로 둘러싸여 있었고 거기에는 8~10개의 대문이 있다. 그리고 건물 위에는 휘어져 경사진 모양의 지붕이 얹혀 있다. 이 궁은 마치 조그만 담으로 된 도시처럼 보였고, 약 3천여 명의 사람들을 수용할 수 있다. 왕궁으로 들어가는 대문은 큰 길의 끝에 있다. 그 길에는 멋진 돌로 된 동물들이 주춧돌 위에 장식되어 있고 길 양쪽으로는 공공건물들이 죽 이어져 있었다. 그러나 슬프게도 이 건물들은 일본식 건물들로 대체시키려고 철거되고 있었다. 큰 길은 분주하고 화려한 모습들이었다.

한국의 의복은 특히 흥취가 있고, 많은 아낙네들이 진홍빛의 리본이 달린, 사과나 상추 잎같이 현란한 소매 없는 푸른 외투를 쓰고 있다. 이 외투는 머리 꼭대기부터 무릎 아래까지 늘어져 있다. 소매는 전혀 사용하지도 않고 사용할 수도 없었다. 목 부분의 공간은 모자와 같은 기능을 하는 하얀 옷감 조각으로 채워져 있고, 상의는 알맞은 높이보다 6~7인치 추켜올려 입었다. 이 기묘한 의복은 처음에 남자용 상의였으나, 많은 동양의 아낙네들이 그렇듯이, 부인네들이 거리에서 얼굴을 감추려고 쓰곤 했다. 이것은 확실히 서울의 거리를 아주 매혹적인 색깔들로 조화를 이루게 했다.

여인들의 평상복은 완전히 흰색이다. 그것은 짧은 저고리와 헐렁한 고쟁이, 그리고 이를 완전히 두르는 역할을 하는 큰 주름의 앞치마로 이루어졌다. 하층 계급 부인네들은 상류 사회의 의복과 하류층 의복 사이에 차이가 있음을 감추려고 하지 않는다. 마치 그들은 항상 애를 키우고 있는 것을 보여주듯이, 의복이란 애를 키우려고 고안된 것이라는 생각에 의심이 없다. 내가 그린 그림을 통해 겨울 모자(조바위)와 함께 그 옷을 볼 수 있다.

광장에서 대문을 통해 궁내로 들어가면서 초록색의 조화를 볼 수 있다. 구릉들이 줄지어서 배경으로 우뚝 솟아 있고 뜰의 건물과 그 뒤의 소나무와의 섬세하고 미묘한 초록색의 혼합이 있다. 아름다운 다리가 해자를 가로질러 걸쳐 있고, 섬세한 석조물들이 그 해자 위로부터 물 쪽으로 기울어져 마치 그 물 속으로 뛰어드는 것 같다. 오른쪽에는 일본인들의 소학교를 세우고 있는 공터의 입구가 있다. 이것은 조선 사람의 자존심에 대한 매서운 타격이 되고 있다.

그러나 불행히도 우리의 동맹국인 일본은 그런 세세한 일에 대해서는 아주 경솔히 하고 있다. 그들은 가능한 한 그들의 보호국을 회유하여 통치하려고 노력하지도 않고 오히려 너무도 자주 그 반대로 행동하고 있다. 그렇게 행동하지 않는 예가 굉장히 드물었다. 여러 가지 방법으로 일본인들은 이 나라에 이로운 많은 일들을 하는 중이지만 그것은 아주 불쾌하고 욕지기나는 방법이다. 한국인들의 가장 귀중한 열망을 짓밟고 이들을 정복된 적국으로 여길 때 점령의 이상은 부인할 필요조차 없다. 규모나 중요성에서 다양한 집들로 둘러싸인 많은 궁실들이 있는데 침모들이 기거하는 궁실을 볼 수도 있다. 그러나 그들의 대부분이 이제 황폐한 상태이다.

이 궁은 이 도시에서가장 아름답고 소중한 곳이다. 그러나 굉장히 빠른 속도로 이 궁은 쇠퇴하여 여러 조각으로 해체되었고, 왕후가 거주하던 부분은 완전히 파괴되고, 바로 그 건물의 돌들은 다른 건물의 축성에 사용되었다고 한다. 왕의 웅대한 집무실은 화려하게 꾸민 천장까지 쭉 뻗친 높은 기둥으로 된 초록색, 베니스식 빨강, 황금색, 그리고 푸른색 등 화려한 색깔의 결정이었다. 그 천장은 중국의 용과는 디자인에서 다소 다른 황금 빛 용의 중앙 장식물로 정점을 이루고 있다. 비록 그 건물은 1층이지만, 그 지붕은 웅대한 높이의 외관을 나타내도록 지어졌다.

건물 사방에는 격자창이 달려 있다. 그 창은 많은 관람객들이 볼 수 있도록 열 수 있다. 그 건물은 넓고 훌륭하게 포장된 뜰로 삼면이 둘러싸여 있다. 그 뜰 중심에는 이정표처럼 두 줄로 된 돌들이 정렬해 있다. 그 돌들은 조정 대신들이 국사를 위해 알현의 차례를 기다릴 때 서열에 따라 서 있는 장소를 표시한다. 이어지는 궁실을 지나면 궁은 황제의 편전으로 이어져 있다. 편전은 다른 공공건물보다 규모에서 아담하다.

왕은 정오쯤에 일어나기 때문에 아침 시간에는 아주 조용하며, 불필요한 활동을 하지 않는다. 왕국의 기상을 알리는 북소리가 울려 퍼지면 이 소리를 듣고 모든 조정 대신과 어의, 그리고 수행원들이 소집되어 임금이 등장할 때를 대비한다. 그러면 그 뜰은 바쁜 벌통처럼 사람들로 붐빈다. 조정 대신들은 가마에서 내려 한두 명의 수행원과 함께 들어갈 수 있으며, 나머지 수행원은 밖에서 기다린다.

대례복은 아름다운 도금양의 초록색 코트로 되어 있다. 대례복은 몸으로부터 몇 인치 튀어나온 두꺼운 벨트에 고정된 장방형의 가슴받이와, 하얀 밑창을 가진 검은 우단으로 된 승마화와, 양쪽에 튀어나온 똑같은 천으로 된 귀를 가진 긴 검은 모자로 이루어져 있다. 이 의복은 책의 표지에 있는 모습[1]과 같은데 친절한 조선 양반의 도움으로 그것을 그릴 기회를 얻었다. 궁궐에서 근무 중인 환관도 역시 조복을 입는다. 중국에서처럼 환관은 조선의 정치 놀이에서 유감스러운 역할을 담당했다.

궁중의 일상적 업무는 오후에 처리된다. 때로는 외국의 어느 공사가 임금을 배알하기도 하고, 조상 경배에 관한 특별한 의식이 이뤄지기도 한다. 1년에 한 번 왕은 그 해의 첫 밭갈이를 위해 서울 근교의 들로 행차하는데 그 장소는 서울의 동대문 부근이라고 한다.

해가 지면 성문은 닫히고 통행이 금지된다. 누구도 왕의 특별 허가증이 없이는 출입할 수 없다. 밤에도 국사는 처리된다. 왕은 중요한 일들을 보고받기도 하고, 궁내의 잡담으로 시간을 보내기도 한다. 밤에도 내내 근무 중인 한두 명의 대신들이 있다. 이들은 새벽녘에야 궁을 떠나는데, 그때는 왕이 휴식을 취하려고 퇴청할 때이다.

왕의 편전 왼쪽으로는 유희 장소로 연결된 문이 있다. 그곳에는 넓은 벽으로 둘러싸인 널찍하게 트인 여름 집이 있다. 그것은 돌로 된 축대 위에 2층으로 되어 있고, 벽이 없이 아름다운 기둥으로 받치고 있다. 지붕은 중국에

1) 이 책의 원서에는 조선의 관료의 관복이 아름답게 금박되어 있으나 이 번역본에서는 이를 전재하지 못했다.

서 흔히 볼 수 있는 모습이며, 발코니와 천장의 베니스식 빨강색과 훌륭하게 조화를 이루는 파랑, 초록, 황금빛 조각들로 장식된 처마들이 삐죽 튀어나와 있다.

거기에서 한 발짝만 물러서면 연꽃이 만발해 있는 연못이 있다. 연못 안에는 금붕어가 평화롭게 노니는 것이 보인다. 여기서도 세월의 손길은 무상하여 벽들은 무너져 있고 계단은 허물어져 흩어져 있다. 벽돌 건물들은 지금 무너지기 시작한다. 이곳은 다만 일본인들의 정원 파티에 이용될 뿐이다. 일본인들의 심미안은 아름다움에 대한 편견을 충분히 극복하여 너무 늦기 전에 시간의 황폐와 무관심으로부터 충분히 그것을 구할 것이라고 바라는 사람들도 있다. 아름다운 소나무와 언덕은 이러한 보석과 더불어 아름다운 배경을 이루고 있다.

대비 홍씨[2]는 궁의 뒤쪽의 별채에서 홀로 거주하고 있다. 그는 거기에서 번번이 왕자를 대동한 왕의 방문을 받곤 했다. 친자이든 양자이든, 조선에서는 어머니를 방문하는 것이 모든 자식들의 의무로 여겨진다. 매일 오후에 대비는 궁녀 두세 명을 대궐로 보내 왕의 안부를 묻는다. 이런 심부름을 하러 가는 궁녀들은 이를 위해 옷을 더 추가해서 입어야 하고, 기다란 모양으로 머리를 치장해야 한다. 대비의 거주지는 높은 담으로 둘러싸여 있고 출입문에는 검푸른 천이 매달려 있었다. 천은 공처럼 둥글게 된 하얀 천으로 장식되어 있어 문이 열릴 때 아무도 뜰의 안쪽을 볼 수가 없다. 포도청의 포졸보다 더 높은 궁정 수비 두 사람이 문밖에서 보초를 선다.

명성황후가 죽은 뒤, 왕자는 왕과 같은 거주지에 살며 좀처럼 서로 떨어지지 않았다. 러일전쟁 동안 종군 기자들은 왕이 어느 미국 선교사 딸과 결혼했는데 그가 에밀리 브라운 비(Princess Emily Brown)라고 보고한 적이 있었다. 이 이야기가 미국에서 사실처럼 퍼지자 나는 그 루머 속에는 한 마

2) 대비 홍씨(大妃 洪氏 : 1831～1903) : 홍재룡의 딸로서 헌종의 계비였던 정효왕후를 의미함. 그는 1844년에 왕비가 되었으나 헌종이 요절하고 왕대비가 되었다.

디의 진실도 없다고 공개적으로 말해야 했다. 왕은 명성황후의 추억에 사로잡혀 있었다. 그는 다시 결혼하지 않았다. 이런 사실과 그의 다른 궁정의 세세한 생활에 대해서 나는 당시 궁중과 밀접히 관계하는 친구에게 많은 도움을 얻었다. 그리고 나는 그 뒤에도 몇 해 동안 계속해서 신세를 졌다.

왕비는 대비와 마찬가지로 자신의 집과 정원을 가지고 있으나 그 규모는 더 작다. 매일 오후에 그는 환관과 궁녀들을 데리고 왕에게 배알하러 간다. 그는 왕의 알현실에서 가라고 할 때까지 떠나지 못한다. 이 관습은 왕에게만 국한된 것이 아니다. 한국의 양반 사회에서 딸들은 아버지에게, 며느리는 시아버지에게 존경심을 표시하는 것이 예절이다. 또한 가라거나 혹은 앉으라고 할 때까지 선 채로 있어야 하는 것이 예절이다. 동양의 일반적 관습에 따르면 며느리는, 아버지가 자신의 부인과 딸들과 함께 같은 집안에서 사는 것처럼, 시아버지와 함께 같은 집안에서 살기 때문에 이러한 관습을 지키는 것은 간단한 문제이다.

동양의 궁정 여인들의 생활의 세부 사항들을 아는 것은 흥미 있는 일이다. 이들은 9~10살 때 총명하고 잘생기고 영리한 소녀로 궁궐에 들어온다. 한국인들의 이상적인 아름다움에 대한 인식은 우리와 다르다. 이들은 그들보다 한두 살 더 먹은 다른 소녀들로부터 저마다 그 여인 자신의 방에서 훈련을 받는다. 나이 어린 사람들이 시중드는 임무를 받게 되면, 어린 시절의 댕기를 버리고 쪽을 찐다. 이러한 식의 머리치장은 다른 조선의 처녀에게는 결혼을 의미한다. 비록 결혼이 모든 여성들의 의무로 인정되긴 하지만 궁궐에서 시중을 드는 사람들에게는 결혼이 금지되어 있다.

처녀들은 하얀 비단 적삼과 진한 남빛의 푸른 비단 치마를 입는다. 어린 처녀들은 가끔 핑크색이나 노란색 비단 적삼을 입기도 하지만 나이든 처녀들은 입을 수 없다. 만약 궁녀가 어떤 심한 잘못을 저질렀을 경우 이는 각 부서의 반장에게 보고된다. 예를 들어, 몸종 일을 하는 사람들은 시중드는 몸종의 반장에게 보고되고, 수라간에 있는 사람들은 주방장에게 보고된다.

이 부문의 한 특별한 궁녀는 생선의 양념을 만드는 일에 50년 이상을 종사하고 있었다. 그러나 그는 65세가 되어서야 겨우 자신의 뜻을 말할 수 있었다. 따라서 그가 양념에 관해 자신의 뜻을 말할 수 있었던 것은 최근의 일이었다.

그러나 궁녀들의 수효가 감소되는 데도 그들은 번갈아 열흘 근무하고 열흘 쉰다. 공주들은 궁녀들을 데리고 있을 뿐만 아니라, 동양의 궁정 생활에서 최악의 벌의 하나인 환관도 데리고 있다. 이들은 이곳에서 저곳으로 소식을 전하는 임무와 그 밖의 임무를 맡는다. 대비의 휘하에 소속한 환관들 가운데 하나가 매일 한국의 작은 신문을 대비에게 크게 읽어 주곤 한다. 그는 창문 밖에 앉아서 신문을 읽는다. 거기에서 말하는 소리는 안에서 들을 수 있지만 그 내부를 들여다볼 수 없다. 왜냐하면 창문이 있고 종이가 있기 때문이다. 창문에 관해서 한국은 중국과 비슷하다. 요즘에는 종이 대신 유리를 사용하기 시작했다.

내가 지금까지 묘사한 이런 식의 옛날 궁정 생활은 1904년 대비가 사망한 뒤 얼마 되지 않아 모두 끝났다. 우리는 그가 거주한 흔적만 남아 있는 황량한 폐허 사이를 배회했다. 마침내 우리는 소나무 숲에 도착했다. 그 숲은 바로 다름 아닌 야외 음악당 같은 이상한 기념물인데, 1895년 민비가 일본인들에 손에 잔인하게 살해당하고 나서 불에 타 죽은 장소를 기념하는 유적지이다.

민비의 궁녀들은 그를 둘러싸고 그를 살리려고 노력했으나 허사였다. 그들 가운데 하나는 자기가 왕비라고 소리쳤으나 소용없이 그의 생명은, 아! 헛되이도 재앙을 당하고 말았다. 왕비는 바로 왕의 알현실에서 중전까지 한밤중에 추격을 당해 마침내 척살당하고 말았다. 1897년에 대궐을 서울 서쪽 지역으로 옮겼는데, 폐위된 왕이 아직도 그곳에 살고 있다.

다음날 우리는 민비를 기리려고 세워진 능을 방문했다. 그곳은 도시의 동쪽으로 몇 마일 정도 되는 아름다운 곳이었다. 동대문을 지날 때 우리는 전차를 타고 교외를 가로질러 종점까지 갔다. 거기서 숲속으로 회전해서 우리는 거의 1마일의 그늘진 아름다운 숲속을 거닐었다. 우리는 그 동안 일본인들 한두 무리를 만났다. 그들은 소풍을 즐기느라 정신이 없었다. 목적지에 도착하자 우리의 미국인 친구는 기념비가 있는 언덕에 올라가도록 허가하지 않을 것이라고 걱정했다. 나는 허락을 기다리지 않고 그냥 올라가기로 작정하고 아름다운 그 지점까지 급히 올라갔다. 바로 내 밑에는 무덤이 있는 평지가 아름답게 펼쳐져 있었다.

나는 매우 빠르고 신속하게 일을 시작했다. 내가 다른 방문객들이 들어오고 나가는 것을 즐겁게 바라보고 있는데 경비원이 나를 쫓아내려고 올라왔다. 나는 우호적인 웃음으로 그를 맞이하고 나서 그의 명백한 의도를 무시한 채 그에게 나의 스케치를 보여 주었다. 미국인 친구는 영문도 모르고 당당하게 행동하는 나를 몹시 걱정했다. 왜냐하면 그는 경비원들이 말하는 모든 내용을 이해하고 나에게 통역하였기 때문이다. 그곳은 매우 중요한 사람들을 제외하고는 아무도 들어갈 수가 없는 곳이었다. 우리를 쫓아내려고 다른 경비원이 아래에서 몇 번 소리친 뒤 언덕을 천천히 올라왔다. 나는 그 역시 첫 번째처럼 맞이했는데, 이번 역시 똑같은 우호적인 효과를 주었다.

그들은 아주 난처했다. 그들이 미처 어떻게 할까 결정하기에 앞서 스케치는 끝나 버렸다. 나는 그들에게 얼마간의 뇌물을 쥐어 주고 작별 인사를 하였다. 사람들이 무덤에 접근하지 못하도록 경비원이 제지하는 것은 그럴 만한 이유가 충분히 있었다. 왜냐하면 석조 동물에 올라타는 시늉을 하거나, 그곳을 조롱하면서 희희낙락하는 방문객들이 보여 주는 불경스러운 태도는 이곳을 몹시 소중히 여기는 조선 사람들의 감정을 손상했기 때문이다.

서울 밖에는 비천한 사람들의 무덤들이 많다. 죽은 사람들이 그 안에 누워 있는 편자 모양의 흙더미 무덤 하나를 선택하여 스케치했다. 그곳은 이제 막 만발하고 있는 야생 진달래의 향기가 넘쳐흐르는 아름다운 지점이다. 이것은 게일 박사[3]의 『한국 스케치』(p. 216)에서 잘 묘사되어 있다.

무덤은 가능하면 좌청룡 우백호의 양쪽 지맥에 두 개의 팔과 같은 능선을 가지고 있는 산의 정면 쪽으로 선택한다. 그 바로 앞에는 안산이라 부르는 산이 있다. 그것은 죽은 사람들의 가족들을 도와준다. 이 안산이 없으면 무덤의 운수는 계곡을 흘러내려 사방으로 흩어져 버릴 것이다. 시냇물이나 표면의 물들이 나갈 자유로운 출구가 있어야 한다. 대체로 이런 곳이 무덤 자리이다. 그때 안산의 양면에서 볼 수 있는 특별한 산봉우리들이 눈에 들어온다. 하나는 가족에게 장수를 누리도록 해주는 것을 의미하고, 다음 것은 많은 자손을, 그 다음은 높은 지위를, 마지막은 재산을 각각 의미한다. 모든 산봉우리의 오른쪽과 왼쪽에는 특별한 의미가 있는데 지관은 그의 전문적 식견으로 이를 판단한다.

비록 박물관이나 동물원 등을 자랑스럽게 여기지만 서울 시내에는 볼 만한 것이 많지 않다. 현재의 궁궐은 훌륭한 소나무가 가득한 동대문 부근에 아름답게 위치해 있으며, 현재 황제는 거기에서 은둔 생활을 하고 있다. 일본인들의 손에 왕으로 추대된 이래 이 건물이 일반인에게 공개되지 않는 것은 당연하다.

서울에는 여러 선교 단체들이 활동 가운데 있다. 서울에는 그들의 본부가 있지만 대부분의 주요 인사들은 전국이 순회 선교에 나가고 없다. 천주교와 성공회는 선교에 적극적이다. 그러나 그 구성원의 하나가 나에게 정보를 알려주었던 것처럼, 성공회의 활동은 최근 몇 년 동안에야 겨우 발전해 오고 있다. YMCA는 미국인이 제공한 훌륭한 집과 대지를 갖고 있었고 구세군은 그 분야의 신참이다.

---

3) 게일(James Gale : 1863~1937) : 한국명 기일. 캐나다 토론토대학 출신. 1888년에 입국. 성서 번역에 기여했으며 연못골교회의 목사(1891~1898)를 지냈고 『한영사전』(1897)을 편찬함. 그 뒤 평양신학교 교사, 피어선성경학교 교사를 지냈고, 황성기독교청년회를 창립했다.(1903) 그의 자세한 전기는 신복룡(역주), 『전환기의 조선』(서울 : 집문당, 2019)의 역자 서문을 참고할 것.

일본인들은 훌륭한 은행과 우체국과 기차역과 그 밖의 공공 기관을 지었다. 그러나 그들은 업무를 처리하는 데 너무 느리다. 나는 이미 봉천(奉天)의 일본 은행에서 신용장으로 몇 파운드를 얻는 데 거의 한 시간이 걸리는 것을 경험한 적이 있는데, 여기서도 그들은 마찬가지로 느렸다. 나는 이름을 서명하는 붓과 훌륭한 먹판이 카운터 위에 놓여 있는 것을 보았다. 우습게도 일본인들과 중국인, 그리고 한국인들은 서명을 쓰는 대신 여전히 그림을 그리고 있었다.

나는 그 회계원이 내가 원하는 금액이 일본 돈으로는 얼마나 될 것인가를 계산하느라 바쁜 동안 화첩에 스케치를 완성하는 데 시간을 활용하고자 했지만, 그 생각이 어리석다는 것을 곧 깨달았다. 왜냐하면 내 일을 하고 있던 회계원까지 포함해서 그들은 나의 주변을 둘러싸고 구경했기 때문이다. 그들은 이것이 유쾌한 기분 전환이 되리라는 것을 알았으며, 시간이야 중요하지 않은 것처럼 생각하고 있음이 틀림없었다.

그들은 주판으로 모든 것을 계산했다. 내가 그들에게 처음 청구했던 금액을 두 배로 할 것을 요청했을 때 5×2를 계산하는 데 정확히 18분이 걸렸다. 은행 취급 업무에 부과되는 요금은 대개 필요 이상으로 큰 건물을 유지하고, 할 일은 별로 없으면서 숫자만 많은 은행원들의 월급이 지출될 것이다. 일본은 조선에 일본 통화를 통용시켰다. 통용되는 대부분의 돈은 양쪽 국가에서 똑같이 통용된다. 그러나 한국의 일부 동전들은 일본에서 통용되지 않는다.

여행객들은 일본이 마치 한국을 합방하지 않은 체하는 말을 들었을 때 터무니없는 것처럼 보였다. 왜냐하면 그들은 매우 고압적인 방법으로 "모든 것"을 장악했기 때문이다. 그들은 한국인들로부터 모든 강기슭의 토지 소유권, 어로권, 수렵권, 연안 무역, 많은 토지 등을 박탈하면서 명목적인 값만 겨우 지불했을 뿐이다. 한국인들이 자신의 의사와는 달리 강제로 그것을 팔아야만 했다. 기차, 우체국, 전신 정보, 통화, 세금, 관세 등이 완전히 그들의 수중으로 넘어갔다. 그들에게 남겨진 것이라곤 무엇인가?

얼마 안 되는 일본인들이 한국어를 배우는 데 고통을 느낀다는 사실과 그로 말미암아 끝없이 오해가 가중됨으로써 속박의 괴로움은 가중된다. 그들은 각 장소마다, 심지어는 수로에까지 다른 이름을 불렀다. 일본 국내에서는 매우 일반적인 특징인 공손함을 그들에게서는 찾아볼 수가 없다.

그러나 이것은 과도기임을 알아야 할 것이다. 그리고 일본 정부는 불안을 야기하러 온 사람들을 철수시키고 좀 더 훌륭한 공무원을 공직에 앉힐 시도를 꾸준히 할 것이 요망되고 있다. 이 방향으로 이미 어느 정도 진보가 이루어졌다. 특히 재판에 관해서는 그렇다. 한국인들은 국제 조류의 지회를 무시하고 고집스러운 쇄국의 댓가를 치르고 있다. 그러나 그 댓가는 너무나 쓰다.

한국인들이 최근에 겪은 가장 슬픈 손실의 하나는 이토 히로부미[4] 공작을 잃은 것이다.[5] 그들의 지도자들 가운데 가장 훌륭한 친구였던 일본의 공작을 살해한 사람은 다름 아닌 한국인이라는 사실에서 운명의 아이러니를 볼 수 있다. 암살자는 일본에서 재판에 회부되었는데 매우 평온하게 사형 집행을 맞았다. 그 당시 그는 시를 쓰고 있었기 때문에 당국은 그가 그 시를 끝낼 수 있는 시간을 갖도록 열흘간 사형 집행을 연기했다.

---

4) 이토 히로부미(伊藤博文 : 1841~1909) : 일본 메이지시대의 정치가. 공작. 대륙론자 요시다 쇼인의 쇼카의숙에서 배움. 메이지 유신과 더불어 효고현 지사로 정계에 진출한 뒤 구미 시찰을 거쳐 초대~4대 내각 총리대신(1885~1901)을 지냄. 귀국 뒤 추밀원 의장이 되어 만주 시찰 가운데 한국인 안중근에게 피격 · 절명함.

5) 이토 히로부미의 죽음에 대한 필자의 견해는 지나치게 친일적이어서 주의할 필요가 있다.

제 11 장 부 산

서울에서 부산까지의 여행은 아름다운 들판을 지나간다. 모든 경작지는 영토의 3/4을 이루고 있는 언덕을 배경으로 다양하게 펼쳐지고 있다. 가장 큰 비율의 경작 곡물은 쌀이다. 그러나 밀, 보리, 콩, 기장, 그리고 다른 곡물들도 골고루 자란다. 이곳은 참으로 젖과 꿀이 흐르는 땅[1]이다. 기후도 완화하여 정치를 잘하면 매우 행복하고 번영된 땅이 될 것이다. 지진 걱정도 없고, 대홍수나 역병과 같은 큰 재앙도 없는 곳이다. 작년 서울에서 콜레라가 발생했는데 일본인들의 놀라운 노력으로 약간의 희생자를 내고 퇴치되었다.

우리가 남쪽으로 여행함에 따라 땅은 점점 푸르러 갔고, 과일 나무는 아름다운 꽃망울을 보여주고 있었다. 버드나무는 온통 초록색으로 덮여 있었고 언덕의 연분홍 진달래는 저녁의 불빛처럼 타올랐다. 20시간의 여행은 긴 것 같았다. 미국인 칸에 탄 우리는 작고 나긋나긋한 일본 공무원의 처사를 견딜 수 없었다. 우리와 동행하는 그들은 어떻게 해서든지 우리의 일등칸을 타려고 재간을 피웠기 때문이다. 수행원은 여기저기에 슬리퍼를 가지고 왔다.

---

1) 여호와께서 모세에게 약속한 가나안을 의미함. 『구약 성서 출애굽기』

공무원들이 그들의 신발을 벗고, 양탄자와 솜털 이불을 펼쳤을 때 2인용의 작은 의자에 그들의 몸을 맞추고자 애쓰는 모습을 보면서 우리는 어떻게 저것이 가능할까를 궁리해 보았다. 머리를 둘 휴식처를 발견하고는 유리창틀에 발을 올려놓거나, 혹은 용수철처럼 몸을 꼬부려야만 한다. 문을 여닫는 소리와 찻간을 지나가는 승객들의 소리가 끊임없이 들리는 그런 곳에서 방해받지 않고 잠잘 수 있는 사람은 행복하다. 바로 이러한 행복이야말로 미국인들이 이상적으로 생각하는 철도의 안락함이다.

하루가 지나 부산에 가까워지자 수행원들이 다가와 우리의 옷을 손질을 해주고 코트를 입는 데 도움을 주었다. 그는 다음 역에서 그들이 말하기를, 우리 친구들이 전화를 했는데, 그들은 우리를 만나러 오고 있고, 또 다음 역에서 내릴 준비를 해야 한다는 놀라운 뉴스를 전해 주었다. 우리는 그가 시키는 대로 했다. 그들은 우리가 원산으로 타고 갈 예정이었던 배가 다음 날 아침까지는 떠나지 않아 승선하지 못한다고 알려 주었다.

우리는 항구에 있는 일본 호텔의 싸늘함 대신 그들이 우리에게 베풀어준 호의가 고마웠다. 비록 북쪽에 있는 그들의 친구들[2)]처럼 그렇게 급속하게 성공하지는 못했지만 반도의 이 끝에서 오스트레일리아 장로회가 수행하고 있는 활동을 듣는 것은 흥미로웠다. 그들은 똑같은 정책을 추구했지만 이곳의 교회는 튼튼한 자력을 갖춘 교회가 되었다.

나는 선교 분야에서 기독교의 놀라운 결과를 보여준 새로운 교역자를 만난 경험을 빼어 놓을 수 없다. 이 스코틀랜드 사람은 약 12년 전에 식인종에게 선교하려고 뉴 헤브리데스로 갔었다. 이러한 일을 좀 더 효과적으로 하려고 주위에서 그에게 섬들 사이에서 활동할 수 있도록 모터 보트를 마련해 주었다. 그는 경험 있는 뱃사람이었고, 직접 그것을 작동할 수 있었기 때문에 이 보트가 매우 가치가 있음을 알았다. 그러나 불행히도 흑수열이 만연

2) 관서 · 관북 지방에서 활약하고 있던 장로교 선교사들을 의미함.

했기 때문에 그는 의사의 지시에 따라 거기서의 활동을 포기하지 않을 수 없게 되자 배를 후임자가 사용하도록 넘겨주었다.

원주민들은 그가 떠나는 것에 대해 몹시 슬퍼하면서 그에게 새로운 활동 범위에서 활동을 시작하도록 약 250파운드를 제공했다. 그는 언어에 충분히 익숙해지자 한국의 남쪽 해안 주변의 많은 섬들 사이에서 역시 선교 활동을 시작하기로 결심했다. 그러한 선물에 포함되어 있는 우의는 아무리 높게 평가해도 지나치지 않는다. 모터 보트의 활동 경비로 1마일 당 1페니도 안 든다는 사실은 흥미롭다. 이것은 육지에서 순회할 때의 경비의 약 절반인 것이다.

부산은 아름다운 곳이다. 항구로서는 이상적인 위치에 있다. 그러나 도시 자체는 바쁜 항구의 모든 지저분한 모습을 가지고 있다. 만은 높은 언덕으로 둘러싸여 있으며, 아름답고 다양한 윤곽을 보여주는 울퉁불퉁한 면에 나 있는 검푸른 소나무와 더불어 밝은 색깔의 조화를 주는 과실나무와 채소들로 둘러싸여 있다.

부산항은 섬으로 거의 막혀 있고 양쪽으로 배가 나갈 통로를 만들어 준 항구의 천연적 우수성에다가, 부두 사용을 위한 더 넓은 공간을 확보하려고 언덕의 몇 몇 돌출부 부분을 제거함으로써 더 개선되었다. 부산은 기차의 종착지이기도 하고 일본에서 가장 가까운 지점이기 때문에 규모나 중요성의 측면에서 더 계속 성장하리라는 것은 틀림없다. 이곳에서 시모노세키로 가는 연락선은 다만 20시간밖에 걸리지 않으며, 쌍방으로 매일 왕복한다.

부산의 중심부에는 일본인들에 의한 굉장한 풍취로 설계되어 매우 아름다운 수목으로 덮인 작은 구릉이 있다. 잘 다듬어진 돌계단을 한참 올라가면 소나무 숲으로 뒤덮인 그늘이 나온다. 꼬불꼬불 구부러진 길을 따라 만의 매혹적인 경치를 즐기면서 완만하게 정상에까지 올라갈 수 있다. 거기에는 일련의 신도가 있는데 사람들이 자주 들락거리는 것처럼 보인다.

참배객들은 그곳에 가면 크게 손뼉을 치거나 종을 치는데, 이는 신의 주의를 끌기 위해서이다. 그러고 나서 잠시 동안 무릎을 꿇으면서 기도를 한다. 어떤 참배객은 무릎을 꿇고 동전을 던지거나 지폐를 헌금한다. 검은 머리의 키 큰 나무에는 적지 않은 돈이 매달려 있다. 이 신도는 최근에 지은 것으로서 전쟁 노획품들이 그 앞에 놓여 있다.

어떤 행인들은 그 사당에다 목례를 하거나 모자를 벗는 이상의 더 다른 주의를 하지 않지만, 대체로 상당히 정중하게 참배하며, 일본인들은 다른 사람들이 자신들의 종교를 인식하는 것 이상으로 자신들의 종교에 더 애착을 가진다. 부산의 경우 그들은 자신들의 사당에 알맞은 가장 아름답고 특출한 장소를 선택했다. 그들은 이곳에 우아하게 길을 뚫었으며, 이제 막 만발한 아름다운 꽃 수풀을 작은 테라스에 심었다. 언덕에는 야생 진달래가 활짝 피어 있었고 소나무 냄새로 향기가 넘쳐흘렀다.

우리는 일찍 부산을 출발했다. 아침 기차로 도시로 들어가면 너무 늦을 것이라고 그들이 우리에게 확신을 주었기 때문에 우둘투둘한 길로 우리를 날라주려고 구형 버스를 전세 냈다. 우리는 사무실에 9시 30분에 도착했으나 우리를 태울 증기선은 오후 4시 혹은 5시까지는 출발하지 않는다는 말을 들었을 뿐이다. 비록 그들은 아무 배도 없을 것이라고 우리에게 장담했음에도 불구하고, 우리는 그 전날 밤에 크고 훌륭한 증기선이 떠났다는 말을 그 뒤에 들었다. 한국에서의 여행은 참으로 참기 어려운 일이다.

기선 회사 사무실에서 우리는 표를 구입했다. 그런데 표에 우리의 나이를 기입해야 한다는 사실이 상당히 우스웠다. 요금은 일등칸으로 원산까지 14.70엔(약 29실링)이었으며, 거리는 약 30~40시간이 걸렸다. 배는 몹시 컸으며, 목재와 석유를 잔뜩 실었다. 승무원들은 모두 일본인들이었는데 영어를 거의 알아듣지 못했다. 그러나 유럽인의 요구나 바람을 설명할 일이 없었으므로 어려움은 없었다.

수증기를 내뿜으며 만을 지나가는 기선 위에서 본 황혼의 낙조 속에서 보초를 서듯 서 있는 네 개의 암석 모습은 그 무엇에도 견줄 수 없을 만큼 아름답다. 러일전쟁 당시에 발틱함대가 괴멸당한 대해전이 있기에 앞서 안전하게 숨겨진 일본 함대가 러시아 함대를 그곳에서 어떻게 기다리고 있었는가를 우리는 회상해보지 않을 수 없었다.

우리가 탄 배의 경로는 해안선의 윤곽을 아주 가까이 따라갔다. 산에는 형태를 대강 알 수 있게 해주는 암맥처럼 눈의 흔적들이 아직도 군데군데 남아 있었다. 산은 해안선 아주 가까이까지 뻗어 나와 있었고, 반도의 이 지역에서는 경작지를 거의 볼 수가 없었다. 조선의 동해안에는 조수가 불과 6~8인치인 것과는 달리 서해안에는 거의 27피트 3인치나 된다. 이것은 세계에서 가장 높은 조수 가운데 하나이다.

새는 별로 볼 수 없었다. 다만 가끔 갈매기나 가마우지와 같은 새들만 눈에 띄었고 부산만으로 몰려드는 것을 봤던 하얀 범선들을 볼 수 없는 것이 더욱 이상했다. 몇 시간 동안은 생명의 존재들을 보지 못한 채 지나갔다. 다행히 바다는 조용했다. 다음다음 날 아침 6시에 우리는 원산에 도착했다. 우리는 조그만 보트로 상륙해야만 했다.

선교사들이 우리를 맞이해 주었다. 우리는 그들과 함께 현대적인 도시의 번화가를 따라 걸었다. 이곳은 잘 설계되었고, 미국인 선교사들이 사는 구역으로 이어지는 넓은 길이 나 있었다. 그들은 바다가 내려다보이고 수목으로 둘러싸인 언덕의 경사면에서 거주하고 있었다. 원산의 일본식 이름은 겐산이다.

제 12 장 금강산

우리의 친구들은 친절하게도 우리가 원산에 도착하기에 앞서 금강산의 여행 계획을 미리 짜두었으므로 계획을 마무리하는 데 적은 시간으로 충분했다. 산길을 아는 원주민이 우리에게 매력적인 노선을 제안했다. 우리의 뜻대로 쓸 수 있는 시간이 다만 8일뿐이므로 우리는 그 길을 돌아보려는 모든 희망을 포기하지 않으면 안 되었다. 왜냐하면 그 길은 여행자들에겐 높고 매우 오르기 힘든 험한 길이었기 때문이었다. 우리는 한국의 동해안에 이어지는 능선의 멋진 부분을 일주하고 중요한 절을 방문하는 코스를 선택했다. 우리는 네 마리 조랑말과 그를 돌볼 세 남자와 함께 출발했다. 약정된 금액은 영국 돈으로 6파운드가 조금 넘는 64엔이고 가야 할 거리는 대략 225마일이었다.

여행자들은 귀향길에 쓸 어느 정도의 짐을 꾸릴 수밖에 없다 하더라도 그것을 일일이 계산에 넣을 수는 없다. 우리는 말안장을 미리 준비한 것이 없어 침낭으로 대신할 수밖에 없었으나 그것은 매우 불편한 것이었다. 당초에 우리는 말안장을 꽉 잡으면 되려니 생각했고 무서운 추위에 대비하여 머리에 목도리를 둘러야겠다는 걱정을 한 것은 사실이지만 우리는 더 이상 말안장을 꽉 잡고 있을 필요가 없게 되었다.

안내인 주(周) 씨는 우리의 것보다 훨씬 더 편안한 침구를 찾았다. 중국인들이 일상 쓰는 침구는 이러한 때를 위해 특별히 고안한 것이었다. 그는 앞서 말을 타 본 경험이 전혀 없었음에도 불구하고 매우 편안해 보였으며, 놀랄 만큼 빠른 속도로 나귀에 오르내렸다.

네 번째 말은 우리의 준비물 가운데 두 개의 수수한 담요와 옷, 특수한 경우를 대비하여 친절하게 우리에게 빌려준 간이침대를 운반했다. 우리는 우산을 잃어버렸으므로 한국의 기름종이로 만든 방수 외투를 장당 1실링에 샀으며, 산의 축축한 날씨가 다소 걱정스러워 다른 물건들의 안감으로 쓸 방수 종이를 샀다.

우리는 그날 밤길에 15마일을 갈 작정으로 2시쯤 출발했으나 좋은 출발을 하기란 항상 어려워 나룻배에 사공이 없거나 나룻배가 강 건너편에 있는 등, 온갖 장애물들이 우리를 지연시켰다. 잠시 뒤 한 여자가 천천히 건너편 나루터로 내려와 배에 타기에 우리 일행은 그가 밧줄을 당겨 이쪽으로 그 여인이 오도록 열심히 권했으나 그는 이를 거절하고는 누군가 다른 사람이 와서 그를 건네줄 때까지 참을성 있게 기다리며 앉아 있었다. 우리는 그가 손이 닿을 듯이 가깝게 왔을 때에야 그가 장님이라는 것과 아마도 그래서 그는 혼자 건너는 것이 두려웠으리라는 것을 알았다.

시간이 지나감에 따라 우리는 매우 조급했으나 나타나는 사람이 없었다. 나는 우리 일행에게 냇물의 상류를 건너자고 재촉했다. 이는 우리가 분명히 종종 사용하는 방법임에도 불구하고 그들은 겁이 많아 잘 알지도 못하는 길을 시험해 보길 두려워하여 귀중한 시간을 많이 낭비했다. 이전에 어느 누구도 우리가 건넜던 곳을 지난 사람이 아무도 없다는 것을 안 것은 우리의 여행이 끝날 무렵이었다.

그 결과 우리는 끊임없이 실수를 하거나 똑바른 노선에서 벗어나게 된 것은 당연했다. 마침내 바로 우리가 단념하기 시작했을 때 강 건너로 나룻배를 끌 누군가가 도착하자 우리는 얼마간의 경작지를 가로질러 산기슭을 향해 출발했다. 우리 일행이 말한 휴식처인 마을에 도착했을 때는 황혼녘이었다. 우리는 그 다음 날에야 그들이 정확한 장소에서 3마일쯤 못미처 멈추었다는 것을 알았다.

우리는 약 12평방피트 넓이의 작은 방으로 안내를 받았다. 그 집의 여자들은 옷이 벽에 예쁘게 걸린 그 방에서 쫓겨났다. 큰 상자들은 우리의 공간을 더욱 좁게 했다. 한국의 모든 집에는 판자이든 마른 진흙으로 된 것이든 문지방 앞에는 작은 계단이 있는데 누구라도 들어가기에 앞서 그 위에 신발을 벗어 놓는다. 방바닥은 밑으로부터 데워지고 깔개로 덮여 있으므로 의자는 불필요하다고 생각했다.

한국인들은 밤에 그들이 눕는 침구를 통해 스며드는 더운 기운을 즐긴다. 문을 열어 놓았고 잠을 자려고 간이침대를 가지고 있었음에도 불구하고 잠을 이룬다는 것은 참으로 어려웠다. 그러나 우리는 우리가 기대했던 것보다 집안이 훨씬 더 깨끗하다는 것이 기뻤다. 대체로 그들의 집은 그에 상응하는 우리 고향의 시골 마을의 그것보다 깨끗하다는 것은 의심할 나위도 없다. 열기와 소음으로 말미암아 잠을 자기는 다소 곤란했으며, 그들이 일어나서 아침을 먹는 데는 두 시간이 필요하기 때문에 6시까지 뜬눈으로 새웠다.

두 번째 날 우리는 주로 해안을 따라 여행했는데 이제는 말을 타는 데에도 익숙해졌다. 맑은 햇살은 여행하기에 더없이 좋은 날이었고, 세상에서 가장 평화롭고 아늑한 곳이라는 인상을 받았다. 사람들은 대개의 경우 훌륭하게 입고 사는 것으로 보였고 "모든 것이 보기에 좋았다."[1] 마을에는 소, 돼지, 닭, 땔나무가 넉넉해 보였고 집안에는 그릇들이 보기 좋게 배열되어 있었으며 놋쇠 용품들은 윤이 나게 닦여 있었다. 우리는 정오에 말을 멈추고, 말에서 짐을 내리고 뜨거운 밀기울 여물을 주었다.

한국의 조랑말은 튼튼하여 노동력이 좋으며 다리고 튼튼하지만 하루에 세 끼의 뜨거운 식사만을 필요로 하는데 그것은 그 안에 얼마간의 끓인 콩

1) 여호와께서 천지를 창조하면서 하신 말씀. 『창세기』 1 : 12~25.

과 쌀겨를 넣어 많은 양의 뜨거운 물로 만들었다. 조랑말은 그 이웃들과 싸울 때를 제외하고서는 밤새도록 먹는 것 같다. 그 이상 못생긴 동물은 어디서도 찾을 수 없는 이 조랑말의 외피에 어떤 가시적인 영향을 미치진 않았지만, 마부는 짐을 싣기에 앞서 작고 둥근 솔로 정성껏 솔질했다. 한국의 여인숙의 마구간과 부엌은 한 방에 있는 것 같다.

한쪽 벽에는 여러 개의 아궁이가 있어 여러 가지의 커다란 납작한 냄비들로 동시에 조리할 수 있다. 집의 굴뚝은 방의 밑바닥을 가로지르는 구들과 연결되어 방을 데우기 때문에 일반적으로 건물에서 꽤 떨어져 있다.

식사 시간이면 사람들은 각자 직경이 약 4인치쯤 되는 작고 둥근 상을 받는데 그 위에는 쌀밥이 담긴 커다란 놋주발과 물이 담긴 사발, 그리고 채소나 생선 또는 양념들이 담긴 두세 개의 작은 도기 접시들이 놓여 있다. 이 작은 상들은 매우 아담하고 깨끗하며 그 음식은 사람의 마음을 끌게 차려져 있다. 한국인들은 식사를 한 뒤에 드러누워 잠을 자려고 한낮에 늘 두 시간을 필요로 했다.

우리가 가는 길의 위로는 구릉이 있고 아래로는 작은 골짜기가 뚫려 있는데 하루 동안에 다섯 개의 험한 산길로 말을 몰았다. 그 가운데 두 곳에서는 인부들의 많은 무리가 한창 길을 만드는 중이었다. 그들은 주걱 모양의 끝부분에 쇠를 씌웠으며 긴 손잡이를 가진 고유한 모양의 삽을 사용하는데, 양쪽에 밧줄을 부착한 것을 따로따로 잡아당기므로 그것을 사용하려면 세 사람이 필요했다. 지방 어디서나 곡식을 비축하고 있었다.

논은 경작지의 주요 부분을 차지하는 것처럼 보였으며 소가 논을 일구고 있었다. 목장인 땅은 하나도 없었다. 우리가 한국에 온 이래 한 마리의 양도 보지 못했다. 철길로부터 목격된 염소 몇 마리가 있었으나 풀을 뜯는 다른 짐승들은 없었다. 이곳의 가축 중에는 유일하게 소가 괜찮은데 다만 농사와 짐 나르는 짐승으로 이용되었다. 그들이 운반하는 나뭇짐들은 그 부피가 어찌나 않은지 다리만 겨우 보였으며, 남자와 소년들이 운반하는 짐들도 그와 같다고 말할 수 있다.

우리는 막 피기 시작한 야생화들, 이를테면, 순백에서 진한 파랑까지 색조들이 변화하는 설앵초, 크고 둥근 모양의 노랑 꼬까 오랑캐꽃, 여러 가지 색깔들의 바이올렛, 그리고 가장 향기로운 큰 흰색의 이름 모를 꽃들, 진빨강의 털 많은 아네모네, 그리고 흰 크로커스 등을 완상했다.

어제밤 우리는 15마일을 걷기로 작정했지만 겨우 12마일만 왔으므로 오늘 반드시 그것을 보충하기로 결심했다. 그렇지 않으면 정해진 다른 장소에 가는 것이 불가능하기 때문이다. 그러나 그러한 제안에 대해 우리 일행은 표정이 어두워지면서 크게 반대했다. 그들은 37마일은 너무 긴 여행이라고 말했다.

소란스럽게 보금자리를 준비하는 왜가리 떼가 앉아 있는 아름다운 소나무 숲은 산비탈 아래 어느 마을에 이르렀을 때 우리 일행이 거기서 멈추길 열망하는 것은 당연했다. 그 장소는 완벽한 한 폭의 그림처럼 활기차 보였다. 한일 합방 이래 한국의 모든 마을에 틀림없이 서 있는 경고판 가까이에는 경찰이 서 있었다.

우리는 여행 가운데 길거리에서 수없이 많이 본 수호신 앞에서 잠시 발길을 멈추고 초벌 그림을 그렸다. 한국인들은 성지를 대신하는 이 길옆의 돌무더기[서낭당]에 돌멩이를 던지는 것을 공덕으로 생각하고 있었다. 우리는 13시간 반을 여행한 뒤 황혼녘에야 겨우 어느 작은 마을에 도착하여 밤을 보냈다.

우리는 서둘러 식사를 한 뒤 간이침대에 들어가 불을 끔으로써 주민들의 호기심을 저버린 것을 미안하게 생각하지 않아도 되었다. 우리에 대한 그들의 호기심은 늘 고역스러운 것이었다. 우리는 얼마 동안 문을 닫을 수가 없었다. 문을 닫으면 질식할 것만 같았다. 우리가 등불을 껐을 때야 마을 주민들은 구경을 멈추었다. 우리는 어둠 속에서 몸을 씻거나 그러려고 오밤중에 몰래 일어날 일이 없게 되었다.

사흘째 회색빛의 뿌연 하늘 아래 출발했으나 우리가 해안을 따라 나아갈 때 이따금 햇살이 비쳤다. 안내인은 내가 훌륭한 말의 목의 양쪽으로 발을 늘어뜨리고 타야 한다고 주장했으나 그것은 재앙만 가져왔다. 왜냐하면 그런 식으로 말 위에 앉으니 나로서는 매달릴 곳이 없게 되고 결과적으로 말 등을 찌르게 되자 말이 갑자기 뛰어올라 나는 땅 위에 곤두박질을 쳤다. 마부는 내가 떨어지는 것을 멈추려다가 그의 입만 다쳤다.

내가 심하게 다치지 않았음을 안 그는 이가 멀쩡한 그의 입을 벌리면서 나의 동정을 사려고 했다. 그러나 약간의 피를 흘린 이 외에는 심하게 다치지 않았다. 다른 사람들은 크게 웃었으며 그에게 바로 곁의 시내로 내려가 씻으라고 말했다. 그는 꽤 오랫동안 자신의 슬픔을 멈추지 않았고 이전에 길을 즐겁게 했던 그 이상한 노래들을 한나절 동안이나 흥얼거리지 않았다. 우리는 작은 어촌을 지나면서 대부분 우리가 모르는 물고기들을 바구니 안에 담아 놓고 있는 아낙네들을 흥미 있게 바라보았다.

이곳에는 넙치류의 물고기가 많았으며, 우리가 서양에서 본 것보다 더 큰 청어를 서울에서는 흔히 볼 수 있었다. 이곳에서는 일본인들이 어시장을 독점하고 있기 때문에 물고기의 값은 런던에서보다 거기서 훨씬 더 비쌌다. 그러나 외국인들로부터 타격을 받지 않은 이 작은 어촌은 평온하게 행복을 누리고 있었다.

원산을 떠나 그날 오후가 되도록 우리는 일본 사람들을 만나지 못했다. 오후가 되어 갑작스러운 사이렌 소리가 들리기에 우리는 모퉁이를 바로 돌아 바위로 절묘하게 이루어진 어느 항구에 숨어들었다. 이 항구는 해군 기지임이 분명했으며, 바다로부터 매우 훌륭하게 은폐되어 있었다. 항구로부터 뻗어 나온 얕은 웅덩이에는 수많은 바다갈매기와 검은머리물떼새들이 장난치며 놀고 있었다. 우리는 비록 소음 장치가 되어 있다고는 하지만 포격 훈련을 하는 군함에 온통 관심을 집중했다.

독일에서 제작한 지도 철자에 따르면 차구-친도구(Tschagu-Tschiendogu)

라고 되어 있는 마을에는 일본 우체국이 자랑스럽게 있었고 일본인 여자는 등에 아기를 업고 다녔다. 그곳을 통과할 때, 오지로 접어들기에 앞서 얼마간 진한 은빛 모래를 터벅터벅 걸었다.

그날 밤 우리는 먼 길을 걸어 휴식 장소인 깊은 산의 절에 도착했다. 우리는 화강암으로 이루어진 험한 산에 휩싸였다. 바위는 온갖 종류의 이상한 모습을 한 거대한 짐승처럼 험악하게 서 있는데 날이 어두워 가까이 가서 볼 수가 없었다. 검은 반점이 있는 녹색 뱀은 우리 일행을 몹시 놀라게 했다. 초행인 안내인은 번번이 길을 물었다.

드디어 우리는 깎아지른 듯한 절벽으로 이루어진 환상적인 계곡을 지났다. 이곳이 곧 금강산이었다. 소나무 숲을 지나가자 좁던 길이 넓고 잘 손질된 길로 바뀌면서 우리는 1마일 남짓 못 가서 저녁 산보를 즐기는 스님 일행을 만났다. 젊어 보이는 주지는 다른 스님들과는 다른 염주를 걸치고 공손히 절하면서 앞을 지나갔다.

그 일행 가운데에는 영어나 외국어를 이해하는 것으로 생각되는 이가 없었기에 앞으로 어찌해야 할지를 알 수 없었다. 그러나 주 씨는 곧 우리가 이 절에서 묵을 수 있을지를 물으며 땅에서 필담을 나누기 시작했다. 스님은 우리의 요청을 기꺼이 받아들여 뒤를 따라오며 안내해 주었다.

우리가 절에 가까이 이르니 길가에는 부도와 비석이 있는 작은 공간이 있었으나 그 밖에는 주변 건물을 설명하는 표지가 없었다. 이 석조물들은 길과 직각을 이루며 서 있는데 크게 감동을 주지는 않았다. 절은 뒤에 허술하니 서 있었다. 우리는 도드라진 뜰을 향해 열린 몇 칸의 방을 쓰게 되었다. 우리는 부처님을 모시고 있는 대웅전을 돌아보았다.

우리가 쉴 방에는 칸막이가 쳐졌다. 스님들은 우리가 저녁을 만드는 것을 지켜보려고 모두 둥글게 앉았다. 그들 가운데 한 분은 우리가 "예수 선교사들"인지를 글로써 물었다. 다른 이는 우리에게 일어 · 영어 입문서를 가져와서 그가 배운 몇 마디의 문장을 꽤 정확하게 말했으나 우리가 말한 어떤 것도 이해하지 못했다.

우리가 방 한쪽에서 저녁을 먹는 동안 몇 스님들은 다른 곳에서 음식을 먹었다. 개인적인 자유를 가질 수 없다는 것이 명백해지자 우리는 물건들을 주 씨의 작은 방으로 옮겼다. 그곳은 매우 뜨거웠으나 깨끗했고 문을 잠글 수 있는 몇 개의 고리가 있었다. 공기가 참으로 신선했다. 주 씨는 스님들과 필담을 나누기에 바빴다. 우리는 그에게 서울로 가는 가장 좋은 길을 알아봐 주기를 부탁했다.

그러나 그들은 동료들 가운데에는 전에 거기에 가 본 이가 아무도 없고 우리가 내일 가려고 하는 그 절은 높은 산길로 40마일 거리에 있다고 하기에 그것을 포기해야만 했다. 우리는 주 씨가 우리를 지키려고 우리 문 바로 바깥 툇마루에서 자고 있는 것을 보고 매우 고마웠다. 그들은 한국의 스님들의 특성을 설명하는 데 민첩함을 보였으나 우리는 그들의 설명의 대부분을 알아들을 수가 없었다. 밤의 고요는 유럽의 그것과는 제법 다른 개구리들의 울음소리와 기도 시간을 알리는 목어의 간헐적인 두드림으로 말미암아 깨졌다.

아침에 우리는 일찍 일어나 6시 전에 길을 떠났다. 이미 스님들은 밖에서 멍석 위에 큰 낟알 더미를 널고 있었다. 아마 씨 뿌릴 준비를 하는 것 같았다. 우리는 어제 밤에 왔던 같은 길로 약 3마일을 계속을 따라 내려왔다. 화창한 아침에 우리는 아름다운 계곡을 뒤로 했다. 우리가 가는 길에는 등에 검은 점이 박혀 있고 배는 진홍빛인 녹색의 기묘한 작은 개구리들로 가득 차 있었다. 우리가 가는 길의 가파른 산골짜기 위에는 커다란 구름이 걸려 있다. 우리는 아주 아름다운 꽃으로 둘러싸인 험한 산길 위를 터벅터벅 걸었다. 위에서 말한 것들 외에 커다란 시클라멘, 흰색 크로커스, 아네모네, 자주 붓꽃, 그리고 범의귀류 등이 만개한 빈터가 있었다.

계곡의 나리와 딸기의 잎은 내일의 아름다움을 약속하고 있으며, 온갖 종류의 양치류 등에 새순이 돋아나고 있었다. 꿩과 산비둘기들은 바위에서 울고 많은 새들이 교묘한 방법으로 그들의 특징을 보려주려 노력하고 있었다. 얼룩다람쥐는 태연하게 우리를 보면서 앞발을 들고 앉아 있었고 숲의 보물들은 끝이 없어 보였다. 졸졸 흐르는 시내는 우리 산길을 거듭 가로지르면서 끝없이 유혹했다.

정상에 도착하기까지 우리는 바람 불어 쌓인 눈 더미를 몇 번 통과했다. 경치는 훌륭했으나 우리가 반대 방향에서 여행했더라면 더 나은 전망을 볼 수 있었을 것이다. 그럴 경우의 장관 가운데 하나는 여행자가 산의 정상을 오를 때 먼 바다 경치를 갑자기 바라볼 수 있다는 점이다. 등반이 어려웠기에 우리는 산을 오르는 데 3시간이 걸렸으나 하산할 때는 훨씬 더디었다. 정오에 한번 쉬기까지 7시간을 계속 여행한 뒤 말을 탈 수 있어 기뻤다.

어렴풋한 햇살이 간간이 비쳤으나 비바람이 불어 우리는 폭풍우가 몰아치기에 앞서 그날 밤 휴식처에 도착하게 된 것이 감사했다. 우리는 8시간 만에 다만 90리[27마일]를 갈 수 있었다. 마을에 도착한 우리는 일본 군인들이 좋은 여인숙에 진을 치고 있음을 발견하고는 놀라고 화가 났다. 서로 간에 약간 다툼이 있은 뒤 우리는 거기에 묵었다.

잠시 얘기를 나눈 뒤에 곧 가벼운 식사를 하는데 일본 군인들이 무례하게 문을 밀치고 들어와 음식을 먹는 우리를 감시할 준비를 하고 있었다. 그들은 돌아가 달라는 우리의 요청을 거부했기 때문에 우리는 그들의 면전에서 문을 닫을 필요가 있었다. 밤새 많은 비가 내렸고 바람이 불었지만 어두운 아침은 화창한 하루의 전조를 보여 주었다.

우리는 다음 날 늦게 출발했다. 우리가 겨우 마을의 끝에 이르렀을 때 건물을 관리하는 것으로 보이는 두 일본인이 우리에게 다가와 우리를 멈추게 하고는 행선지를 물었다. 그들은 주 씨와 함께 땅 위에 오랫동안 필담을 나누었다. 그들은 우리가 온 것보다 훨씬 나은 길이 있다고 말했다. 그의 말에 따르면 그 거리가 겨우 80리였다.

그들은 약간의 영어 단어들을 구사했다. 지난 길이 지겨웠음이 증명된 만큼 거리로 말하면 110리나 되는 그 길이 아닌 다른 길로 우리를 보내는 그들에게 다른 속셈이 없기를 바랐다. 우리는 자신이 다른 산길을 오르고 있다는 것을 알았다. 그 길은 그리 멀지는 않았으며 힘들지도 않았다. 꽃은 그리 많지 않았으며 신선한 흥미를 그다지 느끼지 못했다.

산호랑나비와 여러 가지 색깔의 나비들이 산길 주위를 날아다녀 정상에서 우리가 본 전경은 매우 아름다워 이 나라의 경관이 어떤 것인가를 보여주었다. 계곡으로 내려오니 인가가 드문 경작지가 보였다. 계곡에는 많은 물이 흐르고 있었는데 한 줄에 여러 개의 물레방아가 돌고 있었다.

물레방아의 가장 흔한 형태는 물을 흘려 넣어 나무로 된 통을 들어 올리는 것이었다. 그 통에 물이 가득 차면 반대편 공이가 올라가고 동시에 물이 쏟아지며 물이 쏟아진 다음에는 다시 위로 오르는 식으로 공이 밑에 담긴 곡식을 찧었다. 공이는 짚으로 뾰족하게 솟아 올린 토담집 안에 가설되어 있었다. 방아의 또 다른 형태는 바퀴를 돌리는 것이었는데 골짜기마다 삐거덕거리는 소리가 끝없이 들려 왔다.

쟁기질과 씨 뿌리는 일을 동시에 계속해 나가는 데에는 5~6명의 남자를 필요로 한다. 그들은 협동 체제로 계속 일하는데 한 남자가 맨발로 새로 만든 밭고랑을 따라 고랑을 넓히면서 밟으면 다른 이가 낟알을 떨어뜨리면서 비료를 주며 흙으로 그곳을 덮는다. 그리고 마지막 사람이 밟는다. 그러니 새들이 낟알을 쪼아 먹을 기회가 거의 없다.

경작지를 만드는 방법을 보면, 우선 표면의 잡초를 태우고 갈아엎는데 그 모습을 보면, 예컨대 중국 사람들이라면 더 경작했을 법한 황무지란 거의 없다. 한국인들은 삶을 수월하게 살며 중국인들이 살아가면서 보여주는 그러한 자료의 정교한 이용이나 관리를 찾아볼 수 없다.

어느 정도 늘어지게 한낮의 휴식을 취한 뒤 우리는 큰길과 연결된 창도까지 15마일에 이르는 길을 찾아 헤맸다. 그러는 사이에 날은 더욱더 어두워졌다. 다행히 달이 불모의 황무지를 가로질러 가는 우리의 발길을 비춰 주었다. 통행인들은 가끔씩 만날 정도로 드물었으며, 한두 명의 사람이 들것에 흰 천으로 싼 시체를 운반하며 조용하게 지나갔다. 지치고 낙담한 우리 일행은 침묵했다.

날이 너무 어두워 내리막길의 비탈을 알아볼 수가 없었다. 우리는 걷기에 너무 지쳤기 때문에 기를 쓰고 말에 매달렸다. 마침내 서울에서 원산으로 이어진 주요 도로로 여겨지는 대로에 들어서면서부터는 우리의 여행이 수월했다. 마을에는 어렴풋한 불빛도 거의 없었으나 주민들이 잠들지 않아 일행은 숙소를 찾기 시작했다. 그러나 그것은 전혀 쉽지 않은 문제였다.

우리가 오두막 밖에서 숙소에 대해 이야기하고 있는 사이에 말들은 서로 다투기 시작했다. 한 남자는 그의 뒷발에 채어 개천에 거꾸로 내동댕이쳐졌으나 마치 그것이 아주 당연한 일인 것처럼 어떤 소란도 없이 기어 나왔다. 아마도 이 사건이 그 곤란한 숙소 문제를 해결해 주었던 것 같다. 집 주인은 우리가 집에 들어오도록 허락하더니 방을 비워 주었다. 여행자를 위한 여분의 방이 분명히 없었기에 이런 식으로 주인이 자기의 방을 비워 주는 일이란 우리가 묵은 어디서나 있는 일이었다.

사는 방에 가구가 없는 것은 겉으로 보이는 만큼 그렇게 못마땅한 배치는 아니다. 그 가정의 가장 좋은 모자들은 서까래에 걸려 있고 천장으로부터 2피트쯤 되는 벽 부근에 선반이 걸려 있었다. 그들이 가지가지 잡다한 물건들로 가득 찬 것과는 달리 가족의 옷은 한쪽에 쌓인 상자들 속에 보관된 것으로 보였다. 방의 각 면에 흔히 격자형 세공무늬로 된 문이 있으며 방안에서 밖을 내다보는 유리 구멍은 1~4인치까지 크기가 가지각색이었다.

밤은 너무 빨리 지나갔다. 우리는 아침의 모진 추위로 말미암아 정신을 차렸다. 우리가 계곡으로 내려갔을 때 날씨는 마치 한겨울과 같았다. 비록 3월말이 가까워지고 있다 하더라도 갈색 산비탈과 갈색 땅, 그리고 서리가 두껍게 덮인 그루터기는 봄에 대한 암시를 조금도 보여주지 않는다. 도처에서 꿩들은 울고 있었다. 우리 일행이 잘 겨냥하여 돌멩이를 던졌으나 대담한 꿩들은 오늘날 자기들이 일본인의 보호를 받고 있어서 다른 사람들은 두렵지 않다는 듯이 도망을 치지 않고 종종걸음을 쳤다.

우리는 매사냥꾼을 만났으나 매로 사냥하는 직업은 범법자로 의심을 받기 때문에 그가 장님이어서 매를 데리고 다니는 것이라고 우리는 생각했다. 최근 서울에서 독극물로 사냥한 꿩을 본 적이 있다. 따라서 꿩을 살 때는 그것이 총으로 잡은 것인지 아니면 독약으로 잡은 것인지를 주의 깊게 살펴볼 필요가 있다.

엿새째 되는 날 우리는 다시 13시간을 여행했다. 우리가 정오에 작은 냇가에 앉아 있는데 등에 아기를 업은 젊은 엄마가 우리와 얘기하고 싶은 열망을 가지고 밝게 미소를 지으면서 다가왔다. 그는 우리가 한국어를 이해하고 대답할 수 있으리라고 기대했다는 것은 의심할 바 없었기에 그가 조심스럽게 손수건을 펼쳐 우리에게 자신의 구약 성경과 찬송가책을 보여주었을 때 우리는 한국어를 이해하지 못하는 자신이 더욱 미안했다. 유일하게 가능한 호의의 수단은 손짓발짓과 한국어와 영어로 함께 사용되는 찬송가의 첫 음절을 흥얼거리는 것이었다.

그날 저녁 극도의 따뜻한 마음으로 우리를 환대해 준 여인숙 주인이 기독교인인 것을 알았다. 그는 우리의 모든 요구를 매우 기꺼이 받아주었으므로 피곤한 여행 뒤임에도 불구하고 아주 기운이 났다. 소녀들 가운데 하나는 영국식 악수가 완전히 몸에 배어 내가 문을 닫으려고 손을 뻗었을 때 놀랍게도 그가 나의 손을 따뜻하게 붙잡는 것을 보고 나는 몹시 놀랐다.

닭 우는 소리가 나자 여관 주인이 달려가더니 우리가 길에서 살 수 있었던 것들과는 아주 다른 갓 낳은 예쁜 달걀을 우리에게 가져왔다. 그들은 내가 달걀을 요리하는 것을 흥미 있게 지켜보았다. 우리는 불필요한 방해를 받더라도 그들의 친절한 얼굴 앞에서는 결국 문을 닫기가 어렵다는 것을 느끼기 시작했다.

이제 가족 예배에 참석하도록 집안 어른의 부름이 있었다. 먼저 그들은 찬송가를 불렀다. 우리의 훌륭한 선교사 친구들은 한국인들에게 그들 자신의 가락으로 노래하도록 허락한 것을 만족하게 여기고 있었다. 이어 성서를 읽고 기도를 했으며 모두가 주기도문을 반복해 외웠다. 다음에는 틀림없이 누구인가가 다른 찬송가를 부르자는 제안과 훈계가 있으리라 생각했으나 그들은 그렇게 하지 않았다. 예배는 극도의 경건함을 특징으로 하는 것이었다. 옆방에서도 예배가 계속되었으므로 우리는 모두가 나눔의 형제들이라는 생각이 들어 더욱 즐거웠다.

우리는 따뜻한 악수를 나눈 뒤 다음 날 아침 다시 길을 떠났다. 만약 이런 식으로 헤어지는 것이 전형적인 것이라면 우리 여행 가운데 더 많은 기독교인인 여관 주인을 만나길 원했다. 바로 우리가 출발할 무렵 아름다운 어린 소녀가 아주 자랑스럽게 그 여인의 성경을 우리에게 보여주기에 나는 그가 한글을 아주 잘 쓸 수 있다는 것을 알 수 있었다. 시골 지역에서의 교육은 거의 전적으로 방치되는 것 같았고 그래서 8일 간의 여행 동안 우리가 아는 한 다만 한 학교만을 보았을 뿐이다. 길은 훌륭하게 뻗어 있었고, 좁은 계곡과 계곡으로 들어가는 산마루 너머로 항상 바람이 불었다.

그 지방의 많은 지역에는 사람이 살지 않음을 보여주었다. 산비탈들은 겨우 묘지와 땔나무의 생산을 위해 이용되었다. 우리는 8일 동안의 여행 가운데 마지막 날에 큰 길에 도착했을 때까지 조랑말들을 만나지 못했으며 다만 적은 수의 행상인들만을 만났다.

그 뒤에도 많은 사람들과 짐승들을 만났다. 행상들은 주로 면제품으로 가장 눈에 잘 띄는 것이 양질의 면포인 KKK표였고, 그밖에도 삿갓, 방물류, 거울, 성냥, 그리고 담배를 운반하는 것으로 보였다. 사람들은 돈이 거의 없어서 그들이 사용하는 물건들은 가장 싼 것들이다.

그곳을 출발한 뒤 곧 우리는 말을 탄 3명의 군인을 만났다. 그들은 인력거에 앉은 한 피곤한 외국인을 호위하고 있음이 분명했다. 그 뒤에는 또 다른 인력거가 따르고 있었고 그 안에는 연초록 옷을 입은 한국인이 앉아 있었다. 이는 우리가 8일간 여행하면서 만난 유일한 서구인이었다.

그 뒤 우리는 가끔 인력거를 만났지만 어떤 곳에서는 인력거를 타는 것이 전혀 불가능해 보였다. 아마 20마일 거리 길에는 서로 약 1피트의 거리를 두고 묘목들이 양쪽에 심어져 있었다. 현재로서는 가망이 없는 것으로 보였으나 그것들이 잘 자라서 몇 년 동안 활기 없는 거리를 쾌적하게 그늘진 거리로 바꿀 것이라고 우리는 믿는다.

땅거미가 질 무렵 우리는 일본 군대의 초소가 있는 포천에 이르렀다. 이곳은 아마 우리가 서울에 도착한다는 것을 알리는 전보를 띄울 마지막 기회라는 생각이 갑자기 떠올라 곧 전신국으로 달려갔다. 어디서나 Post-Telegraph라고 영어로 써 있으나 여기서는 일본어만을 쓰고 있었다. 주 씨의 도움을 받아 필담으로 우리의 요구를 설명했을 때 영어로 완벽하게 작성된 전보가 발송되었다.

우리가 보기에 그 일은 그리 어려운 일이 아니었지만 거기에 따르는 일들이 엄청나서 우리는 몹시 놀랐다. 헌병은 우리의 이름, 행선지, 나이 등을 제시하도록 요구했고 그 짧은 일에 적어도 20분이 걸렸다. 겨우 일을 마치고 길을 떠나니 목적지에 도착했을 때에는 이미 날이 꽤 어두워 있었다.

이번에도 우리는 우리를 그대로 두지 않는 호기심 많은 사람들을 만나 괴로움을 겪으면서 어제의 친절한 주인들을 그리워했다. 우리는 18평방피트 넓이의 작은 방에 달린 4개의 문 가운데 3개의 문을 닫았으나 헛수고였다. 곧 문창호지가 찢겨 나갔다. 결국 더 이상 사람들에게 시달림을 견디느니 차라리 질식하는 것이 낫다고 생각한 우리는 미칠 듯이 사람들을 몰아내고 커튼으로 엿보는 구멍을 모두 가렸다.

우리 여행의 여드렛날이자 마지막인 아침은 날씨가 잿빛이어서 즐거운 여행을 하기에는 가망이 없어 보였다. 우리가 편안한 중국 여행 의자를 얼마나 자주 그리워 한탄했는지, 이슬비를 맞으며 보내는 시간보다 더 지겨운 적이 없었다.

마지막 날에 우리는 겨우 꽃 한 송이를 보았고 새 소리는 거의 듣지 못했다. 귀여운 종다리의 소리는 들리지 않고 우산과 삿갓, 그리고 때로는 도롱이를 쓴 행인들만이 바쁘게 지나갔다. 마을에는 많은 사람들이 붐비고 있었으며 마을 끝에는 서로 얼굴을 마주한 장승 12개가 나란히 서 있었다. 이들 가운데 대부분은 비교적 새로 세운 것으로 보였으며, 벽돌색 빨강과 녹색 위에 흰 그림을 칠했다.

한국에는 그들 나름의 신전이 없고 성지들이 황폐하다는 점이 두드러진다. 우리는 길가에 서 있는 성물에 사람들이 경배한 흔적을 전혀 본 적이 없다. 그들 가운데 대부분은 단순히 빈 오두막들이거나 벽에 작은 글씨나 그림을 그려 넣는 정도였다. 신목에는 작고 가느다란 종잇조각들이 걸려 있는데 신앙심이 우러난다면 곁을 지나는 사람은 그 뿌리 둘레의 돌무더기에 돌멩이를 던진다.

우리는 싸구려 종이로 만든 비옷을 걸쳤는데 비를 피하기에는 손색이 없었으나 우스운 구경거리가 되었음에 틀림없다. 우리는 말을 타고 가다가 군대 망토를 걸친 장교들이 선두에서 행군하는 일본인 연대를 만났다. 비가 쏟아지고 있었음에도 불구하고 장교 가운데 하나는 우리를 만나기 전 솔직한 방식대로 그의 망토를 뒤로 젖힌 채 평복을 드러내고 있었으므로 우리는 그의 현란한 훈장 꾸러미를 보지 않을 수 없었다. 그의 외관은 우리와 매우 대조적이었다. 우리는 멋지고 오래된 성문의 북쪽을 통해 서울로 들어갔다. 서울의 전경은 참으로 아름다웠다. 나는 다음 날 그것을 그리려고 되돌아왔다.

한국인들은 각별히 친절하지는 않으나 호기심이 많다는 점이 우리가 여행을 하면서 얻은 인상이었다. 극도로 가난한 것 같지는 않았으며 어느 곳에서나 아늑하다는 것이 일반적인 분위기였다. 마을 거리는 매일 청소를 하여 이른 아침에 그 주변의 정리된 모습을 바라보는 것은 즐거웠다. 소들은 윤기가 나고 잘 사육되었으며 개들조차 토실토실했다.

누구든 금강산을 방문할 생각이 있는 사람들 그들과 동행할 유능한 한국인을 만나야 한다. 그들은 우리가 잡은 날짐승으로 저녁 식사를 만들 수 있어야 하고 그 밖의 여러 가지 필수품을 구할 수 있어야 하지만 우리는 그러한 안내원을 만나지 못했다. 우리는 파를 심은 작은 텃밭을 제외하고서는 채소 경작을 본 적이 없으므로 달걀을 제외하고서는 모든 것을 휴대한 식량에 전적으로 의존해야만 했다. 너무 늦기는 했지만 서울 YMCA에서 안내인을 쉽게 구할 수 있다고 들었다.

교통 수단에 대해 말하자면 다만 세 가지가 있을 뿐이다. 첫째는 조랑말인데 이에 대해서는 다소의 경고가 필요하다. 그 느린 걸음으로 말미암아 누구든 몹시 지친다. 둘째는 가마인데, 이는 마치 인디언의 둘리[2]처럼 네모난 상자로 되어 있으며 그것을 타고 있는 동안 줄곧 가마꾼의 신음 소리를 들어야 한다.

셋째로는 몸소 걷는 것인데 산에서는 이 방법뿐이다. 한국인들은 자신의 가마를 가지고 있으며, 그것을 남에게 빌려주지 않는다. 1년 가운데 한국을 여행하기에 가장 좋은 기간은 5월이며 이때가 가장 아름답고 초가을도 그렇다. 그렇지만 5월에 여행할 때는 모기장을 반드시 갖추어야 한다. 4월에도 겨울옷은 필수적이다. 두꺼운 트위드[3]나 모피 외투로도 부족하다.

시골 지방은 일본인 부랑자들 때문에 아주 위험하다는 말을 들었으나 우리는 그들을 만나지 않았다. 우리가 판단하건대 어디에나 훌륭하게 질서가 잡혀 있었다. 비록 주 씨가 한국인들과 직접적으로 얘기하는 것은 불가능했으나 그의 존재는 여러 가지 점에서 우리에게 확실히 가치 있는 것이었다. 한국인들을 중국인을 크게 존경하기에 우리의 작은 일행에 위엄을 심어 주었다. 주 씨와 같은 인물을 우리가 밑에 사람으로 데리고 다닌다는 것에 대해 한국인들은 우리를 고관대작으로 보고 있었다.

---

2) 둘리(dhoolie) : 인디언들의 가마인데 모습은 우리의 것과 비슷하나 가마채가 밑에 달려 있지 않고 위에 달려 있다.

3) 스코틀랜드인들이 겨울에 입는 직물.

제 13 장 서울에서 대련까지

기차를 타고 만주에서 서울까지 여행하면서 지루함과 불편함을 겪었던 우리는 돌아오는 길에는 다른 길을 찾기로 했다. 마침 우리 일행이 출발하기를 원하던 때쯤에 제물포에서 대련으로 가는 배가 있었기에 우리는 그 배를 타기로 결정했다. 우리는 적당한 좌석을 예약하고는 표 값을 치렀으며, 역장은 우리 일행의 침대를 마련하려고 곧 요코하마에 전보를 쳐 줄 것을 약속했다.

그러나 한국을 여행한 뒤, 서울로 돌아오는 길에 우리가 예약했던 증기선의 출항이 다음 날로 연기되어 항해 일정이 공시된 다른 증기선을 보았다. 그 배는 클 뿐만 아니라 일본 음식 대신에 유럽 음식이 나오고, 누군가 뱃멀미를 한다 해도 걱정할 것이 없었다. 이에 우리는 가능하다면 승선표를 바꾸기로 결심하고 우리의 승선표를 마련해 놓은 역장에게 갔다.

그러나 이미 다른 증기선에 침대가 마련되어 있으므로 어떠한 교환도 불가능하다고 했다. 그럼에도 불구하고 우리들의 몇 차례 항변이 있은 뒤, 그는 요코하마로부터 받은 답신을 확인하려고 제물포 역장에게 전화를 했다. 그 역장은 다른 침대를 요구받은 사실도 없으며, 예약된 것도 없다고 단언했다. 이러한 사실은 우리로 하여금 택할 수 있는 길을 명백하게 해주었다. 우리는 한국에서 만연하고 있는 그 절망적인 비능률적 습성을 다시 한 번 기꺼이 감내해야만 했다. 이 사건은 한국에서 편안하게 여행을 한다는 것이 얼마나 어려운 일인지를 알게 해주는 것이었다. 우리의 동료들이 말한 바에 따르면 우리가 겪은 일은 이곳에서 흔히 있는 일이라고 한다. 이미 약속된 장소에 있었던 우리의 많은 친구들이 제물포에서 그들의 배를 타고 가 버렸기 때문에, 우리는 침대가 모두 찬 것을 알고 나서는 부득이하게 서울로 돌아가 다음 배를 기다려야만 했다. 대련행 배편이 3~4주에 단 한 번 운항되기 때문에 이것은 심각한 문제이다.

오후 일찍이 길을 나선 우리는 기차를 타려고 기다리고 있는 많은 여행객의 무리를 발견했다. 기차가 시간에 맞추어 역에 도착하여 짐은 화물칸에 넣었지만, 실제로 기차의 출발이 5분 이내에 이뤄질 수 있는 개찰 업무를 위해 승객들은 역 구내에서 15분이나 갇혀 있었다. 드디어 승객들이 승강구에 다다랐을 때 우르르 몰려들었다. 우리와 다른 승객들은 1등석 표를 가졌으면서도 1등석을 탈 수가 없었다. 승무원들에게 말했더니 만약 우리가 2등석을 원한다면, 2시간 정도 기다려서 다름 기차를 타라고 했다.

1시간 45분의 짧은 여행을 끝마쳤을 때 우리는 한국에서의 기차 여행의 마지막 경험이라는 생각을 하면서 별로 유감스럽지 않았다. 제물포에 도착했을 때 우리는 "개찰구"라는 딱지가 붙은 문을 지나갔다. 비록 우리가 스스로를 순례자처럼 느꼈다 할지라도, 그 문은 우리가 어린 시적부터 들어서 매우 친숙한 개찰구와는 전혀 다른 것이었다.

제물포는 국제적인 장소이면서도 안 좋은 평판을 듣고 있는 곳이지만, 매력적인 경치를 갖고 있는 것만은 확실하다. 제물포는 첫째로 항상 서늘한 바람이 불며, 둘째로 절벽 가장자리에 위치한 영국 대사관으로부터 언덕 끝까지 펼쳐져 있는, 아주 훌륭한 경관을 가지고 있었다. 그곳에서 흥분된 관중들은 러시아와 일본의 극적인 개전을 지켜보았다. 그들은 항만 안에 있던 러시아전함들이 일본전함과 맞서려고 만 밖으로 나오다가 격침되는 것을 보았다. 이와 같은 행위를 어떻게 생각하든지 간에 그것을 지휘했던 백절불

굴의 용기를 칭찬하지 않는 사람은 아무도 없었다. 그 용기는 두 나라 군대의 특성이기 대문이었다.

언덕에 올라갔을 때 우리가 있는 곳보다 높은 로마 가톨릭계의 높고 멋있는 붉은 교회를 보았으며, 복음선교회가 세운 선교 병원에 이르렀다. 동양의 항구에 익숙지 않은 사람으로서는 그러한 성격의 곤란한 일들이 그곳에 주재하고 있는 몇몇 사람의 손으로 운영되는 것을 이해할 수 없을 것이다. 그러나 병원을 통해 전파할 수 있는 기독교의 복음이 이보다 더 절실하게 필요한 곳이 어디에 있겠는가?

다만 한 달에 한 번 정해진 성직자가 예배를 드리러 오고, 다른 때는 의사가 모든 진료 업무에 종사하면서 예배를 집전하고 있다. 현재로서는 보조원이 육성되어 있지 않았기 때문에 한국인들의 진료 업무는 의사가 이틀 정도의 특별한 휴가를 얻는 것조차 어려운 일이다. 병원은 작았으며, 보통 개업의가 병원에서 필요로 하는 많은 것이 부족했음에도 불구하고 결과는 만족스러웠다.

우리가 의사의 집을 떠났을 때, 우리는 우리의 뒤를 집요하게 뒤쫓는 사공을 발견할 수 있었다. 그는 주 씨가 역에서부터 배로 우리의 짐을 나르는 것을 틀림없이 보았고 따라서 우리가 확실히 배를 탈 승객임을 알고 있었다. 우리는 기선 산토마루에 승선하려고 2시간을 기다린 뒤 그의 집요함을 물리칠 수 없어서 약 30분간 그의 작은 평저선을 타고 산토호가 정박한 항구 외곽에 도착했다.

다음 날 아침 5시에 우리는 폭우를 맞으며 대련으로 출발했다. 그날의 항로는 짙은 안개에 싸여 있었다. 일본유선회사는 현재로서는 최고의 선박 회사로서 전 세계에 항로를 가지고 있다. 배의 시설은 꽤 편안했으며, 선장 이하 모든 직원에 이르기까지 승객들에게 친절하고 공손했다. 그 배에 있는 중국인 주방장은 훌륭했으며, 미국인, 스페인인, 호주인 등으로 구성된 13명의 승객들을 위해 크리스마스에 꽤 적당할 것 같은 주일 만찬을 준비했다. 메뉴에는 쇠고기 볶음, 칠면조 요리, 연한 과자가 포함되었다. 배에는 하루 종일 작은 새가 나타났으며, 길들여진 새들은 사람들의 어깨에 앉기도 하고, 바다제비들은 만찬 식당에 자주 날아들었다.

비록 안개가 우리의 여행을 약간 지연시키기는 했지만 우리는 평온한 바다에 감사하면서 제물포를 떠난 지 불과 25시간 뒤에 대련에 도착했다. 비가 내렸었으나 부두의 측면을 따라가는 동안에는 화창한 햇빛이 드리웠다. 야마토호텔의 친절한 직원은 우리의 짐을 챙긴 뒤 고무 타이어를 장착한 작고 편안한 차를 몰고 시내를 통과해 달려갔다. 고생 끝에 집에 있다는 것조차 느낄 수 없을 정도의 소박한 가정의 평온함을 맛볼 수 있다는 것과 평탄한 길을 주행한다는 것은 얼마나 기쁜 일인가?

일본인들은 Dairen이라 부르는 대련은 선원 휴식처로부터 요코하마 은행에 이르기까지 멋진 빌딩이 가득한 신도시로서, 길은 넓고 잘 닦여 있어 신도시의 번영하는 모습을 잘 보여주고 있었다. 그 곳의 공장들은 기대에 못 미쳤지만 그것은 시간 문제이다. 이미 그곳에 세워진 버터필드-스와이어상사나 사무엘 맥그리거회사와 같은 유명 상사도 있다.

대련은 흥미 있고 주목할 만한 곳이다. 10년 전까지만 해도 이곳에는 사람이 살지 않았으며, 다만 러시아 정책가의 꿈에 지나지 않는 곳이었다. 어떻게 그들이 이곳을 머릿속에 생각하고 있었는지 상상하기 어렵다. 대련은 바위가 많고 폭풍우로부터 어떤 피난처도 없는 불모지 요동반도에 있다. 가장 가깝게 인접하고 있는 항구인 유창만 하더라도 1년에 4개월 동안 얼어붙어 있는 것에 비해 대련은 1년 내내 얼지 않는다는 커다란 이점을 가지고 있다. 이것이 러시아가 황무지를 개척하면서 철로의 최남단선인 이 상업 도시에 돈을 물붓들 쏟아 넣는 이유이다. 모래톱의 경사가 완만하기 때문에 러시아는 이 항구에 역사상 유례없는 막대한 투자를 하고 있다. 지금은 러시아가 예상하는 상업권으로서 없어서는 안 될 광대한 공간과 건선거, 제방, 방파제 및 창고가 있다.

그러나 대련은 지금 러시아가 아닌 일본이 장악하고 있다. 일본은 좀 더 먼 나라들과의 무역은 물론이고 중국 · 한국 · 일본 사이를 운행하며 착실하게 성장하고 있는 선박들을 보유하고 있다. 이곳은 홍콩의 북쪽에 있는 항구 가운데서는 유일하게 커다란 증기선이 짐을 편안하게 하역할 수 있는 항구이다. 이런 점에서 볼 때 대련은 확실히 좋은 전망을 가지고 있으며, 날로 증가하는 만주의 수출품들이 반드시 이곳을 통과하게 될 것이다. 러시아는 대련을 좋은 항구로서 뿐만 아니라, 훌륭하고 생활하기에 쾌적한 도시로 만들면서 많은 비용을 들였다. 약 2마일의 산허리를 잘라 내어 주거지를 만들었으며, 아름답게 우거진 7~8마일의 대양을 마주보는 해안으로 뻗어 있다.

대련은 작은 마차와 인력거로 가득 차 있으며, 전차 연결망의 승객들은 1시간의 드라이브를 위해 1등급은 2펜스, 2등급은 1.25페니의 비싼 금액을 낸다. 차이나타운의 변두리를 보려고 전차로 돌면서 우리는 공원, 골프장, 야구장, 국화 정원, 그리고 그 외의 다양한 것들이 늘어서 있는 것을 보았다. 그러나 더 흥미 있는 것은 작은 시장과 가게에서 영어를 쓰는 것이다. To Sell Fresh(싱싱한 것 팝니다), Boots and Shoesmarker(구두 수선), High Barber(이발소), Royal Horse Hair Cutting(왕실마방) 등이 그것이다.

영어는 세계 어느 곳이든지 갈 수 있게 하는 하나의 유럽 언어이며, 세계의 의사 소통 수단으로 점점 더 빨리 증가되어 가는 추세가 될 것이다. 이와 같은 사실의 실례로서 중국 정부는 앞으로 중국제국의 전역에서 가르치는 학문의 언어는 영어로 한다는 포고령을 발표했다. 이것은 중국이 장차 일본의 선례를 따를 것이며 독일을 과학 전수의 매체로 여길 것이라고 기대하고 있는 독일의 친구들에게는 커다란 타격이 될 것인데 나는 이 점을 두려워한다.

우리는 밤 기차를 타고 대련을 떠나 요녕으로 향했다. 아성[1]을 향한 노정은 다음 장에서 다루고자 한다.

---

1) 아성(阿城) : 하얼빈 남방 40km 지점에 있는 도시.

역주자 참고문헌

『구한말조약휘찬』(상·중·하)(서울 : 국회도서관입법조사국, 1964~1965)

『기독교대백과사전』(서울 : 기독교문사, 1983)

金源模, 『근대 한미관계사 : 한미전쟁론』(서울 : 철학과 현실사, 1992)

朴大憲, 『서양인이 본 조선』(서울 : 壺山房, 1996)

『성경』

『세계인명대사전』(서울 : 문공사, 1973)

유홍렬, 『한국천주교회사』(서울 : 가톨릭출판사, 1962)

이선근, 『한국사 : 최근세편·현대편』(서울 : 을유문화사, 1961)

이지호(외)편, 『표준지리부도』(서울 : 삼화출판사, 1968)

이홍직, 『국사대사전』(서울 : 지문각, 1967)

『한국학대백과사전』(서울 : 을유문화사, 1972)

大類伸, 『世界人名辭典』(東京 : 東京堂, 1952)

『大人名辭典』(東京 : 平凡社, 1955)

『世界大百科事典』(東京 : 平凡社, 1957)

日本外務省(編), 『日本外交史辭典』(東京 : 大藏省印刷局, 1979)

Atlas of the Encyclopaedia Britannica, The University of Chicago Press, Chicago, 1963.

Barhart, Clarence L. (ed), *The New Century Cyclopedia of Names*, Appleton-Century-Crofts, Inc., New York, 1954.

Critical Dictionary of English Literature and British and American

Authors, Vol. 1, J. B. Lippincott Co., Philadelphia and London, 1897.

Encyclopedia Britannica, The University of Chicago, Chicago, 1963.

The Encyclopedia of World Methodism, The United Methodist House Nashville, 1974.

Webster's Biographical Dictionary, G. and C. Merriam Co., Springfield, 1951.

Who Was Who : 1929~1940, Adam and Charles Black, London.

Who was Who among English and european Authers(1931~1949), Vol. 1, Gale Research Co. Book Tower, Detroit, 1978.

신복룡(역주), 조선견문기, 집문당, 서울, 1999(H. N. Allen, *Things Korean*, Fleming H. Revel Co., New York, 1908).

신복룡(역주), 대한제국멸망사, 집문당, 서울, 1999(H. B. Hurbert, *The Passing of Korea*, William Heinemann Co., London, 1906).

한국의 아동 생활

Children of Korea

E. 와그너 지음/신복룡 역주

집문당

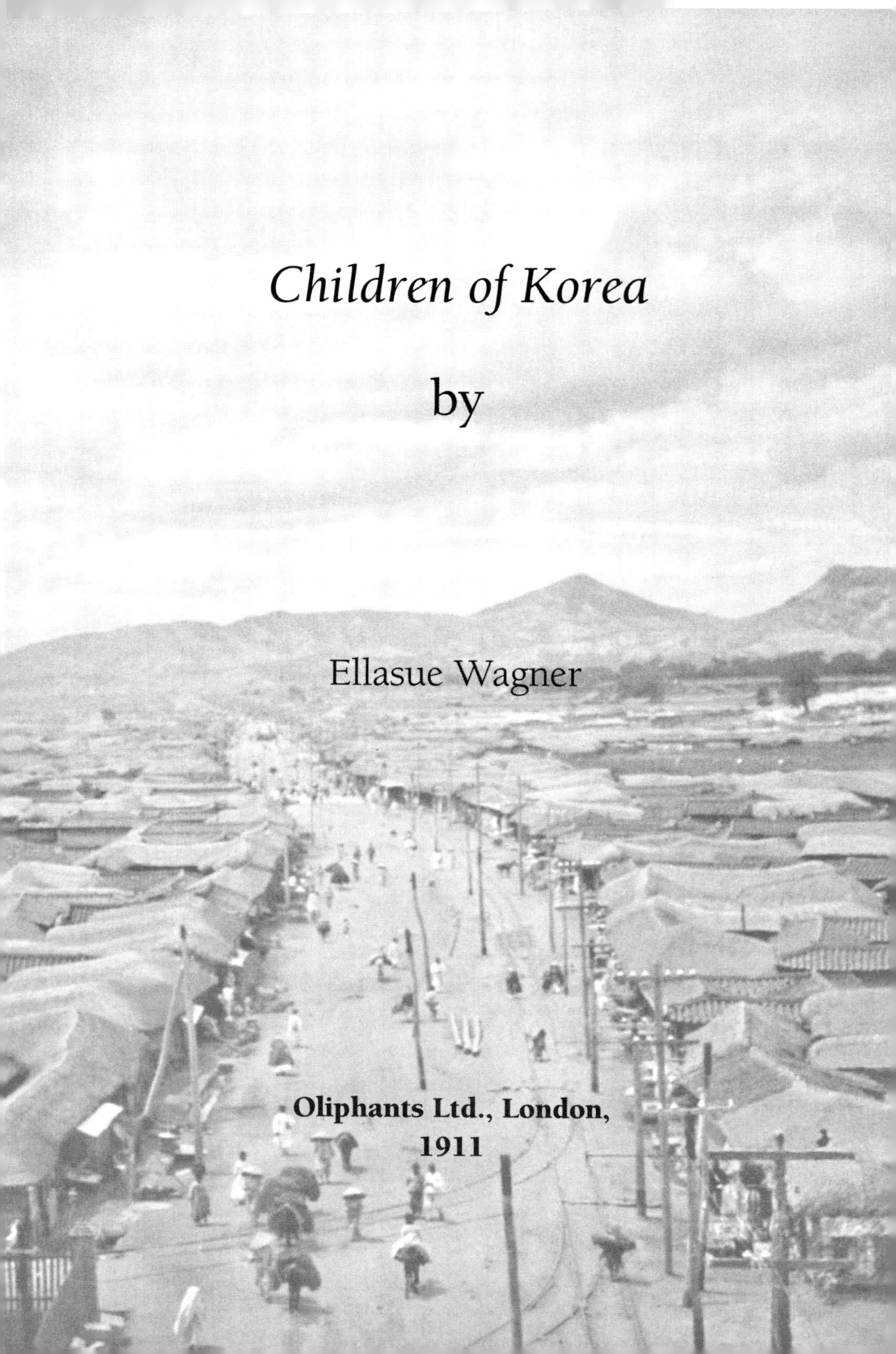

Children of Korea

by

Ellasue Wagner

Oliphants Ltd., London, 1911

와그너의 모습

정원에서의 한 가족

어머니와 자녀들

널뛰기

꽃장수

즐거운 한 가족

서당

어린이들의 놀이

겨울 옷을 입은 어린이 모습

역주자 서문

한국의 개화사 또는 근대화의 역사를 거론할 때면 등장하는 두 개의 키워드가 있는데 하나는 미국이고 다른 하나는 기독교이다. 엄혹(嚴酷)했던 우익의 시절, 그래서 혈맹의 우방이라는 말 이외에는 어떠한 반미적 발언도 국가보안법으로 다스려지던 시절에 견주면 이제는 미국에 대한 의견 개진도 자유스러워져 한미관계사의 음습했던 곳도 말할 수 있게 되었으니 역사 앞에 이념의 굴레란 참으로 덧없는 존재라는 생각이 든다.

그러나 미국에 대한 비평이 아무리 자유로워졌다고 하더라도 부인할 수 없는 하나의 진실이 있는데 그것은 다름 아니라 이 땅에 복음과 의료, 교육을 폄으로써 한국 개화사를 한 걸음 발전시킨 착한 사마리아인들의 기록이다. 보는 이에 따라서는 이것도 일종의 백색 우월주의라고 이해될 수 있고 또 실제로 그런 측면이 있었던 것도 사실인데 대부분의 경우에는 한국에 대한 애정을 그 바탕에 깔고 있었던 것은 사실이다. 여기에 소개하는『한국의 아동 생활』도 바로 그러한 기록 가운데 대표적인 한 편이다.

이 책이 한국개화사를 다룬 글이면서도 다른 글들과 다른 점은 특히 어린이들의 모습에 촛점을 맞추고 있다는 점이다. 나는 이 글을 읽으면서 "울고 있는 아이들은 우리를 슬프게 한다."는 안톤 슈낙(Anton S. Schnack)의『우리를 슬프게 하는 것들』의 첫 구절을 생각했다. 왜 이 땅의 어린이들에게는 울어야 할 일들이 그토록 많았을까? 가난과 굶주림, 전쟁, 무지, 학대—이 모든 것들은 우리의 어린이들을 너무 많이 울렸으며, 나도 그 가운데 하나였기에 이 글을 읽는 나의 느낌은 남다르다.

아마도 필자인 와그너 여사도 그 숱한 우는 아이들에 대한 연민으로 이 글을 썼으리라고 생각된다. 이 책의 원본에는 본시 발행 연도(刊年)가 기재되어 있지 않았다. 그럼에도 불구하고 이 번역서에서는 이를 1911년이라고 밝힌 것은 내가 1985~1986년도에 미국 조지타운(Georgetown)대학에서 공부할 때 그곳 도서관 귀중본실의 전문가들의 감정 의견을 따른 것이다.

◆◆◆◆◆

필자 와그너(Ellasue Canter Wagner, 王來 : 1881~1957) 여사는 미국 버지니아주의 헌터스빌 출신으로서, 마리온 초급대학(Marion Junior College)과 마르타 워싱턴대학(Martha Washington College, 훗날의 Emory and Henry College)을 졸업했으며 스카릿대학(Scarritt College)에서 석사 학위를 받았다. 그는 1904년에 홀스톤선교회(Holston Conference Area)의 파송 선교사로 내한하여 송도(松都)선교부에 부임했다. 그는 부임하자마자 캐롤(Arrena Carroll, 葛月)과 함께 한옥 한 채를 구입하여 여학생 12명으로 개성학교를 설립했다. 이 학교는 그 뒤 두을라(杜乙羅)학당으로 개명하여 고등과를 설치하고(1909) 1922년에 호수돈여고보로 승격했다.

와그너 여사는 모친의 건강 때문에 일시 귀국했다가(1920~1923) 다시 내한하여 루씨여학교 9대 교장(1925~1926)을 지냈고, 1931년에는 기독교대한감리회 연합연회에서 최초로 여성 목사의 안수를 받았다. 1931~1935년 동안에는 서울에 머물면서 지방의 여선교회 사업과 태화여자관의 사업을 관장했으며, 1935~1937년에 미국에서 휴양을 마치고 돌아온 후에는 서울 북부지방 여선교회 사업관장(1937), 호수돈여고보 교장(1938)으로 재직하다가 1940년에 일본 당국에 의해 강제 귀국했다.

와그너 여사는 『한국선교보』(*The Korea Mission Field*)의 편집자를 지냈고, 종교극 『은자의 문에서』(*At the Hermit's Gate*), 『한국의 어제와 오늘』(*Korea : The Old and The New*, New York : Fleming H. Revell Co., 1931), 『한국의 부름』(*Korea Calls*), 『내일의 여명』(*The Down of Tomorrow*), 『김서방 이야기』(*Kim Su Bang and Other Stories of Korea*, Nashville,

Tenn. : Publishing Horse of the M. E. Church, South & Laman, 1909), 『복점이』(*Pokjumie, A Story of the Land of Morning Calm,* Nashvile, Tenn., 1911) 등의 글을 남겼다.

귀국한 뒤 와그너 여사는 테네시주의 브리스톨에서 여생을 마쳤으며, 버지니아주 에모리의 홀스톤 컨훠런스묘지(Holston Conference Cemetery)에 안장되었다. 그는 생전에 감리교 감독 주삼량으로부터 "한국의 14인의 여성 선교사 가운데 1인"으로 뽑혔고, "지난날의 한국을 사랑했고, 자랑스러운 마음으로 새로운 한국을 바라보았다"는 칭찬을 들었다.

◆ ◆ ◆ ◆ ◆

언제인가 출판할 날이 있겠지 하는 막연한 기대 속에 이 책을 번역한 지는 꽤 오랜 시간이 흘렀지만, 『한말외국인기록』을 전집 23권을 출판하겠다는 집문당의 임경환(林京煥) 사장님의 제의를 들었을 때 기쁘면서도 너무도 엄청난 일이라 엄두를 낼 수가 없었다. 그러던 차에 이러한 고충을 들은 1998학년도 건국대학교 정치외교학 과목의 나의 수강생들 300명이 한 장씩 컴퓨터에 입력해 주겠다고 나섰을 때 나는 한없이 고마왔고 크게 용기를 얻었다.

나는 그 300명의 이름을 여기에 일일이 적을 수 없는 것이 미안하고 유감스럽다. 모두가 고생했고 고맙지만, 특히 이형구(李衡求) 군과 김(金)한길 군이 많은 몫을 타이핑했으며, 변영욱(邊泳旭) 군은 교정 작업을 하느라고 많은 고생을 했다. 사내답지 않게 수줍음이 많은 조교 박성진(朴城進, 지금은 한국학중앙연구원 연구원) 군은 마음이 넉넉지 못한 나의 방에서 마음고생이 많았으리라고 생각되며, 주석을 찾으려고 각국의 대사관과 문화원을 찾아다니면서 싫은 내색 한 번 하지 않았다. 건국대학교 대학원 박사 과정의 고경민(高敬旼) 군(지금은 제주대학교 교수)과 석사 과정의 형은숙(邢

恩淑) 양은 컴퓨터 작업을 하느라고 많은 고생을 했다. 그들의 고생이 단순한 고생으로 그치지 않고 앞날의 그들의 학문 생활에 좋은 경험이 될 수 있다면 나로서는 미안함을 덜 수 있을 것이다.

끝으로 와그너 여사의 사진을 구해 준 대전 호수돈여자고등학교 100년사 집필실의 양미나 선생께 깊이 감사하며, 편집 교정과 출판 과정에서 고생하신 집문당의 우진주(禹軫柱) 상무님과 편집부 직원 여러분, 그리고 신세진 모든 분들에게 깊이 감사한다.

1998년 10월 26일

2019년 11월 1일 가필함

역주자 신복룡 씀

원저자 서문

나는 이 책에서 한국인들이 바깥 세계와 접촉을 갖기 이전의 어린이들의 모습을 그 본래 모습대로 그려보고자 노력했다. 한때는 은둔(隱遁)의 나라였던 조선은 이제 새로운 질서 아래 급격히 바뀌어 가고 있다. 큰 도시나 사업체에서는 이미 한국인들의 옛 풍습과 생활 모습들이 새로운 모습을 보여주고 있지만 시골이나 산골 촌락에서는 아직도 아스라이 멀리 있는 지평선 저 너머의 서방 세계가 가지고 있는 이념에 전혀 물들지 않은 일상의 생활과 풍습을 볼 수 있다.

기독교 선교사들이 한국인들에게 정신적인 복지를 실질적으로 가르쳐 주었다는 점은 말할 것도 없고 향상된 생활 규범을 도입하는 면에서도 많은 일을 했다. 한일합방(韓日合邦) 이후 일본 총독부는 전반적으로 볼 때 조선의 물질적인 개명(開明)과 향상에 많은 일을 했다. 그러나 나는 이 책에서 몇 백 년 전에 한국인들이 외국으로부터 아무런 영향도 받지 않고 변하지도 않았던 본래의 한국인의 가정과 가정 생활을 그려보고자 노력했다.

독자들은 이 비기독교적인 땅에서 살고 있는 어린이들의 모습에서 보는 바와 같이 한국 어린이들과 영국이나 미국 어린이들의 생활을 비교하는 가운데 여러분의 가슴에는 이 귀엽고도 희망 없는 어린이들에 대해 사랑과 동정을 느낄 것이며, 여러분들의 행복한 가정의 사랑과 광명이야말로 그리스도의 사랑을 통해 얻어진 것임을 확연히 깨닫게 될 것이다. 왜냐하면 그리스도께서는 여러분과 여러분의 부모님의 가슴 속에 당신의 가정을 만드셨기 때문이다. 우리의 주님이신 그리스도는 당신께서 예전에 말씀하셨던 것처럼 지금도 이렇게 말씀하고 계시다. "어린이들이 내게 오도록 내버려두며, 그것을 금지하지도 말라. 하나님의 나라는 그들의 것과 같기 때문이다."[1)]

◆ ◆ ◆ ◆ ◆

나는 이 작은 책자를 준비하면서 언더우드 박사(H. G. Underwood)의 『조선의 부름』(*The Call of Korea*), 게일 박사(James S. Gale)의 『전환기의 조선』(*Korea in Transition*)과 『조선의 모습』(*Korean Sketches*), 그리고 헐버트 씨(H. B. Hulbert)의 『대한제국멸망사』(*The Passing of Korea*)에서 많은 정보와 성찰을 얻음으로써 그 분들에게 빚을 지고 있다.

조선의 송도(松都)에서

E. 와그너 씀

---

1) 「마가복음」 10 : 14–15.

차 례

제 1 장 시골과 그 주민들

한반도는 황해와 동해 사이의 "아세아의 가슴에 걸려 있는 보석"과 같으며, 그 크기를 보면 조선이야말로 참으로 작은 나라임을 알게 될 것이다. 그러나 조선의 크기가 아무리 보잘것없다 하더라도 그 나라의 역사는 아득히 먼 옛날로 거슬러 올라가 그 태초의 역사는 전설과 설화 속으로 사라지게 된다.

한 민족으로서의 조선은 다른 민족과 국가의 생활에 중요한 역할을 했으며, 오늘날에도 그들의 영광스러웠던 과거와 위대함을 볼 수 있다. 서구의 조상들이 북부 유럽의 숲 속에서 야생을 하고 있을 때 이 "고요한 아침의 나라" 조선은 그들의 영광을 한껏 누리고 있었으며 다윗 왕[1]이 예루살렘을 다스릴 당시에 이 나라는 비교적 고도의 문명을 누리고 있었다.

한국인들은 아브라함이 약속의 땅을 찾아서 칼데아의 우르를 떠나기 이전[2]인 지금으로부터 4천 여 년 전에 이 나라를 처음으로 다스린 개국 시조에 관해 매우 재미있는 얘기를 들려준다. 이 개국 시조는 흩어져 살던 야생의 부족들을 한데 모아 위대한 슬기로써 많은 유용한 기술과 법률을 그들에게 가르쳤다.

---

1) 다윗(King David : ?~961 BC) : 이스라엘의 2대 왕.
2) 『창세기』 11 : 31, 12 : 1-4, 15 : 5.

한국인의 피부는 갈색이거나 아니면 누런빛을 띄지만 그들의 머리칼은 뻣뻣하고 검다. 혈통으로 보면 서유럽인들은 코카사스족에 속하고 한국인들은 몽골족에 속한다고는 하지만 아몬드처럼 생긴 눈매는 가늘고 빛깔은 매우 검어 우리와는 전혀 다르게 보인다. 신체적인 단련이나 발육과는 관계없이 그들은 서구인들과는 몹시 다르다. 예를 들면 추리를 하는 방법이나 사고의 과정, 그리고 결론을 내리는 과정이 이상스럽게 보인다.

사실상 여러 세대와 여러 세기에 걸쳐서 그들의 조상들은 우리와 우리의 조상들이 사물을 보아 온 것과는 다른 시각에서 사물을 관조해왔다. 따라서 우리들이 보기에는 전혀 아무 것도 아닌 일들이 한국인들에게는 중요한 의미를 가질 수도 있고, 입장을 바꾸어 본다면 그들이 아무런 생각 없이 지나친 일들이 우리에게는 매우 실질적이고도 중요한 관심거리가 되고 있다. 예를 들면 오랜 전통을 지닌 양반들의 사고 방식에서 볼 때 자제력을 잃고 노여움을 보이는 것은 우리들 사회에서 천주 십계명을 어기는 것보다 더 졸렬하게 보일 수도 있다. 그것은 우리가 생각하는 것 보다 훨씬 더 그의 체통을 손상시킬 수도 있다.

일반적으로 우리가 보기에 한국인들은 다소 활력이 없거나 게을러 보이지만 그들의 천성은 친절하고 자상하고 이지적이다. 그들이 저지르는 모든 실수와 악덕은 그들이 여러 세기 동안 감수해 온 압제와 무지의 결과라는 점에는 의심할 나위도 없다.

남녀를 가릴 것 없이 어린이들의 옷은 매우 화사하며, 파랑 · 초록 · 노랑 · 빨강 · 자주 등 무지개 색깔이 그들의 저고리에 놀라울 만큼 조화를 이루며 채색된다. 소년들은 온갖 색깔로 꾸며진 저고리 위에 긴 두루마기를 입는다. 두루마기는 흰색이거나 아니면 그가 좋아하는 색깔을 띄우며 이를 통해 저고리나 바지가 은은히 비친다. 아랫도리는 풍성하고 바랑처럼 생긴 흰색의 바지를 입고 발목으로 내려가면 좁고도 밝은 색깔의 댓님을 매어 깔끔하게 접어 넣는다. 버선은 그의 어머니가 하얗게 표백된 무명으로 지은 것인데 겨울에는 그 안에 솜을 넣는다. 신발은 그들의 생활 수단이나 형편에 따라 비단 모전, 가죽, 꼰 실, 또는 짚으로 만든다.

소년은 혼약을 맺을 때까지는 길고 투박하게 머리를 땋아 기름을 바르고 등 뒤로 내리지만, 혼인이라고 하는 결정적인 시간이 되면 그의 머리에 상투를 틀어 올리는데 이는 높이가 2~3인치, 지름이 1인치 정도로 조여 매는 것이다. 이 상투는 머리 정수리 위에 꼿꼿이 세우며, 그 둘레에는 폭이 2인치 정도가 되는 말총으로 된 띠를 앞이마 쪽으로 두른다. 이는 머리를 제 자리에 두게 하려는 방법이지만 너무 조여 매기 때문에 이마에는 깊은 자국이 생기고 양쪽 관자놀이를 잡아당김으로써 사실상 그의 눈이 찢어진 듯이 보인다.

이 머리띠 위에는 방정맞게 생긴 작은 모자를 쓰는데, 이는 그가 혼례를 치렀다는 표지로서 풀잎이나 짚으로 만든 것이다. 우리는 열 두어 살 먹은 소년들이 이 새서방 모자를 한쪽으로 빼딱하게 쓰고 거드름을 피우면서 의식적으로 남의 눈길과 찬사와 부러움을 끄는 모습을 흔히 볼 수 있다.

서유럽 사람들이 동양인들의 몸매를 보는 데 익숙하게 되면 조선의 소녀들이 흔히 겉모습만 그럴싸하게 보이는 것이 아니라 실제로도 아름답다고 틀림없이 생각하게 될 것이다. 그는 윤기 흐르는 머리의 가르마를 지르고 빗질하여 뒤로 늘어뜨려 길고도 무거운 댕기를 매는데 이러한 머리의 치장은 그가 시집은 갈 때까지 계속된다. 시집을 가면 머리를 따 뒤통수에 비녀로 쪽을 찌른다. 비녀는 산호, 옥, 은, 또는 금으로 만든다. 북부 지방에서는 진짜 왕관처럼 머리를 머리 주위에 두른다.

작은 소녀들은 그의 오빠들과 마찬가지로 온갖 색깔의 화사한 옷을 입고 즐거워할 수도 있으며, 그의 솜저고리나 두루마기, 바지, 버선, 그리고 신발도 오빠들의 것과 다르지 않다. 그러나 그들은 그 위에 땅에 거의 닿을 정도의 치마를 입는다. 좋은 비단과 넓은 댕기를 뒤에 단 아름답고도 자그마한 모자를 쓰는 경우도 흔히 볼 수 있다.

설날이나 생일, 또는 집안에 혼인이 있는 날과 같이 축제의 날이 되면 어린이들은 마치 열대 지방에서 날아온 팔색조처럼 화사한 색동옷을 입는다. 그러나 가엾게도 평민들의 사회에서는 어린이들이 흔히 등한한 취급을 받는다. 가난에 찌들고 어머니는 너무 바빠 자녀들의 옷을 빨거나 만들어 줄 수가 없다. 그러다가 몇 달 동안 보살펴 주지도 못하고 지나는 경우도 때로는 있다. 여름철이 되면 갤러웨이 주교(Bishop Gallaway)가 "태양과 공기를 옷 삼아 입는다"고 말했던 바와 같이 가난한 어린이들이 글자 그대로 거리를 꽉 메운다.

우리는 어떤 사람이 입다 버려 셀룰로이드 색깔처럼 된 옷과 짚신과 댕기를 자신의 치장의 모든 것이나 되는 것처럼 입고 다니는 소년들이 거리와 골목에서 뛰어 노는 것을 흔히 본 적이 있는데 그들은 자신들이 사회적인 요구를 감당할 수 있을 만큼 적절히 차려입지 못하고 있다는 사실을 모두가 모르고 있었다.

제 2 장 가정 생활

한 민족의 어린이들의 생활을 설명하면서 먼저 우리가 그곳의 가정 생활을 살펴보는 것은 당연한 일이다. 가정이야말로 인간이 만든 제도 가운데서 가장 성스럽고 중요한 것이라는 점은 잘 알려진 사실이다. 우리도 영어에서 "어머니", "가정", 그리고 "하나님"이라는 말이 가장 감미로운 단어라는 말을 흔히 들었다. 가정은 순수하고도 착한 모든 것의 기초이며, 우리들의 모든 즐거움의 중심이며, 현세에서 누릴 수 있는 가장 매력적이고도 즐거운 곳이며, 또 그래야만 한다. 우리는 "하늘 나라"가 다른 곳이 아니라 가장 훌륭하고도 감미로운 위안을 받을 수 있는 가정이라고 생각했고, 또 그렇게 노래하고 있다.

그리스도의 말씀에 따르면, 하늘 나라는 어린이들이나 그들과 같은 사람들로 이루어졌다고 한다.[1] 그러므로 어린이들의 밝음과 지순한 기쁨이 하늘의 기쁨과 가장 가까운 것일 수도 있다. 그런데 영어의 가정(home)이라는 것과 의미가 상통하는 어휘가 없는 민족이 있다는 것을 우리는 상상이나 할 수가 있을까? 한국어에는 집(house)이라든가 좀 고상하게 표현하면 댁(宅)이라는 용어가 있지만 지붕이 있고 비바람을 피할 수 있다고 해서 그것

1) 「마태오복음」 18 : 3, 「마르코복음」 10 : 14–15.

이 곳 가정은 아니라는 사실을 우리는 잘 알고 있다.

가정의 참 뜻이 있는 곳에서는 사랑이 인도하는 평화와 기쁨이 있다는 것을 우리는 볼 수 있다. 가정이라는 것이 그의 진정한 뜻을 갖게 하는 것은 그리스도의 정신이다. 이제 우리는 조선에서의 가정에 대해서 얘기했지만 가정을 이루는 것은 집이 아니라 그곳에서 머무르며 다스리는 정신이라는 사실과, 영국과 미국에는 사랑 대신에 다툼과 슬픔만이 있는 으리으리한 저택들이 있듯이 조선에는 오늘날 사랑이 깃드는 초가지붕의 토담집이 많이 있다는 사실을 기억해야 할 것이다.

조선의 가옥은 매우 특이하다. 대도시에 있는 관청과 사업체 건물들은 예외이지만 일반 가옥들은 모두가 단층 건물로서 흔히 초가지붕을 올린 집과 부유한 계층이 검은 기와지붕을 올린 집의 두 가지 종류가 있다. 기와 지붕은 추녀에서부터 위를 향해 우아한 곡선을 이루고 있으며, 절간과 사당은 그 겉모습이 매우 예술적이다.

중류층의 가옥은 대체로 두세 개의 방을 가지고 있다. 방의 크기를 재는 단위는 "칸"(間)이라고 하는데 한 칸은 사방이 8피트의 넓이이다. 이 방들은 침대나 의자나 탁자와 같은 불필요한 가구들을 갖추고 있지 않기 때문에 첫눈에 보기보다는 삶의 공간이 넓다. 가난한 사람들의 집은 부엌이 달린 단칸방 이상에서 사는 일이 가끔 있지만 돈 많은 양반 집은 가족이 늘어나고 공간이 필요해짐에 따라 몇 세기에 걸쳐 나지막하고도 좁은 건물들을 끝없이 덧달아 지은 것으로 이루어져 있다. 한국인들은 참으로 가부장적인 사람들이어서 가장이 능력만 있다면 8촌까지의 권속(8촌이라 함은 미국의 사종에 해당됨)까지 같은 울안에 들어와 산다.[2)]

비록 조선의 가옥이 여러 가지의 형태를 가지고 있다고는 하지만 그들 모두가 공통적으로 가지고 있는 하나의 특징은 안방을 가지고 있다는 점이다.

---

2) 이 점은 필자가 오해하고 있다. 8촌이라 함은 미국의 삼종에 해당된다.

가난한 사람들의 집이 비록 부엌이 달린 단칸방이라 할지라도 살림방과 벽 하나를 사이에 둔 안방을 가지고 있다. 통상적인 가옥 규모에서는 그 건물의 어느 곳에서도 이 안방을 들여다 볼 수 없게 되어 있다. 세 번째 벽은 헛간으로 둘려져 있고 네 번째 벽은 남자 손님들을 맞이하는 사랑채이다. 모든 살림방은 안방을 향해 문이 달려 있지만 길거리를 향해 열린 문이나 들창이 없는 방이 있는데 이는 여인들을 위한 공간이다.

헛간이라 함은 통상적으로 말해 일종의 창고이다. 이 헛간의 안쪽으로는 지난 가을에 모아 바닥으로부터 쌓아올린 땔감, 솔잎, 풀 더미 등이 있다. 이 헛간에는 김치를 담아 두는 커다란 독이 있다. 김치는 한국인들이 아주 좋아하는 음식으로서 배추절임이다. 한국인들은 가을철에 김치를 대량으로 담가 목까지 땅에 묻음으로써 추위에 어는 것을 막는다.

만약 "주인 어른"께서 능력이 있는 분이라면 그는 친척이나 친구들을 맞이하는 "사랑"을 갖는다. 앞서 말한 바와 같이 사랑은 안방의 네 번째 벽에 붙어 있다. 여자들의 방과는 달리 사랑은 안방 쪽으로는 문을 여닫을 수가 없고 가능한 한 아름답고도 매력적으로 꾸며진 뜰을 향해 문을 여닫을 수가 있다. 이곳을 찾아온 손님들은 그 가정의 아낙네들을 만나 볼 생각은 꿈에도 해서는 안 된다. 사실상 이 "안방"에 있는 아녀자들에 대해서 이러니저러니 묻는다는 것은 매우 무례한 짓이다.

조선의 가옥에 관한 문제 가운데서 가장 특이한 것은 난방에 관한 문제인데, 그 방법이 비록 경제적이라고는 하더라도 통풍이라는 점에서 본다면 아주 비위생적이며 치명적이다. 살림방과 사랑의 바닥은 엷은 구들로 이루어져 있으며, 그 밑에는 진흙과 자갈로 만든 몇 개의 수평적인 고래(갱)가 있다.

건물 밖의 모서리에 달려 있는 고래의 입구에는 연기에 그을리고 짚으로 지붕을 만든 부엌이 달려 있다. 이곳이 불을 때는 곳인데 두세 개의 큼직한 솥을 돌 위에 놓아 밥이며 기타의 음식을 짓는다. 이 아궁이로부터 시작하여 고래가 방바닥을 지나면서 밖으로 솟은 굴뚝으로 연기는 내보낸다. 사랑은 다른 아궁이에서 불을 때지만 구조는 같다.

의심할 나위도 없이 이와 같은 방식의 난방이 얼마나 경제적인가를 우리는 알 수 있다. 왜냐하면 커다란 가마솥에 밥을 짓는 삭정이나 잎나무 땔감은 동시에 구들장을 데워 주기 때문이다. 우리는 따뜻한 구들 위에 이불과 베개를 깔고 꿈나라를 여행할 수 있다. 이런 식의 난방 장치가 가지는 가장 큰 결함은 8월부터 이듬해 정월까지는 매일 매일 밥을 끓여야 하며, 따라서 방은 늘 절절 끓을 수밖에 없다고 하는 사실이다. 차라리 아낙네들은 나무로 된 마루로 나가 그 답답한 공기로부터 벗어날 수 있다. 마루에서 그들은 여러 가지 즐거운 것들을 보고, 일하며, 신선한 공기를 즐긴다.

벽을 칠 때에는 우선 나긋나긋한 나뭇가지와 잔가지, 그리고 새끼줄을 엮은 다음, 그 위에 진흙을 발라 서구에서 말하는 어도우비[3]와 같은 것을 만드는데 보기보다 튼튼하다. 한국의 문은 서구의 창틀의 역할을 함께 한다. 바깥 창은 무거운 격자창으로서 투박한 돌쩌귀에 매달려 있으며, 안 틀 문은 아래위로 홈통을 파고 앞뒤로 열리게 되어 있으며, 희미한 빛이 겨우 통하는 두툼한 창호지를 발라 놓았다. 유리창은 매우 사치스러운 것이지만 창틀 가운데 한 칸이나 한 조각이 달려 있음을 볼 수 있다.

의심할 나위도 없이 여러 독자들은 그 돌고래로 된 바닥이 매우 딱딱하여 잠들기가 어렵다고 생각하겠지만 한국의 어린이들은 돌고래 바닥이나 스프링으로 된 침대나 모두가 다 부드럽다고 생각한다. 들리는 바에 따르면 조선의 어느 왕자가 외국인의 집에 "구경 갔다"온 뒤로는 그도 침대에서 자기로 결심했다고 한다. 드디어 자그마한 철제 침대를 영국에 주문하여 오랜 기다림 끝에 그것을 방에다 가설했다. 왕자는 첫날밤에 그 위에서 잠을 자려고 했지만 도무지 잠을 이룰 수가 없었다. 그리하여 그는 시종을 보며 이렇게 말했다.

---

3) 점토로 만드는 벽돌 구이 방법.

"이것을 치워 버려라, 너무 푹신푹신해서 잠을 이룰 수가 없구나."

넓은 현관에 들어서면 놋쇠로 틀을 만든 찻잔 대가 있고 그 안에는 유기와 도자기의 접시들이 보관되어 있는데 이러한 가구는 잘사는 집안에서는 흔히 볼 수 있는 모습들이다. 이 현관에는 밥상들이 차곡차곡 쌓여 있다. 이 밥상들은 다소 모난 것도 있으며, 높이는 약 12인치 정도이며, 지름은 12~18인치 정도이다. 식사가 준비되면 이 마루나 안방의 작은 밥상 위에는 따뜻한 밥과 향긋한 반찬이 진열되고, 만약 사랑채에 손님이라고 오셨다면 창문을 통해 몇 가지 더 찬을 올려 내보낸다.

아주 가난한 사람들은 밥에 김치 한 가지만 놓고 먹는 경우가 흔히 있으며, 기장이나 비쩍 마른 완두콩이라도 섞지 않을 수 만 있다면 다행이다. 김치란 배추를 무, 새우, 생강, 파, 고추, 그리고 소금에 버무려 만든 반찬이다. 그들은 수북한 밥을 모두 치울 때까지 젓가락을 이용하여 접시 모서리에 있는 비쩍 마른 생선 토막이며 무 조각까지 먹는다. 그들이 얼마나 맛있는 소리를 내며 먹는가 하는 점은 그 음식의 질과 맛이 어떤 것인가를 설명해 준다.

한국 사람들이 일반적으로 사용하는 가구에는 색깔이 칠해져 있거나 자수를 한 천으로 덮여 있으며, 궤짝에는 두터운 옷감을 덮는다. 궤짝은 흔히 놋쇠나 은, 또는 자개로써 모서리를 아름답게 단장한다.

제 3 장 한국의 어머니

한국 여성의 생활은 결코 쉽지 않다. 어릴 때부터 그들은 지적으로나 지위, 그리고 능력에서 그들보다 더 사랑을 받고 자라 온 오라버니들 보다 더 열등하다는 가르침을 받는다. 그러므로 그가 생활에서 편안하고 행복하고자 한다면 일찍 결혼해서 남편과 시어머니께 철저하게 복종해야 한다. 아내와 어머니의 역할은 그들의 삶의 가장 중요한 임무이며, 시댁 조상을 받들어 모실 아들을 낳음으로써만 좀 더 융숭한 대접을 받을 수 있다.

소녀들은 아주 어릴 때면 여덟 살 때, 그러나 대개 열두 살에서 열여섯 살 사이에 한 소년과 결혼을 하는데 대부분 그 소년은 그가 앞서 한 번도 본 적이 없는 사람이다. 그리고 그 때부터 그 여인은 시어머니의 손안에 들어간다. 만약 시어머니가 친절하고, 또 다행스럽게도 그가 사내아이를 출산한다면 그의 가정 생활은 정말 행복하다. 그러나 시어머니께 꾸중을 듣는 불쌍하고 어린 부인에게 시집살이란 집지키는 종살이와 같은 생활이다. 그의 유일한 희망은 언제인가 그도 자기의 며느리에게 차례로 고된 일을 넘겨주고 그와 똑같은 복수를 하며 그 자신이 종살이에서 벗어나 이제는 종을 부리는 사람이 될 것이라는 점이다.

몇 백 년 동안의 은둔의 나라로서의 폐쇄성과 일종의 애국심을 자랑으로 여기며 살아온 이 조그만 국가는 국경 지대에서 탐험하는 외국인들을 대단히 싫어했다. 사실 오늘날 여러분이 한반도를 여행할 때 근대의 세계가 지구, 바다, 그리고 하늘을 정복하려고 무서운 투쟁을 벌일 때까지 한국은 과거에 연연해하며 몇 세기 전의 꿈속에 깊이 빠져 있었다는 것을 발견하는 것은 그리 어려운 일이 아니다.

여인들의 엄격한 폐쇄성은 여전히 원시적인 고집과 밀착되어 있으며, 이는 그들을 일종의 가사 노예의 고된 일은 물론 무지와 미신 속에 묶어 두려는 데에 그 책임이 있다. 최근까지, 더 엄밀히 말하면 기독교가 전래되기 전까지만 해도 여성의 교육을 위한 장치란 전혀 없었다. 이러한 현실은 여성의 지위를 설명하고 남성들로 하여금 여성의 그러한 어리석은 성격이 자신을 불신하고 남자에게 복종하는 것을 필요케 한다고 자신 있게 이야기하도록 했다.

사실상 여성들을 통제하고 자신의 능력에 대해 불신하도록 하기 위해서 여인들은 무지와 가정이라는 좁은 공간에 구속당한다. 서양인인 우리는 여성에 대한 그러한 대우에 대해 분노를 느끼기 쉽지만 한국의 여인들의 조심스러운 폐쇄성은 오히려 자신을 좀 더 많이 드러냄으로써 부딪힐 수도 있는 부도덕한 상황들에 대해 최상의 보호책이 된다.

기독교 신앙은 서구에서의 그와 같은 상황을 상당히 다르게 만들어 놓고 있다. 그러나 기독교 규율이 그 한국인들의 생활을 통제해서 그들을 빛과 사랑으로 충만하게 할 때까지 우리는 극동 지역에서 그러한 은혜로운 상황을 기대할 수가 없다. 기독교가 전파된 뒤에라야 낡은 이교도적 관습이 전복될 것이고 광명의 날이 현재 "죽음의 그늘에 앉아 있는"[1] 그 국민들의 가정 속에 찾아들 것이다.

그러나 여성의 폐쇄성에 관한 문제를 끝내기 전에 우리는 한국 여성의 폐쇄성의 정도가 그 여성의 사회적 지위에 따라 좌우된다는 것에 주목한다.

---

1) 「마태오복음」 4 : 16, 「욥기」 10 : 21–22, 「시편」 107 : 10.

만약 부인이 양반 가문의 출신이라면 가까운 친척을 제외한 어떤 남자도 그의 얼굴을 볼 수 없다. 낯선 남자가 그 여인의 손을 건드렸기 때문에 슬픔과 수치심에 싸여 스스로의 목숨을 끊은 것이 부덕으로 여겨지는 한 여인의 이야기도 있다.

양반 댁 규수는 시댁에 들어가서 산다. 그들은 자신을 위한 독립된 집은 마련하지 않으나 종종 부호나 고관들은 바깥 벽 또는 담 안에서 하나의 커다란 가족 집단 생활을 하는데 아들과 그의 가족은 각기 독립된 공간을 갖는다. 이러한 방법으로 필요에 따라 덧붙인 방들을 가진 한정된 단층집은 계획성 없이 넓은 터에 펼쳐질 수도 있다.

그러나 모든 부인의 방은 엄격하리만큼 은밀한 공간이다. 남편을 제외한 아버지나 다른 남자 어느 누구도 그 새댁의 방에 들어올 수는 없으나 용건이 있을 때면 가족 가운데 한 사람이 배석한 가운데 시어머니의 방에서 그들을 만날 특권을 가진다. 이러한 특권도 아버지, 시아버지, 삼촌들, 그리고 이른바 8촌의 형제까지로 제한된다.

만약 하인이나 나이 많은 여자와 동행한다면 부인이 그의 여자 친구나 친척을 방문하는 것이 가능하다. 그는 길고 두꺼운 장옷 속에 그 여인의 얼굴을 철저히 가리고 거리로 나갈 수 있으나 사방이 막힌 상자처럼 생긴 가마를 타고 간다. 그가 친구의 집에 도착했을 때 가족 가운데 어떤 남자도 감히 그곳에 들어오지 못한다. 이 계급의 집안들은 남자 분들을 위한 응접실이라고 할 수 있는 사랑채를 항상 가지고 있다.

농부, 상인, 장인 그리고 객주의 부인과 같은 중류 계층의 여성들은 상당한 자유를 누린다. 왜냐하면 이 계급의 대다수 사람들은 사랑방을 가질 수 없고 친척들이 보다 빈번하게 안채를 방문하기 때문이다. 그들은 남들과 동행하지 않으면서 거리를 나갈 수 있으나 장옷을 쓰지 않고 나갈 수는 없다. 나이든 여성들은 종종 소위 이러한 규율들을 어기지만, 젊은 여성들이 지나갈 때 그의 검은 눈을 한쪽만이라도 볼 수 있기란 드문 일이다.

기생, 하인, 무당 그리고 비구니들은 가장 천시 받는 삼류 계층을 이룬다. 그들에게는 사회적인 권리도 없고 심지어는 장옷을 쓸 수도 없다. 기생은 일반적으로 아주 어릴 때 팔려 가거나 유괴되어 비천한 생활에 맞게 훈련을 받는다. 그들은 보다 큰 자유와 보다 폭넓은 교육을 받기 때문에 폐쇄된 여성들보다 사교적인 기회가 많다. 여성들은 영혼조차 가지지 않는 것으로 생각된다는 사실은 노비의 생활에서 잘 나타나고 있다. 비록 노비의 아들일지라도 그들은 사회적인 멍에를 쓰지 않는다. 그들은 자유롭다.

한국의 모든 여성들은 세 가지 행동 원칙을 배워야만 하는데, 첫째는 부모 섬기는 법이며, 둘째는 자식 키우는 일이며, 셋째는 가사를 돌보는 일이다. 서양 여성들의 사고에 따르면 이러한 지식을 익히는 것은 고급 직업에 대한 기초로서 필수적인 교양 교육을 의미하지만 한국인의 경우에는 그렇지 않아 남자들은 자기 아내들이 읽고 쓰는 능력조차도 필요 없다고 여긴다.

남편들의 생활에서 여성들이 차지하는 위치에 대한 생각을 명백히 해주는 하나의 옛 얘기가 있다. 위대한 신이 조용한 아침의 나라의 조상으로 삼으려고 세 현인들을 제주도에 내려 보냈다. 그들이 앉아서 바다를 바라보고 있을 때 조류에 따라 떠돌아다니는 이상한 물건을 보았다. 현인들은 물가로 걸어가서 그 괴상한 물건들이 놋쇠로 묶인 상자들이었다는 것을 알았다. 이것들을 열었을 때 각각 가정에 유용한 동물들, 즉 돼지, 소, 개 그리고 여자들이 들어 있는 것을 발견했다.

한국의 여성은 이름이 없다. 어렸을 때는 가족 안에서 사용하는 유아기의 이름을 가진다. 다른 사람들은 그를 아무개의 동생, 아무개의 딸이라고 부른다. 결혼 뒤 그 여인은 아들을 낳아서 아무개의 어머니라고 불릴 때까지도 이름이 없다. 유교적 가정의 모습은 매우 어두우나 복음의 축복된 빛은 이러한 몇 백의 가정 속에서 비춰지고 있으며 "어둡고 슬픈 수많은 사람들의 생명들로 하여금 행복한 마음으로 예수를 따르는 추종자로 변화시켰다."[2)]

기독교 교육은 항상 그리고 어디에서나 여성들의 정신을 앙양하는 데 큰 힘이 되었으며 주부로서의 자신의 힘과 의무를 충분히 자각함과 아울러, 노예와 같은 의존적인 생활에서 남성과 동등한 하나의 내조자로 그들의 상황이 변할 때까지 모든 낡은 관습들을 바꿀 것이다.

2) 『고린도후서』 4 : 4–6.

제 4 장 어린이의 옥내외 놀이

서양에서 볼 수 있는 가문과는 달리, 한국의 각 가족은 씨족의 일원으로서 혈연의 개별적인 구성원에 지나지 않는다. 식사 시간에 모든 식구들이 식탁에 모여 앉는 것을 볼 수 없다. 가장은 그의 사랑방에서 홀로 침묵과 더불어 조용히 식사를 하며, 그에게는 최고의 진미를 대접하는데, 금전적인 형편에 따라 다를 수도 있다.

가장과 마찬가지로 가족의 모든 남자와 예닐곱 살이 넘는 사내아이들은 각자 자기의 방에서 품위를 지키면서 혼자 식사를 한다. 딸들은 부인들과 함께 "안채에서" 식사를 하는데 거기에는 어떤 의식이나 존엄도 없이 남자들이 식사를 마치고 남은 것들을 먹는다.[1] 한국의 대다수의 사람들은 아이들 특히 사내아이를 대단히 좋아하는데 그것은 아들이 딸들보다 더 큰 가치가 있기 때문이다.

일반적으로 남자들은 세 개의 이름을 가지는데 어릴 때 붙여 준 이름, 열네 살이 될 때 상당한 의식과 더불어 받는 또 다른 이름, 그리고 그 뒤에 그가 만일 직함을 갖게 된다면 그 때 그 직함에 덧붙여지는 관직이 그것이다. 비록 소녀들은 그들 자신의 진정한 이름을 가지지 않지만 어릴 때 아경은

1) 이것을 "전"[餕]이라고 한다.

때때로 매우 예쁘다. 축복의 뜻인 "복길이", 친절의 뜻인 "순애", 귀하다는 뜻의 "큰애동이", 보석의 뜻인 "보배", 흰 매화라는 뜻의 "옥매", 그리고 하얀 옹기그릇이란 뜻의 "옥분이" 등은 훌륭한 뜻을 가진 매우 예쁜 이름들이다.

그러나 그런 예쁜 이름을 늘 갖는 것은 아니다. 때때로 어떤 부모들은 악신들이 부모가 자기 자식을 대단히 사랑하는 것을 알고 그들로부터 아이를 빼앗아 갈까 두려워서 신을 속이려고 추한 이름을 지어준다. 예를 들면 "돼지", "사자", "개구리", "둘째", "셋째" 등과 같은 이름을 짓는다. 때때로 그들은 그 아이가 여자인 것이 섭섭해서 "섭섭이"라느니, "생쥐"라느니 또는 "복실이" 등과 같이 부른다.

아기가 처음으로 배우는 것은 아버지에 대한 존경과 복종이다. 어른에 대한 불경은 모두 강력하게 제재하고 곧 벌을 받게 된다. 그러나 어머니에게는 그렇지 않다. 어머니는 아들이 바라는 것을 해주고 아들의 잘못을 꾸중도 하지 않고 애교로 보아 넘긴다. 그래서 곧 어머니에게는 권위가 없으며 어머니를 두려워하지 않아도 된다는 것을 아들은 알게 된다. 신과 같이 존경을 해야 할 분은 바로 아버지이며 그는 왕보다 더 위대하고 그의 말은 절대적인 법이다. 그가 권위를 가지고 아들에게 이야기하고 명령할 때 가장 명예롭고 경의에 가득 찬 어휘들이 그의 훈계 속에서 사용되어야 한다.

육아에 대해서는 알려진 것이 없다. 어머니는 아기를 재우려고 앞가슴을 가볍게 두드리거나 아기를 등에 업고 집안일을 해야 하는 동안에 아기를 천천히 좌우로 흔든다. 때때로 어린 누이들이 이러한 방법으로 동생을 돌본다. 등에 아기를 업고 거리에서 놀거나, 아기를 웃기거나 재우려고 아기를 위아래로 흔들고 있는 어린이의 무리들을 흔히 보게 된다. 그래서 그 소녀들이 달릴 때 그 불쌍한 아기들은 이리저리 흔들리고 아기들의 머리는 이리저리 움직이게 되고 아기의 등은 불구자가 되지 않을까 의심스러울 정도로 꼬이게 된다.

아기가 태어난 지 100일째 되는 날 커다란 잔치가 벌어지는데 이때 그의 모든 친척들을 초대한다. 아기가 마루 위에서 첫발을 내디딜 수 있을 때 넘어지는 것을 막으려고 호랑이 가죽을 깔아 주며, 그가 첫걸음을 떼었다는 그 중요한 사실을 널리 알린다. 생일은 큰 행사여서 가족들이 할 수 있는 모든 기념식과 잔치를 벌이게 된다. 그러나 이런 날들 가운데서 가장 중요한 것은 첫돌과 환갑이다. 환갑은 60갑자의 완성으로 알려진다.

어린이들은 이상한 놀이를 많이 즐기며 자유롭고도 행복한 생활을 한다. 아이들이 이처럼 순진하고 유쾌할 수 있다는 것은 좋은 일이다. 가장 흔한 놀이 가운데 하나는 모래 무덤 속에 고리를 숨기고 장난꾸러기들이 그 고리를 찾으려고 막대로 모래를 파헤치는 것이다. 해변에는 어린이들이 지치지 않고 놀 수 있는 무한한 노리개와 공터가 있다. 물속에 쑤셔 넣기와 물 장난치기의 놀이는 "찰박찰박"이라고 한다. 물론 소년들은 고기잡이를 결코 싫증내지 않는다.

한국의 어린이들은 연날리기를 가장 좋아하고 또 그 기술도 탁월하다. 정초가 되면 하늘에는 몇 백 개의 아름다운 연들을 날리는데 그 대부분은 정교하고 아름답게 만들어진 것이다. 연줄에는 우선 풀을 입히고 그 다음에 유리 가루를 입힌다. 두 소년이 얼레를 교묘히 조정하면서 하는 "연싸움"을 보는 것은 멋진 구경거리이다. 이 연싸움은 상대방의 연줄을 끊는 방식인데 소년들은 그들이 원하는 대로 민첩하게 움직이면서 하늘의 이리저리로 자신의 연을 움직인다. 물론 연줄을 끊긴 사람이 그 경기에서 지게 된다. 수많은 사람들과 어린이들은 이 대회를 보려고 언덕으로 올라간다.

주사위, 도미노 놀이, 그리고 장기는 상당히 재미있는 놀이이며 같은 이름으로 불리는 서양의 것과는 상당히 다르나 같은 부류에 속하는 것으로 인정된다. 돌싸움(석전)은 거칠고 매우 위험한 경기인데 수많은 젊은이들이 여기에 참여한다. 다른 마을 또는 이웃들과 싸움을 하거나 이견이 생겼을 때 이런 방법으로 그 문제를 해결하려고 한다. 돌을 던지는 투수들은 조준에 자신 있는 사람들이다. 그들은 상해를 입히도록 조준한다. 그래서 많은 사람들은 정부에서 금지하는 이 거친 경기에서 죽거나 부상당한다.

단오는 봄에 있는데 이때는 소녀들과 젊은 부인들을 위해 재미있고 행복한 축제가 벌어진다. 소녀들과 젊은 부인들은 가장 큰 나무에 그네를 매고 똑바르게 그리고 우아하게 서서, 하늘을 나는 화려한 깃털을 가진 새처럼 보일 때까지 서서히 오르게 된다.

아마 소녀들이 참여하는 가장 아름다운 경기는 널뛰기일 것이다. 큰 자루에 모래를 가득 채우고 길고 납작한 널빤지를 그 위에 가로질러 놓는다. 그때 두 소녀들은 널빤지의 끝에 똑바로 서고 모든 준비가 끝났을 때 한 사람이 위로 뛰어 오르고 그 소녀가 내려올 때 다른 상대방을 좀 더 높이 뛰어 올라가게 한다. 그들은 가능한 한 높이 뛰어오르고, 이 경기는 그들이 2~5피트 정도 공중으로 뛰어오를 때까지 계속된다.

또 다른 신기한 놀이가 있는데 이것을 굳이 영어로 표시하면 shuttlecock [제기차기]이다. 이 제기차기는 제기 채나 라켓 등으로 치는 것이 아니라 한쪽 발로 대단히 우습게도 깡충 뛰거나 점프를 하면서 밀어 올리는데 그것이 땅에 떨어지기에 앞서 가능한 한 오래 위아래로 날리도록 하는 것이다.

한국에는 오래된 그리고 어리석은 생각이 있는데 그것은 사람의 모양이나 형태로 만든 모든 물건들을 귀신들이 소유하고자 한다는 것이다. 그래서 젊은 어머니들 사이에서 찾아볼 수 있음직한 아기 인형에 대한 애착을 볼 수 없다. 그러나 천을 꽉 말아서 옷을 입힌 조그만 인형을 소녀들이 가지고 있는 것을 흔히 볼 수 있다. 그들은 아기처럼 그것을 등 뒤에 업고 재우려고 흔든다. 어머니들은 "아니 아니"라는 재미있는 동요를 부르는데 그것은 아기가 혼자서 서도록 하려 할 때 부른다.

외국인들에게 흥미를 불러일으키는 또 하나의 일은 나이를 세는 방법이다. 한국인의 생일은 해나 달의 변화에 의해서가 아니라 그들 자신의 특별한 방법에 의해 표시된다. 이를테면 그들이 먹는 떡국의 수와 그들이 따지는 특별한 방법으로 나타낸다. 인사의 한 형태로 "연세가 어떻게 되십니까?"

의 뜻으로 "떡국을 얼마나 드셨습니까?"라는 말이 있다. 어떤 아기는 12월 30일에 태어나 그 다음 해의 아침이면 그는 실제로 태어난 지 몇 시간 지나지도 않고서도 두 살이 된다. 이러한 시간 계산 방법이 많은 "서양의 실제적인 문제"에서 혼동과 오해를 야기한다는 것은 더 말할 나위도 없다.

제 5 장 미 신

한국인의 이상한 신념과 미신적 습관은 흑인 무녀들의 이야기와 다양한 종류의 마법들을 회상하게 한다. 중국이나 일본에 있는 이교도적 우상을 섬기는 장엄한 사찰을 한국에서 보지 못한 몇몇의 여행자들은 한국인들이 종교를 가지고 있지 않다고 이야기한다. 그러나 이것은 잘못된 것이다. 사도 바울이 아테네 사람들에게 관해 말하면서 "모든 것이 종교적이다."[1]라고 말한 것과 똑같이 한국인들도 마찬가지이다.

사실상 한국인은 자신들이 어떤 잘 알지 못하는 신을 무시하거나 화나게 할는지도 모른다고 염려하여 편리할 때나 필요할 때 모든 신을 달래려고 한다. 악신들이 질병, 불행, 죽음 또는 파괴를 가져오지 않을까 하는 두려움이 항상 맴돌기 때문에 한국인의 마음은 끝없이 고통 받는다. 이것이 이 나라의 가장 오래된 미신적 습관이며, 그러한 악신의 마법을 막으려고 무당으로부터 온갖 종류의 부적들을 얻는다.

유교는 몇 세기에 앞서 한국에 소개되어, 그 철학은 조상 숭배와 중국의 고전을 사랑하는 선비들에게 커다란 영향을 주었다. 수많은 불상과 승려를 거느리고 있는 불교는 분명히 유교보다 먼저 한국에 소개되었다. 그러나 불

1) 「사도행전」 17 : 22-23.

교는 한때 왕실에서 숭배하는 국교이기도 했으나 일본에서처럼 국민들을 지배하지는 못했다. 이러한 두 신앙으로부터 나온 많은 신념의 요소들은 원시적인 신의 숭배와 혼합되어 종교적 신념들의 이상한 잡신의 모습을 형성해 놓았으며 그 결과 모든 한국인의 정신을 복잡하게 해놓았다. 헐버트[2]는 다음과 같이 말하고 있다.

> 모든 한국인들은 사회 속에 어울려 있을 때는 유교적이며, 철학적일 때는 불교적이며, 어려움을 만날 때는 무속적이다. 만약 여러분이 어떤 사람의 종교가 무엇인지를 알고 싶다면 그가 어떤 문제에 부딪혔을 때의 그를 관찰해야 그의 참 신앙을 알 수가 있다. 그와 같은 이유에서 한국인의 본질적 신앙은 영혼 숭배라고 할 수 있다.[3]

참다운 신, 즉 우리 천상의 하느님을 알지 못하고 끊임없이 악신에 대한 두려움 속에 살아야 한다는 것이 얼마나 무서운 일인가? 그들은 이러한 무서운 존재들을 두 가지 유형으로 생각하는데 하나는 인간의 영혼과 관련된 신이며, 또 다른 하나는 질병의 신, 나무나 숲을 해코지하는 작은 요정들, 선녀, 악귀, 토신, 산신, 용의 신, 그리고 종교적으로 붙여지는 많은 어두운 존재와 같은 자연신이다.

그들이 그러한 생각을 가지고 있는 한 변덕스러운 존재로부터 호의를 유지하기를 바라면서 매달 시기를 정하여 제물을 바침은 물론 각종 부적과 물신들을 갖는 것은 당연하다. 신에게 음식을 바치거나 악신을 몰아내려고 무

---

2) 헐버트(H. B. Hulbert : 1863~1949) : 미국의 유니언 신학교를 졸업하고 1886년에 입국하여, 을사조약 당시 고종의 밀사로 도미, 헤이그 만국평화회의에 다시 밀사로 파견되었다가(1906) 추방. 1949년에 방한하여 서울에서 사망함. 헐버트의 활동과 생애에 관해서는, 신복룡(역주), 『대한제국멸망사』(서울 : 집문당, 2019) 가운데 「역주자 서문」 참조.

3) Homer B. Hulbert, *The Passing of Korea*, pp. 403~404; 신복룡(역주), 『대한제국멸망사』, 참조.

당이나 판수[장님 점쟁이]에게 많은 돈을 주어야 하기 때문에 가족들은 굶주려야 할 때도 흔히 있을 것이다.

한국인들은 매우 가난하면서도 우상 숭배를 위해 드는 돈이 해마다 50만 파운드(250만 달러)에 이르는 것으로 추정된다. 한국에 가면 그러한 우상 숭배의 실태를 보게 될 것이다. 그런가 하면 아마 여러분은 어떠한 우상이나 그의 형상을 보지 못할 수도 있을 것이다. 만약 여러분이 눈여겨보지 않는다면 여러분은 밀짚, 종이, 누더기의 천 조각들, 끈, 그리고 조그만 곡식 주머니들이 있는 더러운 집들이 우상의 악의에 대항하는 부적이라는 것을 눈치 채지 못할 것이다.

한국인들은 그들이 잘 모셔야 할 수호신이 셋이라고 생각하는데 첫째는 집터 또는 땅을 지키는 지신이며, 둘째는 부엌을 지키는 조방신이며, 셋째는 대들보의 신이다. 마지막의 신이 이들의 대장이며 그를 화나게 하지 않으면 그 가정에 건강과 행복을 가져다준다고 생각한다. 제인(George K. Jane) 박사는 한국인의 가장 속박된 모습을 다음과 같이 생생하게 묘사하고 있다.

> 한국인의 믿음에 따르면, 지구, 공기, 그리고 바다에는 악신들이 존재한다. 귀신들은 모든 나무, 그늘진 계곡, 맑고 투명한 시내, 그리고 산꼭대기에 자주 나타난다. 인간의 운명을 노리개로 삼으면서 푸른 산비탈 위나, 평화로운 밭이랑에도, 숲이 우거진 골짜기에도, 나무가 우거진 산지에도, 호수나 시냇가에도, 도로나 강가에도, 그리고 동서남북 어느 곳에나 악신들은 많이 있다. 그들은 지붕, 천장, 아궁이, 광, 그리고 들보 위에도 있다. 그들은 사람들이 집을 떠나 여행을 할 때도 그의 옆이나 뒤에 숨어 있다가 그의 앞에서 춤을 추고 그의 머리 위를 윙윙 돌아다니며 땅이나, 공중, 그리고 물에서 그를 소리쳐 부르는 일이 허다하다. 그들의 수는 헤아릴 수 없을 만큼 많으며 그들이 무소부재하다는 것은 전능하신 하느님께서 어디에나 존재한

다는 것을 불경스럽게 희화화한 것이다.

이러한 신념은 한국인을 끝없는 걱정 속에 빠뜨리고 끝없는 두려움 속에 휩싸이게 하며 그들로 하여금 이 세상에서 산 시간들을 두려움으로 보냈다고 이야기하게 만들지도 모른다. 한국의 모든 가정은 여기저기에서 귀신에 시달리고 있다. 귀신들은 한국인의 모든 고충을 자신의 비위에 따라서 좌우하는 것으로 간섭하고, 태어나서 죽을 때까지 그들을 자신들의 속박하게 묵어둠으로써 자신들의 숭배를 소홀히 할 때에는 가혹할 만큼 엄격하게 복수한다.

그것은 얼마나 어둡고 두려운 모습인가? 그것은 그들이 생명과 사랑의 하느님을 알지 못하고 이교도적인 미신적 습관과 잘 알지 못하는 귀신에 대한 부담을 가진 채 굴복하는 것을 의미한다. 게일[4]이 설명하고 있듯이 그들을 기독교로 개종함으로써 축복된 삶을 누릴 수 있게 변화시켜야 한다. 게일은 이렇게 말하고 있다.

기독교는 이러한 세계에 성경과 악마에 대한 이야기들을 가지고 들어왔다.[5] 한국인들은 성경을 읽고 곧 매혹되었다. 신약 성서에도 많은 악마들이 있지만 그들은 모두 달아나고 있다. 귀신들은 갈릴리의 비탈에서도 사타지고, 그리스도가 존재하는 곳에서 달아나 장님들은 볼 수 있고[6] 그 영혼은 축복을 받게 된다. 많은 악마들이 아우성치며 그 악마들은 비명을 지르며 분노하게 된다.

---

4) 게일(James S. Gale : 1863~1937) : 한국명 기일. 캐나다 토론토대학 출신. 1888년에 입국. 성서 번역에 기여했으며 연못골[연동]교회의 목사(1891~1898)를 지냈고 『한영사전』(1897)을 편찬함. 그 뒤 평양신학교 교사, 피어선성경학교 교사를 지냈고, 황성기독교청년회를 창립했으며(1903), 성경전서를 한글로 출간함. 그의 자세한 전기는 신복룡(역주), 『전환기의 조선』(서울 : 집문당, 2019)의 역자 서문을 참고할 것.

5) 『마태오복음』 17 : 18, 『마르코복음』 1 : 26, 34, 5 : 8, 『루카복음』 9 : 39.

6) 『마태오복음』 20 : 34, 『마르코복음』 8 : 23, 『루카복음』 24 : 31.

한국의 역사를 살펴볼 때 이처럼 악마들의 세계를 사정없이 해치운 것을 이전에는 볼 수 없었다. 이러한 기적을 행하는 사람은 전능해서 그는 모든 죄인과 하느님을 받아들이는 모든 사람들을 죄로부터 일시 모면시키고 그들을 지옥으로부터 구하고자 한다. 그 땅의 곳곳에서 하느님의 이름으로 악마에 빠진 자들을 위한 기도가 늘어간다. 그리고 그 기도들은 모두 하느님께 전달된다. 치유를 위한 기도로 환자들은 낫게 되고 가난한 자를 위한 기도로 말미암아 하느님은 그들에게 넉넉함을 준다.

이 나라보다 복음을 더 필요로 하는 나라가 있을까? 이 나라보다도 더 기적적으로 복음을 필요로 하는 나라가 어디에 있을까? 우리들은 예수가 어떻게 버림받은 자를 구하셨는가를 배우려고 동방으로 왔다. 우리는 이 세상에 진정으로 악마가 존재하고 예수는 그들을 쫓을 수 있다는 것을 깨닫게 되었고, 성서는 진실하며, 하느님은 성서의 실체라는 것을 알게 되었으며 하느님의 목적은 아시아를 구원하는 것이라는 점을 알게 되었다. 이 작업에서 가장 중요한 일을 하려고 하느님은 영국인, 미국인, 캐나다인, 그리고 다른 사람들을 부르셨다. 그들은 경건하게 신 앞에 엎드려, "주여 제가 여기 있나이다. 저를 보내 주소서."[7]라고 말할 것이다.

---

7) 『이사야서』 6 : 8.

제 6 장 울고 있는 아이들

무지의 미신이 만연되어 있는 곳에서는 아무런 도움을 받지 못하는 어린이들의 무방비한 어깨가 항상 짓눌린다. 집을 둘러싸고 있는 매우 불결하고 비위생적인 조건들, 그리고 여러 가지 위생법과 상식을 지키지 않음으로써 모든 종류의 질병과 고통이 일어난다. 보편적인 한국의 어머니가 자녀를 돌보면서 따르는 것으로 보이는 규칙은 자녀들이 바라는 것을 갖도록 하며, 그들이 기뻐하는 것을 하도록 허용하는 것이다. 여러분은 자그마하고 통통한 손을 가진 어린아이가 생오이나 멜론 한 조각 또는 그들이 좋아하는 어떤 맛 좋은 것을 두 손으로 잡고 있는 것을 흔히 본다.

어느 날 나는 한 어머니가 그의 3개월 된 어린 아기에게 자신이 먹고 있던 생 순무의 한 조각을 주는 것을 보았다.

"안 돼요, 그것을 주지 말아요!"

나는 덧없이 소리쳤으나 푸른 정맥이 드러나는 아기의 손이 그 순무를 잡았다.

"왜 안 되지요? 그것은 아기가 원하는 것이에요."

그 어머니가 대답했다. 그에게 진정한 사랑은 사랑하는 사람을 위해 그에게 가장 좋은 것을 찾고 그에게 해악과 고통을 가져오는 것들을 멀리하는 것이라고 아무리 설명해도 그를 설득시킬 수 없었다. 그날 밤, 그 아기의 고통스러운 울음소리가 정적을 깨뜨리면, 그 어머니는 어떤 나쁜 귀신이 그의 집에 재앙을 가져왔다고 생각하게 된다. 그리고 그 가엾은 아이의 영혼이 자유로워질 때까지 경기로 시달리면 그 가난하고 무지하여 비탄에 잠긴 어머니는 저축해 두었던 돈을 모아 재앙을 몰아내려고 무당을 찾아간다.

한국인들이 고통을 이기려고 하는 민간요법은 여러분에게 소개하기조차도 끔찍하다. 예를 들면, 호랑이 뼈로 만든 만병통치약, 까마귀발로 만든 정기제(팅크), 곰쓸개로 만든 환약, 또는 여러 가지 종류의 잎이나 뿌리 등과 같은 것으로서 별로 해롭지 않은 것이다. 그러나 뱀탕이나 지네 분말 등과 같은 매우 극단적인 치료제들은 때때로 사망의 원인이 되기도 한다.

의원들이 선호하는 것으로 보이는 치료 방법의 하나는 환자에게 불침을 놓는 것이며, 경기에 대한 특별한 처방은 구리 동전을 빨갛게 달구어 뻐에 이글거릴 때까지 정수리에 그것을 올려놓고 누르는 것이다. 천성적으로 온화하고 동정적인 사람들이 외관상 그렇게 잔인하게 되는 것은 거의 과거에 대한 믿음 때문이 아닌가? 이러한 치료를 허락하는 데 관대한 어머니의 상처받은 마음의 두려움과 공포가 얼마나 클 것인가!

아기가 아프다는 말은 어느 집에서나 두려움을 일으킨다. 아기는 너무 어리고 아무런 도움을 받을 수 없고 무엇이 그를 괴롭히고 있는지를 말할 수 없기 때문에 그로서는 그 가엾은 생명을 거두어 영생으로 돌아가는 길만이 남아 있을 뿐이다. 만약 현대 과학이 알고 있는 모든 치료와 도움이 아기에게 제공되는 곳에서 이러한 말이 당신의 마음을 공포로 사로잡는다면, 아무도 유아 사망률을 측정하려고 하지 않았을 만큼 그것이 먼 곳에 있다는 사실은 과연 무엇을 의미하는 것일까? 분명히 그것은 적자생존이나 강자생존이며, 귀중한 생명이 그토록 많이 죽었다는 것이 놀라운 것이 아니라, 많은 사람들이 이러한 조건 아래에서 생존하고 성년기까지 성장한다는 사실이 놀라울 뿐이다.

한국인들은 어린이를 사랑하며, 집안이 질병 · 사망 · 가뭄 · 홍수 등으로 위협받지 않을 때의 정상적인 생활은 태평하고 밝으며 행복하다. 그러나 재난과 고난이 닥칠 때면 아무런 도움도 받지 못하는 어린아이들이 가장 슬프고 절망적으로 울부짖는다. 이교도적 믿음은 사람들의 마음과 생활에 두려운 장애를 드리워 왔으며, 천진한 어린아이의 울음이 미신과 무지에 대한 그 나라의 제물의 한 부분을 이루고 있다. 그것은 고통, 아픔, 그리고 죽음이라는 제물이었다.

제 7 장 동 화

이 나라의 전설에는 온갖 종류의 선녀 이야기나 전설이 많이 있다. 선녀와 도깨비, 동물과 그것들의 초자연적인 교묘함에 관한 불가사의한 이야기들은 그들의 민속학을 가장 재미있는 연구로 만들고 있다. 그들은 왕과 왕비의 신비스러운 기원에 관한 이야기뿐만 아니라, 각각 몇 가지 의도된 교훈을 가르쳐 주는 신데렐라나 립 반 윙클[1] 그리고 그 밖의 여러 가지 번안물들을 가지고 있다. 산이나 나무 또는 계곡의 신들은 『아라비안 나이트』 속의 귀신만큼이나 한국이 선녀 이야기에서 중요하며, 꾀가 많고 장난치기를 좋아하는 토끼와 그의 재미있는 농담은 엉클 리머스[2]의 이야기를 생각나게 한다.

여기에 토생원을 다룬 헐버트 씨의 『대한제국멸망사』에 실려 있는 이야기 하나를 소개한다. 여기에서는 토생원이 파이프 담배를 물고 있는 늙고 점잖은 어릿광대로 묘사되고 있다.

---

1) 어빙(W. Irving : 1783~1859)의 소설 「스케치 북」에 나오는 주인공으로서, 시대에 뒤떨어진 인물을 의미한다.

2) 엉클 리머스(Uncle Remus) : 해리스(Joel C. Harris : 1848~1908)의 소설인 「리머스 아저씨의 이야기」의 주인공으로서, 늙은 흑인 농부인 그는 흑인 영가와 흑인 민담을 많이 알고 있는 인물로 묘사되어 있다.

용왕의 딸을 회복시키는 약으로 쓰려고 토끼의 간을 찾아 나선 한 사악한 자라는 토끼의 천국인 섬까지 물을 건너도록 등에 태워 주겠다고 토끼를 설득했다. 바다로 나왔을 때 자라는 토끼에게 저 아래 용궁에서 너의 간이 필요하기 때문에 죽을 각오를 하라고 말했다. 한동안 생각에 잠긴 뒤 토끼는 웃으며 말하기를,

"당신은 이 모든 수고로움이 없이 그것을 가질 수가 있었다. 우리는 간을 떼어 낼 수 있기 때문에 과식을 한 뒤 우리들은 간을 빼내어 그것을 씻어 차가운 곳에 보관한다. 나는 당신이 오기 전에 내 간을 말리려고 빼놓았는데, 당신의 이야기가 하도 매력적이어서 그 간에 대한 것을 완전히 잊어버렸다. 당신이 나를 그곳에 데려다 준다면 당신은 그것을 얻을 수 있을 것이다."

그래서 토끼는 안전하게 해안으로 살아서 돌아갔으며, 비열한 늙은 차라를 보고 기분 좋게 웃을 수 있었다.

호랑이는 한국에서 알려진 동물 가운데서 가장 무시무시하기 때문에 가장 두렵게 생각되며, 호랑이가 이야기꾼에게서 가장 빈번히 악역으로 등장하는 것은 조금도 이상할 것이 없다. 호랑이는 잔인하고 무정할 뿐만 아니라 매우 교활하고 음흉하며, 『코리아 리뷰』에서 볼 수 있는 것처럼 누구에게 허를 찔리거나 지는 일은 별로 없다.

어느 날 밤 호랑이가 먹이를 찾아 한 조용한 작은 마을로 들어갔다. 한 어린 암소가 묶여 있는 것을 발견하고 그의 저녁거리를 물고 가기 전에 집 주인이 잠들 때까지 기다리려고 우리로 기어 들어갔다. 암소를 물어 갈 기회가 왔을 때 한 도둑이 똑같은 목적으로 우리에 들어와서, 호랑이가 앉아 있는 반대쪽 구석에 자리를 잡았다. 그들이 기다리고 있을 때, 한 어린아이가 울면서 어머니의 자장가에도 잠들지 않았다. 결국 어머니는 호랑이가 옆에 있으니 울음을 그치라고 말했다. 어린아이는 이러한 주의에도 불구하고 말을 듣지 않았다. 우리에 숨어 있던 호랑이는 "저 현명한 여인은 내가 여기에

있는 것을 알고 있구나. 아마도 그는 내가 무엇을 하려 하는지 알고 있을 거야."라고 생각했다.

이윽고 어머니가 아이에게 "자 곶감이다"하니 아이가 곧 울음을 그쳤다. "아 곶감, 곶감, 어린아이를 무섭게 하는 이름을 가진 그 동물은 대체 무엇일까? 나는 내가 모든 동물 가운데서 가장 사납고 두려운 동물이라고 생각했는데, 확실히 나는 아직도 배울 것이 있어."라고 호랑이는 생각했다.

그러는 동안 도둑은 어린 암소의 목에 줄을 매려고 우리를 더듬었으나, 어둠 속에서 두 동물을 혼동하여 암소의 목이 아니라 호랑이의 목에 고삐를 채웠다. 호랑이는 그것이 그를 지배했던 무서운 곶감이라고 생각하고 감히 저항하지 못했다. 도둑은 호랑이의 등에 올라, 그가 올라탄 것이 무엇인지에 전혀 주의를 기울이지 않고 한밤의 짙은 어둠 속에서 타고 가 버렸다. 그가 날이 새기 조금 전에 그의 마을에 도착하자, 곧 세 가지 일이 일어났다. 이웃들이 이 이상한 광경을 보았고, 호랑이는 자기를 타고 있는 것이 무엇인지를 인식했으며, 도둑은 처음으로 그가 호랑이를 타고 있었다는 것을 알았다. 그는 곧 호랑이의 등에서 뛰어내렸으며, 호랑이는 속은 것에 대해 진저리를 치고 수풀 속으로 슬며시 달아났다. 도둑은 매우 침착하게 호랑이가 매일 그렇게 해주는 것처럼 보이면서 깜짝 놀란 이웃들에게 어슬렁어슬렁 걸어갔다. 그날부터 그는 그 군에서 가장 존경받는 사람이 되었다.

"세 가지 소원"은 여러 가지 다른 내용들이 있으나 이 모든 것들은 탐욕과 살아가면서 그들의 운수에 대한 불평의 어리석음을 가르치려고 한다.

옛날 어느 산골 마을에 정 노인과 그의 아내가 살고 있었는데 그 여인은 이가 하나도 없는 나이 많은 할머니였다. 그들은 매우 가난하고 자식도 없이 불쌍하고 고독한 생활을 했다. 바람이 윙윙거리고 눈이 초가지붕을 덮고, 개들이 언덕에서 애처롭게 울부짖던 어느 춥고 황량한 겨울밤에 그들은 기장 죽의 초라한 저녁을 먹고 있었다. 그들은 어렵고 긴 겨울을 지냈으며 음식은 부족했다. 그래서 맛없는 죽에 양념으로 곁들일 김치도 없이 그들은 식사를 마치고 한동안 침묵하면서 누추하고 작은 방에서 얼굴을 마주보며 앉아 있었다. 그들이 화로의 꺼져가는 몇 개의 숯에 그들의 곱은 손가락을 따뜻하게 하고 있을 때 정 노인이 말했다.

"부자에게는 겨울이 좋은 계절이지. 그들에게는 음식이 충분히 마련되어 있고, 애쓰지 않아도 그들은 편히 쉬며, 생활과 노동과 그 밖의 다른 사람들의 시중을 즐길 수 있지. 그러나 아—아 가난한 사람들에게는 먹을 양식뿐 아니라 따뜻하게 해줄 불도 없는 고되고 무서운 시간이야. 만약 그들이 일을 찾아서 눈과 비를 맞으며 산을 넘어간다면 얼어 죽을 거야. 혹독하게 추운 세상이지. 사람들이 말하기를 하느님은 공평하시다던데, 그렇다면 그는 왜 이러한 것을 가만 놔두는 것일까? 만약에 이 세상에서 우리가 소망을 가질 수 있다면 우리는 얼마나 행복할까?"

그들은 만약에 우리가 하느님께 기도한다면 우리들이 원하는 것을 쉽게 얻을 수 있다고 말한다.

"이제 우리가 부자가 되기를 청한다면…"

하고 할머니가 대꾸했다.

"그래, 당신이 옳아, 우리도 기도해 봅시다."

정 노인이 대답했다. 그들이 마루에 무릎을 꿇고 있을 때 밝게 빛나고 아련한 옷을 입은 아름다운 한 천사가 나타나서 말했다.

"당신들은 불평 때문에 죄를 지었다. 그러나 이 죄에도 불구하고 하늘이 당신들은 불쌍히 여겨 당신들에게 세 가지 소원을 이뤄줄 것이니 세 가지 이상을 말할 수는 없다. 심사숙고하여 선택하고 말하라."

그들이 놀라 어리둥절한 동안 그 하늘의 천사는 사라졌다. 그들은 이러한 희귀한 행운을 몹시 기뻐했다. 그 동안 어떤 고생을 했든 간에 그들이 가장 갈망하던 것이 이루어진다는 사실이 믿어지지 않을 만큼 기뻤다. 그러나 그들이 그렇게 원하던 모든 것 가운데서 말할 세 가지를 결정하는 것이 얼마나 어려운 일인가. 정 노인은 많은 것을 생각한 뒤에 마침내 현명한 선택인 재산과, 질병으로부터의 해방과 장수를 결정했다.

"안 돼요. 우리가 아이들을 가질 수 없다면 그러한 것들을 제대로 누릴 수 없어요. 무슨 즐거움이 있겠어요?"

하고 할머니가 소리쳤다.

"잠깐만 나는 아직 말하지 않았어. 아! 만약 그가 네 가지를 말했더라면, 어떻게 해야 할까? 왜 그는 단 세 가지만을 말했을까? 우리는 아기를 가져야 하기 때문에 어떻게 단념할 것을 결정할 수 있겠는가? 재산을 포기해야 하나, 질병으로부터의 해방을 버려야 하나, 아니면 장수를 포기해야 하나? 얼마나 어려운 결정인가! 오늘 밤에 진지하게 생각해 보고 내일 결정합시다."

그들은 대화를 멈추고 잠잘 때까지 깊은 공상에 잠겼다. 그때 할머니가 부집게로 불을 휘저으면서,

"아—, 나는 이 화로에 구울 석자짜리의 커다란 순대를 가졌으면 하고 원했어. 그것은 정말로 멋질 거야!"

그의 말이 끝나자 곧 그 옆에 석자 길이의 순대 하나가 나타났다. 정 노인이 무슨 일이 일어났는지 알았을 때, 그는 노발대발하며 소리쳤다.

"아! 이 여자야! 당신의 어리석음 때문에 당신은 단번에 우리의 모든 이익을 잃어버렸다. 나는 당신을 벌주려고 순대가 당신의 코끝에 달라붙었으면 좋겠다."

곧 순대가 뛰어올라 가엾은 할머니의 코에 달라붙었다. 화를 내고 미워하면서도 그들은 그것을 떼어 내려고 서로 공격하는 것을 멈추었다. 그들은 함께 한동안 힘이 다할 때까지 그들의 모든 힘을 모아 잡아당겼다. 코는 탈구되었을 뿐만 아니라 상처가 나고 짓무르게 되었으나 아직도 커다란 순대는 달라붙어 있었다.

"아! 아! 만약 이것이 언제나 내 코에 달라붙어 있다면 나는 어떻게 살아갈까?"

하고 할머니는 고통의 눈물을 흘리며 말했다. 그러나 정 노인은 대단히

기발한 생각으로 말하기를,

"나는 어떻게 해야 될지를 알고 있어. 우리는 아직 하나의 소망도 충족시키지 못했어. 우리는 돈을 바랄 수 있고 이러한 꼴사나움을 감추려고 금으로 만든 관을 만들 수 있어. 그러면 그것은 장식물이 되고 보기 좋아질 거야."

할머니는 아직도 매우 불쌍하게 소리쳤다.

"아, 가엾게도 그 행운을 생각한 것이 나를 이렇게 만들다니! 좋아요. 당신이 부자가 되든 장수하든 나는 죽어 버리겠어요."

그러자 남편은 두렵고도 측은한 생각이 들어 그 여인이 가장 바라는 것을 하도록 허락했다.

"그렇다면 나는 무엇보다도 이 짐으로부터 벗어나고 싶어요. 빨리! 빨리! 그것이 빨리 떨어지는 것이 내 최고의 바람이에요."

그의 말이 끝나기 전에 순대가 바닥으로 떨어졌다. 그리고 하늘로부터 한 천사의 목소리가 들렸다.

"당신들은 당신들이 원했던 세 가지 것을 얻었는데, 당신들이 얻은 것은 무엇인가? 만약 당신들이 이 세상에서 진정한 축복을 향유하기를 원한다면 하늘이 베풀어주는 것에 만족하고, 헛된 욕망을 품지 마라."

다음 날, 그들은 그들의 아기로 삼을 수 있는 한 어린 고아를 발견했다. 그래서 결국 그들은 어린이를 갖고 싶다는 가장 큰 욕망을 성취했으며 그 어린이를 잘 교육시키고 오래오래 행복하게 살았다.

제 8 장 서당 생활

최근 몇 년 전까지도 한국에는 여성들의 교육을 위해 만들어진 기구가 없었으나, 기독교 선교사들이 들어온 이후 소년들뿐 아니라 소녀들을 위한 학교가 한국의 전역에 많이 생겨났다. 소녀들은 일본 정부에 의해 설립된 공립학교에 다니게 되었다. 그러나 여성을 격리시키는 오래된 한국적 사고 방식이 지배적인 곳에서는 아무도 그들의 딸을 교육시키려고 생각하지 않았다.

기독교 국가와 비기독교 국가를 비교하려면 여성의 지위에 대한 비교보다 더 명확히 양자 사이의 차이를 보여주는 방법은 없다. 한국의 대도시들이 남녀 모두를 위한 근대적인 학교를 자랑하는 것과는 달리 농촌이나 산골마을로 들어가면 우리는 옛날의 "글방"에서 조그마한 변화를 발견할 것이다. 그곳에서 끊임없는 복습과 놀라울 만큼 개발된 기억력으로 학생들은 몇 천의 한자들을 마음속에 새겨 넣을 수 있다.

한국인들의 마음은 본래 밝고 민감하여 정신 훈련을 좋아한다. 기회가 주어졌을 때 한국인들은 일반적으로 뛰어난 학생들이 된다. 그들은 수학을 좋아하며, 이 분야에 탁월한 재능을 가지고 있다. 이것은 항상 하나의 좋은 암시를 준다. 우리의 지도적인 교육자의 말에 따르면, 어떤 학생들은 어학에 성공하거나 또는 탁월하지만 상대적으로 수학에는 실패한다. 그러나 수학을 배울 수 있는 소년 소녀들은 다른 것들을 쉽게 배울 수 있다고 한다.

일본인들은 천부적으로 총명하고 지능이 높기 때문에 어디에서나 주목을 받는데, 동일한 기회와 동기가 주어지면 한국의 젊은이들이 모든 면에서 일본인과 동등할 것이라는 점은 의심할 나위도 없다. 오래된 양식의 글방은 매우 흥미로운 제도이다. 그것은 한 개인 집에 있는 작은 방인데, 그곳에서 소년들이 앞에 놓인 커다란 한문책을 잡고 바닥에 무릎을 꿇고 앉는다. 그들은 눈을 반쯤 감고 일종의 독경의 운율에 맞추어 몸을 앞뒤로 흔들며, 전혀 입을 맞추지는 않지만 그 상형 문자를 계속 반복하여 단조롭게 읽는다.

그들에게는 학급도 없으며 그들의 학업에 등급이 매겨지지도 않는다. 그들 각자는 다른 사람에게 자신이 글을 읽고 있다는 것을 알려주려고 가장 큰 목소리로 그들의 교훈을 외치는 것이 가장 중요하다. 그들이 할 수 있는 신비스러운 목소리로! 그것은 어느 누구도 공부나 생각을 전혀 할 수 없을 것 같은 수라장을 만듦으로써 벌통의 윙윙거림과 같다. 그러나 그들은 이렇게 귀가 먹먹한 소란이야말로 지식을 얻는 데 필요한 것이라고 생각한다. 이러한 방법은 오히려 내가 걱정한 어려움들을 극복함으로써 기억과 집중력을 발달시킨다고 그들은 말한다.

일반적으로 양반 계급의 노인 훈장은 항상 존경과 숭배를 받으며, 그의 지위는 위엄을 요구한다. 그는 떠들썩한 학생들 앞에서 작고 낮은 책상 뒤 방바닥에 앉는다. 그는 항상 몇 몇 아이들에게 놀랄 만한 주의력을 불러일으키거나 또는 불행히도 잘못 발음을 한 몇몇 아이들을 깨우치게 하는 기다란 회초리를 손에 쥐고 있다. 왜냐하면 이상하게 들릴지는 모르지만 그는 모든 어린이들의 목소리를 듣고, 알고 있으며 아이들이 저지를 수도 있는 어떠한 잘못도 알아낸다.

소년들은 그가 그의 학업을 다 깨우쳤다고 생각할 때 훈장에게 그의 책을 가져와 그에게 등을 돌리고 앉아 기억한 것을 암송한다. 그리고 그는 공손하게 등을 돌린다. 그들은 한자를 읽고 쓰기를 배우는 것 이외에 산수를 배운다. 구구셈뿐 아니라 가감승제의 네 가지 원리를 깨우쳐야 한다. 그들은 가장 정교한 계산을 행하는 수단인 주판으로 이 모든 것을 한다.

옛날 한국의 서당 비품들은 서구인들이 생각하고 있는 것과는 매우 다르다. 분명히 지필묵연의 문방사우는 있지만 그것들을 알아보기는 힘들 것이다. 왜냐하면 펜은 붓이고, 잉크는 먹인데 잉크를 만들려고 먹을 벼루에 갈 때 연적에서 몇 방울의 물을 떨어뜨려 적셔야 한다. 종이는 두껍고 거친 섬유질이며, 규격화되지 않은 누런 재질의 커다란 두루마리이다.

이렇게 글방에 다닐 때가 소년들에게는 최고로 행복한 날이라는 것은 의심할 나위도 없다. 다른 나라의 모든 학생이 그렇듯이, 그들은 세상에 대한 걱정이나 책임이 없으며, 재미를 느끼며, 장난하고 얼마 동안 할 수 있는 모든 말썽들을 피우면서 살아가는 것처럼 보인다. 사실상 소년들은 동서고금을 막론하고 보편적인 품성을 보이며, 그들의 생활에 대한 중요한 관심은 현재를 살며 즐기는 것이다.

제 9 장 결 혼

영국이나 미국의 어린이들의 삶을 그린 책이라면, 결혼 풍습이나 며느리의 대우 등에 관해서 한 장을 할애한다는 것이 불필요하고 때 이른 것으로 생각할 수도 있다. 그러나 한국의 어린이의 삶에 관한 이야기일 경우, 이는 간과할 수 없는 중요한 문제이다. 야심 있는 아버지나 계획적인 어머니들은 어린 딸이나 아들에 맞는 배필을 찾으려고 전문적인 중매쟁이의 도움을 받는다. 그들은 더러는 8~9세에, 그러나 대개는 12~16세의 어린 나이에 결혼하게 된다. 한 번도 본 적이 없는 소년과 결혼할 어린 소녀들은 역시 낯선 사람인 시어머니의 품으로 들어간다. 모든 동양인들과 마찬가지로 한국인들은 복잡한 의식에 매우 익숙해 있다.

다른 나라에서처럼 결혼은 장례식보다는 못하지만 가장 주목할 만한 일이다. 이 경우에 가족이 모든 비용을 지출하는데 흔히 실제 능력보다 더 많은 돈이 소비된다. "신랑 보러 가자"는 외침을 마을에서 자주 들을 수 있으며, 이는 사람들에게 익숙한 장면이다. 이날 신랑은 궁중 고관의 관복을 입는 것이 허용된다. 이것은 가슴과 등에 수와 두꺼운 은띠가 있는 암녹색의 대례복이다. 모자의 양쪽에는 귀 뒤로 휘어진 날개가 있다. 이는 관료들이 왕과 대면할 때 그가 말하는 것을 모두 들을 수 있음을 뜻한다. 이렇게 차려입은 신랑은 그만큼 화려하게 꾸민 나귀를 타고 신부 집으로 떠난다. 친구들 친척들, 그리고 호기심에 가득 찬 구경꾼들의 행렬은 서둘러 신부 집으로 밀어닥친다.

혼례일에 신부가 말을 한다는 것은 매우 천박한 태도로 여겨진다. 나이든 부인이 예복을 입혀 주러 올 때까지 그는 두 손을 모은 채 눈을 아래로 내리깔고 조용히 앉아 있는다. 그의 예복은 화려하고 매우 훌륭하다. 그는 얼굴에 어떠한 감정도 나타내지 않는데 이는 행복이나 고통, 기쁨이나 슬픔도 보여주지 않는 스핑크스의 얼굴만큼이나 무표정하다.

신부가 아직 어린 소녀일지라도 이때부터 그 여인은 처녀 때의 댕기 머리를 뒤로 올려 쪽을 찐다. 이마의 중심을 지나 머리는 왼쪽 관자놀이에서 오른쪽 관자놀이까지 아름다운 일직선을 만들도록 팽팽히 당긴다. 까마귀의 날개처럼 까맣고 부드러운 그의 머리가 비단처럼 빛날 때까지 기름을 바르고 목덜미까지 부드럽게 빗어 넘겨, 반 인치 굵기에 길이가 6~10인치 정도되는 기다란 은·금 또는 산호로 만든 비녀로 쪽을 찐다.

신부는 자기의 의사와는 아무런 관계도 없이 밀봉한 듯이 눈을 감는다. 얼굴에는 하얀 분을 바르고 다만 두 볼과 이마, 그리고 턱에는 밝은 연지 곤지를 찍으며, 입술에도 같은 색을 칠한다. 주홍은 신부의 색이기 때문에 그의 옷은 이 색깔의 비단과 공단으로 화려하게 만든다. 소매는 필요한 것보다 1야드가량 길어서 깍지 낀 손은 늘어진 비단 소매에 가리운다. 집이 너무 가난해 그렇게 아름다운 옷을 살 수 없을 경우에는 언제든지 옷과 족두리를 빌릴 수 있다.

제관 모양의 족두리는 너무 비싸고 커서 평민 가족들은 그들만이 사용하려고 개인적으로 소유할 수 없다. 그것은 나무 고리들로 둘러싸여 있으며 공단이나 금박으로 덮여 있고, 몇 개의 긴 구슬은 관의 다른 장식물에 늘어져 있는 끈에 달려 있다. 이 화려하고 재미있는 족두리는 흔히 너무 귀찮고 무거워 시중드는 사람이 가까이서 비싼 보석이 박혀진 많은 장식품으로 양끝이 묶여 있는 두 개의 넓은 리본으로 받쳐 주어야 한다.

치장이 끝나면, 이웃 사람들과 친구들, 친척들이 신랑 입장이라는 외침이 있기에 앞서 몇 시간 동안 꼼짝하지 않고 앉아 있는 신부를 보려고 몰려든다. 그 다음 즐거운 혼란과 시끄러운 잡담을 주고받으며 사람들은 멍석 위에 천막을 친 마당으로 모인다. 신랑은 신부 집으로 들어가는 계단에 이르러 거기에서 기다린다.

만일 유교를 믿는 가문일 경우라면 신랑은 신부에게 절하기에 앞서 조상의 위패에 절을 해야 한다. 이것은 결혼에 종교적 의식의 성격을 부여한다. 기러기는 믿음의 상징이다. 따라서 특별히 초대된 명예로운 손님으로서의 하객들은 회색 기러기를 가져오는 것이 점잖다고 생각한다. 두 중년 부인이 신부를 화장시키고 발끝까지 화려하게 옷을 입혀 통로를 지나 신랑에게 인도한다. 그 가운데 한 사람은 중매쟁이인 경우가 대부분이다. 신랑이 멍석의 다른 쪽 끝으로 걸어온 다음 그들은 맞절을 시작한다. 그것은 이상한 절이지만 결혼식의 중요한 부분이다.

신부가 먼저 절을 한다. 두 부인이 옷에 싸여 주체 못 하는 작은 손을 내리뜬 눈높이 정도로 들어올린다. 그 다음 부인들의 부축과 도움을 받아 신부는 천천히 엄숙하게 절을 하는데 그 절은 존경과 복종을 의미할 정도로 깊이 숙이며 또한 경건하다. 그는 이마가 거의 마루에 닿을 정도로 몹시 낮게 절을 한다. 그는 다시 똑바로 일어설 때에도 마찬가지로 엄숙하고 느리다.

그 다음, 손으로 계속 얼굴을 가리고 두 번 더 절을 한다. 그 다음은 신랑 차례이다. 그는 신부의 절에 답해서 그에게 두 번의 큰 절과 한 번의 반절을 한다. "주인 어른"께서는 결코 신부와 같은 심도와 횟수로 절을 하지 않는데 이것은 사회의 평등에 대한 어떤 암시를 준다.

이와 같은 힘든 의식이 끝나면 그들은 긴 멍석 양 끝에 앉는다. 그 다음의 의식을 주관하는 부인이 가까운 식탁에서 작은 잔을 가져와 술을 가득 채워 신부의 감추어진 손에 닿게 하고 신랑에게 건네준다. 신랑은 술을 마시고 잔을 돌려준다. 이와 같은 일이 천천히 그리고 인상적으로 세 번 반복된다.

이제 신부는 방의 방석 위에 앉아 조용한 묵상으로 되돌아간다. 그가 음식을 먹는다든지 어떤 생각이나 감정을 가지고 있다는 것을 말이나 동작으로 표시하는 것은 매우 좋지 않은 태도이다. 그러나 다른 사람들은 풍성한 잔치 음식을 만든다. 유감스럽게도 이중에는 마시기 힘든 것도 흔히 있다.

좋은 일이 모두 끝나면 집으로 갈 시간이다. 어린 신부는 아버지의 집에서 낯선 곳과 낯선 사람들이 있는 시댁으로 가게 된다. 신부는 호랑이 가죽으로 덮여 있으며, 반짝이는 금은사와 꽃으로 장식된 화려하고 밝고 붉은 네모난 가마를 탄다. 가마꾼들이 이 가마를 메고 가는데 그들의 사회적 지위나 재산의 정도에 따라서 가마꾼들이 두셋 또는 여덟일 수도 있다, 그 뒤에는 신부의 예물이 들어 있는 무거운 놋쇠 궤짝을 짊어진 하인들이 따른다. 이는 비단, 공단 등 옷을 만드는 모든 종류의 옷감과 그들이 사들일 수 있을 만큼 많고 다양하고 비싼 재료들로 이미 만들어놓은 옷 등이다.

비기독교 가정의 시어머니들 가운데에도 분명 며느리에게 친절하고 사려 깊은 사람들이 있다. 그 가정이 부유하고 노예나 하인들을 거느렸다면 젊은 신부가 반드시 고통을 겪지는 않는다. 그러나 개중에는 이기적이고 엄격하며, 악의적이고 애정이 없는 시어머니들도 있다. 더구나 한국의 보통 가정은 안락한 생활 수단도 갖지 못해서 모든 가족들은 언제나 열심히 일해야만 한다. 어린 신부가 이런 집으로 갈 경우 장래는 어둡고 슬픔으로 가득할 것이다. 그러나 그가 곧 행복한 가정을 이루고 머지않아 정의의 태양이 떠올라 밤이 낮으로 바뀌고 사랑과 기쁨, 평화와 안락을 가져오기를 바랄 뿐이다.

시댁에 도착한 신부는 빌린 예복을 화려하게 입고 서 있다. 그의 얼굴은 새 집을 향하고 있지만 눈은 감겨 있고 시댁의 문 저편에 무엇이 그를 기다리고 있는지 전혀 알지 못한다. 그의 심장은 사랑과 친절, 이해와 동정을 갈망하며 뛴다. 그러나 만약 자신이 예쁘지도 않고 매력적이지 못하다면 그의 위치는 다른 사람으로 뒤바뀌고 옆으로 내던져져 사랑받지 못하고 경멸당하게 되리라는 사실을 그는 다른 사람의 운명을 통해서 잘 알고 있다.

제 10 장 선교사들의 입국

약 35년 전에 한국은 스스로 "은자의 나라"라고 불렀고, 지각 있는 사람들처럼 젓가락을 쓰는 대신에 칼과 포크로 음식을 썰어 먹는 외국의 야만인들과는 무관하다고 생각했다는 것은 놀라운 일이 아닌가? 또한 그들은 외국인의 종교를 받아들이기를 바라지 않았으며 위험을 무릅쓰고 그들 나라에 온 모든 외국인들을 죽임으로써 조국에 봉사해야 한다고 생각했다. 이제 이 몇 년 동안 일어난 놀라운 변화를 살펴보자.

기독교 선교사들이 들어와 아주 오래 전의 예수에 대한 이야기와 그의 사랑을 들려주었는데 많은 사람들이 기꺼이 이 이야기를 전해 듣고 또 믿었다. 집으로 돌아가서 그들은 집 주위에 있는 음사(淫祀)를 허물고, 조상의 위패를 치워 버렸으며 더 이상 금박 입힌 우상에 제물을 바치거나 스님의 웅얼거리는 독경을 들으러 절을 찾아가지 않았다.

지난날 무격을 찾던 사람들이 교회를 세우고 유지했다. 도시와 많은 마을에서 일요일이면 몇 천 명이 진실하고 살아 있는 하느님께 경배하려고 모여들었다. 한때 거리에서 보살핌 없이 발가벗고 뛰놀던 몇 천 명의 귀여운 어린이들은 게으름이 끼치는 온갖 종류의 해악을 깨닫고 이제는 주일학교에 모여들고 있다. 거기에서 그들은 십계명을 외울 뿐 아니라 아름다운 찬송가도 부르고 성경도 배운다.

당신은 전도 사업에 관심이 있는가? 나는 당연히 그러하리라고 생각한다. 우리는 그리스도가 오래 전에 그 문제를 해결했기 때문에 그에 대해 더 이상 논의하지 않겠다. 우리가 진정으로 그를 따르려고 노력한다면 전도가 옳은지 어떤지에 대해서는 의심의 여지가 없다. 그는 이 문제를 우리가 결정하도록 내버려두지 않았다. 한국에서의 전도의 성공은 너무나 놀라워 그 업적은 전도의 기적이라 불리고 있다. 은자의 나라에 지금은 주님을 사랑하고 주님의 이름을 부르는 형제자매들이 2백만이 넘는다. 그들 가운데 대다수는 하느님과 하느님의 나라에 대한 확고한 믿음을 가지고 죽었을 것이라고 나는 확신한다.

그리스도는 이러한 사람들의 영혼을 보살펴 주고 모든 이해로 통하는 평화로 그들을 인도하려 했을 뿐 아니라 놀랍게도 한때 무지와 미신으로 어두워진 마음에 빛을 가져다주었다. 그는 포로들에게 자유를 주었고, 몇 세기 동안 죄와 고난에 속박된 그들을 자유롭게 해주었다. 그는 열병에 걸려 고통 받는 가난한 사람들에게 안락을 가져다주고, 그들의 극심한 고통을 구제하려고 목사에게 의사와 간호사들을 보내 주었다. 영혼과 신체, 그리고 마음을 잃어버린 사람을 구제하러 온 생명과 평화의 왕인 주 예수를 향해 모든 사람들이 환호하고 있다.

그리하여 외떨어진 마을에서조차도 교회가 있는 곳이라면 그 바로 옆에 기독교 학교를 볼 수 있다. 또한 대부분의 경우 평일에는 교회 건물이 학교로 사용된다. 교회는 진흙 벽과 초가지붕으로 지어진 매우 초라한 건물이지만, 이것은 예외 없이 마을에서 가장 잘 지어진 집이다. 사람들은 매우 가난하지만 주님의 집을 세우는 데 많은 자부심을 가지고 있다. 그들은 예배당을 짓고 목사와 교회, 그리고 학교를 유지하려고 헌금하며, 말할 수 없는 고통도 잘 참아낸다.

한국의 기독교인들은 믿음이 강하고 열정적이다. 내가 그들을 많이 안다는 것은 하느님이 내게 주신 특권이고 축복이라고 생각한다. 그리스도의 충성스러운 추종자들은 비천하지만 꾸밈없는 믿음과 사랑으로 가득 차 있고, 세속에서는 가난하지만 믿음과 선행을 많이 한다. 내가 그들을 안 것은 나에게 고난과 혼동의 시기에 믿음과 용기를 불러일으켜 주었다.

무기력한 환자들에게 무당들이 가한 잔인하고 불필요한 고통에 대한 이야기를 들었다면 당신은 그들이 치료약을 주고 따뜻하게 돌봐 주는 선교 의사와 간호사에게 감사하는 것에 놀라지 않을 것이다. 계란만큼이나 크고 퀴퀴한 무당의 약을 서너 개씩 먹는 대신에 보기에는 작고 별것 아닌 것 같지만 무엇보다도 더 효력 있고 고통을 감소시켜 주는 매우 작은 알약 한 알을 복용하게 될 때를 생각해 보라. 그러나 무엇보다도 그들이 그때에 듣는 구세주의 놀라운 사랑의 이야기를 생각해 보라.

선교 병원을 방문해 보라. 거기에는 한 방에서 많은 남자와 소년들을 보게 되고 다른 저쪽에서는 소녀와 부인들을 보게 된다. 때로는 대기실에 몇십 명이 앉아서 의사를 만날 순서를 참을성 있게 기다리고 있다가 그로부터 놀라운 이야기를 듣는다. 그들은 차례로 상담실로 들어가 진찰을 받고, 능력이 있을 경우 돈을 지불하고 약을 받아 온다. 돈을 모두 지불할 수 없을 경우 그들은 자신이 할 수 있는 다른 것으로 지불해도 되고, 전혀 지불할 수 없더라도 물론 똑같이 치료를 받는다.

부인의 대기실에서는 나이든 백발의 부인을 볼 수 있는데, 그는 앞에 책을 펼쳐 놓고 주위에 모여든 사람들에게 매우 진지하게 이야기하고 있다. 병원의 복음 전도자인 그는 사람들이 매우 아파 고통 받는 몸의 치료를 기다리는 동안 그들을 위대한 의사에게 인도한다. 다른 방에서도 병원의 복음 전도자가 남자들에게 꼭 같은 일을 해주고 있다. 이런 식으로 주님께 인도된 몇 백 명의 사람들이 있다는 것은 생각만 해도 멋진 일이다. 사실 한 도시의 교회는 이렇게 세워지고 원장 의사는 교회의 목사가 된다.

당신은 온갖 종류의 무서운 질병과 그것을 잘못 취급하고, 늙은 무당들이 그들에게 행한 무시무시한 일들로 말미암아 일어난 상처로 고통 받는 많은 어린이들을 볼 수 있을 것이다. 미개한 나라에서 볼 수 있는 무서운 광경들 가운데 하나는 전혀 도움을 줄 수 없는 사람들에 의해서 불필요하게 고통 받는 환자이다. 몇 천 명의 부모들이 이미 교회로 왔고 아직도 오고 있다. 이는 "어린아이들이 내데 오는 것을 금하지 말라"[1]고 말씀하신 어린이들의 구세주께서 한국인의 가슴 속에 하느님의 나라를 건설하셨음을 의미하는 것이다.

이제 한국인들은 하느님의 시대가 그들 앞에 있으며, 그 시대는 과거의 폐허 속에 묻히는 것이 아니며, "위대한 빛"이 이 강토에 떠오르고 있으며, "세상의 빛"은 칠흑 같은 밤의 그림자와 어둠을 몰아낼 수 있다는 것을 깨닫기 시작했다. 예수께서 사랑과 정의로 그들의 마음을 지배하게 되는 때가 곧 오게 하소서.

1) 『마태오복음』 19 : 14.

제 11 장 우리가 아는 몇몇 소년 · 소녀들

어린 꼽추

내가 아는 가난한 어린 소녀는 한 주정뱅이의 가정에서 태어났다. 전 세계적으로 볼 때 그러한 가정은 여러 가지 점에서 공통점이 많다. 여러분은 술에 몹시 취해 술에 대한 갈증을 푸는 것 이외에는 아무것도 바라지 않는 사람의 가정과 가족을 본 적이 있는가? 여러분이 그러한 것을 본 적이 있다면 여러분은 순애의 아버지가 저지르는 술주정이 어떠했으리라는 것을 상상할 수 있을 것이다.

한국의 술은 다른 알코올음료와 꼭 같이 나쁜 성질을 지니고 있기 때문이다. 술은 정의에 대한 모든 열망과 선에 대한 사랑, 그리고 자기에 의존하고 있는 사람들에 대한 책임감을 없애 버리고, 마침내는 죄악처럼 잔인하고 추악하며 이기적인 그 폭군에게 머리를 숙이지 않을 수 없게 만든다. 그 조그만 초가집에는 공포와 빈곤이 지배하고 있었다. 그것은 술에 취해 온 가족에게 욕설을 퍼붓는 짐승 같은 사람에 대한 공포였다.

그가 술 마실 돈을 조금도 얻을 수 없을 때면 그의 성질이 매우 흉포해져 모든 가족이 그를 피하고 싶어 했다. 고생으로 수척해진 어머니로부터 갓난애에 이르기까지 모두가 그들을 부양하고 보호했어야 할 그 사람을 끊임없이 두려워하며 살았다. 몇 해 전까지만 해도 정 씨의 가정은 편안하고 아늑한 방이 셋 딸린 오두막이었다. 초가지붕의 말쑥한 그 오두막은 봄철이면 사랑스러운 에메랄드 색으로 반짝이고, 가을이면 그 가족을 넉넉하게 먹여 살릴 황금빛 곡식을 가져오는 아름다운 들판 한 가운데에 있었다.

순박하고 행복한 여느 농부들처럼 그들은 열심히 일했고, 그들보다 운이 없는 이웃에게는 생활필수품과 사치품인 여러 가지 물건들을 풍부하게 공급했다. 타락의 길을 따라가지 말자. 그렇게 된다면 이제까지 수없이 되뇐 것처럼, 부지런하여 먹고 살 만하면 안락에 빠져서 술 마시고, 투전하고, 게으름을 피우다가 끝내는 초라한 오두막집에서 가난과 불결한 삶을 마치게 되는 슬픈 이야기가 되고 마는 것이다.

우리의 이야기를 시작할 때 여러분은 먼저 꼽추가 된 우리의 어린 소녀를 만나게 된다. 그 소녀는 아버지와 어머니, 그리고 네 명의 남매와 함께 방이 하나인 조그만 토담집에서 살았다. 그 집의 벽은 반쯤 허물어져 있었고, 초가지붕은 썩어 내려앉아 있었다. 순애가 갓난아기로 태어나 두 살이 될 때까지 그는 고운 아이였으며, 그때까지만 해도 굽지 않았던 그의 조그만 등과 훌륭한 머리는 애지중지하는 어머니에게 있어서 끊임없는 기쁨이었다.

순애의 어머니는 이 아이를 대단히 사랑했다. 다른 남매들은 삶의 비극을 느끼는 듯했다. 그들은 비록 어렸지만 수많은 생활의 고통을 겪었고, 그들의 얼굴은 주위 환경이 어떠한가를 잘 보여주었다. 아기 순애가 있었기에 그 집안은 마치 밝은 빛깔의 꽃이 전혀 예기치 못한 어두운 구석에서 피고 있는 것을 발견한 것과 같았다.

정 씨 부인이 일하러 갈 때면 그는 어디든지 아기 순애를 항상 데리고 다녔다. 다른 아이들은 갑작스런 위험에서 자신을 피하고 자기 자신을 돌볼 줄 알 만한 나이가 되었다. 그래서 주위 사람들은 사랑하는 자식을 안전하게 등에 업고 일터를 오가는 그 여인을 보는 데 익숙해 있었다. 그의 어머니가 강가의 큰 바위에서 빨래를 할 때면 순애는 멀지 않은 강둑에서 예쁜 조약돌을 가지고 놀거나 어머니의 등에서 잠들어 있었다. 그의 어머니가 강가로, 논으로, 혹은 탈곡장으로 일하러 갈 때면 언제나 순애를 볼 수 있었다.

어느 날 아버지가 술에 취해서 갈지자로 비틀거리며 왔다. 항상 주의 깊은 어머니는 하던 일을 멈추고는 그의 취기어린 노랫소리를 듣고서 문 옆에서 놀고 있는 그 순애를 재빨리 데려가려고 바로 달려갔다. 그 아버지는 "뭐야?" 하고 외치면서 아이를 걷어찼다.

"당신은 언제나 내가 그 아이를 해치려 한다고 생각하고 있는 것처럼 행동하고 있어. 당신은 그런 행동으로 당신의 가장을 모욕하고 있어!"

그리고서 그 술 취한 비열한은 어머니의 팔에서 아이를 낚아챘다. 아기는 두려운 나머지 그의 거친 행동에 반항하고 소리치며 그 무력한 어머니에게로 애원하는 듯이 팔을 뻗쳤다. 그것을 보고 아버지는 노발대발하여, "가 버려, 너 같은 것은 필요 없어!" 하고 고함을 지르며 떨고 있는 그 여자에게로 아이를 사납게 던져 버리고는 돌아서서 위협하고 욕설을 중얼거리며 집으로 비틀비틀 걸어 들어갔다. 그 뒤 순애는 평생 불구자가 되어 지금도 마당의 차가운 돌바닥 위에 힘없이 조용히 누워 있다.

여러 주일 동안 그는 생사의 기로를 헤맸다. 그 뒤 그는 그 어두운 계곡으로부터 서서히 이전의 행복의 가냘픈 그늘로 돌아왔다. 그는 어느 날 어느 때이든 산송장이나 다름없는 상태가 되었기 때문에 그를 사랑하고 지켜보는 사람들에게는 그 고통 받고 지친 육체가 더 이상의 비참한 상태에서 벗어난다면 그것은 하나의 행운인 것처럼 보였을는지도 모른다. 거의 5년 동안 그는 한 발자국도 걸을 수 없었고, 움직일 때마다 고통을 느꼈으며, 그 여러 해 동안 어머니의 사랑과 오빠와 언니들의 봉사는 아름답고 끊임없었다.

여러분은 그 남자가 이 비극으로 말미암아 제정신을 차리고 이것을 교훈삼아 개과천선했을 것이라고 생각하겠지만, 전혀, 전혀 그렇지 않았다. 이웃 사람들의 비난의 말들, 몰인정한 아버지에 대한 준엄한 질책, 그 천진하고 여린 불구자에 대해 나그네들이 보여주는 끊임없는 동정은 그가 순애를 봤을 때면 생기는 양심의 가책, 무서운 죄책감, 심적 불안과 더불어 그로 하여금 다만 자신의 죄의 희생물을 미워하게 만들었을 뿐이었다.

그 무렵 순애는 "아, 나는 왜 태어났을까!" 하고 자주 외쳤다. 그러나 그것은 치명적으로 다친 귀로 말미암아 들을 수 없는 자신의 마음으로부터 나온 고뇌의 외침이었다. 그것은 순애가 오랫동안 듣지 못해 괴로워했고, 어머니에 대한 그의 사랑으로 그는 놀라운 이해력을 얻게 되었기 때문이다. 그는 어머니의 고생이 그 자신만큼 크다는 것과 저항은 더 큰 고통만을 줄 뿐이라는 것을 알았다. 그의 의문은 오랫동안 풀리지 않은 채 지속되었다.

이때 하느님의 복음은 전혀 요란스럽지 않게 이 그늘진 계곡으로 찾아왔다. 어느 날 주 예수의 사자가 기쁜 소식을 가지고 암면산 너머에서 왔을 때, 그는 다만 먼지투성이의 여행자로만 보였다. 이때 한 무리의 마을 아낙네들이 끊임없는 빨래를 하느라고 여념이 없었다. 선교사는 잠시 발걸음을 멈추고 그 무리를 지켜보았다. 거기서 그는 이제까지 본 가운데 가장 슬프고 귀여운 얼굴을 가진 한 소녀를 보았다. 그 소녀는 열두 살가량으로 보였지만 여덟 살짜리 아이보다 작아 보였으며, 커다랗고 둥근 바위 옆에 앉아 있었다. 그의 손에는 어머니가 점심으로 먹을 조밥 한 그릇이 있었다.

순애의 약한 몸은 뜨거운 태양 아래 너무 많이 걸어왔기 때문에 떨리고 어지러워 굽은 등을 쉬려고 바위에 기대어 있었다. 그는 눈을 감고 있었기 때문에 새로운 선교사를 보지 못했다. 그러나 선교사는 기형적인 등과 늘어진 어깨, 그리고 그 연약한 어린이의 고통을 첫눈에 알아보았다. 그 창백하고 평화로운 얼굴의 소녀는 선교사에게 주님의 말씀을 들을 마음의 준비가 되어 있는 사람이 여기에 있다고 말하는 듯했다. 선교사는 그가 놀라지 않을 정도로 가까이 가서 그만을 위해 선명하고 또렷한 그러나 부드럽고 의미 있는 목소리로 다음과 같이 말했다.

"하늘에 계신 너의 아버지께서는 '힘들고 무거운 짐 진 자는 모두 내게로 오라. 내가 너에게 휴식을 줄 것이다.'[1]라고 말씀하신다."

그의 첫 말에 그 흰 눈까풀이 떨리더니 경이로움과 놀라움 속에 눈을 떴다.

몇 년 뒤 그는 하늘의 영광이 그날 자신의 주위에 있었고, 하느님이 그의 소리 없는 외침에 답하여 그의 천사를 자신에게 보내 준 것 같았다고 말하곤 했다. 놀라움 속에서도 두려워하지 않으며 그는 더 많은 것을 들으려고 기다렸다. 그의 앞에는 여행으로 수척해지고 먼지투성이인 조그만 노인이 서 있었다. 그러나 그는 그 노인의 눈이 친절하고 상냥한 것을 보았고, 그는 진지하며 무엇보다도 그에게 말해 줄 희망과 삶에 대한 복음을 가지고 있음을 알았다.

그리하여 그는 어린아이다운 순진함과 성실함으로 그 노인이 믿을 만한 사람이며 자신을 도울 수 있다는 것을 본능적으로 알았다. 그는 아무 말도 하지 않았지만 그의 눈은 그 친절한 노인의 얼굴을 들여다보고 있을 때 나타나기 시작하는 희망을 감동적으로 보여주고 있었다. 그의 새로운 친구는 계속해서 말했다.

"가련한 어린 것, 네게서 삶은 이제까지 고난이었다. 너는 휴식과 평화를 갈망하지 않느냐? 너의 아버지께서는 너를 사랑했고 그래서 이러한 축복을 주시길 원하신다."

"나를 사랑하신다구요!"

하고 실망에 찬 순애는 외쳤다. 왜냐하면 선교사는 자기 얘기를 하고 있었기 때문이었다.

"아니오. 아니오. 나의 아버지는 나를 미워합니다. 나는 매우 쓸모없고 추해서 그는 내게 결코 아무것도 주지 않아요!"

"얘야, 나는 모든 사랑과 자비의 하느님이신 하늘에 계신 아버지를 말하는 것이다."

그러고 나서 그는 쉽고도 믿음에 찬 말로써 사랑에 대한 놀라운 이야기를

---

1) 『마태오복음』 11 : 28.

들려주었다. 이를 지켜보던 정 씨 부인은 그 사람이 발길을 멈추고 그의 어린 딸에게 말하는 것을 보고, 널찍한 빨랫돌에서 일어나 성내며 항의하려고 덤벼들다가 그 첫마디 말이 반쯤 나오다 말고 놀라움에 떨며 그 은총과 진리의 말씀을 들었다.

그 아름다운 옛날이야기를 처음으로 듣는 것이 얼마나 놀라운 일이었겠는가! 비록 이 두 사람은 전혀 알아차리지 못했지만 이내 다른 아낙네들도 그들의 일을 멈추고 그 노인과 어린아이의 주위에 몰려들었다. 한 사람은 무거운 짐을 진 사람들의 마음에 와 닿는 호소력에 그의 정신을 쏟았고, 또 한 사람은 모든 말에 열렬히 도취되어 있었다. 아낙네들은 신기하고 가슴 설레는 뭔가가 진행되고 있다는 것은 느꼈지만 그의 의미를 거의 이해하지 못했다.

"자, 얘야, 나는 우리의 하늘에 계신 아버지께 기도하려 한다. 그분은 또한 나의 아버지이시고 어느 곳에서나 항상 계시는 위대한 영혼이시며 우리 주위의 이 모든 아름다운 세계를 만드신 가장 높은 분이시다. 너는 그분을 볼 수는 없지만, 그분은 우리를 보시고 우리의 말을 들으시어 우리의 기도에 답할 것이다."

아낙네들은 흠칫 놀라며 자신들의 뒤를 흘긋 돌아보았지만, 그 소녀는 노신사의 아름다운 기도를 듣고자 몸을 앞으로 구부렸다. 그것은 매우 단순한 기도였지만, 하느님의 아들의 사랑스러운 마음으로부터 우러나오는 올바른 소리였고 의심할 바 없이 주 예수께서는 거기에서 들려주셨다. 왜냐하면 하느님은 매우 경이로운 방식으로 대답했기 때문이었다. 순애와 그의 어머니가 귀를 기울이고 있을 때 그들은 주께서 듣고 계신다는 것을 의심하지 않았으며, 그들 옆에서 무릎을 꿇고 있는 노인이 매우 멀리 떨어져 있는 것처럼 느껴졌다.

노신사는 그들이 볼 수 없지만 그에게는 매우 실제적이며 매우 밀접한 관계에 있는 것처럼 보이는 어떤 분과 얘기를 나누고 있었다. 그들은 그 모든 기도를 이해하지는 못했지만, 그가 등이 굽은 그 어린 순애를 위해 기도하고 있을 때 그 소녀가 하늘에 계신 아버지를 알게 되고 주님의 평화와 사랑을 마음속에 반드시 가지게 되리라는 것을 알았다. 선교사는 그의 기도가 끝나자 일어서서, 다시 그 소녀 쪽으로 몸을 돌려 성경책을 주면서 이렇게 말했다.

"이 책은 하느님의 말씀이다. 그것은 내가 너에게 말하려 했던 모든 것을 말해 줄 것이다. 나는 이 책을 너에게 줄 것이니, 너는 혼자 힘으로 알 수 있도록 읽는 법을 배워야 한다. 내가 알기로 이 마을은 신작로에서 멀리 떨어져 있어 사람들은 이 길을 별로 많이 지나가지 않을 것이다. 혹시 너는 이전에 예수의 교리에 대해 들었을지 모르나, 나는 김 목사에게 다음 달 그가 순회할 때 이곳에 들려 네가 어떻게 해 나가나 보도록 부탁하겠다."

이런 방식으로 복음서가 음천의 계곡으로 들어왔고, 그 충실한 목자는 암면산 기슭을 지나 강굽이로 들어갔다. 그러나 그는 한 어린이의 마음속에 있는 좋은 토양에 씨를 뿌려, 몇 년 뒤에는 백배를 수확하였다. 그 귀중한 책은 그 뒤 몇 달 동안 재미있는 역사를 창조했다. 주인은 밤이나 낮이나 그 책을 손에서 떼지 않았다. 순애는 그것을 머리맡에 두고 잠을 잤고, 낮이면 그의 허리에 달린 조그맣고 해진 보자기 속에 싸 두었다. 이제 그의 간절한 소망은 그 책에 담긴 진리의 아름다움과 경이로움을 더 많이 알 수 있도록 읽는 법을 배우는 것이었다.

그런데 이 음천 마을에는 이생원이라고 하는 학자가 살고 있었다. 그는 훌륭한 선비이며 지혜로운 유생으로서 그 산골 주민들 사이에 널리 알려져 있었다. 어느 날 그가 문가에서 졸며 삶에 대한 문제에 깊은 생각에 잠겨 있을 때, 그는 술주정뱅이 정 서방의 아이가 머뭇거리며 들어오는 것을 보고 깜짝 놀랐다.

순애는 그에게 그 놀라운 책에 대한 이야기와 그가 어떻게 그것을 가지게 되었는지를 말했다. 이 생원은 공자와 맹자의 지혜로운 제자였기 때문에,

그 새로운 교리를 믿지 않고 비꼬았다. 그는 그 복음서에 대해 왜곡된 소문만 들어왔기 때문에 그에 대해 철저한 편견을 가지고 있었다.

그러나 순애의 이야기는 그를 흥미롭고도 어리둥절하게 만들었다. 호기심을 억누를 수 없었던 그는 순애가 그 책을 두고 간다면 그 어리석은 책을 읽어보겠노라고 말했다. 그러나 천만에, 순애가 그 보물을 두고 갈 생각을 전혀 하지 않자, 고대의 철인을 자랑으로 여기는 그 학자는 그 어린 소녀가 이것이 어떤 종류의 교리인가를 알 수 있도록 큰 소리로 몸소 읽어 주었다. 그런데 그 책을 읽으면 읽을수록, 흥미는 더욱더 강렬하게 되었고 마침내 비웃음을 잊게 되었다.

"놀라운 지혜의 말들이로다. 놀라운 말들이로다. 그러나 참으로 오묘하도다."

그는 계속해서 중얼거렸다. 그리하여 매일 저녁이면 순애와 그의 어머니는 이 생원의 집에 와서 그 선생이 조그맣고 낡은 검정색의 책을 읽는 동안 쥐들처럼 조용히 앉아 있게 되었다.

그러던 어느 날 키가 큰 한 낯선 사람이 그 마을에 와, 그가 맨 처음 만난 사람에게 정순애라는 어린 꼽추 소녀가 이 마을에 살고 있는지를 물었다. 이 사람은 김 목사였다. 그는 곧 이 생원의 집으로 안내되어 귀한 손님으로 대접받는 동시에 거의 모든 마을 사람들이 그의 말을 듣게 되었다.

김 목사는 떠나기에 앞서 아주 많은 사람들을 개종시켰고, 순회 설교 때 한 달에 한번씩 이 마을에 들러 하루나 이틀 동안 머물면서 그들에게 새로운 신앙의 교리를 가르치고 문답하기를 약속했다. 이제 이러한 모습들이 우리의 어린 친구에게는 얼마나 다른 삶으로 보였겠는가! 오래지 않아 순애 또한 그 소중한 책을 읽을 수 있었고, 광택이 나는 붉은 비단으로 그 조그만 성경책을 싸 두었다. 이 평화와 새로 찾은 행복은 집에서의 가혹한 박해로써는 깨질 수 없었다.

그러나 순애의 아버지는 상태가 더욱 악화되어 갔다. 주막 주인 조 씨는 정 씨의 집에서 가져갈 수 있는 것은 모두 가져갔다. 거기에는 더 이상 가져갈 만한 가치가 있는 것이라고는 아무것도 없어 보이자, 그는 정 씨를 더 이상 믿지 않고 그를 가게에 오지 못하게 했다. 조 씨는 정 서방에게 이렇게 말했다.

"자, 정 서방, 자네는 6천 냥(영국 돈으로 환산하면 약 3파운드에 해당됨)에 해당하는 외상을 지고 있으나, 갚을 돈이 없으니 나는 내 친구인 사또를 찾아가 자네를 정신이 들도록 치게 하여 꼴도 보지 않을 감옥으로 보낼 것이네, 그러나 자네에겐 이것을 피할 수 있는 길이 딱 한 가지가 있네. 그것은 자네 딸을 내게 주는 것일세. 그 애는 쓸모도 없고 그렇다고 기생이 될 수도 없네. 그러나 그가 그렇게 가치 없는 존재라고 할지라도 없는 것보다는 가치가 있네, 그래서 나는 그 애를 데려가 빚을 갚은 셈으로 치겠네."

순애가 아버지의 빚을 갚으려고 주막에서 죽을 때까지 고통스럽고 치욕스러운 노예 생활을 해야 할 운명이라는 것은 의심할 나위도 없다. 생각만 해도 끔찍한 일이다. 어머니와 아이는 비탄에 잠겼다. 그때 어둠 속에서 한밤중의 태양처럼 그 아이의 신앙이 소생했다.

"기도해요, 어머니."

하고 그는 울고 있는 어머니를 달래며,

"'구하라 그러면 너희는 얻게 될 것이다.'[2]라고 말하지 않았어요. 이 또한 그 뜻이 아니겠어요? '무엇이든지 너희가 구하는 것을 내가 아노라'[3]라고 성경에는 기록되어 있어요."

이 작은 무리의 기독교인들은 모두 그들과 함께 기도했다. 당신의 어린이들의 가장 여린 외침을 항상 듣고 계시는 주께서는 그 비탄에 잠긴 사람들의 울부짖는 소리를 들으셨다. 그 선교사는 김 목사로부터 순애의 이야기를 들었다. 동정의 마음이 생긴 그는 그 몰인정한 아버지에게 몹시 화가 났다.

---

2) 「마태오복음」 7 : 7–8.

3) 「마태오복음」 6 : 8.

그가 그 산마루를 지나 떠나면서 멀어져가는 마을을 향해 그의 얼굴을 돌렸을 때, 조그맣고 이상한 모습의 소녀가 그의 짐을 실을 조랑말 위에 실려 있었다. 6천 냥이 조 씨에게 지불되었던 것이다. 그래서 순애는 "자유롭게" 되었다!

자유, 학교, 사랑, 그리고 굶주리고 그 어린 육체를 위한 안락. 그는 선교사가 그의 어머니에게 말하는 것을 들었다. 주를 위한 아름다운 봉사의 여러 해가 지난 뒤, 삶은 이미 사랑으로 풍요해지고 신앙은 그 뒤의 다른 많은 슬픈 마음들을 즐겁게 할 수 있었다.

호랑이 이야기

남숙은 훌륭한 사내아이였다. 그는 열두 살이었는데 여러 식구를 벌어 먹이려고 애써 농사짓는 그의 아버지에게는 큰 도움이 되었다. 그의 집은 거칠고 불모지인 북산의 중턱에 있는 바위투성이의 농가였다. 겨울철이면 그의 아버지인 배 씨는 나무를 베어 백화골 아래 30리 밖에 있는 장터에 늘 가지고 갔다.

이 일은 듬직한 소들이 나르기조차도 힘들고 긴 여행이었지만, 배 씨는 스스로 나무를 실어 나르는 일이 흔히 있었다. 왜냐하면 길의 일부는 매우 좁고 구부러져 있어 나쁜 날씨에는 짐을 실은 네 발 달린 친구가 고갯길을 내려가기가 매우 어려웠기 때문이었다. 이럴 경우에 남숙은 저녁에 고개 아래에 있는 주막으로 그의 아버지의 저녁 식사인 밥과 김치를 가지고 갔다가 거기서 아버지를 기다려 함께 돌아왔다. 아버지와 아들은 서로 매우 가까웠기 때문에 이러한 일은 항상 즐거운 것이었다. 들이나 숲에서 함께 일할 때는 많은 시간을 함께 즐겁게 보냈다.

그 해 겨울은 춥고 혹독했다. 눈이 언덕 위에 매우 멀리 황량하게 펼쳐져 있었기 때문에 가난한 사람들은 보통 때보다 더 많이 고생했다. 그와 꼭 같은 이유로 늙은 호랑이는 즐거웠을 때보다 훨씬 더 심한 굶주림의 고통을 겪었다는 것도 의심할 나위가 없다. 어머니는 몇 주 동안 누워 있었고, 갓난애는 불행하게도 병들어 있었다. 집에 쌀은커녕 조도 없었다. 이러한 일들은 아버지 배 씨로 하여금 비록 힘들지라도 그의 아내와 아이들을 위한 물건들을 사고, 땔감 나무를 돈으로 바꿔 그것을 가지고 적어도 쌀이나 어려울 때 가난한 사람들이 먹는 조를 사려면 시장으로 가야 한다고 결심하도록 만들었다.

이 가정은 기독교 가정이었다. 그 이웃에는 교회가 없었고, 목사는 순회목회 때에도 이 먼 곳까지 좀처럼 오지 않았지만, 그는 집안에서 예배를 보고 있었다. 5리에서 10리 떨어진 곳에 살고 있는 세 가정이 이 교회를 이루고 있었고 배 씨가 예배를 이끌었다. 배 씨가 처음 어떻게 장터에서 복음을 듣고 설교자의 말에 귀를 기울였는지, 그리고 어떻게 그가 몇 권의 책을 사가지고 얼마 안 되어 굳은 믿음의 신자가 되어 주님을 따르게 되었는지를 내가 여러분에게 말하자면 너무 긴 이야기가 될 것이다. 이 당시 그와 그의 가족은 모두 신실한 기독교인이었다는 것을 말하는 것으로 우리의 이야기는 충분하다.

농부 배 씨는 태양이 아침의 첫 햇살로 동쪽을 환하게 하기 오래 전에 일어나 지게에 나무를 높이 쌓아 늦게 내린 눈을 밟으며 오솔길을 걸어 산중턱 아래로 떠났다. 남숙은 고갯마루까지 그를 따라가 아버지와 헤어지며 말했다.

"아버지, 여느 때처럼 주막에서 아버지 저녁 식사를 가지고 있는 저를 찾으세요. 돌아오실 때 아버지는 매우 피곤하실 테니 제가 짐을 집으로 나르는 걸 돕겠습니다."

오후에 어머니는 기묘하게 생긴 이층 밥그릇의 아랫부분에 뜨거운 밥을 정성스럽게 담고, 소금에 절인 배추와 잘게 썬 무를 윗부분에 놓아 함께 꽉 채워 위에 담았다. 그리고는 이 이상하게 보이고 볼품없는 도시락을 수건으로 묶은 다음 긴 허리띠 모양으로 남숙의 허리에 묶어 그의 손을 자유롭게 해주었다.

지는 해가 지구의 사방으로부터 불어오는 겨울바람을 풀어놓은 것 같아 밤은 혹독하게 추웠다. 남숙이 계곡의 오솔길에 도착했을 즈음, 황량한 산 중턱에 덮여 있는 눈이 사면으로부터 불어오는 격렬한 돌풍으로 휘몰아쳐 어느 방향에서 한파가 불고 있는지를 알기가 어려웠다.

남숙은 숨을 헐떡이며 마침내 언덕 기슭의 잠에 취한 듯한 조그마한 마을에 도착하여 주막으로 갔다. 아버지가 그와 함께 집으로 갈 수 있다면 그가 얼마나 기뻤겠는가! 큰 문으로 들어가 사랑 쪽으로 안마당을 지나가면서 남숙은 거기에 지게가 없다는 것을 바로 알아챘다. 그의 아버지는 오늘밤 늦었다. 주막에 있는 사람들이 길에서 보았던 호랑이 이야기를 시작하고 있었다.

"아버지가 오늘밤 집으로 오시는 중이라면 어떤 일이 있어도 나 혼자서는 그 고개를 넘어가지 않을 거야!"

그 소년은 깜박이는 등불 옆에 앉아 귀를 기울이면서 생각했다. 그때 한 사람이 말했다.

"이봐, 얘야, 오늘밤 집에 가는 것이 걱정되지 않느냐? 그 늙은 호랑이가 틀림없이 고갯마루 주위에 숨어 있을 거야."

남숙은 매우 어려운 상황에 놓이게 되었다. 왜냐하면 그가 호랑이를 두려워하는 것은 사실이었지만, 거짓말을 하고 싶지는 않았기 때문이었다. 그는 이제까지 하느님을 증거하는 것을 배워 왔는데 자기를 쳐다보는 사람들 앞에서 하느님을 부인하고 싶지 않았다. 그래서 그는 입술을 더듬거리며 천천히 대답했다.

"하느님은 나를 지킬 수 있고, 비록 호랑이가 나를 해친다 할지라도 그는 다만 나의 육체만을 죽일 수 있을 뿐입니다. 나의 영혼은 하느님의 나라로 갈 것입니다. 나의 육체는 두려워하고 있지만, 호랑이나 죄 이외의 어떤 것도 '진정한 나를' 해칠 수 없다는 것을 나는 알고 있습니다."

그때 불이 있는 쪽으로 부산하게 움직이며 오는 새로운 사람에게로 주위가 쏠렸다. 잠시 뒤 그 가운데 한 사람이 말했다.

"참, 잊기 전에 말해 주어야지. 배민숙의 아들이 여기에 있느냐? 배 씨는 오늘 나무를 팔지 못해 오늘밤 돌아갈 수 없으니 기다리지 말고 내일 저녁에도 오지 말라고 네게 전해 달라고 했다."

남숙은 이러한 사태의 변화로 충격을 받아 어안이 벙벙해졌다. 이런 일이 전에는 결코 없었고 또 그런 일이 일어나리라고는 생각지도 못했다. 그는 두려움과 놀라움에 질려 말도 못할 정도였다. 친절한 주막 주인이 이 광경을 보고서 이렇게 말했다.

"물론 너는 오늘밤 고개를 넘어가지 못한다. 총을 가진 사람조차도 위험하다는 것을 우리는 알고 있다. 그러니 방이 충분히 있으니 여기에서 잠을 자도록 해라."

이 예기치 않은 친절로 소년은 자신의 의무가 생각났다.

"김 씨 아저씨, 아저씨의 친절은 감사합니다만, 어머니가 집에 혼자 계시는데 내가 집으로 가지 않으면 무척 놀랄 것입니다. 비록 나의 육체는 두려워하지만, 하느님은 호랑이에도 불구하고 나의 의무를 다할 힘을 주실 것입니다."

소년은 이렇게 말한 다음 모두에게 정중하게 인사하고 밤의 어둠 속으로 걸어 나갔다. 밝은 색의 붉은 윗도리 아래에는 믿음이 용솟음치는 심장이 망치처럼 두근거렸다. 그 고개까지는 꽤 먼 길이었다. 그는 좌우와 뒤를 보지 않고 떨면서 올라가며 계속해서 기도를 되풀이했다.

"바라건대 하느님 나를 지키시어 만일 호랑이가 나의 육체를 해칠지라도, 나의 영혼은 천국으로 데려가 주세요."

그는 호랑이가 아주 가까이에 있다고 확신했다. 그는 지쳐 숨을 헐떡이며 정상으로 거의 올라와 그의 지친 다리로 뛸 수 있는 한 빨리 거칠고 깊게 쌓여 있는 눈 위를 달렸다. 이제 그의 눈앞에는 오두막이 선명하게 보이기 시작했다. 그러나 빨리 가려고 애를 쓰면 쓸수록 그는 흰 눈 속으로 깊이 빠져 들어갔다. 그것은 여러분이 어떤 무서운 위험으로부터 도망치려고 하나 손이나 발을 움직일 수 없다는 것을 알고서 공포감을 느끼는 것과 꼭 같았다.

그는 소나무 사이에서 움직이며 가까이 오고 있는 한 형체를 볼 수 있었다. 그는 어지러움과 탈진함을 느껴 마치 지쳐 쓰러질 것 같았다. 그때 그는 마치 무언가가 수풀을 부러뜨리는 것 같이 그의 뒤 가까이에서 탁탁거리는 소리를 들었다. 그는 외쳤다.

"어머니! 어머니! 제가 왔어요. 문 열어 주세요."

바로 그때 그 낡은 문이 큰 소리로 삐걱거리며 열렸고, 그는 부드러운 어머니 팔의 따뜻한 은신처로 끌려 들어갔다. 육중한 문이 닫히고 고리와 빗장의 딸랑거리는 소리가 방안에서 안전하게 들렸다. 나무들 사이의 오솔길로 따라온 그 그림자는 호랑이가 아니라 주막에 있었던 사람들 가운데 한 사람이었다. 그 사람은 이렇게 중얼거렸다.

"저 애는 확실히 대담한 녀석이야. 나는 다만 그가 집에 잘 가는지 보려고 따라왔을 뿐인데 너는 결코 그 산의 호랑이가 오늘밤 이 산 중턱에 숨어 있지 않았다고는 말할 수 없을 거야."

다음 날 일요일에 여느 때처럼 적은 무리의 기독교인들이 예배하려고 함께 모인 것을 볼 수 있었고 그들 가운데에는 새로운 사람이 한 사람 추가되어 있었다. 한 사람이 더 예수를 믿기로 결심했던 것이다. "그날 밤 그가 남숙이처럼 겁에 질려 있을 때 한 어린애로 하여금 그가 하는 것이 옳다고 생각한 것을 할 수 있게 한 그 신앙이 어떤 이상한 힘으로 나타나 한 사람을 옳은 길로 인도했다." 여러분은 이 새로운 신자가 누구인지를 추측할 수 있습니까?

형제의 본분 : 어느 전도사의 수기

기태는 오늘날 한국의 이 지역에서 가장 영향력 있는 기독교인들 가운데 한 사람으로서, 주님의 지칠 줄 모르는 일꾼이 되었다. 그는 여태까지 내가 만났던 사람들 가운데 가장 겸손한 사람이었다. 사람을 끄는 그 힘의 비밀은 하느님 앞에서 자기 자신을 소멸시키는 그의 신앙이었다. 얼마 전에 그 도시에 사는 가장 부유한 사람들 가운데 한 사람은 이렇게 말했다.

"내가 저 사람처럼 될 수 있다면, 나 또한 기독교인이 될 것이다."

그가 하느님을 믿은 지 이제 15년이 되었고, 우리는 그가 발전하여 드디어 자기의 신앙, 열성, 그리고 성실로써 사랑과 명예를 갖춘 오늘의 위치에 도달하는 것을 보아 왔다. 다음은 그에 관한 이야기이다.

> 나는 36년 전 송도에서 태어났다. 나는 나의 아버지를 본 적이 없다. 아버지는 내가 태어나기 직전에 돌아가셨다. 우리 집안이 이 지방에서 가장 오래되고 지체 높은 가문들 가운데 하나였다는 것은 사실이지만 우리는 이제 몰락하여 생활이 매우 어려웠다. 나에게는 나이가 위인 누나 둘과 형이 하나 있었다. 누나들은 한국의 풍습에 따라 매우 젊었을 때 시집을 갔고, 나보다 열두 살 위인 형이 가족을 부양했다. 그 책임과 짐은 그에게 너무 무거운 것이었다. 형은 그것에 싫증나 점차 못된 친구와 사귀게 되어 나쁜 길로 끌려 들어갔다.
>
> 그래서 내가 열두 살이 되었을 때, 형이 상습적인 술주정꾼이 되자, 내 자신과 어머니를 부양하는 것은 나의 의무가 되었다. 비록 부족하기는 했지만 어머니가 나에게 의지하고 있다는 것과, 나를 매우 다정하고 조심스럽게 길러 주신 어머니 곁에서 내가 한 남자의 역할을 하고 있다는 것을 느끼는 것은 언제나 즐거웠다. 밑천이 없는 젊은 장사꾼으로서는 시골에서 더 기회가 많았다. 그래서 나는 시골로 내려가 조그만 가게를 열어, 성냥이나 종이와

같은 갖가지 조그만 물품들을 팔았다. 장사는 매우 잘 되었다.

우리는 절약하며 집을 사려고 매달 조금씩 돈을 모을 수가 있었다. 내가 열다섯 살이 되었을 때, 매우 작고 초라했지만 하나의 집을 사는 목적을 성취하기에 충분한 돈을 모았다. 의기양양해진 나는 어머니에게 "조그만 집을 살 돈이 여기 마련되었습니다. 그런 집이 어디 있을까요?" 하고 말할 수 있었다.

그러나 그 즐거움은 잠시뿐이었다. 형은 그 조그만 가게를 알아내고 그 돈을 쓰기 위해 다른 계획을 세웠다. 나는 형 앞에서 무력했기에, 형이 우리의 돈을 가지고 가 버렸다. 완전히 성장한 남자이자 큰아들인 형은 우리 집의 호주로서 나 자신과 내가 번 것의 주인이었다. 나는 내가 노예처럼 일하며 번 돈을 형이 폭음과 방탕의 생활에 낭비하는 것을 방관할 수밖에 없었다. 집에 대한 나의 꿈과 어머니께 드리려고 했던 평안은 사라져 버렸다. 그 뒤 어머니는 도시에 사는 큰딸에게로 가지 않을 수 없었다. 나는 다시 무거운 짐을 지고 조그만 집을 사는 데 충분한 돈을 벌고 저축하려고 긴 여정을 떠났다. 나는 2년을 더 노력하고 고생하여 나의 목적을 실현할 수 있었다. 이루 말할 수 없는 자랑과 기쁨 속에서 나는 어머니 손에 그 돈을 내놓았다.

자기 자신의 어머니에게 돈을 강탈하는 그 아들에 대해 무슨 말을 할 수 있는가? 그것이 큰아들이 한 짓이다. 그는 또다시 내가 힘들어 번 돈을 그의 가난하고 늙고 집 없는 어머니에게서 강제로 빼앗아 가지고 가, 내가 여러 해 동안 힘들여 모든 돈을 1주일 동안 흥청망청 술 마시는 데 써 버렸다. 당시는 어둡고 희망도 없이 용기를 잃고 실의에 찬 나날들이었다. 내게는 살고자 할 아무런 목적도 없는 것처럼 보였다. 그러나 언젠가는 집을 사리라는 희망은 결코 포기하지 않았다. 우리는 그 도시의 북쪽에 조그마한 집을 하나 빌렸지만 매달 지불할 집세는 그 집값만큼이나 많았다. 어머니와 나는 그곳으로 이사하여 인생으로서 향유할 수 모든 것을 즐기려고 그곳에 정착했다.

그러나 그 무렵 내 형의 장모가 당시 그와 함께 사는 것을 싫어해, 형과 형수, 조카들은 우리와 함께 살았다. 우리 두 사람에게 편안했던 그 두 개의 조그만 방은 이제 만원이 되었고, 나의 짐과 책임은 두 배로 증가되었다. 가련한 형수, 그 당시를 회상해 보면, 형수의 운명은 확실히 비참하고 고통스러운 것이었다. 나는 그를 위해 미력이나마 전력을 다했다는 것이 기뻤다. 다른 불친절이 없다 하더라도 형의 잔학함과 사악함이 그에게는 견딜 수 없는 고통이었다. 그의 연약한 육체는 견딜 수 있을 만큼 견딘 것같이 보였다. 그래서 어느 날 그는 자포자기하여 자살함으로써 자신의 절망적인 고통과 불행을 끝냈다. 가련한 형수!

상황은 음울해질 대로 음울해지고, 나의 삶이 고통과 절망으로 혼란해져 있었던 바로 그 당시에, 선교사들이 처음 송도에 도착하여 교회를 세우기 시작했다. 내가 기독교 신앙에 대항했었다는 것은 이상하고도 부자연스럽고 거의 불가능한 것처럼 보인다. 거짓말에 귀가 솔깃하여 영문도 모른 채, 나의 힘이요 구세주가 될 바로 그분에 내가 대항하고 있었다는 것을 어떻게 알 수 있었겠는가? 모든 것이 지금과는 매우 달랐던 이 당시에 송도에는 교회도, 학교도, 그리고 병원도 없었는데 어떻게 지금처럼 보일 수 있겠는데?

예수의 교리는 우리에게 새롭고 미묘한 것이었다. 송도는 보수적인 고도였다. 구습과 은자의 나라라는 관념이 아직도 대단한 위력을 발휘하고 있어서, 우리는 외국인이나 외국인의 낯선 교리를 원치 않았다. 우리는 아주 오래된 역사와 그 역사가 보여주고 있는 힘을 자랑으로 여기며 서구의 나라들을 못마땅하게 생각하고 있었다. 그래서 나는 아주 격렬하게 서구적인 것에 대항했다. 어머니가 그들의 이상한 행동에 관심을 보이며 예배당에 가기 시작했을 때, 나는 매우 역겹고 화가 나, 이러한 행동이 그 무엇보다도 어머니의 마음을 아프게 할 것이라는 것을 충분히 알면서도 어머니 곁을 떠날 것이라고 위협했다.

어머니는 점잖게 그러나 확고하게 교회에 가겠노라고 거듭 주장했다. 형은 음주와 온갖 방종 때문에 생긴 병으로 오랫동안 앓고 있었다. 형이 앓고 있는 동안, 김선두[4] 목사가 자주 방문하여 형과 이야기하곤 했지만, 그러나 그가 올 때마다 형은 언제나 집을 나갔다. 나는 전에 내 형의 친구들을 여러 명 알고 있었는데, 나는 그들이 즐기고 만족스러워했던 어떤 것도 나에게는 흥미로운 것이 되지 못한다는 것을 알았다. 나는 이렇게 말했다.

"나는 내 형이 흥미를 느끼는 어떤 종류의 사람이나 교리에 유익한 무엇이 있다는 것을 결코 믿을 수가 없다."

그래서 예수의 교리에 대해 형의 관심이 커졌을 때에도 형의 그러한 태도는 그 교리에 대한 나의 경멸과 조소만을 증가시켰을 뿐이다. 그들은 기독교의 교리에 대해서는 나에게 말도 붙일 수가 없었다. 우리에게 변함없이 전능했던 출생 환경, 즉 내가 그의 아우라고 하는 숙명 때문에 나는 차라리 그의 노예나 다름이 없었다. 그러니 형이 믿는 이상한 신이나 형의 비행을 따르는 것이 나에게는 모두 싫었다.

형의 새로운 믿음이 그의 인생의 모든 행실을 바꾸어 놓을 것이라는 사실이 나에게 전혀 불가능한 것으로 보였다. 그러는 동안에 첫해가 지나고, 나의 마음은 형의 실패에 대해서도 무심해졌다. 그는 실패하고 또다시 시도했다. 내가 형을 비웃고 조롱하는 동안에 형은 성경을 공부하고 기도하며 일했다. 그러나 마침내 형의 회개하는 영혼은 구원을 받았고, 그의 인생은 변했다. 그 얼마나 놀라운 변화였던가!

마침내 나는 얼마 전까지도 술주정뱅이였고 잔인하고 사악하며 모든 사람들에게 미움을 받은 그 몰인정한 아들, 나의 형을 더 이상 비웃을 수 없게 되었다. 이제 형은 옛날의 사람이 아니었다. 이제 형은 주일학교 선생이며, 새로 지은 교회의 진실한 일꾼이었다. 그의 삶이 단정하고 선량하게 되자 형의 잘못만을 찾아 비난하고자 했던 나조차도 마침내는 내 형의 삶이 이렇게 변한 것에 대해 내가 이해할 수 없는 매우 미묘한 무엇이 있다는 것을 인정하지 않을 수 없었다. 형은 자기가 다른 사람이 되어 "새로 태어났고", "새

---

4) 김선두(金善斗 : 1876~1949) : 장로교 목사. 평양 출신. 숭실학교와 평양신학교를 졸업하고 평양 서문밖교회 목사가 되어 3·1운동을 주도했으며, 봉천신학교 교수를 지내면서 신사 참배 거부 운동을 주도했다. 해방 뒤 월남하여 교회 운동을 하다가 서울에서 별세함.

로운 마음"을 가졌다고 말했지만 나에게는 모두가 무의미한 말이었다. 그러나 전에 들어본 적이 없는 역사에 대해 몇 가지 남다른 설명이 명백히 있었다.

그 진리를 알고자 하던 처음의 호기심, 그리고 그 진리를 알고 싶어 하는 진정한 욕망으로 나는 기독교인의 모임에 가게 되었고, 마침내 나는 내 자신의 삶에 대해 죄의식을 가지게 되어 진심으로 구세주를 찾았다. 내가 나의 죄를 용서해 줄 하느님과 평화와 기쁨을 발견했던 것은 바로 저 건너 김씨네 헛간 근처에 늘 있었던 그 조그만 집에서였다. 주의 성스러운 그 이름에 축복이 있기를!

나는 수석 장로인 크램 씨[5]를 찾아가, 하와이로 가는 데에 대해 조언을 부탁했다. 나의 친구들 가운데 많은 사람들이 그리로 가고 있는데 그것은 매우 바람직한 것으로 보였다. 그러나 그는 나에게 하와이로 가지 말라고 충고했다. 그는 자기와 캐럴[6]양이 한 조력자를 찾고 있다고 말하면서, 내가 그 일을 해보고 싶어 하는지를 나에게 물었다.

이것이 인연이 되어 나는 선교사들과 함께 일하고 교제하기 시작했다. 몇 달 동안 매일 밤, 나는 먼 언덕 위로 올라가 하느님이 원하시는 대로 나를 쓰시고 당신의 뜻이 무엇인가를 가르쳐 달라고 기도했다. 그때 나의 친구 두 사람이 나와 함께 어울렸다. 우리들 세 사람은 그 뒤에 상당히 큰 규모의 단체로 성장하게 된 "목요회"라는 모임을 시작했다.

우리는 십일조를 바쳐, 시골에 우리의 대표로 전도사를 보내기에 충분한 돈을 모으기로 결심했다. 이 돈이 모아져, 마침내 우리는 대략 300원에 해당하는 적절한 금액을 마련하게 되었다. 그런데 우리에게 그 조그마한 선교

---

5) 크램(Willard G. Cram : 1875~1969) : 미국 켄터키주 도턴 출신의 남감리교회 선교사. 1902년에 목사 안수를 받고 내한하여 강원도의 금화 · 철원 일대에서 농촌 선교에 진력하다가 1922년에 귀국했다. 귀국 뒤에 남감리교회 해외선교부 총무로 재직하면서 한국교회의 발전을 위해 지원했다.

6) 캐럴(Arrena Carroll) : 이 사람은 그 뒤 상해 영국성서공회 소속 선교사인 콜리어(C. T. Collier)의 후취 부인이 됨(1910). 이들은 개성, 춘천, 서울 광희문교회에서 봉직하다가 블라디보스토크와 체코를 거쳐 미국으로 돌아가 볼티모어에 정착함.

단체에 쓸모 있는 적절한 사람이 없어 높은 이자를 얻을 수 있도록 당분간 그 돈을 투자하기로 결정했다.

그러나 얼마나 안타까운 일인가! 우리는 원금마저 날려 버리고 장래에 대한 우리의 간절한 희망도 얼마 동안 희미해졌다. 내가 모은 이 세상의 재산은 무엇이든지 그것이 주를 위한 것일 때조차도 잃어버리는 것이 나의 처지인 것처럼 보였다. 그러나 그것은 하느님의 나라와 성령에 대한 나의 믿음이 더욱 확고하게 자리 잡아야 한다는 것을 나에게 가르쳐 주었다.

많은 사람들이 낙담하여 실의에 빠졌고, 3년 동안 오직 세 사람만이 하느님의 일에 참석했다. 그때 다른 사람들이 한 사람씩 돌아와 이제 32명에 이르렀다. 우리는 지금 신학교에 다니는 한 학생을 지원하고 있는데, 그가 졸업하면 우리는 그에게 봉급을 지불하여 그를 우리의 전도사로 보내기를 희망하고 있다. 이창순[7], 배순원, 그리고 나 세 사람은 여전히 그 언덕에서 밤마다 계속해서 회합하여 주님의 뜻이라면, 특히 은총과 복음을 전파하기 위한 힘의 세례를 받으려고 기도했다. 나의 어린 시절과 젊은 시절은 보통 소년의 학창 시절과는 다른 것들로 채워져 있었다.

나는 교육받은 사람들을 위해 보통 소년의 학창 시절과는 다른 것들로 채워져 있었다. 나는 교육받은 사람들을 위해 필수적인 것으로 여겨지는 고전을 공부할 시간과 기회를 결코 가져보지 못했다. 하느님이 쓰시는 사람이 되려면 전도사에게는 이 모든 것이 필요했다. 그래서 나는 가능한 한 모든 시간을 책과 함께 보냈으며, 밤을 새우는 때도 흔히 있었다. 어느 날 장로님이 나를 부르더니 전도사로서 시골의 어떤 곳에 갈 수 있는지를 내게 물었다. 그는 또 다른 사람을 필요로 하고 있었다. 내가 시골의 고난과 어려움, 위험과 궁핍을 무릅쓰고 십자가의 사자가 될 수 있을까? 나는 얼마나 가고 싶었던가!

그러나 나는 내가 전도사가 되는 것이 적합하지 못하다는 것을 깨달았다.

7) 이창순(李昌淳, 1894~1953) : 경남 창녕 출신. 3·1운동 당시 대구 계성중학교의 시위를 주도하고 6개월의 징역형(집행유예)을 받았으며, 그 뒤 신사 참배 반대 운동을 주도함.

그 당시 거기에는 성경학교나 신학교가 없었다. 그러나 내가 여기에서 하고 있었던 다른 일들이 다른 사람들에게 필요로 하는 것처럼 보여, 나는 이곳을 떠날 수가 없었다. 여러분이 또한 집사로서 스데반[8]의 일이 주님의 일의 일부였고 교회를 짓는 데 필요한 일의 일부였으며, 여기에서의 나의 일이 스데반과의 일과 같은 것이었다고 말했던 것을 여러분은 기억하고 있다.

그때 여기에는 나를 대신할 사람이 아무도 없는 것같이 보여, 나는 가지 않았다. 그래서 나는 나의 두 친구이자 언덕에서 함께 기도하던 나의 동료가 선택되어 목사에게 파견되는 것을 곁에서 지켜보았다. 나의 다른 임무는 끝나지 않을 수 없었다. 마침내 나는 하느님의 부르심을 자유롭게 좇아. 구원의 복음을 전파하러 가게 되었다. 그 당시는 궁핍과 고난과 빈곤으로 가득 찬, 그러나 매우 축복받은 행복한 날들이었다.

그렇다. 그때는 의병이 투쟁하던 시대였다. 나는 한 전도 여행 중, 뜻밖에 약 200여 명의 의병이 군인들과 전투를 했던 구역으로 들어갔다. 죽음과 혼란, 그리고 공포가 도처에 깔려 있었다. 나는 한 기독교인의 집으로 들어가 밤을 지냈다. 자정 무렵 누구인가 문을 두드리며 들어가게 해 달라고 큰 소리로 요구했다. 모든 사람들은 곧 당황하여 구석으로 모였다.

내가 나가 문을 열어보니 한 무리의 일본 군민들이 이 집으로 들어온 것으로 보이는 한 낯선 사람을 찾고 있었다. 물론 그 사람은 나였다. 내가 자수하자 그들은 자기들이 찾고 있는 의병의 지도자를 찾았다고 생각했다. 그리하여 나는 느닷없이 포로가 되었다. 그들은 나에게 사형을 구형했다. 그들은 칼과 총으로 나를 위협하고 겁을 주어 나에게 자백을 강요했다. 나는 여러 번 나의 최후의 순간이 왔다고 생각했다. 내가 혐의에서 풀려나리라는 희망을 포기했을 때, 마을 교회의 친구들이 와 나에 관해 증언했다.

일본인들은 내가 아무런 혐의도 없는 전도사일 뿐이라는 그들의 증언을 수긍하고, 나를 풀어 주었다. 내가 양구물 마을에 도착하여 잠을 자려고 막

8) 스데반(Stephen) : 초대 교회 당시 최초의 평신도 순교자. 『사도행전』 6장 이하 참조.

앉으려는 순간, 문이 갑자기 열리며 험상궂게 생긴 두 사람이 나에게 달려들었다. 그들은 나의 손과 발을 묶었고, 나는 다시 포로가 되었다. 그들은 의기양양하게 나를 그들의 두목에게로 데리고 갔다. 두목은 짓궂게 히죽히죽 웃으며 나를 훑어보았다.

그들은 전날 심한 패배를 겪어, 마음속에는 이제 자비심이라고는 조금도 없었다. 두목은 가까이에 서 있던 몇 명의 무장한 사람들에게 그의 손을 흔들었다. 그들은 일종의 동의의 고함을 지르며 무자비하게 나를 나무에 묶더니, 몇 발자국 떨어져 그들의 총을 집어 나의 가련한 목숨을 끝낼 준비를 했다. 나는 이렇게 외쳤다.

"내 말 좀 들어보시오! 내가 지금 말하려고 하는 것은 내 자신에 관해서가 아니오. 나는 당신들이 생각하는 그런 사람은 아니고, 첩자도 아니며 지금 진행 중인 싸움과 아무런 관계도 없지만, 나는 당신들에게 크게 이익이 될 무엇인가를 알고 있다오. 나는 죽기에 앞서 당신들에게 할 말이 있소."

그러자 나를 죽이려고 하던 그 험악한 사람들은 참새 한 마리가 문틈으로 날아가는 것처럼 재빨리 그들의 총을 세워 놓더니 그들에게 알려줄 어떤 군사 기밀이 내게 있다고 생각하고서는 귀를 기울였다.

"내가 당신들에게 할 말은 이런 것이오. 이 세상 너머에도 생명은 있어요. 당신들이 나의 육체를 죽일 수는 있지만, 나의 영혼을 죽일 수는 없소. 나는 인간이 나를 죽일 수 있는 것을 두려워하지 않습니다. 왜냐하면 나의 생명은 만군의 주 여호와의 속에 있기 때문입니다. 이제 나는 당신들이 회개하여 사랑과 자비의 하느님에게 당신들의 죄를 사하여 주라고 요청하며, 당신들의 마지막 시간이 왔을 때 당신들이 이 세상을 떠나는 것을 두려워하지 않기를 간절히 바랍니다. 유일하게 진실한 하느님인 그분 앞에 무릎을 꿇으시오. 그분은 사랑의 하느님일 뿐만 아니라 무서운 복수의 하느님이기도 합니다.[9]하느님의 벌은 그 분의 아이들에 대한 사랑이 가장 아름다운만큼이

9) 『민수기』 14 : 18; 『신명기』 7 : 9–10.

나 무섭습니다. 회개하고 구원받으시오. 그렇지 않으면 당신들은 영원히 파멸될 것이오."

그때 나는 진실로 나의 목숨에 대해 걱정하고 있지 않았다. 기적 이외에는 그 무엇도 나를 구할 수가 없는 것처럼 보였다. 그러나 나는 죽기에 앞서 다시 한 번 예수에 대한 이야기와 주님의 사랑을 말하고 싶었다. 갑자기 내가 묶여 있는 나무 둘레에 있는 무리들 속으로 한 새로운 사람이 나타났다. 그는 자기 주위의 상황을 잘 알고 있고 마음이 매우 편한 것처럼 천천히 걸어 나왔다. 그는 아침 운동을 위해 마련된 잔디 위에 쓰러지듯 갑자기 얼굴이 변하더니 벌떡 일어나 큰 소리로 외쳤다.

"너희들은 저 사람을 무엇 때문에 묶어 놓았냐? 그는 다만 기독교인일 뿐이다. 나는 그를 아는데, 그는 전도사이다. 그가 말하고 있는 '왕국은 이 세상에 있는 것이 아니라'[10]고 그가 말하는 것을 나는 들은 적이 있다. 그가 말한 모든 것이 나에게는 어리석은 것으로 들렸다. 그러나 그는 이 싸움에서 어느 쪽에도 편들지 않았다. 비록 그가 어리석거나 미쳤을지라도, 나는 그가 해코지할 사람이 아니며 아주 선량한 사람이라는 것을 안다. 그를 보내 줘라!"

그리하여 그들은 나를 보내 주었다. 그래, 나는 흠칫 놀랐다. 그처럼 죽음을 목전에서 겪어 보는 것이 한 사람을 매우 엄숙하게 느끼도록 만드는구나! 그러나 그것이 너희들에게 보이지는 않지만 영원한 사실을 가르쳐 준다.

주 예수 그리스도를 구세주로서 알고 사랑할 수 있게 된 한국의 모든 소년 · 소녀들은 즐겁게 주님을 따르고 있다. 그리고 그들은 고결한 남녀로 성장하고 있고, 다른 사람들에게 주님의 사랑과 죽음에 대한 이야기를 해줌으로써 그분께 봉사하고 있다.

---

10) 「요한복음」 8 : 36–37.

역주자 참고문헌

『구한말조약휘찬』(상 · 중 · 하)(서울 : 국회도서관 입법조사국, 1964~65)
『기독교대백과사전』(서울 : 기독교문사, 1983)
『東國歲時記』』(서울 : 을유문화사, 1971)
文一平, 『史外異聞秘史』(호암전집 제3권)(서울 : 조광사, 1964)
민두기, 『일본의 역사』(서울 : 지식산업사, 1977)
朴大憲, 『서양인이 본 조선』(서울 : 壺山房, 1996)
『성경』
『세계인명대사전』(서울 : 문공사, 1973)
유홍렬, 『한국천주교회사』(서울 : 가톨릭출판사. 1962)
이광린, 『개화당연구』(서울 : 일조각, 1973)
이광린, 『한국 개화사 연구』(서울 : 일조각, 1970)
이선근, 『한국사 : 최근세편 · 현대편』(서울 : 을유문화사, 1961)
이홍직, 『국사대사전』(서울 : 지문각, 1965)
『한국가톨릭대사전』(서울 : 한국교회사연구소, 1985)
『한국인명대사전』(서울 : 신구문화사, 1967)
『한국학대백과사전』(서울 : 을유문화사, 1972)

American English Dictionary on Historical Principles(Chicago : University of Chicago Press, 1968)
Barhart, Clarence L. (ed.), *The New Century Cyclopedia of Names*(New York : Appleton-Century-Crofts, Inc,1954)
Critical Dictionary of English Literature and British and American

Authors, Vol. 1(Philadelphia and London : J. B. Lippincott Co., 1897)

Encyclopedia Britannica(Chicago : The University of Chicago, 1963)

McCune, Geroge M. and Harrison, John A.(ed.), *Korean-American Relations*. Vol. I(Berkeley and Los Angeles : The University of California Press, 1951)

Palmer, Spencer J.(ed.), *Korean-American Relations*, Vol. 2(Berkeley and Los Angeles, The University of California Press, 1963)

The Encyclopedia of World Methodism(Nashville : The United Methodist House, 1974)

Webster's Biographical Dictionary(Springfield : G. and C. Merriam Co., 1951)

Who Was Who : 1929~1940(London : Adam and Charles Black)

Who was Who among English and European Authors(1931~1949), Vol. 1(Detroit : Gale Research Co. Book Tower, 1978)

신복룡(역주), 『조선견문기』(서울 : 집문당, 1998); H. N. Allen, *Things Korean* (New York : Fleming H. Revel Co, 1908)

신복룡(역주), 『대한제국멸망사』(서울 : 집문당, 1998); H. B. Hulbert, *The Passing of Korea*(London : William Heinemann Co., 1906)

정기수(역), 『조선교회사서론』(서울 : 탐구당, 1966); Charles Dallet, *Histoire de L'Eglise de Corée(Paris : Victor Palme,* 1874)

상투의 나라

Fifteen Years among the Top-Knots or Life in Korea

L. H. 언더우드 지음/신복룡 · 최수근 역주

집문당

Fifteen Years among the Top-Knots or Life in Korea

by

Lillias H. Underwood, M. D.

American Tract Society, Boston, 1904

원저자 릴리아스 H. 언더우드 여사

대궐의 파수대

헌사

내 생애에 가장 행복했던 시간을 회상하며
나의 남편에게 이 작은 책을 드립니다.

Lillias H. Underwood

역주자 서문

개화사나 한국 근대사를 공부하는 사람들에게, 기독교는 우리에게 무엇인가? 미국은 우리에게 누구인가? 하는 의문을 품어보지 않은 사람은 아마도 없을 것이다. 보는 이에 따라서는 그것이 하나님의 은총이요, 시혜(施惠)일 수도 있고, 달리 보면, 백색 우월주의의 불쾌한 그림을 연상할 수도 있을 것이다. 이 문제는 양면적인 성격을 갖는 것이라고 나는 생각한다. 때로는 착한 사마리아인들도 있었고 제국주의의 첨병으로서의 역할을 충실히 수행한 사람도 있기 때문이다.

나는 여기에 그 착한 사마리아인 가운데 한 여인으로 언더우드 여사와 그의 대표적인 작품을 소개하고자 한다. 미혼의 여성 의사의 몸으로 이 땅에 와서 신산(辛酸)한 일생을 마친 그의 생애의 기록은 한 여인의 기록이기에 앞서 한국의 초대 교회사의 중요한 자료가 될 수도 있을 것이다. 그에게는 은총을 체감할 만한 감격도 있었고, 강도를 만나고, 전염병과 싸우고, 부패한 관리에 항변해야 하는 고통도 있었지만, 그는 자신에게 부여된 소명을 감사하는 마음으로 받아들인 여인이었다.

◆ ◆ ◆ ◆ ◆

에비슨(Oliver R. Avison)[1]이 작성한 『언더우드 여사 약전(略傳)』[2]에

---

1) 에비슨(Oliver R. Avison) : 캐나다 북장로교회 선교부 소속 의사. 토론토의과대학을 졸업하고 한국에 입국하여(1893) 광혜원(廣惠院) 원장으로서 현대 의학의 보급에 힘썼으며, 세브란스(Louis Severance)의 기부를 받아 세브란스병원(1902)과 세브란스의학전문학교(1917)를 세우는 등 근대 의학에 크게 기여했다.

2) O. R. Avison, "Mrs. H. G. Underwood," in Federal Council of Evangelical Mission in Korea, *The Korea Mission Field*, Vol. XVII, No. 12, December, 1921, pp. 258~260.

따르면, 언더우드 여사(Lillias Horton Underwood)는 1851년에 뉴욕주 알바니(Albany)에서 태어났으며, 결혼 전의 이름은 릴리아스 S. 호튼(Lillias Sterling Horton)이었다. 그의 친정은 그 후 시카고로 이주하여 기기(機器) 회사를 운영했으며, 릴리아스는 이 무렵에 시카고여자의과대학(Chicago Woman's Medical College : 지금의 노드 웨스턴대학교 의과대학의 전신)을 졸업했다. 졸업과 함께 그는 1888년에 미국장로교선교국에 의해 최초의 의사로 한국에 파견되었다. 그는 한국에 도착한 직후 민비(閔妃)의 총애를 받아 을미사변(乙未事變)이 일어날 때까지 어의(御醫)로서 활약하면서 궁중의 많은 이면사를 목격할 수 있었다.

도착 이듬해인 1889년에 릴리아스는 이미 한국에서 활약하고 있던 초기 선교사인 언더우드(Horace G. Underwood : 1859~1916)[3]와 결혼했으며 신혼여행을 관서 지방으로 다녀왔다. 그는 을미사변과 아관파천(俄館播遷)을 가장 근거리에서 보거나 들은 외국인이었기 때문에 이 책은 그런 점에서 역사적 사료로서의 의미를 가지고 있다. 그는 한국에서의 견문을 토대로 이 책 이외에 『한국에서 토미 톰킨스와 함께』[4]라는 글을 남겼다. 그는 한국에서 33년을 보낸 뒤 1921년에 타계하여 양화진(楊花津) 외국인 묘지에 묻혔다.

언제인가는 출판되겠지 하는 심정으로 한말 외국인 기록 전집 19권을 번역해두고 막연히 때가 오기만을 기다리던 가운데 이를 출판하겠다는 집문당 임경환(林京煥) 사장님의 제의를 들었을 때 기쁘기도 했지만 너무도 엄청난 일이라 엄두를 낼 수가 없었다. 그러던 차에 이러한 고충을 들은 1998학년도 건국대학교 정치외교학 과목의 나의 수강생들 300명이 한 장씩

---

3) 언더우드(H. G. Underwood : 1859~1916) : 미국 북장로교회 선교사. 뉴부룬스위크(New Brunswick)신학교를 졸업하고(1884), 새문안교회(1887), 기독교서회(1889), YMCA(1900), 연희전문학교(1915)를 설립했다. 『한국어사전』과 『한국의 부름』(*The Call of Korea*, 1908) 등의 저술을 남겼다.

4) Lillias H. Underwood, *With Tommy Tompkins in Korea*, (New York : Fleming H. Revell Co., 1905)

컴퓨터에 입력해 주겠다고 나섰을 때 나는 한없이 고마왔고 크게 용기를 얻었다. 나는 그 300명의 이름을 여기에 일일이 적을 수 없는 것이 미안하고 유감스럽다.

모두가 고생했고 고맙지만, 특히 이형구(李衡求) 군과 김(金)한길 군, 윤미옥(尹美玉)양과 장해은(張海銀) 양이 많은 몫을 타이핑했으며, 변영욱(邊泳旭) 군은 교정 작업을 하느라고 많은 고생을 했다. 사내답지 않게 수줍음이 많은 조교 박성진(朴城進) 군(지금은 한국학중앙연구원 연구원)은 마음이 넉넉지 못한 나의 방에서 마음 고생이 많았으리라고 생각되며, 주석을 찾으려고 각국의 대사관과 문화원을 찾아다니면서 싫은 내색 한 번 하지 않았다. 건국대학교 박사 과정의 고경민(高敬旼) 군(지금은 제주대학교 교수)과 석사 과정의 형은숙(邢恩淑) 양은 컴퓨터 작업을 하느라고 많은 고생을 했다. 그들의 고생이 단순한 고생으로 그치지 않고 앞날의 그들의 학문 생활에 좋은 경험이 될 수 있다면 나로서는 미안함을 덜 수 있을 것이다.

끝으로 본문에 등장하는 수많은 성경 귀절의 원전을 찾아 주신 성공회신학대학교 교수 이대용(李大鏞) 신부님(지금은 주교를 거쳐 은퇴하심)께 많은 빚을 졌으며, 언더우드 여사의 사진과 약전을 보내 주신, 고인의 손자이자 연세대학교의 법인 이사이신 호레이스 G. 언더우드(Horace G. Underwood) 박사님께 깊이 감사한다.

1998. 10. 26.

2019년 11월 1일에 가필함

역주자 신복룡 씀

※ 후기

이 책은 초판 당시 건국대학교 대학원 박사과정에 재학하고 있던 최수근(崔水根) 양이 번역하고 내가 윤문과 주석을 단 글이다. 최 양은 결혼하여 미국으로 떠난 뒤 소식이 없었다. 나는 이 글의 수정판을 내면서 그의 행적을 찾았더니 놀랍게도 그는 이승의 사람이 아니었다. 참으로 재주 많고 인간미 훌륭한 재원으로 학자로서 성공할 학생이었는데, 하느님은 왜 그리 빨리 그를 데려갔는지 너무 야속하고 슬프다. 그가 남긴 혈육이라도 만나고 싶은데……

추천의 말

『상투 튼 사람들과 더불어 15년』(*Fifteen Years among the Top-Knots*)에서 언더우드 여사(Mrs. Underwood)가 겪은 자신의 경험에 대한 묘사는 보통 이상의 관심을 끄는 책을 만들었다고 말해도 좋을 듯하다. 극동에서의 선교에 웬만큼 관심을 갖는 어떤 독자가 숙독하더라도 실망할 위험은 없을 것이다. 나는 조선에서의 선교나 그가 속한 선교단에 대해 이해를 높이려고 설명하려고 한 것이 아니다. 다만 그가 보고 경험해 왔던 것들에 대해서 말하고자 했을 뿐이다.

이 책에서 언더우드 여사는 이야기를 진행시켜 가는 동안 마치 그가 몇몇 친척과 친구들에게만 쓸 때처럼 진실하게 독자에게 자신의 비밀을 털어놓는 순진하고 매력적인 점을 보여주었다. 불가피하게 그는 자신의 문제와 그 남편의 문제를 주로 언급했다. 그것은 그가 언급하기에는 아주 좋은 소재가 되기 때문이다.

그러나 이 책의 어느 부분에서나 그와 관련된 선교단의 영웅적 노력에 관해서는 관대하고 이해심 있는 표현을 담고 있다. 그는 자신이 속한 선교단의 구성원에게만 이러한 찬사를 보내지는 않았다. 그가 표현한 최대의 찬사 가운데 일부는 조선에서의 복음과 박애를 위해서 애쓰다가 죽어 간 다른 선교단의 구성원들에게도 주어졌다.

당시에는 릴리아스 호튼 양(Miss Lillias Horton)이었던 언더우드 부인은 1888년에 의료 선교 단원으로 시카고를 떠나 조선으로 왔다. 당시 장로회(The Presbyterian Board)의 회장이었던 나는 선교사로 임명받기 전의 후보자들을 종종 방문했기 때문에 그가 시카고의 어느 병원에 있는 가냘프면서도 우아한 용모를 가진 명랑한 어린 소녀라는 것과 그가 병원에서 견습간호사로서 의학 지식을 바탕으로 실제적 경험을 쌓고 있다는 것을 알고 있었다. 그의 외모에서는 선교의 정신을 찾아볼 수 없었다. 오히려 그는 밝은 표정과 태도에 흰 가운을 입고 병실의 환자들에게 드나들었다. 그가 만족감을 느끼면서 자신의 일생을 바칠 만한 일을 기다리고 있다는 것은 명백했다.

릴리아스가 제물포(濟物浦)에 도착하여 느낀 조선의 첫 인상에 대한 이야기는 그 자신의 독특한 표현으로 아주 잘 언급되어 있다. 이 지역에 선교단이 처음 도착하면 늘 고통스러움을 경험한다. 본국의 밝은 풍경과는 아주 대조적으로, 언더우드 부인이 낮게 깔려 있는 버섯과 비교한, 낮고 옹기종기 몰려 있는 초가집의 누추한 모습, 남루한 옷을 입고 희미한 눈을 가진 어부와 농민들, 이러한 모든 것들은 아주 용감한 사람이 아니라면 실망과 좌절을 느끼기에 충분한 것이다.

그러나 우리의 필자는 그가 즐기기 위해서 온 관광객이 아니라 신분이 낮은 사람과 고통받는 사람의 영혼에 기쁨을 주고 몸의 병을 치료하려고 보내어진 그리스도의 사절이라고 생각함으로써 이러한 고된 체험을 너그러이 받아들였다.

릴리아스는 젊고 미혼이며 완전히 혼자였다. 그는 의사 헤론(John W. Heron)[1] 부부의 친절한 도움을 받아 언어를 습득하고 동시에 병원에서 전문적 업무를 익히는 두 가지 일을 시작했다. 그가 도착한 지 얼마 되지 않아 그는 왕비(閔妃)에게서 입궐하라는 전갈을 받았다. 왕비는 자신의 의사로서 그의 치료를 받고 싶었던 것이다. 둘의 관계는 곧 상호의 우정으로 변했으며, 언더우드 부인은 그때부터 불행한 왕비가 시해되기까지 왕비를 빈번히 방문했고 여러 측면에서 그의 개인적인 조언자의 역할을 했다.

릴리아스는 친절하고 관대한 마음을 가진 여인이며 지적인 능력이 대단

---

1) 헤론(John W. Heron, 蕙論 : 1856~1890) : 영국 태생의 미국인 선교사. 의사. 테네시의과대학을 졸업하고 (1884), 渡日하여 한국어를 배운 다음 한국에 입국하여(1885) 광혜원에서 봉사(1887~1890)하면서 성서를 번역했다. 선교사공의회 회장(1889), 대한성고서회(1890), 지방 선거 가운데 과로로 사망하여 양화진 외국인 묘지에 묻히었다.

하고, 외교 업무에는 어떠한 능력도 없는 여인이었지만 왕비에 대한 그의 비평을 말하는 데 주저하지 않았다. 왕비는 국왕보다 더 강인한 정신과 더 고상한 품격을 가졌기 때문에 국왕의 현명한 조언자였으며 그의 불확실한 권좌의 주요한 방파제였다.

언더우드 부인의 책이 이야기체 성격을 가진 것이지만 부드러운 흐름은 그 나라 국민의 성격, 습관, 환경, 국민적 신념과 미신, 사회적 퇴보, 대중의 가난과 만연된 무지 등에 대한 온갖 종류의 일반적 정보를 담고 있다. 물론 선교단의 업무에 대한 설명도 있는데 어느 한편을 들어 특정한 찬사를 표시하거나 다른 편에 비평적인 우려를 나타내지 않고 그것에 대해 찬부 양론을 펼치고 있다. 그의 의견은 단순하게 제안한 것이며 단독으로 자유스럽게 표현한 것이다. 그것은 조선에 있는 우리의 선교단이 하고 있는 위대한 일이 두드러지고 진정한 성공을 거둘 것이라는 확신을 모든 이의 마음에 가져다준다.

그 나라에 이미 4년 동안 있었던 언더우드 목사(Rev. H. G. Underwood)[2]와 언더우드 부인의 결혼은 순박성과 양식에 따른 것이며, 남다른 신혼여행은 여건이 충분히 주어졌음에도 불구하고 밀월의 얘기가 아니라 힘들고 고된 순회 설교에 대한 얘기이다. 그것은 미국 공사관에 있는 그들의 친척과 친구들의 조언과도 다른 것이며 그들의 강한 충고에도 거역하는 것이었다. 그 젊은 한 쌍은 조선 북쪽으로의 개척 여행을 위해 1889년 이른 봄에 출발했다.

우리 기독교 선교단의 전체 업무를 위해서는 다행스럽게도 우리의 최초의 의료 선교원이었고 지금은 조선 주재 미국 공사로 있는 알렌 박사(H. N. Allen)[3]가 아주 두드러지고 훌륭한 봉사를 해 왔기 때문에 조선 왕실과 백

---

2) 언더우드(Horace G. Underwood, 원두우(元杜尤) : 1859~1916) : 미국 북장로교 선교사. 1885년 내한하여 새문안교회(1887), 대한기독교서회(1889), 대한기독교청년회(1990), 경신학교(儆新學校)를 설립했다.

3) 알렌(Horace Newton Allen, 安連 : 1858~1932) : 미국의 선교사, 의사, 외교관. 웨슬리언대학 신학과(1881), 마이아미대학 의학과(1883)를 졸업하고 1884년에 조선에 입국해 광혜원(廣惠院)을 통한 의료 사업에 종사했다. 1890년 이후 공사관, 서기관, 총영사, 대리공사를 역임했으며 1892년 이래 『코리언 리포지터리』(*Korean Repository*)와 『조선견문기』

성들에게는 아주 좋은 인상이 심어 있었다. 그는 서울에서의 청국과 일본 군대 사이에 한밤중의 충돌에서 거의 죽은 것이나 다름없었던 몇 명의 조선 사람 고관의 상처를 치료하여 낫게 해준 일이 있었다.

국내에서는 외국인의 입국에 대한 강력한 금지 선언이 있었음에도 불구하고 언더우드 부부는 북쪽 끝으로 예정된 여행을 관리들이 묵인해 줄 것으로 굳게 믿고 떠났다. 선교사로서 숨김없는 그 여행은 젊은 신부로서는 용기 있는 시도였다. 왜냐하면 알려진 바에 따르면 그는 그러한 여행을 했던 최초의 외국 여성이었기 때문이다. 그 여행은 오래 걸렸으며 모든 어려움과 고난을 수반하는 것이었다. 여관이라는 이름에 어울리는 것이라고는 아무것도 없었으며 다만 여행자들이 많은 오물과 해충을 피할 수 있는 몇 개의 커다란 오두막이 있을 뿐이었다.

외국인 여자를 보려는 사람들의 호기심으로, 군중들은 종이 창문이나 방문 틈으로 엿보려고 문에 구멍을 내는 것도 주저하지 않았다. 매일 의자에 앉아 생활했고 또 편편한 길도 아닌 바위와 구렁텅이가 있는 승마 길을 다녀야 했기 때문에 밤이면 고통으로 잠을 이룰 수 없었다. 아침저녁의 모든 소음이 그들의 불편을 가중시켰다. 음식에 대해 말하자면 사람들이 제공하는 음식으로 연명하는 어려움이 어떠했으리라는 것을 상상할 수 있을 것이다.

그들이 지나는 어떤 길은 호랑이와 표범이 출몰했기 때문에 야생 동물에 대한 공포에서 완전히 해방되지 못했다. 그러나 가장 큰 위험은 배회하는 부랑자들을 만나는 것이었다. 이 경험에 대한 언더우드 부인의 설명은 머리가 곤두서는 느낌으로 읽게 될 것이다. 다행히도 언더우드는 한두 번 이 나라를 짧은 기간 혼자서 여행한 적이 있었으며 여기저기서 몇 명의 개종자에게 세례를 베푼 적이 있었다. 또한 지방 관리들은 그가 가지고 다닌 여권에 호감을 가지고 있었기 때문에 두 사람은 심한 적대적인 대우는 받지 않았다.

(*Things Korean*, 1908)를 간행하고, 1900년에는 왕립아시아학회 한국 지부를 결성했다.

미국성서보급회(American Track Society)의 요청으로 언더우드 부인이 준비한 이 흥미 있는 책을 몇 마디 말로써 충분히 평가할 수 있거나 혹은 평이한 말로 그렇게 다양하게 표현한 것을 칭찬하는 것 이상의 어떤 것을 덧붙이기란 불가능하다. 이 이야기들 가운데 하나는 심한 콜레라가 극성을 부릴 때의 경험과 관련된 것이다.

릴리아스는 그 동안 의료 선교단뿐만 아니라 설교단은 힘이 미치는 한 가난하고 좌절한 사람들의 생명을 건지고 고통을 덜어 주려고 병마가 우글거리는 몇 달 동안 개인적인 희생이나 불결한 도시의 열기, 오물과 불쾌감도 개의치 않고 충실히 그들의 자리를 지켰다. 그 표현은 아주 단순하게 그리고 영웅적 행동에 대한 과장된 표현 없이 나타나고 있으며 힘들고 고통스러운 시기에 우리 선교단들이 제공한 충실한 봉사를 사실 그대로 표현한 것이라 할 수 있다.

언더우드 부인의 책은 모든 관심이 극동에, 특히 러시아와 일본 간의 싸움에서 전쟁터가 될 것 같은 조선에 쏠려 있는 이 시기에 관심 있게 읽혀지게 될 것이다. 정부와 국민을 포함한 비참한 조선 사람의 입장은 모든 기독교인들과 모든 박애주의자들의 동정을 얻게 될 것 같다.

모든 사람들은 불쌍한 조선에 대한 결과가 어떻게 될지를 궁금하게 여긴다. 사실 진실한 기도자의 입장에서는 이 호의적인 국민들의 최고의 선을 위하고 또 기독교 왕국의 발전을 위해서는 국가의 수호신이 현재의 모든 사건들을 지배해도 좋을 때이다.

엘린우드(F. F. Ellinwood)[4]
뉴욕에서, 1904년 2월 20일

---

4) 엘린우드(F. F. Ellinwood) : 미국북장로회 해외선교부 한국 담당 초대 총무로 1884년부터 1903년까지 20년간 봉직했다. 비록 한국에는 한 번도 오지 못했지만 언더우드를 파송하는 등 한국 선교에 큰 공을 남겼다.

서울 근교

원저자 서문

여기에서 수록된 여러 장들은 모든 동방 국가들 가운데서도 가장 특이하고 흥미로운 나라에서 유난히 매력적이며 사랑스러운 사람들 틈에서 몇 년 동안 살아온 나의 생활을 단순히 회고한 것이다. 각 페이지를 읽어 가면서 독자들은 이 책이 조선에 관한 혹은 조선 선교사에 관한 교과서나 참고서가 된다고 내가 자처하지 않는다는 점을 상기해 주기 바란다.

나는 다만 지난 15년 동안 자신이 개인적으로 체험했던 몇 가지의 사건들을 모아 엮었을 뿐이다. 다른 사람들에 관한 것보다는 나의 남편과 나 자신이 수행했던 일을 아주 빈번히 언급하기는 했지만 그것은 다만 내가 경험했던 일만을 언급함으로써 이야기에 정확성과 권위를 기대할 수 있기 때문이었다. 다만 바라는 것은 국민들의 습관과 특색, 그리고 그들의 도덕적·정치적 환경을 충분히 통찰하여 결과적으로 선교의 가능성과 한계를 파악함으로써 독자로 하여금 보다 깊은 연구를 할 수 있도록 하며 또 어쩌면 조선에 대한 그의 관련성이 무엇인가도 묻게 할 수 있게 하는 것이다.

나는 알렌 박사의 연표에서 많은 도움을 받아 날짜를 확인했음을 인정하지 않을 수 없다. 『코리안 리포지터리』(*Korean Repository*)[1]를 참고했으며, 『홀 박사 평전』(Life of Dr. James Hall)[2]을 참고했는데, 그것은 전쟁 전후에 평양에서의 그의 업무가 몇 가지 사건에 부분적으로 관련되어 있을 뿐만 아니라, 히로시마에서 진행된 왕비의 살해자에 대한 재판의 공식적 기록을 담고 있기 때문이다. 무엇보다도 나는 남편의 도움을 많이 받았다. 그

1) 『코리언 리포지터리』(*Korean Repository*)는 알렌(H. N. Allen) 박사가 1892년부터 발행한 책명이다.

2) 홀(William James Hall : 胡乙) : 1860년 1월 캐나다 출생. 퀸스 칼리지(Queens College) 졸업, 뉴욕의 벨레뷰의과대학(Bellevue Medical College)을 1889년에 졸업, 1892년 9월 서울 도착, 1893년 3월에 평양에서 병원 선교에 봉사.

의 조언으로 나는 갑신정변, 동학혁명, 보부상, 독립협회 그리고 가톨릭교도에 관한 특수한 자료들을 조선 사람들로부터 입수했다. 그는 또한 조선 기독교인의 생활에 관한 일화의 많은 자료를 제공해 주었으며 우리는 그것에 모든 정력을 쏟았기 때문에 이 책은 나의 것은 동시에 그의 것이기도 하다.

릴리아스 언더우드(Lillias H. Underwood)

차 례

제 1 장 조선에의 도착

나는 1888년, 구름 끼고 바람 부는 3월 어느 날, 조선의 제물포 항에 도착했다. 해안을 바라보니, 눈으로 덮여 하얗게 된 낮은 언덕의 휑한 풍경의 단조로움을 깨뜨릴 나무 하나도 없었다. 모래사장이 있어야 할 물가에는 황량한 개펄이 불쾌한 악취를 풍기고 있었다. 우리의 배가 해안에 이르렀을 때, 거기에는 부두가 없어—지금도 없다—배가 높은 조수에 밀려 가까이 접근하지 못하자 험상궂고 이상하게 생긴 사람들이 거칠고 이상한 소리로 지껄이면서 우리를 조사하려고 언덕에서 달려 내려왔다.

첫 도착

그들의 거칠고 검은 머리는 길고 헝클어져 있었으며 어떤 사람은 머리를 가늘게 꼬아서 땋았다. 그러나 대개의 경우 새의 볏을 서투르게 흉내 내어 상투를 머리 꼭대기에서 묶었으며, 헝클어진 머리카락이 목둘레에 흩어져 있었고, 얼굴은 굶주리고 더러운 인상을 주었다. 그들의 복장을 제외하고는 청국인이나 일본인과 크게 다르지 않으며, 대개는 그들보다 키가 크고 모든 특성으로 볼 때 몽골 인종이었다.

그들의 의복은 짧고 헐렁한 조끼와 길고 자루 같은 바지로 이루어진 듯이

서울의 모습

보이는 더럽고 흰 토속 옷이다. 가난한 하층 국민의 경우 한 달에 두 번 이상 옷을 갈아입는 적이 없었다. 이들이 나의 사랑스런 조국의 "작은 숲과 교회당이 있는 언덕" 대신에 내가 선택하여 일하기 위해 왔던 이 나라의 국민들이었다. 나의 마음은 잔뜩 부풀어 있었기 때문에 그것이 헛되지 않기를 열렬히 기도했다.

첫 인상

그러나 조선 사람들에 대해서 말하자면, 내가 보았던 사람들의 경우 아침이면 신분이 낮고 천한 계층들이 분주하게 움직였고 옷은 가장 볼품없는 것이었다. 제물포는 특히 3월이면 조선에서 아마도 가장 불결하고 누추한 곳이라고 말해야 할 것이다. 항구들이 흔히 그렇듯이 제물포는 수도를 위한 주요한 항이기 때문에 다양한 민족들이 뒤섞여 있다. 많은 뱃사람과 무역업자들, 그리고 특히 청국인과 일본인 상인들이 이 주요 도시에 허름한 집과 상점을 지었다.

제물포에서 약 28마일쯤 되는 서울까지의 여행은 4명의 인부가 나르는 가마를 타는 일로 다음날이 시작되었다. 많은 이동이 있는 곳이었지만 길은 아주 나빴다. 그러나 지금은 2시간 30분 정도면 그 거리를 주파하는 철도가 부설되었다. 나는 그 나라가 생기 있게 움직이고 있다는 것과 상대적으로 나무가 거의 보이지 않는다는 것, 그리고 그 무렵의 인구 밀도는 아주 희박한 것 같다는 것을 알았다. 여기저기에는 짚으로 초가지붕을 잇고 진흙으로 만든 누추한 오두막이 있었다.

조사를 해봤더니 일본의 서쪽에 위치해 있고 그 북쪽 경계에는 청국과 시베리아를 접경하고 있는 이 작은 땅은 약 9만 평방 마일의 영토와 1,400만 이상의 인구를 가지고 있다는 것과, 북쪽의 기후는 북부 뉴욕과 비슷하며 최남단은 남부 버지니아와 비슷한 다양한 기후라는 것을 알게 되었다. 우리는 오후 4시쯤 서울에 도착했으며 나는 처음으로 우물이 있는 도시를 브고는 감탄했다. 커다란 돌덩이로 만들어진 우물은 그림 같았으며 담쟁이가 붙어 있어 햇수로 오래된 듯한 인상을 주었다.

서울의 모습

내가 그곳에 도착한 지 몇 년 동안, 이곳에는 성문을 닫는 아주 흥미 있는 관습이 유행했다. 조선은 몇 세기 동안 횃불 신호 수단[봉화]을 가지고 있었다. 그것으로 전쟁이나 평화에 관한 소식을 신속히 서울로 전달하며, 숫자, 행동 반복, 그리고 다른 수단으로 아주 유용한 부호를 썼다. 성벽 내의 남산 위에는 4개의 봉화대가 있는데 이것은 각각 나침반의 동서남북에 해당하는 것으로 짧은 소식들이 이곳에 모인다.

매일 밤 해가 지자마자 이 4개의 봉화가 켜져 영토 내에 모든 것이 순조롭다는 사실을 알려주면 봉화의 메시지를 국왕에게 보고하는 4명의 관리는 왕궁으로 가서 낮게 부복하여 절하고 각각 동서남북의 모든 것이 순조롭다고 말한다. 이에 따라 왕실 악대는 가장 흥겨운 곡조를 연주하는데, 그 신호는 야간 통행 금지 신호의 종 울림 역할을 한다.

이 종의 아주 부드럽고 엄숙하며, 낮지만 감동적인 음조가 들릴 때, 육중한 문이 움직여 잠기고, 새벽의 여명이 되어 똑같은 종소리가 울려 보초들에게 신호가 있을 때까지 다시 열어서는 안 된다. 다행스럽게도 성문이 아직 닫히지 않았을 때 들어오게 되면, 짚이나 기와로 덮고 낮은 진흙으로 만든 집들이 즐비해 있는 좁고 지저분한 거리를 보게 된다. 조선의 어느 집도 1층 이상으로 짓지 않기 때문에 그 도시는 거대한 버섯 층처럼 보인다고 표현하는 것이 적절하다.

평민들은 아주 가난하며 가정은 비참하게 쪼들려 즐거움이 없는 미국 가정과 비슷하다. 그러나 런던이나 뉴욕의 빈민층과 비교하면 서울에서는 얼어 죽거나 굶어 죽는 사람들이 거의 없다. 주거 생활 구조는 아주 잘 짜여 있어서, 안방 혹은 내실이라 불리는 여성들의 방은 거리에서나 문에 들어서는 사람에게는 보이지 않게 되어 있다. 왜냐하면 모든 집들은 적어도 작은 뜰을 가지고 있으며 거기에는 여성들이 사용할 수 있도록 작은 담장이나 가마니 또는 나무와 덤불 등으로 칸막이를 해 놓았기 때문이다.

집

대개의 빈궁한 가정들은 밖에 광 같은 방이 하나 있는데 그것을 부엌으로 사용한다. 그러한 곳은 대개 창문이 없고, 있다 해도 기껏해야 조그만 창 하나나 두 개 정도이며, 문은 유리 대신에 흰 종이로 발랐다. 이 문들은 보통 아주 낮고 좁기 때문에 몸집이 작은 여자라도 들어가려면 몸을 굽혀야 하며, 그 안에서도 지붕이 가장 높은 한 가운데를 빼놓고는 똑바로 서 있을 수 없다. 이 작은 방은 바닥 아래 돌과 진흙으로 만들어져 있는 연기통으로 쉽게 덥힌다. 집의 한쪽 구석 아래에서 잡목과 나뭇가지를 태우고, 다른 쪽에는 굴뚝이 열려 있기 때문에 자연스럽게 통풍구는 연기통을 통해서 연기와 열을 전달하게 되며, 바닥은 점점 뜨거워지고 따라서 방 전체는 빨리 뜨거워진다.

아궁이에는 밥을 짓는 솥이 얹혀 있기 때문에 하나의 불로 음식도 하고 난방도 할 수 있어 경제적으로 큰 장점이 있다. 어느 곳에 위치하든, 사랑방 혹은 남자들이 거처하는 방도 집에서 필수적인 장소이며, 그곳은 거리로 통하든지 아니면 남자의 뜰을 바라보고 있다. 여기에는 어떤 남자도 들어올 수 있으며, 남자 손님들이 즐기며 먹고 자기도 한다. 가족이나 친척이 아닌 어떤 남자도 안방에 들어갈 수 없다.

말할 필요도 없이 집에 관련된 모든 것은 지독히도 비위생적이며, 대개는 불결하고 해충으로 가득 차 있다. 모든 구정물은 거리의 양옆에 있는 말할 수 없이 더러운 도랑으로 흘러간다. 최근에 이러한 상태를 개선하고 보다 깨끗한 거리를 만들려고 노력하고 있으며, 몇 년 동안 열려진 채 있었던 하수구는 그 도시의 구원자인 여름 장마로 씻겨 내렸다.

선교사의 집

진흙 담장에 붙은 문을 열고 들어가 우리가 보아 왔던 거리를 뒤로 하고 갑자기 주위에 사랑스러운 잔디, 화단, 잡목들과 나무, 그리고 아름다운 그림 같은 예배당을 보았을 때 그 놀라움은 대단하고 유쾌한 것이다. 그것은 마술의 세계를 보는 것 같았다. 나는 우리 선교단이 살고 있는 집이 과거에는 부유했지만 지금은 몰락하여 유배된 양반의 소유였었다는 것을 알았다. 그 집은 파손된 상태여서 터무니없이 저렴하게 구입하여 약간의 경비를 들여 손질했던 것으로 내부는 다소 유럽식이었다.

내가 아주 커다란 호기심을 가지고 들어갔던 그 집은, 천장에 기묘하고 커다란 대들보와 검게 된 나무 서까래뿐이 없었으며 벽은 아름답게 치장되어 있었고, 융단과 안락한 가구들 그리고 몇 점의 그림과 장식이 가정집다운 분위기를 풍겨 주었다. 방들은 널찍했으며, 부유한 사람이 살았었기 때문에 내가 앞서 묘사했던 것처럼 그렇게 천장이 낮거나 어둡지 않았다.

1888년의 선교사들

그때 자리 잡은 지 약 4년이 되었던 우리 선교단은 정부로부터 높은 호감을 얻고 있었다. 처음에는 알렌(H. N. Allen)이, 그리고 나중에는 헤론(John W. Heron)이 왕의 공식 의사였다. 헤론은 국립 병원을 설립하여 그것을 책임 맡고 있었다. 최근에 결혼한 엘러스 양[1]은 왕비의 주치의였으며, 그 병원의 산부인과를 담당하고 있었는데 결혼 뒤에 그 두 직책을 그만두었다. 따라서 내가 그 두 가지를 인계 받았다. 내가 거기에서 보았던 선교단의 구성원들은 의사 헤론 부부, 언더우드 목사(H. G. Underwood)와 지금은 벙커[2]의 부인이 된 엘러스 양이었다. 그때 알렌 부부는 공식적 선교 때문에 미국으로 돌아가 있었다.

일은 순조롭게 착수되었고 병원은 매일 환자들로 붐볐다. 더욱이 헤론은 미래의 약학도와 의학도를 가르치기 위한 의학교뿐 아니라 내·외국인용 실습장을 가지고 있었다. 언더우드 씨는 고아원과 학교를 설립했으며 헤론이 오기 전까지 그의 병원에서 알렌을 돕고 있었다. 따라서 그 당시에 언더우드 씨는 고아원 전체를 돌보고 있었을 뿐만 아니라 장차 의과대학을 위한

---

1) 엘러스(Annie. J. Ellers) : 1886년에 내한한 여의사 엘러스는 한국 왕실과 긴밀한 관계를 맺은 인연으로 일찍부터 여성 교육 사업을 모색할 수 있었다. 엘러스는 뒤에 감리교 선교사 벙커(D. A. Bunker)와 결혼하여 장로교를 떠났다.

2) 벙커(Dariziel A. Bunker) : 1853~1932) : 미국의 선교사. 유니온신학대학을 졸업하고(1885) 내한하여(1883~1886) 육영공원의 영어 교사와 배재학당의 교사(1895)를 역임함.

디딤돌이 될 것으로 기대되는 국립 의학교에서 가르치고 있었다.

언더우드는 규칙적으로 선교 사업을 하고 있었으며 그 때까지 약 30명 정도에게 세례를 주었다. 그는 어느 곳에서나 종교 서적을 팔고 설교하면서 북쪽 국경에 이르기까지 오랜 기간 내국을 여행했다. 언어 습득은 이미 끝나 있었고 복음서는 임시로 초역되어 있었다. 엘러스 양은 내가 도착했을 때까지 여성들의 치료 업무를 맡고 있었으며 왕비의 신임을 받고 있었기 때문에 왕비는 그에게 높은 지위를 주고 값진 물건을 선물했다. 그는 또 여학교의 첫 학생들을 가르는 일을 시작했다.

선교의 시작

나는 모든 면에 많은 도움이 필요하다는 것을 알았다. 내가 도착한 다음날 나는 통역을 데리고 병원에 취임했다. 여기에서의 일은 보통 3시간 정도 계속되었다. 나는 헤론 부부와 함께 살았는데 그들은 친절하게도 나를 위해 햇볕이 잘 드는 방을 내주었다. 여기서 헤론 박사와 나는 공동진료소를 운영하면서 치료를 원하는 여성에 둘러싸여 지냈다. 나는 시간이나 계절에 관계없이 몰려드는 이 신청자들 때문에 어학 공부가 계속적으로 심각하게 방해받고 있다는 것을 곧 알았다.

물론 나는 환자들의 왕진을 요청 받았다. 환자 가운데 하나가 지금은 청국에서 아주 저명한 인사가 되었지만 당시는 청국 공사인 원세개(袁世凱)[3]의 부인이었다. 우리는 그에게 의례적으로 매일 가 보아야 했기 때문에 귀중한 시간을 적지 않게 소모했다. 그러나 다른 사람들이 지나치게 일을 많

---

3) 원세개(袁世凱 : 1860~1916) : 하남성 출신. 오장경의 휘하에서 성장하여 임오군란 당시 진압 책임자로 부임한 뒤 주재관(사실상 공사)로 활약하다가 청일전쟁이 발발(1894)하자 귀국. 무술정변(1898) 뒤 권력을 장악한 뒤 중화민국 초대 대통령에 취임하였다가 스스로 황제위에 올랐으나 퇴위당하고 울분 속에 죽었다.

이 한다는 것을 알고, 나는 하루에 두 시간씩 고아들에게 산수와 영어를 가르치기로 했다.

물론 우리는 진도를 천천히 진행했으며, 선생이 조선말을 모르고 학생이 영어를 전혀 모른다는 데 무척 당황했다. 이 기관은 왕의 극진한 배려를 받은 곳으로서 병원을 제외하고는 조선에 생긴 첫 기관이자 군주의 자애심을 나타낸 곳이라고 할 수 있다. 우리는 그곳이 지난 날 몇 년 동안 악령에 빠졌던 영혼을 성공적으로 구원할 수 있는 학교가 되기를 기대했으며, 그 첫 단계로 복음 전도자와 목회자를 준비했다. 우리가 그들을 도울 수 있다는 것은 하나님의 은총이라고 느꼈다.

나의 우선적인 임무와 최고의 바람은 물론 언어를 습득하는 일이었지만 이러한 모든 일로 많은 방해를 받았다. 우리가 죽어 가는 몇 백만의 사람들 틈에 작은 몇 명의 집단이 서 있는 것 같은 그런 처지에 있었을 때, 우리는 그 때 준비하며 보낸 시간들이 다가올 미래에 두 배만큼이나 유용성을 가질 수 있다는 것을 알지 못했다. 그리고 주로 공부에 소비해야 할 시간과 노력들을 병원과 진료소 그리고 학교에 쏟아 부었다.

언어의 어려움

후에 새로이 온 선교단은 도착하자마자 곧 어학 과정에 들어가게 되었고, 그들이 선교단의 어학 위원회가 출제한 3단계의 엄격한 시험을 통과해서 완전한 언어 습득을 할 때까지 거기에 있게 했다. 대개의 학식 있는 조선 사람들은 중국어를 조금은 알고 있었기 때문에 우리는 영한 사전을 만들기 시작했고 한불 사전, 불어 문법, 조선어에 대한 약간의 영어로 토를 단 조선어 독본, 그리고 교과서로 쓸 복음서와 조선어 교리 문답의 편찬에 착수했다.

우리는 영어의 음절이나 회화는 물론 언어 구조의 주요한 원리도 전혀 알지 못하며, 교습 방법이나 효과적인 교육법에 대해 어렴풋이도 알지 못하는 어느 조선 신사를 소개받았다. 그렇지만 우리는 어처구니없게도 그를 "선생"이라 불렀으며, 그로부터 우리는 그가 알 수 있는 언어에 대한 지식을 열심히 짜내고자 기대했다. 지금도 이 계획을 추진하고 있지만 그 당시에는 너무 오래 프랑스어를 사용하지 않아 지식이 녹슬어 버려 열심히 노력하면서도 계속적인 방해와 좌절로 갈팡질팡했다.

내가 다만 한국어 몇 문장을 더듬더듬 말할 뿐이었을 때 종교 학습을 시작하라는 호명을 받았기 때문에 나는 소년들을 위해 일요 학교에서 업무를 했다. 그때 나는 아직 교리 문답을 번역할 수는 없었지만 발음을 알고 있었기 때문에 그 소년들이 얘기하는 것은 들을 수 있었다. 얼마 뒤 곧 영어를 배운 적이 있었던 조선의 소년과 한문 성서를 읽을 수 있는 전직 마술사의 도움을 얻어 몇 명의 여성들과 성경 반을 만들었다.

우리 모두는 함께 주기도문을 외우고 그 무렵에 번역된 몇 개의 찬송가를 불렀다. 나는 꼬마 통역사를 통해서 여성들에게 설교했다. 나는 열심히 노력했지만 더듬거렸다. 여성들은 참을성이 있었고 예의발랐지만 하나님의 눈에는 그들이 아무것도 모르고 배우지 못한 관계로 도움을 바라고 있으며 그 모두가 사랑스런 어설픔으로 보이는 어린아이의 망가지고 어지럽혀진 잡동사니로 보였을 것이 틀림없다.

종교

여기에서 조선의 종교에 대해 몇 마디 언급하는 것이 좋을 것이다. 불교, 유교, 그리고 도교가 이 나라를 지배했지만, 점차 그들이 한때나마 가졌던 영향력은 거의 사라져 가고 있다. 대개의 사람들은 종교를 신봉하지 않는다. 논리의 단순한 철학 체계인 유교는 조상 숭배를 요구하는 원칙 때문에 사람들을 강력하게 끌고 있다. 조선 사람들의 마음에 가장 강력하고 가장 만연된 미신을 야기하는 이러한 관습은 강철보다 더 강하게 그들을 구속하고 있다. 아주 사소한 규칙에 관한 것이라도 격식을 차려 조상을 숭배하지 않으면 성나고 무시된 영혼의 분노로 무서운 재앙이 있을 것이라고 그들은 생각한다.

따라서 강제된 노역이 힘들고 피곤하지만, 하나라도 빠뜨려서는 안 된다. 만일 다른 사상을 가지고 있어서 이러한 예식을 수행하지 않는 가엾은 사람이 있다면 그는 재난을 겪게 된다. 여자든 남자든 그 사람은 가장 신성한 의무를 이행하지 않았기 때문에 가족과 친구들에 대한 반역자 이상으로 취급된다. 불교는 내리막길을 걷고 있으며, 최근에 와서는 승려들이 도시에 출입하는 것도 금지되었다. 그들의 사회적 서열은 조선에서 가장 하층 계급인 백정 다음이다.

정부보조금이나 기부금으로 유지되는 몇 개의 절이 있으며, 여자들과 어린 아이들, 그리고 특히 무지한 사람들은 아직도 어느 정도 불교를 숭배하고 믿는다. 또한 이 계층들은 모든 종류의 수많은 악신들, 곧 땅과 하늘과 바다에 몰려드는 신 또는 악마, 여러 질병의 신, 직업의 신을 경배하고 두려워한다. 대체로 악마인 이들은 북을 치고 종을 울리며 또 언급할 수도 없는 무수한 다른 의식을 행하며 기도자와 헌신자들의 비위를 맞추어야 한다.

그들이 믿는 신 가운데서 가장 위대한 신은 현세의 신들의 화신인 하늘인데, 그것을 우리가 찾을 수 있다면 구약 성서에서 나오는 바알신[4]과 같은 것이다. 그러나 어느 곳에서나 이러한 낡은 미신을 바탕으로 하는 그들의 신념은 점점 약화되고 있다. 대개의 경우 옛 풍습이나 이에 대한 여론은 종교의 외형적인 모습만을 유지하고 있다. 그들은 마치 양치기 없이 황야에서 길을 잃어 "기운이 없고 배고프며 죽을 지경이 된" 양과 같다. 따라서 기독교 복음이 이르렀을 때는 예수의 존재를 받아들여 안식을 찾을 준비가 되어 있는 많은 지친 영혼들을 발견할 수 있었다.

---

4) 바알신(Baal) : 본래는 "소유자"라는 뜻이었으나, 성서적으로는 고대 페니키아의 태양신으로서 사신 또는 우상을 의미함.

그러나 그 당시 감리교 신자를 포함하여 여남은 명도 안 되는 우리 일행 앞에 산적해 있던 과제가 아무리 막막하게 보였더라도, 우리들 대부분은 그 때까지도 조선어 단어 몇 마디를 더듬거릴 수 있을 뿐인 상태에서 이 나라의 오래 정착된 종교 대신에 1,400만 이상의 국민들에게 기독교를 소개하고자 했다. 우리는 가난한 농부들과 나이 든 여자들로부터 시작했다. 그러나 성공의 요소인 승리의 확실성은 신앙의 신성함에 있었으며, 우리를 보낸 전능한 하나님에게 있었다. 이러한 생각만이 우리에게 용기를 주었다.

궁녀와의 첫 대면

내가 서울에 도착한 며칠 뒤, 나를 환영하려고 왕비의 궁녀가 찾아와, 즐거운 여행이었느냐고 물었다. 이 일이 있은 뒤 헤론 부인은 상궁들에게 나를 왕실의 점심에 초대하여 왕비가 나를 만나 보도록 요청했다. 궁녀는 다른 나라의 왕실에서만큼 상류 사회의 아가씨들이 아니다. 왜냐하면 상류 사회의 여성들은 조선의 관습 아래에서는 왕실의 어려움을 참아낼 수가 없어 중간 계층과 하위 계층에서 어린 소녀와 젊은 소녀들을 골라 다른 사람들과 전적으로 격리되어 왕족을 위해 봉사하기 때문이다.

궁녀들의 신분은 보통 높지 않지만 다만 왕실에 대한 그들의 관계 때문에 존경받는다. 그들은 항상 커다란 가발을 써 이상하게 보이도록 한다. 그들은 화장을 짙게 하고 향수를 바르며 눈썹을 깎고 연필로 그린다. 그들은 멋지게 늘어진 비단 옷을 입고 머리와 허리에 금박 장식을 하고 있다. 그들의 장식들은 애처로운 꼴불견을 강조할 뿐이다.

조선의 여성들은 대개 아름답지 못하다. 이제까지의 어느 누구보다도 그들을 사랑하고 자매처럼 생각하는 나는 이 점을 실토하지 않을 수 없다. 비애, 절망, 힘든 노동, 병, 사랑의 부족, 무지, 그리고 너무나 빈번한 부끄러움 등은 그들의 눈을 흐리게 했으며, 그들의 얼굴을 무감각하고 상처투성이가

대궐의 정문

되게 했다. 그리하여 25세가 넘는 여성들 가운데에는 외관적인 아름다움을 쓸데없는 것으로 보는 사람도 있다.

걱정 근심과 노동으로 고생한 표시가 아직 보이지 않는 작은 소녀들과 젊은 부인(색시)들 가운데는 예쁘고 매력적이며, 드물긴 하지만 아름답고 밝고 귀족적인 얼굴도 종종 있다. 그러나 불쌍한 상궁들은 그러한 부류에 속하지 않는다. 무표정하고 거칠며 멋없는 그들의 외관은 다만 동정심만을 불러일으킬 뿐이다. 나는 그들이 모두 담배를 피우는 데 놀랐으며, 그들은 이러한 그들의 도락에 참여하라는 요청을 내가 받아들이지 않은 데 놀랐다.

상궁들은 나의 옷과 장식품들을 어린 아이와 같은 호기심으로 유심히 보았으며, 내 나이가 몇이냐, 왜 아직 결혼하지 않았느냐, 자식이 있느냐, 그리고 왜 자식이 없느냐 등 마구 질문을 퍼부었으며 다른 모든 질문들도 비슷하게 무례하고 대답하기 어려운 것이었다. 그러나 그들은 무엇보다도 착한 품성을 가졌으며 친절하고 훌륭한 사람들이었다.

외부대신의 접견

위의 만남이 조선 관리와 나와의 첫 대면이었으며, 이에 이어 짧은 기간 동안 다른 사람들이 점심 대접의 형식으로 나를 찾아왔다. 또 외부대신 김윤식[5]도 나를 곡예 공연에 초대했다. 초대는 다가오는 일요일로 되어 있었는데, 그것이 나를 난처하게 만들었다. 왜냐하면 그날의 초대를 내가 거절하는 경우 나는 우리의 관습을 전혀 모르며 예의와 친절로 나에게 아첨했던 그 관리가 마음을 상하여 오해할 것 같아 두려웠기 때문이다. 그러나 아무 일도 일어나지 않았으며, 나는 적절히 해명하여 그의 친절을 거절하지 않을 수 없는 데 대해 깊은 유감의 뜻을 표시했다.

그는 아주 좋은 기분으로 날짜를 바꾸었다. 그는 나의 친구들도 초대할 수 있도록 백지 위임을 했으며, 나 자신의 선교단뿐만 아니라 감리교단의 아가씨들과 공연에 함께 갈 것을 승낙 받았다. 병원과 관련된 사람들을 포함하여 몇 명의 조선의 고위층 인사들과 다른 사람들도 초대되었다. 외국인들의 관습에 따라서, 여러 개의 작은 상을 놓지 않고 하나의 긴 탁자가 놓였으며, 그 위에는 조선의 진미로 가득 차 있었다.

닭고기, 꿩고기, 냉육과 생선, 계란, 기발한 방법으로 만든 땅콩과 과일, 중국산 통조림 과일과 사탕, 구타페르카[6] 같은 맛을 내는 것으로서 쌀과 기

---

5) 김윤식(金允植 : 1835~1922) : 호는 운양. 과거에 급제하여(1874), 영선사(1881)로 청국에 건너가 한미수호통상조약(1882)의 체결을 주선함. 공조 · 예조 · 병조판서를 지냈고, 독판교섭통상사무(1885)가 되어 거문도사건을 해결함. 외무독판 · 외무대신(1895), 중추원 의장을 지냈고 합병 당시에는 자작(子爵)과 은사금을 받음. 3 · 1운동 때는 독립청원서를 제출했다가 작탈됨. 당대 최고의 문장가로서 『운양집』은 일본학사원 상을 받음.

6) 구타페르카(guttapercha) : 말레이시아 지방에서 나는 적철과의 상록 식물로서, 절연재, 치아 보정, 골프공의 재료로 씀.

름을 잘 섞어 만든 떡, 조선의 토속 음료수인 술, 그리고 샴페인과 담배가 마련되었다. 우리들이 이 나중에 언급된 음식들을 먹지 못했던 것은 물론이다.

금지된 사항들

곡예를 보려고 많은 사람들이 커다란 정원으로 몰려들었다. 곡예사들은 경우에 따라 초청을 받아 순회 공연을 한다. 그들의 묘기는 주로 팽팽한 줄 위에서 걷고 공중 제비를 하는 것으로서 전혀 훌륭한 것이 못되었다. 공연은 거의 3시간 가까이 계속됐고 그 동안 내내 우리는 조선 악대의 단조롭고 애처롭게 삑삑거리는 소리를 들었다.

그 소리는 내가 알고 있는 스코틀랜드의 피리(사랑하는 형제여, 용서하라) 소리보다 한술 더 떴다. 그리고 나는 조선 말 "앉아라"를 배웠는데, 그날 그 소리를 몇 천 번 반복해서 들었다. 그것은 문법, 시제, 격이 똑같이 반복되었으며, 가까운 이웃의 좀 더 하얀 피부를 가진 똑같은 또래의 몇 몇 소년을 보려고 참지 못해 일어서려는 조선의 소년에게 화가 나서 말했던 것이다.

개신교에 대한 조정의 태도

이 일이 있기 조금 전 언더우드 씨와 아펜젤러[7] 씨는 북쪽으로 장기간 순회 설교 여행을 떠났는데, 언더우드 씨는 이번이 두 번째 여행이었다. 그들이 없는 동안 조선 국왕과 가톨릭교도에 대한 조정의 분노는 극도에 이르렀으며 마침내는 더 이상 입항한 외국 종교의 포교 금지령이 내렸다. 현재도 특정 여권을 제외하고는 입국이 허용되지 않지만 지난날 조선은 우리에게도 문을 열지 않았다.

---

7) 아펜젤러(Henry G. Appenzeller : 1858~1902) : 미국의 감리교 목사. 1885년 내한하여 배재학당(1886)을 설립하고 성서의 번역과 보급을 통해 한국의 개화에 이바지했다.

주요한 자리나 높은 위치에 성당을 짓기를 좋아하는 가톨릭교도들은 지난날에도 청국에서 그와 비슷한 이유로 곤란을 받아 손해를 보았다. 여기에서도 그들은 서울에서 가장 높은 위치에 그들의 성전을 짓겠다고 주장하고 있는데 그들이 원하는 장소는 궁궐이 내려다보이고 또 왕궁의 조상 위패를 모신 종묘와 인접한 곳이었다.

대지는 조선의 대리인을 중개로 해서 왕에게 알리지 않고 구입해 두었는데, 승려와 프랑스 공사가 그들로 하여금 그것을 다른 곳으로 옮기도록 아무리 유도해도 그들은 고집 부리고 포기하기를 거절했으며 그들 성전의 기초를 계속해서 쌓아 갔다. 즉각적으로 포고령이 내려졌다. 미국 공사는 우리 선교사에게 명령에 가까운 투로 귀환하라고 충고했으며, 대개의 선교사들은 마지못해 귀환했다.

사실 이 나라에 복음을 전하려던 초기의 시도는 적어도 부분적으로는 불쾌한 포고령 때문에 잠시 우리의 일이 끝장난 것처럼 보였다고 말하는 사람도 있다. 조선의 고위층 양반과 내각 구성원으로 이루어진 위원회가 언더우드 씨의 귀환을 기다렸다는 점으로 미루어 볼 때 그것은 사실이 아니었음이 분명하다. 조정은 언더우드 씨에게 국립학교 전체를 맡겨 충분한 봉급을 지불하고 그가 학생들에게 기독교 신앙을 가르치기를 부탁하면 그가 주저하지 않을 것이라고 이해하고 있다.

이러한 제안은 다른 외국인들이 우리에게 불어넣어 준 불안감과 의심을 없애고 커다란 확신을 심어 주었다. 그것은 우리 복음 전도자들에 대한 조선 사람들의 감정으로 진지하게 받아들여지고 있다. 그러나 다른 일과의 충돌이 생기고 또 다른 중요한 이유 때문에 결국 그러한 호의는 거절되었다.

그러한 사실은 포교 금지령에 대한 우리의 행동 방향을 결정하지 않을 수 없게 했다. 우리의 구성원 대부분은 그것이 이 나라의 법이므로 기독교의 율법을 따르는 사람들은 그에 복종하여, 학교에서 갖는 아침 기도를 중단하고, 조선 사람들에 대한 어떠한 종교적 봉사도 중단해야 하며, 다만 하나님이 왕의 마음을 변화시켜 포고령을 취소할 때까지 기다리며 기도해야 한다고 주장했다. 그들이 믿는 바에 따르면 반항과 불복종은 우리 전체 선교단이 이 나라에서 추방되는 결과를 야기할 수도 있지만, 위와 같은 방법을 취하면 당국의 호의를 얻게 된다는 것이다.

그러나 소수의 사람들, 즉 지금 하느님의 사업을 하고 있는 아펜젤러 씨, 그의 부인, 언더우드 씨와 나는, 그 포고령이 우리와 우리의 사업에 대해 발포했던 것이 아니며, 혹시 그랬다 하더라도 우리는 조선의 국왕의 그것 보다 더 높은 명령을 받고 있다고 주장했다. 우리의 임무는 『사도행전』 4장 19절에서 베드로를 통해 하나님이 계시한 말을 따라서 전도하고 결과를 감수하는 것이다. 하나님은 사도들의 전도를 금지시킨 통치자들에게 이렇게 말씀하셨다.

"우리가 하느님의 말씀보다 당신들의 말을 듣는 것이 하느님이 보시기에 옳은 일인지 한번 판단해 보시오. 우리는 보고들은 것을 말하지 않을 수가 없습니다."

다른 사람들은 그들이 말했던 대로 그것이 가장 좋은 방법이라고 양심적으로 믿으면서 안타까운 마음으로 그만두었을지도 모르지만, 우리는 계속하여 공적·사적으로 가르치고 설교했으며 또 가까이서 혹은 멀리서 들릴 수 있을 정도로 작은 회합 장소에서 찬송가도 불렀다. 그러나 어떠한 방법으로도 우리를 방해하려는 시도는 없었다. 기독교인과 다른 봉사 단원들이 왔다가 평온히 돌아갔다.

그 뒤 기독교인의 수는 훨씬 늘었으며 여러 지역의 정치에서 한 요소로서 인정되었다. 지금 어느 누구도 우리의 업무를 위장했다든가 또는 감추고 있었다고는 생각되지 않는다. 그러나 "그 법령은 오늘날까지 결코 폐기되지 않고 있다." 이것은 분명 동방의 관습에 따른 것이다. 법령이 사문이 되고 쓸모없이 되어도 관습이 폐지되는 일은 없다.

"어린이 유괴 소동"

내가 조선에 도착한 뒤 첫 달 동안 일어났던 또 다른 흥미 있는 사건은 "어린이 유괴 소동"이라 불리는 것으로 절정을 이루었다. 몇 년 전, 청국의 천진에서도 유사한 사건이 벌어져 기독교 신자와 간호사, 그리고 두세 명의 프랑스 관리를 포함한 수많은 외국인이 학살되었다. 몇 몇 사람들이 악의를 품고 퍼트린 소문이 사나운 불꽃처럼 번져갔다. 그 소문의 내용은 외국인들이 사악한 조선 사람들에게 돈을 주어 어린이들을 훔쳐 의학에 사용하려고 심장과 눈을 떼어 간다는 것이었다.

이러한 범죄 행위는 주로 일본인들의 소행으로 여겨졌으며 그 이야기는 서울에 거주하는 수많은 일본인들에게 적의를 갖고 있는 청국인이나 다른 사람들의 입에서 나온 것이라고 추측되었다. 언더우드 씨는 자신과 그의 국민들을 보호하려고 그 소문을 일본 공사에게 알렸다. 공사는 곧 그것을 문제시했으며, 그의 정부로 하여금 성명서를 발표케 했는데 그 내용은 전적으로 그 문제에서 그 국민들의 모든 책임을 벗겨 주는 것이었다. 결과적으로 일본 공사는 어린이 유괴를 사실로 인정했고 그에 따라 우리와 유럽인들을 또 다른 "사악한 외국인"으로 만들었다.

시간이 흐를수록 흥분과 분노는 커졌다. 분노한 수많은 군중들이 모여 얼굴을 찌푸리며 투덜거리고 위협했다. 어린 아이들을 데리고 다니는 조선 사람들은 다른 사람의 어린 아이를 유괴하고 있다는 의심을 받아 두들겨 맞아 죽임을 당하기도 했다. 이런 사람 가운데 한 사람을 보호하려 했던 한 고위 조선 관리는 그가 많은 종자와 하인들로 둘러 싸여 있었음에도 불구하고 가마에서 끌어내려졌으나, 구사일생으로 목숨을 건졌다.

그러한 사실로 볼 때 외국인이 거리에서 눈에 띄는 것은 위험하다고 생각되었다. 각국 사절들을 보호하기 위해서 제물포로부터 해병대가 호출되었으며 어떤 미국인들은 신속하게 항구로 도피할 수 있도록 가장 필요한 옷가지와 귀중품을 꾸리기도 했다. 아주 어처구니없는 얘기도 떠돌았다. 그 얘기는 어린 아기들이 독일, 영국, 그리고 미국 대표단에게 잡아먹히고 있다는 것이었다. 물론 이러한 잔인한 일이 벌어지고 있는 곳으로 병원을 지목했다. 그들에 따르면 병원에서 약이 제조되며 질병이 치료되기 때문에 어린 아기들은 분명 도살된다는 것이다.

"외국인이 어린이를 잡아먹는다"

어느 날 내가 진료소에서 돌아오고 있었을 때, 험악하게 보이는 사람들이 나의 가마를 둘러싸고는 가마꾼들에게 말하기를, 그들이 만일 다시 나를 병원에 데려다 준다면 모두 죽여 버리겠다고 했다. 그러한 짓은 일종의 정신적인 테러였으며 그 인부들은 정말로 다음날 나를 그곳에 데려다 주기를 거절했다. 그래서 나는 말을 타고 시내에 있는 병원에 갔으며, 의학교에 책임을 맡고 있었던 언더우드 씨가 나의 호위자로 대동했다. 우리는 전혀 아무 일 없이 출퇴근했으며 그것은 그때와 그 이후에 나의 중요한 경험이 되었다. 위험이 닥쳤을 때 대담한 도전, 두려움을 모르는 기색, 그리고 무관심은 아시아인들을 감동시켜 외국인을 위한 중요한 안전판의 구실을 한다는 것을 알았다.

그러나 내가 그러고 있는 동안 유럽의 사절들은 아주 구체적인 위험이 우리의 작은 공동체를 위협하고 있으며 어느 순간에 파괴적인 것으로 무르익게 될 수도 있다는 사실을 깨달았다. 어디서나 밖에는 성명서가 나붙어 있었지만 이들 가운데 초기의 것은 잘못 표현되어, 어떤 "사악한 외국인"이 이러한 무시무시한 행동을 했을 것이며, 그에 대해 뒤따를 가혹한 처벌을 구상하겠다는 인상을 풍기고 있었다.

그러나 마침내 이 "사악한 외국인들"의 구술로 쓴 공고가 나붙었다. 그것은, 어떠한 외국인도 그러한 일을 한 적이 없으며 만일 어느 누가 이러한 비

고관의 행차

방을 유포한다면 그는 곧 체포될 것이며 그의 말이 진실이라는 것을 증명하지 못한다면 그는 사형에 처해질 것이라는 내용을 담고 있었다. 포졸들이 도시 여기저기에 흩어져 있었으며 사람들은 두세 명이 모이는 것이 금지되었다. 그 결과 몇 명이 체포되었고 그 소동은 끝을 맺었다.

그러나 고요함이 되찾기 전, 우리는 무어라 말할 수 없는 불안한 시간을 보냈다. 그 흥분이 최고조에 이르렀던 날 밤에 군중들이 우리 집들을 공격하려고 하고 있으며 그 신호로 공사관 주변 지역에서 총을 발사하려는 징후가 있다는 전갈을 미국 공사관으로부터 받았다. 우리는 상호간의 안전과 방어를 위해서 그쪽으로 서둘러 갔다.

고요하고 별이 빛나는 7월 어느 날 밤이었다. 우리는 작은 현관에 앉아 서늘한 밤공기를 즐기고 있었다. 그때 갑자기 건물을 비추는 무시무시한 조명이 시야에 들어오더니 왁자지껄하는 군중의 두려운 소음이 귓전을 때렸다. 우리는 가슴을 치면서 그것을 지켜보며 듣고 있었다. 어떤 사람이 말하기를, 조선의 군중들은 항상 집에 불을 지르면서 폭동을 시작한다고 말했다. 우리는 정말로 그런 일이 일어날까를 의심하면서 기다리고 있는 동안, 미국 공사관으로부터의 총소리가 들린다는 급박한 보고로 분위기가 산란해졌다.

신뢰의 회복

이제는 어떤 실제 상황이 벌어지고 있음이 분명했다. 언더우드 씨와 헐버트[8] 씨는 무엇이 잘못되었는가를 확인하려고 서둘러 공사관으로 갔다. 그러나 총의 발사는 우발적인 것이었다는 희소식을 가지고 곧 돌아왔다. 또 건물에 불을 지른다는 것도 우연의 일치일 뿐이었다는 것이 증명되었고 조선의 군중들이 모닥불 둘레에 모였다는 것 이상의 어떠한 소란은 없었다. 지금도 기적처럼 생각될 만큼 격양된 흥분 상태는 가라앉았으며, 하나님이 우리의 둘레에 있었기 때문에, 필연적으로 지나가야 했던 것처럼 보였던 위험도 지나가고, 모든 것은 잠잠해졌다.

왕궁에의 첫 초대

이러한 일이 있은 뒤 얼마 되지 않아서 왕궁으로부터 왕비를 알현하라는 첫 번째 요청을 받았다. 나는 운이 좋게 시작된 우리 선교단의 업무가 나의 어떤 뜻밖의 실수로 방해받거나 중단되지 않도록 하고자 걱정 없이 부름에 승낙했다. 그러나 우리의 입장이 어느 정도 불확실하고 또 우리가 관계해야

---

8) 헐버트(Homer B. Hulbert : 1863~1949) : 미국의 선교사. 1886년 내한하여 육영공원에서 영어를 가르치면서 특히 소멸해가는 대한제국의 국운을 일으키려고 진력했다. 해방 뒤 다시 입국하여 한국에서 죽었다.

할 사람들에 대해서 전혀 모르기 때문에, 우리는 매우 최근에 마지못해 열려진 문호가 어떤 부주의로 말미암아 닫히지나 않을까 조바심했다. 나는 입궐용의 예복을 입고 가야 한다는 얘기를 항상 들어왔지만 내가 이를 위해 준비한 가운이 든 상자를 열었을 때 두벌 모두가 태평양을 건너면서 훼손되어 입을 수 없게 되었다는 것을 알았다.

아아! 잘 맞지 않는 예복을 입고서 왕비 앞에 나타나야 하다니 얼마나 운이 없는가! 왕비는 그것을 무례하다고 할 것이 아닌가! 그러나 나의 가마꾼들이 바람 부는 거리와 좁을 길을 따라 왕궁으로 걸어 갈 때 훨씬 더 심각한 곤란이 나의 마음을 괴롭혔다. 나는 종교 문제에 대해서는 왕비에게 절대 말하지 말 것을 엄히 경고 받았던 것이다.

"우리는 다만 조정이 눈감아준 덕분에 여기에 있으며, 우리가 평민들을 가르치는 것이 감지되고 알려졌을지도 모르지만 만일 그렇게 공개적이고 분명하게 당국에 내 보인다면 그것이 왕궁에 알려지게 되어 비록 우리 모두를 나라 밖으로 추방하지는 않더라도 우리의 가장 다정스런 친구조차도 왕실에 대한 더 이상의 접근을 완전히 금지하지 않을 수 없음을 느낄 수도 있다", "우리의 기반이 보다 확실해질 때까지 기다려라. 성급함으로 말미암아 모든 일을 위태롭게 하지 마라."

나의 마음은 조급하여 아주 다른 이야기를 하고 싶었지만 나는 그들의 말이 옳다는 것을 알고 있었다. 그러나 나는 내가 분명하게 말하지 않으면 안 되었던 한 주제에 대해서는 입을 다문 채로 궁전을 향해 갔다.

제 2 장 궁중 생활의 인상

대궐

지금은 4개이지만 그 당시에는 3개였던 궁전은 도시의 성 안에 있는데 커다란 뜰이나 정원에 몇 개의 단층 방갈로식 건물들의 집단으로 구성되어 있으며 상당한 두께에 높이가 12~15피트 정도 되는 훌륭한 돌담으로 둘러싸여 있다. 이 울타리 안에 군인들의 막사와 하급 관리와 나인들의 숙소가 있다. 다른 것들과는 떨어져서 여성들을 위한 특정한 주택들이 있으며 여기에서 늙고 노쇠한 대왕대비[1]를 볼 수 있는데, 그는 내가 도착한 뒤 약 1년 뒤에 죽었다. 내가 방문하고자 했던 궁전의 벽에는 대문이 3개가 있었는데 그것은 그 도시의 넓은 주요 도로와 직면해 있다. 다른 것들보다 훨씬 큰 가운데 문은 다만 왕족만을 위한 전용 문이며 외국의 공사조차도 다른 편에 있는 두 개의 작은 문 가운데 하나로 들어가야 했다.

---

1) 대왕대비 : 순조의 아들인 익종의 빈이었던 조대비(1808~1909)를 의미함.

대궐 앞의 해태상

해태와 화신

언제인가 특별히 외국 사절단을 위해 대궐 중앙의 문을 열도록 명령했던 사실은 우리 대표단에게 항상 보여준 친절과 호의의 표시였다. 입구에 넓은 돌계단이 펼쳐 있으며, 멋있는 계단과 조각된 돌난간이 있고, 난간은 고상한 문들과 여러 가지 신비적인 동물을 거칠게 조각한 석상 위에 있다. 계단의 정면과 다른 쪽에는 보폭으로 10보가 넘는 크기의 커다란 돌로 만든 개들이 있다. 개라고 부른 것은 더 좋은 이름이 없기 때문이며, 사실 그들은 사자도 아니고 개도 아니다. 그들의 유래에 대해서는 다음과 같은 이야기가 있다.

불의 신은 이 왕궁에 대해 특별한 적의를 가지고 있어 계속해서 그것을 불태웠다. 그를 달래고 비위를 맞추려고 여러 가지로 노력했으나 별다른 성과가 없었다. 따라서 마침내 청국으로부터 값비싼 용을 가져와 정원의 해자에 두었다. 그가 살아 있는 동안은 아무 일이 없었으나 운 나쁜 어느 날 정적이 이 충성스런 수호자를 독살시키고 그날 밤에 다시 왕궁을 불살랐다.

마침내 어떤 창의력 있는 인물이 어떠한 독도 그들의 석상보다 효력을 미칠 수 없고 어떠한 공포나 꼬드김도 그들의 딱딱한 마음을 움직일 수 없는 그러한 동물을 고안해 내었다. 그리하여 그들을 높은 주춧돌 위에 세워 두었다. 그들은 사납고 완고하며 불의 신이 오는 방향을 보고 항상 감시하며 충성스러운 파수꾼으로 결코 잠을 자지 않는다. 따라서 예상했던 바대로 불의 신은 그렇게 지켜진 건물을 다시는 불태울 수 없었다는 것이다.

하궁

그러나 나는 이 세 개의 대문 가운데 어느 것을 통해서도 들어가지 못했다. 그 당시에는 어떠한 가마꾼들도 궁성 내에 들어가서는 안 된다는 아주 엄격한 규칙이 있었기 때문이었다. 나의 가마는 왕실 거처에서 아주 가까운 어느 작은 문까지 접근할 수 있었으므로 그렇게 멀리 걷지 않아도 되었다. 벙커(D. A. Bunker) 부인과 헤론(J. W Heron) 박사가 나와 동행했고 점잖은 조선의 관리를 만나 작은 대기실로 들어갔다. 그곳은 유럽식 의자와 탁자가 갖추어져 있었으며 탁자 위에는 약간의 빵, 여송연과 샴페인이 있었다. 이들은 우리 숙녀들에게 제공되었던 것이었지만, 우리에 대해서 좀 더 안 이후에는 담배와 포도주 대신에 차가 제공되었다.

우리가 궁전의 정원을 걸을 때 내가 아주 흥미롭게 생각했던 모든 것을 묘사한다면 이야기가 너무나 길어질 것이다. 아마도 그것은 세계에서 가장 독특하고 훌륭한 것이리라고 여겨지는 아름답고 흥미를 끄는 여름 별장은 커다란 연꽃 연못의 한가운데에 위치해 있다. 그것은 2층으로 되어 있으며, 바깥 회랑은 바닥이 약 4평방피트이며 밖으로 줄지어 서 있는 48개의 돌기둥으로 떠 받쳐져 있다. 내부의 기둥들은 둥글고 똑같은 직경으로 되어 있으며 높이는 16~18피트쯤 된다. 위층은 정교하게 조각된 나무로 밝게 꾸며 있다. 이러한 건물의 대부분은 왕실의 건축물에만 독특한 아름다운 초록색 유약을 바른 기와로 덮여 있다.

왕궁의 접견실

그밖에도 흥미를 끄는 건물들이 있었는데 그 가운데서 왕실의 연회장이 가장 멋진 듯했다. 우리는 수많은 관리, 환관, 주사, 양반과 병사들을 보았는데 그들은 등급에 따라 각기 다른 복장을 입고 있었다. 일반 병사들의 복장은 유럽 군대의 관례를 모방하면서 조선 사람들의 생각을 가미한 것이다. 그 결과 위엄이 있어 보이지도 않고 어떤 유용성도 없는 잡종이 되었다. 그것은 헐렁한 작업용 상의와 진홍색 장식품이 달리고 가늘고 검은 목면으로 만든 전혀 맞지 않는 자루 같은 바지로 된 것이다. 상의에는 띠를 매었으며, 검은 중절모가 상투 위에 얹혀 폭이 좁은 끈으로 턱 아래에 불안정하게 묶여 있었다. 이 어울리지 않는 복장이 지금은 바뀌어 대한제국의 군인들은 유럽 국가의 것과 똑같은 복장을 하고 있다.

대신들의 복식

조선의 귀족들은 궁전에 들어갈 때, 어두운 청색 외투를 입는데 거기에는 아주 넓고 앞에는 테를 형성하는 띠가 달려 있다. 문관은 황새를, 무관은 호랑이를 수놓은 가슴받이를 붙이고 있다. 관은 말총으로 짠 일종의 모자로 앞쪽은 둥글게 휘어져 있고 양쪽에는 날개가 달려 있어 마치 왕의 모든 말씀을 경청하기 위한 것 같았다. 귀족이나 관리들은 모자 끈 위, 귀 바로 뒤쪽에 여러 형태의 단추를 달고 있는데, 그것은 착용자의 서열 정도를 나타내는 것으로서 금이나 옥으로 만들었다.

왕실이 우리를 접견할 준비가 되었을 때, 벙커 부인과 나는 안내를 받아 짧은 거리의 정원과 몇 개의 출입구를 지나 마침내 응접실 입구에 이르렀다. 응접실에는 귀족과 환관, 그리고 궁녀들로 반쯤 차 있었으며, 그 뒤쪽에 아주 작은 내실에 왕과 왕비, 그리고 열여섯 살쯤 되어 보이는 그의 젊은 아들이 있었다. 우리는 알현실로 나아가 우리를 기다리며 미소를 띠고 있는 세 분에게 여러 번 낮게 부복하여 절했다.

고종의 첫 인상

전제 정치의 사슬을 벗어 던져 버린, 식민지 시대의 후예인 나는 이제까지 그렇게 낮게 절을 해 본 적이 없었다. 나는 실제 살아 있는 왕과 왕비 앞에 처음 나갈 때 느꼈던 감정을 이전에는 느껴 본 적이 없었다. 왕실 가족은 우리에게 인사하려고 가장 품위 있게 일어서더니 자리를 권했다. 그 당시에 조선의 귀족들은 왕의 앞에 나올 때면 언제나 바닥에 부복했으며, 앉는 것과 같은 그러한 주제넘은 행동은 꿈도 꾸지 못했었다. 따라서 우리는 질투심을 일깨우지 말고 또 우리가 사랑 받는 것이 원인이 되어 적을 만들지 말도록 엄중히 경고 받았던 터이라 제공된 의자에 앉기를 사양했다.

그러나 더 이상 예의로써 거절할 수 없을 정도로 계속 권고했기 때문에, 우리는 너비가 8피트 정도 되고 길이가 10피트 정도 되는 작은 방에서 왕과 왕비와 함께 대담하는 식으로 마주 앉았다. 그때와 그 뒤 계속되는 왕과의 대면에서 왕은 나에게 좋은 품성을 가진 친절한 신사라는 인상을 주었다. 그는 긴 두루마기나 화려한 붉은 색의 비단 겉옷을 입고 있었다. 붉은 색은 왕실을 나타내는 색이다. 왕은 모자인지 관인지 모를 것을 쓰고 있었는데 그것은 날개가 다른 사람들처럼 앞으로 나와 있지 않고 뒤로 돌아가 있다는 것만을 제외하고는 다른 귀족들이 쓴 것과 같은 것이었다.

조선의 국왕 고종

민비의 모습

물론 왕비는 나의 깊은 관심을 끌었다. 약간 창백하고 아주 가냘프며, 어느 정도 뚜렷한 얼굴과 명석하고 날카로운 눈을 가진 그는 언뜻 보기에 아름답게 보이지는 않았지만 어느 누가 보기에도 그 얼굴에서 보이는 힘과 지적이고 강한 성격을 읽을 수 있었다. 그가 말을 시작했을 때, 쾌활함, 순수함, 기지, 이 모두가 그의 용모를 밝게 해 주었으며 단순한 육체적인 아름다움보다 훨씬 크고 놀라운 매력을 주었다. 나는 조선의 왕비가 가장 아름답게 보였을 때 그를 보았다.

민비의 애로

왕비가 고상한 정신적 자질을 소유하고 있다는 것을 나는 곧 알게 되었으며, 모든 아시아인들처럼 그도 주로 중국의 고전을 배우고 있었다. 그는 많은 것을 물었다. 그는 자기가 들었던 것은 잊지 않기 때문에 세계의 많은 나라와 정부에 대한 아주 많은 지식을 가지고 있었다. 그는 섬세하고 유능한 외교가였으며 그에 대해 아주 적대적인 무리들의 허를 찌르기가 일쑤였다.

더욱이 그는 폭넓고 진보적인 정책에 탁월성을 보였고 애국적이었으며 또 조국의 최대 이익에 헌신했고 동양의 왕비들에게 기대되는 것보다 훨씬 더 적극적으로 백성에게 이익을 주었다. 또 왕비는 온화한 마음을 가지고 있으며 작은 어린 아이들을 소중히 아꼈고, 그와 관계된 사람들, 적어도 우리 선교단에게는 세심한 배려를 보이고 있어서, 유럽의 모든 고위층 숙녀로부터 존경을 받았다.

조선에서 지체 높은 집안사람들과 평민 인부들 간의 커다란 격차가 유럽에서의 귀족과 일상 노동자들 간의 격차만큼 크다는 것을 알고 나는 놀라움을 금치 못했다. 국왕 부부는 친절하게도 조선으로 오는 나의 여행, 현재 상태, 그리고 미국에 있는 친구와 가족 등 나와 관련된 것에 친절한 관심을 보이면서 물었다. 대화는 통역을 통해서 이루어졌으며, 그는 커다란 칸막이 뒤에서 존경의 표시로 90도가량 몸을 굽히고 결코 눈을 들지 않고 서 있었다.

내가 나중에 알게 되었지만, 왕비를 치료했던 조선의 의사들은 항상 남자들이었는데 그들은 실을 사용해서 왕비의 맥을 짚었다. 곧 한쪽 끝을 그의 손목에 묶고 옆방으로 끌어 낸 다른 쪽 끝은 의사의 손가락에 쥐고 있었다. 또 의사의 진찰을 받을 때 왕의 혀를 칸막이의 구멍을 통해 내민다고 한다. 나는 왕비의 병이 랜싯으로 절개하면 될 작은 부스럼 이상으로 심각한 것이 아니라는 것을 알았다. 그러나 외과용 도구가 그의 신성한 몸에 닿는다는 단순한 제안이 그 주위에 있는 모든 사람들에게 말할 수 없는 공포심과 분노를 나타내게 했으며, 왕이 단호히 거절했기 때문에, 불가피하게 인내와 느긋한 치료에 의지해야 했다.

민비의 권력 싸움

모든 왕비의 친구들이 그의 안전을 그토록 지나치게 염려하고 두려워한다는 것에는 별로 놀라지 않았다. 왕비는 잔인한 시아버지인 대원군의 오래고 악의에 찬 박해 때문에 고통 받고 있었다. 그것은 시아버지의 사악하고도 야심적인 계획과 권력욕을 그가 방해했기 때문이며, 재물과 권력이 창의적인 두뇌와 증오에 결합하여 꾀할 수 있는 모든 것이 이 불행한 숙녀의 파멸을 일으키는 데 이용되었다. 중상, 암살, 폭동, 방화, 적대 국가와의 음모—이 모든 것이 이용되었고 여기서 그가 구사일생으로 살아난 적이 한두 번이 아니었으며 오싹오싹할 정도였다. 어느 때는 서울의 이곳저곳으로 옮겨 다니며 변장하고 한 충성된 신하의 보호하에 숨어 있기도 했으며, 또 평민 여성의 가마 속에 숨어 안전을 찾기도 했다.

그의 가까운 일가친척 거의가 일거에 몰살당했으며, 그것은 교묘하게 고안된 비밀 장치 폭탄에 의해 이루어졌다. 그 폭탄은 전체 가족 구성원의 면전에서만 열게 되어 있었던 것으로 한 자객이 가장 값진 선물로 보낸 것이었다. 몇 번의 다행스러운 상황으로 왕비는 피신했지만, 모든 일가친척은 곧 살해되었고 잔인하게 수족을 절단했다.2) 이러한 잔인한 적의를 품은 이유를 이해하기 위해서는 왕조사에 대해 어느 정도 알 필요가 있다.

문제의 결말

현재의 왕은 선왕의 자손이 없기 때문에 후계자로 왕이 되었다. 그의 미망인인 대왕대비는 현재의 왕의 아버지로 하여금 그의 아들이 성년이 될 때까지 섭정하도록 명령했다. 그 부친은 권력욕이 강했고 명민하고 교활했으며, 아들에게 정부의 고삐를 넘겨주려고 하지 않았다. 따라서 그는 가까운 친구의 가족에서 그가 쉽게 조종할 수 있으리라 생각되는 한 여성을 골라 며느리로 삼았다. 그러나 그는 며느리의 개성과 재능을 잘못 본 것이었다.

몇 해가 지나고 왕에게 권력을 이양할 시기가 충분히 무르익었지만 대원군은 그가 잡은 권력의 고삐를 양도할 기색이 없었다. 그러나 모든 조선 사람들이 가르침 받은 대로, 부친에게 효성스럽고 온화한 왕은 사직을 강요하지 않았다. 그러나 어느 날 아침 왕비에 의한 쿠데타로 부친은 물러나고 왕비의 친구와 사촌들로부터 새로운 내각과 조언자들이 선정되었다. 그의 분노는 끝없이 타올랐고 그때 이후 그는 며느리를 파멸시키기로 작정했다. 결국 대원군이 그의 증오에 찬 의도를 얼마나 계속적으로 실천에 옮겼나 하는 것은 뒤에 언급하기로 한다. 빈틈없으며 운이 좋은 왕비는 지금까지 그의

2) 폭살 사건이 발생한 것은 1874년 11월 28일이었다. 폭탄을 맞은 사람은 민비의 오라버니이며 대원군의 처남뻘인 민승호였다. 이때 죽은 사람은 고종의 장모이며 민승호의 어머니인 한씨, 민승호, 그리고 그의 어린 아들 3명이었다. 민승호는 이에 절손되었으므로 민영환을 양자로 삼았다.

올가미를 피해 왔다.

민비의 관대함

이제 우리의 궁전 얘기로 돌아가자. 왕비 전하의 병을 설명하고 처방을 알려 준 뒤에 우리는 마치 궁녀로 태어나고 자란 듯이 뒤로 물러나서 절하고 왕실을 물러 나왔다. 나는 왕궁을 방문할 때는 최고의 존경을 나타내는 종미사인 "…십나이다.", "…십니까?"와 "…십시오." 등의 긴 꼬리를 붙여야 한다는 것을 곧 알게 되었다. 조선어의 각 동사는 이러한 종미사들을 가지고 있기 때문에, 이에 혼동하거나 조심하지 않는 외국인은 다양한 계층의 국민들과 얘기할 때 위험을 무릅쓰고 그 말을 선택한다.

그러나 다행스럽게도 대궐에서 사용되는 말은 일정해서 어느 동사에나 "…십나이다." 또는 "십니까?"를 붙이면 아주 안전할 것이라고 생각된다. 확실히 그곳에는 고음의 중국어에서 파생된 말이 있어서 국민들은 쉬운 영글로 색슨어 대신에 그것을 사용한다. 나도 물론 조선어를 해야 했지만 아직 배우지 않은 외국인이 그것을 잘 알리라고는 생각되지 않아 사실 모든 실스를 거의 눈감아 준다. 조선 사람들은 이러한 면에서 친절과 예의의 모범이 되며, 새로 온 사람이 아주 우습고 엉터리 같은 실수를 해도 그들이 큰 실수를 저질렀다는 표시로 얼굴의 어떤 찡그림을 전혀 나타내지 않고 들을 것이다.

대궐을 방문한 뒤 얼마 지나지 않아 한 관리가 흥미롭고 아름다운 왕비의 선물을 잔득 가지고 나의 집에 나타났다. 그것은 화려한 수를 놓은 병풍, 수놓은 베개, 그리고 침대 베개, 토속 비단, 아마포, 면직물, 부채, 지갑 등 여러 종류의 물품들이었다. 왕비 전하는 아주 관대했으며, 따라서 그가 만났던 우리 선교단과 공사관의 부인들에게 아낌없이 선물을 주는 것은 그에게는 여느 때와 다른 것이 아니었다. 음력 새해마다 정부 기관이나 왕궁에 조금이라도 관련된 우리 가운데 몇몇은 꿩, 호두 몇 자루, 쇠고기 몇 파운드,

커다란 생선, 몇 백 개의 계란과 곶감 몇 파운드를 받았다.

또한 왕족의 생일날에는 진미를 우리에게 보냈으며, 해마다 여름이 시작될 때에는 몇 다발의 부채와 꿀 항아리를 선사했다. 이러한 관대함은 왕비의 친절한 성격을 나타내는 것일 뿐만 아니라 조선의 조정이 모든 미국인들에게 주는 호의를 나타내는 것이었다. 그러한 태도는 알렌(H. N. Allen)이 남겼던 호의적인 인상 때문이며 또한 우리가 속한 나라가 크고 힘 있는 국가이고, 동양의 정치에 관여해서 조선에 손해를 입히려는 목적을 가지고 있지 않으므로 효율적인 동맹국과 방어국이 될 수도 있다는 사실 때문이다.

석전

조선에서의 첫해 동안 나는 고유한 석전을 참관하는 흥분을 맛보았는데 과연 이것이 특권인지 의심스러웠다. 그것은 끔찍스러운 경험이었으며 특히 지적이고 견문이 넓은 여성들은 그 참관을 꾸준히 거절해 왔었다. 두 이웃 간에 혹은 파벌 간에 서로 불만을 가지고 있는 경우 한 해의 어느 계절에 그들은 이러한 전투로 그것을 해결한다. 그들은 주장을 뽑고 편을 짜 서로 돌과 기와 조각을 던지기 시작한다.

한편 또는 다른 편이 교대로 승리하며, 쫓기는 편은 그들의 적 앞에서 도망가야 하고, 또 한 순간 승리했더라도 다음번에 패배하여 쫓기는 경우가 많기 때문에 관객의 입장에서 보면 승리의 지점을 알 수가 없다. 구획을 지어 안전한 승리의 위치라고 정해 놓은 장소는 어느 순간에 격심한 전투 장소가 되기도 한다. 때로는 아주 커다란 돌을 던져, 그렇게 빈번하지는 않지만 치명적인 부상을 입는 경우도 있다. 몇 백 명이 죽거나 다치지 않는 것이 이상하다.

내가 조선에 도착하여 몇 주 지난 어느 날, 친구를 방문하려고 집을 나가는 길에 많은 사람들이 모여 있는 곳을 지나야 했는데 그들은 두 편으로 나뉘어 있는 듯이 보였으며 아주 성나 있고 격노해 있었다. 나는 친구에게 주의를 환기시키면서 사람들에게 물어 본 결과 그것이 내가 보았던 투석전의 시초라는 것을 알았다. 그의 남편은 내가 혼자 돌아가는 것은 위험하다면서 감사하게도 나를 집까지 바래다주었다.

우리는 돌과 다른 조각들이 우리 쪽으로 날아오고 있다는 것을 곧 알고는 어느 조선집으로 피난하려고 달려가야 했다. 잠시 동안은 우리 주위에서 싸움이 치열했지만, 곧 무리들이 지나가 거리 훨씬 아래쪽으로 간 듯하여 그 조수가 다시 밀려오지 않을까를 알려고 모험을 감수하고 밖으로 나왔다. 모든 군중들이 우리 쪽으로 몰려오고 있었다.

어찌할 수 없는 상황에 처한 벙커 씨는, 반쯤 허물어진 벽을 올라가 인접해 있는 구내 주택으로 피신했다가 멀지 않은 길모어[3] 씨 집으로 가는 수밖에 없다고 말했다. 따라서 나는 좋은 옷에도 개의치 않고 민첩하게 담을 넘어 전혀 부끄럼도 없이 달렸다. 상당한 크기의 돌 조각들이 우리 주위에 비 오듯이 쏟아졌으며, 하나가 곧 우리 머리 위에 떨어질 것 같은, 아니 반드시 그럴 것 같다는 생각에 우리는 더욱 빨리 달렸다.

이 일을 회고하면 자주 웃음이 나오지만 그때는 결과가 매우 불확실했기 때문에 아주 비참한 생각이 들었다. 그러나 여러 번 요리조리 피하고 우회하며 자주 담 밑으로 피하면서 마침내 우리는 길모어 씨 집에 도착했다. 그때 나는 흐트러지고 혼란한 상태에서 주위가 아주 조용해질 때까지 기다려서야 원래의 현명하고 사려 깊은 여인으로 되돌아 왔다.

사건이 있은 뒤 얼마 되지 않아 우리 가운데 성미 급한 젊은 동료 때문에

---

3) 길모어(G. W. Gilmore : 1857~?) : 런던 출신의 선교사. 미국으로 건너가 프린스턴대학과 유니온신학교를 졸업하고 1866년에 육영공원의 교사로 한국에 부임하여 1889년까지 봉사했다. 귀국 후에는 브룩클린공예학교와 뱅고르신학교에서 주로 기독교 교리를 강의하며 여생을 보냈다. 저서로는 『서울풍물지』(*Korea from its Capital*, Philadelphia : Presbyterian Board of Publication & Sabbath-School Work, 1892)가 있음. 이 전집 제16권 『서울풍물지』 참조.

심각한 문제가 일어났다. 원인인즉 그가 그러한 싸움 광경을 사진 찍겠다고 나섰던 것이다. 어느 침착한 미국인이 그것을 촬영하기 바로 직전에 그 포악한 무리를 향해 있던 카메라를 낚아챘는데, 우리의 젊은 친구가 그렇게 한 것은 그에 대한 경쟁 의식에서였는지도 모른다. 그는 곧 자신이 날아오는 모든 돌덩이의 표적이 되었다는 것과 흉악한 무법자들이 그의 목숨을 노린다는 것을 알았다.

유감스럽게도, 불법적인 것이긴 하지만 그는 6연발총을 가지고 있었는데 너무 흥분하고 놀란 나머지 군중을 향해 총을 발사하고 도망쳤다. 그의 총탄은 조선 사람의 다리를 뚫고 들어갔다. 그가 쓰러지자 사람들은 그가 치명적인 상처를 입었다고 생각했다. 이제 양측의 격해진 분노는 몹시 놀란 젊은이에게 향해 있었다.

그는 필사적으로 도망쳤으며 군중은 분노에 찬 소리를 지르며 쫓아오고 있었다. 카메라와 코트가 내팽개쳐졌으며, 그는 피신처인 미국 공사관으로 가려고 거의 1마일을 달려야 했다. 마침내 그는 헐떡이며 지친 상태로 그곳에 당도했다. 그의 총을 맞은 사람이 그렇게 심각하게 상처 입지 않았기 때문에 그는 벌금을 물고 몇 주 동안 투옥되어 심한 질책을 받은 다음 조선을 떠나라는 정중한 요구를 받고 석방되었다.

조선 사람들은 이러한 석전의 전술에서 상당한 군사 전략을 보인다. 투석기로 무장한 저격병들은 높은 장소를 점유하며, 다른 사람들은 뒤에서 살금살금 다가가거나 적이 쏘아 대는 정면에서 방어물을 기어 올라가 느닷없이 그들을 잡거나 격퇴한다. 이 사람들은 무장했을 때나 자신과 비슷한 사람들과 대치할 때 늘 자신이 훌륭한 전투사이며 겁쟁이가 아니라는 것을 보여준다.

과거

조선에서 보낸 첫 여름에 나는 왕실의 과거 시험에 초청 받았다. 이것은 선비들의 아주 흥미로운 회합이었다. 그들은 관청의 정원에 모여 작은 천막이나 칸막이 속에서 왕이 제시한 어떤 제목에 대하여 한문으로 문장을 짓는다. 시험에 합격한 사람에게는 그들의 탁월함에 비례하는 문관 벼슬이 수여된다. 조선의 각지에서 올라온 1천여 명의 사람들이 이 정원에 모였으며 그들은 바삐 쓰거나 다시 고쳐 쓰기도 했고 그들 가운데 어떤 사람은 벌써 심판관에게 답안지를 제출하고 있었다.

그러나 내가 들은 바에 따르면 대개의 합격에는 반드시 금전이 개입되어 심판관의 마음을 결정하게 된다고 한다. 우리는 아주 친절하게 대접받았으며 훌륭한 정자에 초대되었고 그 뒤에는 왕실 만찬장에서 식사와 음료수를 대접받았다. 물론 그것이 아주 순수했던 초기에는 관리를 등용하기 위한 진정한 경쟁적 시험으로 훌륭하고 유용한 것이었으나, 가만히 악습이 기어들어 결국 그것을 쓸모없고 무능하게 된 지난날의 잔재로서 폐지되지 않을 수 없는 무가치한 형식으로 만들어 놓았다.

그 여름의 또 다른 사건은 서울에서 약 10마일 떨어진 북한산성의 여행이었다. 조선 사람들의 말에 따르면 서울의 궁전에서 그쪽으로 통하는 비밀 지하 통로가 있어 위급한 경우 또는 적이 서울을 침략했을 경우 왕실 가족은 그쪽으로 안전하게 피신할 수 있다고 한다. 그곳은 그러한 목적을 위해서는 참으로 이상적인 곳이다. 적절히 축성하면 몇 달 동안, 아니 아마도 몇 년 동안은 난공불락이 될 것이라고 유럽의 군사들이 말했다.

조선의 가장 아름다운 계절이며, 어쩌면 다른 어느 나라보다 훨씬 아름답다고 할 수 있는 5월에 우리는 북한산을 여행했다. 아주 절묘한 색깔과 향기를 가진 야생화가 여기 저기 피어 있었지만, 북한산성의 꽃들은 더 많고 더 아름다운 색을 띠고 있었다. 산은 깎아지른 듯 솟아 있었으며 윤곽은 울퉁불퉁했다. 그 경치는 황량하고 거의 접근할 수가 없었지만 그 옆에는 아름다운 시냇물이 커다란 둥근 돌을 넘어 뛰어오르기도 하고 모든 것을 현란한 아름다움으로 바꾸면서 흐르고 있었다. 그것은 마치 요정 이야기에 나오는 아름다운 소녀가 걸음걸음에 향기로운 꽃을 뿌리며 입술에서는 화려한 보석을 떨어뜨리는 것 같았다.

난공불락

이 시내는 산꼭대기에서 솟는 샘에서 흘러 내려오기 때문에 그곳에 주둔한 어떠한 수비대도 물이 부족해서 항복하는 일은 결코 없을 것이다. 또 약 1마일쯤 되는 가파른 비탈 뒤에 갑자기 바위를 꿰뚫고 길이 나 있다. 담쟁이가 달려 있는 그림 같은 벽과 문을 열고 들어가면 사방이 치솟은 바위 장벽으로 둘러싸인 신록의 계곡이 있기 때문에 식량 때문에 항복하는 일도 없을 것이다.

이 계곡에는 비옥한 들판이 있어서 거기에서 쉽게 곡식을 거둘 수 있고 재난에 대비하여 저장할 수도 있다. 우리 선교단 가운데 몇 명은 이곳에 자주 와 덥고 건강에 좋지 않은 여름의 몇 주를 이 깎아지른 바위의 서늘한 그늘에 있는 불교 사원에서 지낸다. 주위에는 야생적이며 그림 같은 경치와 깨끗하고 시원한 물웅덩이 가까이에 몇 개의 유쾌하고 작은 정자가 있다.

그 무렵의 선교 시대에 거의 모든 외국인은 말을 소유하고 있었는데, 그 가운데 대부분은 청국의 조랑말로 아주 온순해서 타기 쉬웠다. 그러나 말이 사람의 성격을 완전히 알지 못하면 갑자기 위험이 발생하여 곧 위기를 모면할 수단을 강구해야 하기 때문에 많은 사람들이 두려워했다. 우리는 말이 아주 유용하고 유쾌한 물품임을 알았으며, 뜨거운 오후의 태양이 기울었을 때 우리는 말을 타고 자주 서울의 아름답고 홍미 있는 주위를 답사했다.

서울 근교

서울의 아름다움

서울은 낮은 산으로 둘러싸여 있으며, 나무 없고 헐벗은 윤곽은 깎아지른 듯 가파르게 푸른 지평선을 가르고 있다. 언덕과 고갯길에는 작은 나무와 작은 숲이 있고 여기에 작은 부락이 옹기종기 모여 있다. 아주 멋지고 좁은 길을 통해 마을로 들어가면, 길 가장자리에는 클레마티스, 들장미, 산사나무 또는 라일락 등의 무성한 관목들이 풍성하게 자라고 있다. 언더우드 씨는 이러한 소풍에서 자주 나의 안내역을 맡았다. 우리는 도시의 성을 따라 걷기도 하고, 멀리서 바라보기도 하고, 빛나는 달빛을 받기도 하고, 또 그렇게도 아름다운 땅에, 그렇게도 친절하고 온순한 사람들 가운데에 우리의 삶을 던져 준 하나님에게 감사드리기도 했다.

개척자의 사업

그 몇 달과 다음 겨울 동안, 여러 단체들은 여전히 바쁘게 움직였으며, 언어 습득과 성서 번역이 진행되고 있었다. 병원과 학교를 통해서 뿐만 아니라 직접적인 전도로 사람들이 몰려오고 있었다. 작은 교회의 예배에 참여하는 사람의 숫자는 매일 늘어나고 있었으며, 지방에서 봉사하는 조선 사람으로부터 교회에 관심을 가지는 사람들과 개종자들이 있다는 보고를 받았다. 이 보고는 우리로 하여금 가능한 한 빨리 또 다른 긴 여행을 하지 않을 수 없게 만들었다.

두 번째의 여행은 언더우드 씨의 차례였다. 그는 책이나 간단한 약품을 팔면서 여기저기서 약간의 개종자들을 모았다. 그는 사람들에게 많은 자극을 주었으나 세례는 거의 주지 않았다. 그는 첫 여행 동안 조선의 북쪽 국경지대를 여행했으며 송도 · 평양 · 강계 · 해주 · 의주 등 모든 중요 도시에 들렀다. 그 해에 25명 조금 안 되는 사람들이 세례를 받았으며 처음부터 그때까지 합해 보면 거의 50명이 세례를 받았다.

1889년까지 감리교 신자와 기독교 신자는 100명 약간 넘을 뿐이었다. 1888년 4월에 그는 황해도에 있는 한 마을인 소래에서 7명의 남자에게 세례를 주었으며, 그곳의 복음은 로스 씨[4]의 개종자인 서상윤[5] 씨에 의해 청국으로부터 전파된 것이었다. 이 마을 사람들 가운데 몇 명은 1887년 봄에 병

---

4) 로스(John Ross : 1842~1915) : 스코틀랜드 장로교 목사. 중국 선교사. 스코틀랜드의 닉에서 출생. 글라스고우대학교와 에든버러에 있는 연합장로교 신학교에서 수학. 그 뒤 중국 선교사로 파송되었고 1872년 이래 만주에서 활동. 이때부터 한국에 대한 관심을 가졌고 고려문(한만 국경의 출입국 관문)을 방문하여 한국 사람들과 접촉, 한국에 개신교를 전래시키는 선구자의 역할을 함.

5) 서상윤(徐相崙 : 1848~1926) : 평북 의주 출신. 봉천에서 사업을 하던 가운데 장티푸스에 걸려 중태에 빠졌다가 양의의 도움으로 회생한 뒤 기독교인이 되었다. 그는 만주에서 로스(John Ross) 목사에게 한글을 가르쳐 주며 그에게 세례를 받고 로스 목사와 더불어 성서 번역을 완수했다.(1882~1887) 귀국해서는 소래교회에서 헌신했고, 새문안교회의 창설에도 깊이 관여했다.

원을 찾아 왔으며, 3명이 신중히 설명을 들은 뒤 세례를 받았었다.

사업의 전개

그 마을에서 세례를 받았던 7명은 1년 이상을 준비했는데, 언더우드 씨가 그 마을에 도착하여 10일을 보내면서 그들과 얘기하고 그들과 문답한 뒤에야 세례를 주었다. 이러한 사실을 언급하는 것은, 조선의 교회에 기독교를 처음 전래시키는 데 비록 시간이 걸리더라도 그 토대를 확고히 하려고 극도로 신중했음을 나타내고자 함이다.

1888년 11월에 있었던 여행에서는 외국인들의 업무를 수월케 하고 성서를 가르치고 소책자를 팔 수 있도록 하려고 몇 지역에 조선 사람들을 미리 파견해 두었다. 그들 가운데 하나는 평양에, 또 하나는 장연에, 그리고 다른 하나는 의주에 파견되었다. 각 지역에서 전도가 가능한 문의자들의 수가 증가한다는 아주 고무적인 그러나 어떤 경우에는 과장된 보고가 들어왔으며, 이 새로운 신자들에 대한 문답, 격려와 교육을 위해서, 또한 부득이하게 아직까지 인정받지 못했던 고용 대리인들의 일을 감독하려면 봄이 오는 대로 여행에 올라야 하는 것을 피할 수 없게 되었다.

민비가 하사한 결혼 선물

언더우드 씨와 나는 초가을에 약혼했으며, 3월 14일에 결혼하여 그 지방으로 출발하기로 약속이 되어 있었다. 모든 외국인 단체는 그 때 친절과 호의의 표시로 서로 경쟁하는 듯이 보였다. 그 중요한 날 아침에 많은 짐을 실은 조랑말의 딸그랑거리는 종소리가 우리의 정원에서 들렸다. 나는 작은 동물들의 긴 행렬이 왕비 전하의 선물을 싣고 도착했다는 것을 곧 알았다. 그리고 현금 100만 냥이라니! 그것은 『아라비안 나이트』의 얘기와 같았다. 그 당시에는 2천 5백 내지 3천 냥이면 부유한 축에 속했기 때문에 그 거액은 관대한 조선의 왕비도 쉽게 줄 수 있는 것이 아니었고 선교단도 쉽게 처분할 수 없는 것이었다.

국왕 전하는 궁전에 있는 몇 사람을 예식장에 보냈고, 최고위층 귀족인 한규설[6] 장군이 군대를 대표해서 왔으며, 왕비의 가까운 친척이며 국왕 전하와 절친한 민영환[7]이 내각을 대표해서 왔다. 또한 많은 궁녀들이 왔는데, 그들은 칸막이 뒤에 있었다. 그들은 물론 조선의 기독교도의 일원이었다. 모든 외국인 단체는 우리의 행복을 빌었으며, 예식이 막 끝난 뒤에 우리는 미국에 계신 우리 양가로부터 축전을 받았다.

우리의 결혼

1889년 3월 14일 아침 일찍 우리는 신혼여행을 떠났다. 서울에 거주하는 선교단들과 외국인들이 이러한 여행을 하지 말도록 폭력 이외의 모든 방법을 동원하여 말렸다. 아직까지 어떤 유럽의 여성도 조선의 내국을 여행한 적이 없었으며 남성들 가운데 4/5 이상이 제물포항으로 가는 것을 제외하고는 성 밖 10마일을 나가 본 적이 없었다. 호랑이와 표범이 산에 득실거린다고 알려져 있으며 우리는 이곳 국민들의 성격도 대부분은 잘 이해하지 못하고 있다.

여관에서의 전염병, 군중의 무례함, 좋은 물을 마실 수 없다는 점, 서울에 연락할 수 없다는 점, 긴 여행에서의 때때로의 불편함, 이러한 모든 것들이

6) 한규설(韓圭卨 : ?~1930) : 서울 출신. 무과에 급제한 뒤 형조 · 공조판서, 한성판윤을 거쳐 을사조약 당시에는 참정대신으로 시련을 겪었다. 대부분의 서구 문헌들이 그를 장군으로 표기한 것은 그가 무과 출신이기 때문이었다.

7) 민영환(閔泳煥 : 1861~1905) : 본디 민겸호의 아들. 문과에 급제한 뒤 군부대신, 구라파 6개국 특명전권대신, 참정대신을 거쳐 시종무관장으로 재직 가운데 을사조약이 체결되자 자결함.

예상되는 위험이었지만 그것은 너무 지나친 우려였다. 내가 돌아오는 경우 나는 관 속에 있게 될 것이며, 그렇게 되면 나의 불쌍한 남편은 나를 데리고 간 데 대해 많은 사람의 심한 질책을 받는 장면을 종종 자유로이 상상하곤 했다.

남편은 두 번을 여행하면서 어떤 어려움도 겪지 않았기 때문에 나는 그의 판단은 믿을 수 있다고 생각했다. 그리고 지방에서 일하는 것은 바로 내고자 한 것이며 처음부터 나의 이상이었기 때문에 나는 축복의 선물로 가득 차 있는 아름다운 나라의 모든 곳을 여행하는 것을 아주 기쁜 마음으로 기다렸다. 전에 계획된 남들의 어떠한 신혼여행도 그처럼 기쁨에 넘친 적은 없었으리라는 생각이 들었다.

나의 가마와 가마꾼

나는 조선의 가마를 타고 가기로 되어 있었다. 그것은 상자와 같은 구조로 된 것인데 터키 풍이 나는 것으로, 종이와 대나무 지붕으로 덮여 있었으며, 측면은 푸른 옥양목으로 덮여 있었고, 어느 쪽에도 채색된 유리창은 없었다. 앞쪽의 커튼은 한기를 차단하거나 또는 이곳에서 하는 말로 "구경꾼들"이나 호기심에 찬 사람들이 불쾌하게 째려보는 눈을 차단하도록 내리고 올릴 수도 있게 되어 있었다.

나의 가마 좌석 아래와 뒤쪽에 방석을 넣음으로써 나는 더욱 편할 수 있었으며, 외풍을 막으려고 안쪽 둘레에 숄을 걸쳤다. 그리고 발에 뜨거운 물을 넣은 통과 보온용 발싸개를 덮었다. 나는 정말 호화스러움에 젖은 것처럼 느꼈으며, 고생스러운 선교사에게 너무 지나친 주의를 베푼 것 같았다.

힘센 두 명의 가마 인부가 나를 메고 다녔다. 가마 위의 긴 막대기에는 가죽 끈이 달려 있었고 그 끈은 운반 인부의 어깨에 걸려 있어 무게는 주로 긴 막대를 잡은 손보다는 그들의 어깨 위에 쏠렸다. 인부는 모두 네 명이었는데 두 명은 가마를 멨고, 두 명은 매 10분마다 약 30초가량 가마 밑에 튼튼한 장대를 놓아서 지친 어깨로부터 무게를 들어주었다. 매 3마일씩 가서는 이 들어주는 사람과 나르는 사람은 자리를 바꾸었으며, 그렇게 해서 우리는 이 사람들을 많이 지치게 하지 않고 하루에 30마일 이상을 쉽게 갔다. 이것은 몇 년 동안 해 왔던 그들의 직업이었다.

나는 그들이 아주 거친 사람들이어서 우리를 여러 번 곤경에 빠뜨리지나 않을까 걱정했다. 그들은 농담을 잘했고 활기가 있었으며, 그 나라의 민속에 대해 장황하고 믿지 못할 허풍을 늘어놓았고, 때로는 여정의 지루함을 잊도록 이 소박한 신혼부부에게 농담도 들려주었다. 그들은 우리가 짐 속에 굉장한 물건을 가지고 다닌다고 이야기함으로써 시골 마을 주민들의 경외와 존경심을 일으켰다.

가마꾼들의 말에 따르면, 우리가 할 수 없거나, 하지 못했던 것은 아무것도 없었다. 그들은 "자, 그 트렁크 속에는 배도 있어. 그것은 아주 작게 접혀 있지만 바람을 불어넣으면 점점 불어나서 무진장 커진단 말이야. 그래서 배가 되는 거야." 하고 말했다. 그것은 우리의 고무 목욕통을 과장한 것이었다. 우리가 그러한 동료들과 더불어 별로 어려움 없이 우리의 여행을 끝냈다는 것은 조선 사람들의 점잖고 선량한 기질을 말해 준다.

물론 나는 가능한 한 많이 걸었지만, 아래위로 몇 인치 규칙적으로 덜컹거림으로 방해받아 지칠 정도로 느릿느릿 가는 가마에서 지겨운 몇 마일을 견뎌야 했다. 곧 평지의 길이 나와서 꽤 견딜 만 했지만, 이른 새벽의 여명 속에서, 또는 더욱 나쁘게는 하루의 긴 행군으로 지쳐 있는 밤에, 인부들이 반쯤 물에 잠겨 있는 논 사이로 나 있는 좁고 진흙으로 미끄러운 길을 더듬거리며 찾았을 때, 또는 가로막은 도랑을 뛰어 넘어 뒷사람은 전적으로 앞사람만 믿고 가야 했을 때, 나는 그것이 전혀 쉽지도 않고 기쁘지도 않다고 말할 수밖에 없었다.

우리의 행렬은 아주 단출했다. 언더우드 씨는 말을 타고 있었고, 말을 끌

거리의 사람들

고 돌볼 "마부"가 있었다. 이 말에게는 콩으로 만든 뜨거운 음식과 잘게 자른 건초를 주었으며 아주 조심스럽게 돌보았다. 우리에게는 두세 필의 짐 실은 조랑말이 있었는데 그것은 의약품, 주로 한자로 되어 학자만이 읽을 수 있는 소책자, 우리의 모포와 침낭, 몇 개의 취사 용구, 그리고 외국의 음식과 옷가지를 싣고 있었다.

옷과 말의 교환 문제가 가장 어려운 것이었지만, 조선 외부가 관찰사들에게 우리가 필요로 하는 돈의 액수에 대한 인수증을 받아들이라고 지시함으로써 해결되었고 또한 말에 대해서도 우리 것 대신에 말을 내어 주라고 했다. 이 청구서의 모든 금액은 우리가 서울로 돌아간 뒤에 갚아야 했다. 돈은 너무나 부피가 커 우리의 조랑말이 이틀 치 쓸 것 밖에는 가지고 다닐 수가 없었다. 이전의 여행에서 언더우드 씨는 커다란 은 덩어리를 가지고 다니면서 도시에서 현금으로 바꾸었다.

길옆에 있는 작은 여관은 방 값을 청구하지 않았고, 밥그릇 수와 먹인 말의 수가 주인의 청구서에 있는 유일한 항목이었다. 가마의 인부들과 마부들 외에 우리는 젊은 기독교 조수, 요리사, 그리고 하인을 각각 한 명씩 데리고 있었는데, 요리사와 하인은 우리를 평양에 남겨 두고 집으로 돌아갔다.

제 3 장 초기의 조선 생활

신혼여행

우리는 이른 새벽 곧바로 아치 밑을 지나 북쪽을 향해 출발했다. 그 당시 아치는 조선의 대표단이 매년 공물을 받으려고 오는 청국의 사절을 만나는 청소를 의미한다. 이런 관례는 조선이 독립을 선언할 때까지 계속되었으며, 나중에 그 존경의 표시로 옛날 아치를 허물고 더 좋은 것을 세웠다. 아치 뒤로 통로가 있는데, 그것은 산으로 나 있는 진흙투성이의 돌이 많고 좁은 길이었다. 그곳에는 서울을 왕래하는 소와 짐말들이 붐비고 있었다.

마부와 인부들이 소리를 질러 혼란을 더 가중시켰으며, 커다란 바위가 위에서 곧 떨어져 불운한 행인을 때릴 것 같았고, 사실 때때로 떨어지는 많은 돌이 길을 방해했다. 지금은 언덕을 가로질러 좋은 길을 냈으며, 위험하고 불편한 옛날의 길은 폐쇄되었다. 그곳의 음산함, 귀신같은 소음, 섬뜩한 냄새와 힘든 전진, 이러한 것들로 보면 번얀[1]의 작품에 나오는 "죽음의 계곡"의 모습과 다르지 않다. 아직 3월이었기 때문에 음지에는 여전히 눈이 남아 있었으며, 아침 공기는 쌀쌀하고 오싹오싹했다. 그러나 우리는 멀리 송도로

1) 번얀(John Bunyan : 1628~1688) : 영국의 작가로 『천로역정』을 씀.

가는 아주 좋은 길을 발견했다.

송도

우리는 서울과 송도 사이에 있는 어느 작은 마을에서 정오에 첫 휴식을 취하면서 조선의 여관을 처음 경험했다. 조선의 여관은 불결하고 좁으며 고약한 냄새와 불편함이 청국의 다음이었다. 여성들이 스는 방은 대체로 하나뿐이었다. 방에는 거의 같은 크기와 같은 이름의 종이 문과 창문이 하나부터 네댓 개까지 있으며, 부엌, 정원, 사랑방으로 통해 있었다. 이 방은 대개 너비가 8피트 정도이고 길이가 10 내지 12피트 정도를 넘지 않으며, 아주 낮다.

문에 바른 종이는 보통 더러움으로 검으며, 사실상 이 음울하고 작은 거처로 들어와서 느낀 낙심을 이겨 나가게 할 수 있는 광선이 거의 없다. 번듯한 가구는 거의 없으며, 기껏해야 장 또는 반닫이가 있다. 그것은 가장 독특하고 골동품처럼 보이는 궤짝으로서, 놋쇠나 검은 철제 돌쩌귀, 자물쇠 등의 많은 장식이 달려 있다. 궤짝은 벽에 기대 있으며, 그 위에는 여러 개의 크고 밝은 색깔의 이불과 베개가 쌓여 있다. 베게는 앞서 말한 곳처럼 나무로 만든 것이 아니라 구식의 긴 소파 베개와 비슷한 것이어서 훨씬 더 안락했다.

마룻대 바로 아래 천장의 가운데에 더러운 종이 뭉치, 깃털과 지팡이를 볼 수 있는데 조선 사람들은 거기에 가신이 숙박한다고 상상하고 있다. 써레나 연기 나는 불이 담긴 화로는 대개 바닥에 있다. 그것으로 말미암아 심한 두통이나 질식을 일으키는 경우에 그것을 바로 치워야 한다. 선교단의 어떤 사람은 그것 때문에 불 머리로 기절해서 그의 동료가 몇 시간 노력한 끝에 겨우 소생했다.

대개의 여관에는 아주 그림 같은 커다란 놋쇠나 나무로 된 등잔불이 보인다. 그것은 약 2.5피트 높이의 장대 꼭대기에 피마자기름의 받침 접시를 올려놓는 작은 까치발을 가진 견고한 받침대가 있으며, 아래는 기름통과 소쁠이 매달려 있다. 등잔 또는 받침 접시에는 아주 희미한 불빛을 내는 작은 심지가 있는데 그것으로도 어두움을 충분히 밝혀 볼 수 있다. 종종 이 등잔을 간수하려고 특별한 벽감 또는 작은 찬장을 갖추고 있으며, 낮에는 그곳에 넣는다.

벽면에서 1보쯤 떨어지고 바닥에서 3 내지 4피트 떨어진 곳에는 거의 항상 방을 가로지르는 튼튼한 막대가 있고 그 위에는 의복을 걸 수 있도록 되어 있다. 그리고 방의 2 내지 3면 둘레 지붕 아주 가까이에는 넓은 선반이 뻗어 나와 있으며, 그 위에는 잡다한 가정용품, 겨울 채소, 막걸리를 만드는데 아주 알맞은 누룩 덩어리, 그리고 일일이 열거하기에 너무 많고 잡다한 여러 가지의 물건들이 있다. 그것들은 먼지투성이의 고서, 바구니, 그리고 다림질에 사용되는 나무 받침대와 방망이, 약병, 밥그릇 한 벌, 성냥 곽 등이다.

기름먹인 종이 위에, 더 정확하게는 흙바닥 위에 덮여 있는 돗자리는 먼지와 일일이 열거할 수 없는 해충들로 가득 차 있다. 이러한 방과 돗자리에 누움으로써 설사병, 천연두, 콜레라 또는 발진티푸스 때문에 얼마나 많은 사람들이 아프고 또 죽었겠는가를 생각하지 않는 것이 좋을 듯하다. 설령 방이 깨끗이 청소되었거나 돗자리를 한번쯤 털었더라도 마찬가지였을 것이다. 그들은 "참으로" 깨끗하다는 것을 모른다.

훈증이나 소독은 달에 있는 사람의 개인 생활처럼 그들의 자유분방한 상상의 날개를 훨씬 넘어서 있다. 우리가 경이롭고 존경스럽게 생각하지 않을 수 없는 기적은 앞서 내국을 여행했던 그렇게 많은 깨끗한 사람들이 기생물, 박테리아, 세균, 그리고 현대 과학에 따르면 짧은 기간 내에 공격해서 파괴해야 하는 어떤 이름의 모든 유사한 적들에 어떻게 저항할 수 있었는가 하는 점이다.

대개의 여관에는 커다란 흙 항아리가 있는데, 높이가 2~3피트이며 드물게는 4피트짜리도 있다. 직경은 2~3피트가 되어 알리바바의 흉악한 도둑도 그 속에 쉽게 숨을 수 있다. 장독은 담을 따라 놓여 있지만 대개는 뜰에 있다. 그들은 그 속에 소금, 절인 오이, 음료, 과실주를 담으며, 항상 몇 개는 잘게 썬 배추에 식초를 쳐서 담근 독일식 사우어크라우트를 닮은 김치를 담고 있다. 김치 없이 그들은 밥을 먹지 못한다.

많은 개, 고양이, 닭, 돼지, 오리들이 뜰아래 있으며, 소와 말은 외양간에서 시끄럽게 풀을 뜯고 있다. 외양간은 우리와 같은 지붕 아래 있으며 다만 다르다면 종이문 밖에 있다는 것뿐이다. 우리가 잘 때, 꿀꿀거리고, 끽끽거리며, 꼬꼬댁하고, 숨을 헉헉 쉬며, 짖어대는 소리의 심술로 결코 편안히 잠들지 못할 것이 분명하다.

앞에서 언급된 바대로, 대개의 호텔은 여성이 머무르기에 적당한 단 하나의 내실을 가지고 있으므로, 우리의 조수, 가마꾼들, 마부와 다른 여행자들은 상자에 있는 정어리처럼 빽빽하게 사랑방을 사용했다. 여관이 주요 도로변에 있는 커다란 것이 아닌 경우 주인 가족은 밤에 이웃집으로 잠을 자러 간다. 나는 그렇게 많은 것을 본 기억이 없지만, 아마도 조선의 최신식의 여관은 아무리 커도 잠자는 방을 5개 또는 6개 정도 가지고 있을 것이다.

숙박의 어려움

지금 우리는 돌돌 말아 두꺼운 포대 자루 가방에 넣는 간이 치대를 가지고 여행하고 있는데 그것을 펼쳐 놓으면 작은 방이 꽉 찬다. 이 고마운 것은 우리로 하여금 더러운 바닥에 가까이 닿지 않도록 해준다. 사실상 바닥은 보통 너무 뜨거워 우리가 젖거나 추울 때, 그리고 오랜 시간의 걸음으로 아플 때, 감기와 류머티즘의 특별한 예방법으로 쓰일 때를 제외하고는 건강에 좋지 않다.

그러나 첫 여행에서 우리는 이런 간이침대도 없고 어떤 아픔도 없었기 때문에 지붕을 이는 데 사용되는 깨끗한 짚을 몇 다발 가져다가 최소한 1피트 높이로 쌓았다. 적어도 모든 마을에서 짚은 풍부한 것 가운데 하나이다. 우리는 그 위에 침구를 펴 작은 적들이 밤새도록 그 짚의 미로를 헤매며 헛되이 피곤한 길을 헤치게 함으로써 그들을 혼란시키고 좌절케 했다.

이런 방법으로 우리는 바닥이 참을 수 없이 뜨거워졌을 때를 제외하고는 편하게 잤으며, 우리가 깰 경우에는 그런 식으로 다른 곳에 짚을 쌓아 잠자리를 다시 만들고 다시 편안한 마음으로 잤다. 우리는 한 밤에 세 번 이상 이렇게 하지는 않았으며, 그것도 단순한 자리바꿈이었다.

그러나 앞에서 잠시 언급한 것처럼 우리가 더운 계절에 여행하지 않을 수 없을 때 그 상황은 웃을 일이 아니었다. 남자와 동물을 위해 쌀과 콩을 요리해야 하는데, 그것은 십중팔구 당신의 방 아래서 불을 때는 것을 의미한다. 따라서 온도계가 점화 직전인 70°C에 육박한다 하더라도 당신은 그 난로 위에서 자야 하는 것이다.

상상해 보시라. 방은 좁고 낮은 데다가 대개 정원으로 열려 있는 창문도 거의 없다. 당신은 열린 현관이나 "마루"를 간절히 바라보지만, 거기에는 밤에 배회하는 표범과 호랑이가 있으며 이들이 없는 경우라도 쥐, 흰족제비, 그리고 뱀이 있다. 더욱이 이끼 낀 물웅덩이와 시궁창이 둘레에 있어 불쾌한 냄새와 지독한 독성이 있는 수증기를 뿜는다. 그곳은 야수보다도 훨씬 더 치명적인 말라리아균이 습기 찬 밤공기에서 몸에 스며드는 곳으로 유명하다.

따라서 당신은 한숨을 쉬면서 다시 같은 방으로 돌아서서 최악의 상태를 준비하게 될 것이다. 온도는 계속 오르며, 맥박은 뛰고, 머리는 곤두서고, 숨이 막히고 헐떡거리게 된다. 마침내 여명이 틀 무렵 불이 꺼지고 뜨겁던 돌이 조금 차가워졌을 때, 녹초가 되어 곤한 잠에 빠진다. 그러나 이른 출발은 어쩔 수 없이 다음 단계를 재촉해서 적어도 4시쯤에는 더 많은 쌀을 요리하려고 다시 불을 땐다. 그러면 당신은 신선한 공기를 한 모금 들어 쉬어 타는 듯한 관자놀이를 시원하게 하려고 문을 박차고 나갈 것이다.

따라서 장마, 침수된 도로, 홍수, 건너지 못하는 강이 아니더라도 여름에는 꼭 필요한 경우가 아니면 여행해서는 안 된다. 텐트는 우기의 선교에 실용성이 없으며, 몇 번의 경우, 그것을 사용하면 심각하고 치명적이기조차 한 병이 뒤따랐다. 특히 우리의 첫 여행에서의 어려움 가운데 하나는 여관에서의 구경꾼이 얼씬거리는 것이었다. 종이 문은 그들이 엿보는 구멍을 만들기에 아주 유용했다. 각처에서 "외국인"이라는 말과 특히 "외국 여자"라는 말이 삽시간에 퍼진다.

미국의 어느 마을에서도 사자나 코끼리도 그러한 흥분을 자아낸 적이 없었다. 우리가 여관에 들어간 순간 그 집은 곧 혼잡하게 포위되었다. 모든 문은 손가락에 침을 칠해서 종이를 살짝 눌러서 만든 구멍으로 가득 차 있었다. 우리만이 있다고 생각했을 때, 굶주린 눈으로 가득 찬 그러한 구멍들을 보고는 당황했다.

나는 야수나 기형 인간의 쇼를 보고 싶어 한 적이 없다. 그 정도의 비용을 들여 그 정도로 즐거울 수 있는 일이 없다는 점에서 나는 그들의 기분을 충분히 이해할 수 있다. 우리는 그 사람들과 만나고자 했지만 우리에 대한 필사적인 호기심이 그들을 어느 정도 만족시켜 줄 때까지는 우리의 말에 주의를 기울이지 않았기 때문에, 만족스럽게 그들과 이야기할 수가 없었다. 이제 우리의 여행에 관한 얘기로 돌아오자.

송도에서 약 20마일쯤 떨어진 곳에 임진강이 가로질러 있는데, 그곳에는 여행자와 소지품을 나르려고 나룻배가 준비되어 있다. 이야기는 도요토미 히데요시가 쳐들어 왔을 때 그 강이 내려다보이는 절벽 위에 멋진 여름 별장에서 살았던 한 귀족의 애국심으로 거슬러 올라간다.

국왕이 일본인을 피해서 한밤중에 이곳에 이르렀는데 이 사람이 그의 아름다운 정자를 불살라 왕과 그의 호위자들을 밝혀 주어 나룻배로 건너가게 했다. 이 결과로 그 왕은 안전하게 강을 건너 적을 피했다. 따라서 왕은 감사의 표시로, 제물이 되었던 정자의 자리에 그의 충성스런 우정을 잊지 않기 위해서 여름 별장을 영구히 가질 수 있도록 하라고 명령했다. 그리고 그에게 훈장과 상금을 내렸다.[2)]

송도는 조선에서 가장 큰 도시이며, 아마도 조선에서는 재물에서뿐만 아니라 상업적으로 가장 중요한 도시일 것이다. 여기에서 인삼이 재배되는데, 인삼은 조선, 청국, 일본에서 아주 높이 평가되는 것이며 1파운드 당 45달러로 금보다 더 높은 가격인 최고가로 팔린다. 송도는 공식적으로는 조선의 수도였지만, 모반에 성공하여 스스로 왕이 된 이성계 장군이 그의 행정부를 서울에 두었다.

석양 무렵, 우리는 이 고대 도시에 도착하여 잠시 뒤 10명의 기독교 문의자들을 만났다. 며칠 되지 않아 우리는 전체 여행 기간에 팔려고 예상했던 책과 약품을 모두 팔았기 때문에 서울로 다시 사람을 보내어 더 많이 가져오게 했다. 우리가 머무르는 동안 많은 군중으로 둘러싸여 있었기 때문에 대문에 문지기를 두지 않을 수 없었다.

우리는 한번에 50명을 받아들였으며, 그들의 호기심이 충분히 만족되었을 때 그들의 병을 치료했다. 그들은 원하는 만큼의 책을 샀으며, 밀치고 열심히 싸우는 또 다른 호기심 있는 사람들을 위해 자리를 떠야 했다. 언더우드 씨는 어느 누구에게도 세례를 주지 않았지만 예비자들을 만나 시험하고, 가르쳤으며, 조수들의 일을 지도하고 바로잡아 주었다.

송도는 서울에서 약 55마일 떨어진 곳으로 약 20만 명의 주민이 살고 있다. 지금까지 그곳에 근거지를 가지고 있는 교파는 남감리교파뿐이며 왜 다른 선교단들이 그렇게 중요한 요지에서 그들의 사업을 시작하지 않았는가를 설명하기는 어려울 것이다. 굳이 말하자면, 그 도시는 어느 다른 지역에서처럼 첫눈에 유망하게, 말하자면 지속적으로 발전시킬 수 있는 가능성이

---

2) 경기도 파주의 화석정의 고사를 의미한다. 이곳은 율곡 이이가 지내던 곳이었다.

보이지 않았기 때문이다. 다른 지역은 비록 새로운 중심지로서의 출발이 훨씬 뒤늦더라도, 그 수요를 만족시킬 협력자를 얻을 수 없을 정도로 수요가 절실하다.

송도에는 관문이 없다. 그 도시 주민들은 아주 지속적으로 서울의 조정을 경멸하고 멸시하기 때문에 과거와 같은 특전을 거쳐 이곳에 이주해 왔다고 한다. 보통 서울로 "올라간다"고 말하는 것이 상례이지만 그들은 "내려간다"고 말한다. 그리고 그들은 서울에서처럼 곡물을 오른쪽에서 왼쪽으로 세지 않고 왼쪽에서 오른쪽으로 세며, 무엇보다도 나쁜 것은, 그들은 왕을 돼지로 언급해 왔기 때문에 돼지라고 말하는 것은 왕의 이름을 말하는 것이 된다는 것이다!

대동강

우리는 송도로부터 계속 북쪽으로 나아가 쉬엄쉬엄 평양을 향했다. 평양은 언더우드 씨가 예비자들을 만나고자 기대하는 중요한 곳이며, 이미 몇 명의 기독교인이 있는 곳이다. 우리는 눈보라가 휘몰아치는 가운데 관문 바로 아래에 있는 대동강에 이르렀다. 우리 쪽의 여러 사람이 배를 얻으려고 오랫동안 힘껏 소리쳤다. 마침내 인내력이 한계에 이르렀을 때, 뱃사공이 몇 푼의 돈을 받고서야 커다랗고 바닥이 평평한 배로 말, 짐, 가마 꾼, 가마, 인부와 전도사 모두를 진흙 구덩이에 안전하게 상륙시켰다.

그러나 나는 우아한 아치형의 나무와 아름다운 여러 종류의 관목과 꽃에 정신이 팔려 이 나룻배가 이르는 아름다운 길에 대해 말하는 것을 거의 잊었다. 그 황량하고 쓸쓸한 계절에도 그것은 사랑스러웠으며, 한 달 뒤에 우리가 다시 왔을 때 그 푸른 삼림의 그늘과 풍부한 향기로운 꽃들로 아주 매력적이었다. 요즈음은 아! 그것은 청일전쟁 동안 나무가 모두 베어졌기 때문에 그 아름다움을 완전히 빼앗겼다.

대동강

나룻배

우리가 평양의 관문에 들어서자마자 아주 떠들썩하고 계속적으로 늘어나는 군중들이 우리의 발꿈치 가까이 따라 왔으며 점점 더 성가시게 하고 시위 운동하듯 하더니 마침내는 그 규모와 행동이 폭도와 거의 다르지 않을 정도가 되었다. 점잖은, 그러나 군중에 놀란 여관 주인들은 잇따라 우리를 문 앞에서 쫓아내었으며 마침내 거리에서 밤을 지새우는 곤란한 상황이 벌어졌다.

그러나 잠시 뒤 우리는 한 거처를 발견하고 감사로부터 경찰을 지원 받아 군중들을 저지하여 그 숫자를 지난번 송도 정도로 줄일 수 있었다. 우리가 머무르는 동안 거의 종일 비가 내렸기 때문에 가마로도 편안하거나 안전하게 도시를 보러 갈 수가 없었다. 왜냐하면 내가 얼굴을 내밀기라도 하면 어느 누가 외국 여자의 모습을 발견하게 되고, 그러면 곧 군중이 몰려들어 움직이거나 어떤 일을 할 수 없기 때문이었다.

우리가 떠나기 얼마 전에 나는 언더우드 씨와 함께 그가 제2의 근거지로 좋은 자리라고 생각했던 관문 밖에 있는 호감 가는 장소로 옮겼다. 거기에서 우리는 한 기독교인의 어머니를 방문했다. 그는 몹시 아팠지만 우리의 치료를 받고나서 얼마 뒤에 회복했기 때문에 우리는 좋은 인상을 남겼으며 가족들이 고마워한다는 점에서 아주 행복했다.

빨래

나는 이 도시에서 조선의 세탁 방법이 나쁘다는 것을 증명할 수 있는 실례를 가지고 있다. 조선 여인들의 애정에 찬 자비심을 거절하지 못하여 몇 가지 옷을 내주었더니 그들이 단추를 모두 떼어버리고 가져왔던 일이다. 그들은 보통 시냇가에서 돌 위에 옷가지를 놓고 마구 두드리는데, 그렇게 하기에 앞서 조심스럽게 작은 단추를 모두 떼어 냈던 것이다. 풀을 먹이는 일도 없고 세탁용 물감을 들이거나 다림질하는 일도 없다.

다듬이질하는 여인들

조선의 옷은 다림질하기에 앞서 뜯어야 하며, 그 다음에는 부드러운 나무 조각 위에 놓고 아름다운 광택이 날 때까지 몇 시간 동안 세게 두드린다. 그러나 조선 사람들은 다리미 없이는 다림질하지 않는다. 그들은 뜨거운 숯을 넣은 커다란 다리미와 두세 종류의 작은 다리미를 가지고 있으며, 작은 것(인두)은 폭이 반 인치도 안 되고 길이가 2내지 3인치로 긴 손잡이가 있고, 소매의 솔기를 누르는 데 사용된다.

주막거리의 소란

평양에서 1주일쯤 머무르면서 많은 방문객을 만났는데, 그들 가운데 대부분은 호기심에서 찾아 왔지만, 어느 누구도 복음서를 받지 않거나 말씀을 듣지 않고 간 사람은 없다. 1주일 뒤 우리는 다시 북부로의 여행을 떠났다. 아, 그 몇 년 동안에 이루어져야 할 것에 대한 어떤 예언적 통찰력이 우리에게 있었더라면! 처량하고 비탄에 잠긴 황무지 같은 인간성이, 작은 낫으로 영광된 수확을 기다리는 풍부한 곡식의 들판으로 바뀌는 것을 우리가 볼 수 있었더라면, 그래서 매년 곡창으로 모여드는 몇 백만을 지금 우리가 볼 수 있었더라면 우리의 마음은 얼마나 끓어 올랐을 것인가!

"그러나 하나님의 사랑은 인간의 마음의 척도보다 훨씬 더 넓기에" 우리가 상상을 펴고 꿈꾼다고 해도 그것이 모두 성취되리라고 희망할 수는 없다. 하나님은 미래를 달콤한 놀라움 속에 감추어 두었다. 이 도시를 막 떠났을 때 76세쯤 되는 한 노인이 "종교에 의해서 인간은 죄에서 벗어날 수 있는지에 관해" 우리에게 물으려고 3마일을 달려왔다. 이것은 하나님이 우리에게 수확하도록 허락한 추수의 첫 열매 가운데 하나였던 것이다.

우리가 밤을 보냈던 작은 마을인 운산은 아주 험악한 곳이었다. 우리는 이 도시에서 주로 외부의 편지를 이용해서 현감의 숙소를 얻어 쓰지 않으면 안 되었다. 그것은 여관이 우리를 받아들이지 않을 때도 있고 혹은 그들이 호기심 많은 군중들의 거친 행동을 막아내지 못할 것 같았고 또한 의지할 기독교 신자가 단 한 사람도 없었기 때문이었다. 이 각별한 곳에까지 현감이 나올 수는 없었으므로 "잡인들"을 통제할 수가 없었다.

아침에 떠날 시간이 가까워졌을 때, 약 100여 명의 남자와 많은 소년들이 우리 부부의 진기한 모습을 "구경"하려고 작은 뜰에 모여 기다리고 있었다. 낯선 남자에게 자신을 내보이는 여자는 조선에서는 존경받거나 훌륭하게 여기지 않는다는 것을 잘 알고 있는 남편은 나의 가마를 집으로 들여다 놓고, 내가 그곳에서 가려져 보이지 않도록 문을 닫았다.

그리하려 그들은 이 낯선 야수들을 볼 절호의 기회를 놓쳤다는 것을 알고는 신분이 낮은 패거리 가운데 몇몇은 호기심을 억제할 수가 없었던지, 아마도 다른 사람에 의해 부추김을 받은 듯한 어떤 사람이 나의 침실 문을 깨고 열었다. 조선에서는 이 보다 더 큰 법률 위반이나 예절에 어긋나는 일은 없으며, 그 비참한 죄인은 상처받은 여인의 친구가 가할 수 있는 어떠한 처벌도 받아들여야 한다. 문 가까이에 서 있던 남편은 그의 발을 들어올렸다. 말이 충분히 통할 수 없고 손이 너무 부드러운데 반해서, 발은 그의 감정을 표현하기에는 아주 적절한 수단이다.

비록 그 사람을 때리지도 않고 다만 감정을 표현했을 뿐이지만 이런 행동은 가마꾼들에게 충분히 용기를 주었다. 그들은 자신들의 명예가 우리와 밀접히 관계있다고 생각하게 되자, 우리에게 모욕을 주었던 "못된 녀석"을 응징하려고 달려들었다. 가문을 존중하는 양반 출신의 패트릭이라고 부르는 한 억센 친구가 군중 가운데서 그의 제물 하나를 단번에 골라 그를 둘러싼 친구와 옹호자들 앞에 끌어다 놓았다.

상투의 용도

그는 그러한 상황에서 조선 사람들이 흔히 하는 방법으로 상투를 틀어잡고 그를 끌어왔다. 그런 식으로 상대방의 상투를 일단 잡으면 사실상 그를 마음대로 할 수 있게 되므로 그것은 아주 편리하고 효율적인 취급 방법이다. 그는 즉석에서 주먹으로 연타했다. 그러나 우리는 4명의 인부, 한 명의 조수, 한 명의 선교사, 한 명의 부인으로 구성된 작은 집단일 뿐이며, 저들은 백 명 이상이 되는 힘이라는 것을 주의해야 했다.

우리의 직업상 그리고 가장 바람직한 희망 때문에 그들에게 처벌을 가하지 않았다. 그들을 겁주어 평온을 되찾으려는 생각이 있었다면 설령 무기를 가지고 있었다 하더라도 그것을 사용할 수가 없고, 무뢰한들로 하여금 우리 주변에 머물게 하는 정도밖에는 할 수가 없었다. 따라서 평정을 유지하는 것이 우리의 의무였으며 그것도 신속해야 했다. 왜냐하면 그 범죄자의 친구들이 그를 방어할 태세를 갖추어 가까이 오면서 험악한 얼굴로 성나고 위협적으로 투덜거렸기 때문이다.

언더우드 씨는 군중을 향해 뛰어 내려가 필사적으로 싸우는 인부들을 떼어 냄으로써 기세가 오른 폭풍우는 잠잠해졌다. 그러나 패트릭은 어떻게 해서든 그의 분노를 표시하지 않고는 떨어지려고 하지 않았다. 그는 머리 위로 몽둥이 같은 가마 장대를 휘두르면서 순수한 조선식 싸움 방법으로 군중을 뒤로 하고 계단의 꼭대기에 서서 일반적으로 그리고 이 경우는 특별히 그러한 행동에 관계되는 사람들에게 큰 소리를 치쳤다.

그는 제임스[3]의 싯귀처럼 "오라. 오라. 그러면 내가 곧 이 바위를 통째로 날리리라."고 말했다. 그러나 남편은 그들이 더 성내지 않고 군중의 화가 다시 최악의 상태에 이르기에 앞서 떠나는 것이 상책이라고 생각했다. 청국이나 일본에서 유사한 경우가 있었더라면 우리 경우와는 아주 다르게 끝맺었을 것이 확실하다.

조선 사람들은 심각한 도전이 없는 한 악의를 품지 않으며 복수심이나 잔인함도 없다. 우리는 다만 우리가 아마도 야비한 사람일 것이라고 생각하면서 모여든 난폭한 군중과 마주하고 있는 것이다. 따라서 우리가 점잖고 예의바른 조선 사람들이 하는 것처럼 행동한다는 것을 그들이 알았을 때, 그들은 우리의 자제심을 존경했으며, 비록 몇몇 소년들이 돌을 던지고 야유하기는 했지만 그들의 호기심을 억제했다. 그리고 그들 모두는 마을 밖 얼마까지 우리를 따라 왔지만 우리는 곧 평화롭게 우리만 있음을 알게 되었다.

지나쳐 버리기에 앞서 나는 상투의 일반적 효과에 대해 몇 마디 언급하고자 한다. 미국에서 남자들이 이러한 방법으로 머리 모양을 하지 않는 것이 유감스럽다. 여성의 권익을 옹호하는 우리는 상투가 남성을 손에 넣을 강력한 손잡이가 된다는 것을 곧 알게 될 것이다. 왜냐하면 그것이 분별 있는 여성의 손아귀에 들어가면 무한한 가능성을 주는 수단이 되기 때문이다. 누가 밖에서 권력을 휘두르기를 바라는가, 누가 집에서 상투를 잡을 수 있는가!

나는 아주 화난 어느 부인이 이 잘 묶여진 장치를 잡고 주막에서 취한 그

---

3) 제임스(James Fitz James) : 아담스(Arthur H. Adams : 1872~1936)의 본명. 뉴질랜드의 시인이며 작가임.

의 남편을 집으로 끌고 오는 것을 보았다. 화난 부인이 이것을 단단히 거머잡음으로써 남편이자 가장이 마땅히 받아야 할 체형을 가하는 것을 여러 번 보아 왔다. 조선의 부인은 그의 남편이 식사하는 동안 서서 시중을 들어주며, 그가 담배를 피우고 있을 동안 그는 일을 하지만, 가정 문제가 어떤 위기에 처하게 되었을 때는 그가 손에 키(상투)를 잡고 배의 방향을 바꾼다.

수령의 보호 거부

이 여행 가운데 또 다른 종착지에서, 우리는 아주 오랫동안 집안에만 틀어박혀 있었던 현감이 아주 무식하고 문맹이어서 여권의 용도도 모르고 그것을 읽을 줄도 모른다는 것을 알았다. 사실 이것은 아주 심각한 문제이다. 이곳의 거칠고 호기심 많은 군중도 문제려니와 관찰사 관할 구역에서 휴식처가 거부된다는 것은 우리가 대중으로부터 폭행당할 위험이 있다는 것을 의미하며 또한 거리에서 잠을 지새워야 하는 것이 확실함을 말해 준다. 여기에서 우리는 말을 새로운 것으로 교체해야 하며, 다음 단계를 위해 필요한 돈을 얻어야 하고 또 지친 인부들과 우리 자신을 위해 음식과 불을 얻어야 한다.

그래서 관찰사로부터 어림없다는 불안한 소식을 조수가 가지고 다시 돌아왔을 때 우리의 "두목"은 제복을 걸치고, 손에 여권을 들고는 성큼성큼 걸어가더니 군중들과 마주하여, 놀랍게도 여권을 밟고 공중에 흔들고 땅에 내팽개치기도 했다. 그리하여 그 소란과 열성에 놀란 말단 관리에게 끈질긴 서양인의 손에 있는 외부의 여권의 중요성과 위엄을 알아차리도록 하는데 성공했다. 그는 곧 그리고 예의바르게 우리에게 방과 돈, 말, 그리고 우리가 필요한 모든 것을 제공했다. 추측하건대 그가 그렇게 한 것은 우리와의 시비를 벗어나기 위한 것 같았다. 분명히 그는 조용하고 평온한 생활을 방해했던 가장 대단하고 놀라운 침입자라고 우리를 회상할 것이다.

그러나 현감이 있는 곳에 거처를 잡기는 했지만 괴로움은 끝나지 않았다. 외국인이 도착했다는 말이 여기저기에 퍼졌으며 군중은 점점 더 빽빽하게 모여들었다. 그들은 다만 거칠고 좋은 의미의 호기심을 가질 뿐이지만, 그 고통은 호기심의 희생물이 되어 왔던 사람만이 아는 것으로서, 그것이 실제로 나타났을 때 야릇한 감정을 느끼게 된다. 사람들은 몇 마일을 여행하며 겪어보지 못했던 피로를 견디고 커다란 어려움을 극복하고자 하며, 또한 이러한 감정을 만족시키려고 욕심대로 하는 그들을 저지하려는 사람들의 형편, 편의 또는 안전에는 전혀 주의를 기울이지 않는다.

우리가 에워싸였다는 것을 알아차리고, 보통 하는 대로 손가락으로 구멍을 뚫어 들여다보는 구경거리를 막으려고 방 둘레의 문과 창문 앞에 솔과 비옷을 걸어 놓았다. 그렇게 요새화한 다음에 얻어진 짧은 휴식 시간 동안에 우리는 식사를 하기 위해서 식탁 대용인 트렁크 앞에 앉았다. 웃음을 억제하는 듯한 킥킥거림이 들려 와 우리는 빠르게 주위를 둘러보았다. 길고 가느다란 장대가 엿보는 구멍을 뚫고 나와서 커튼을 걷어 올리고 많은 눈들이 새로운 구멍에 가까이 대고 있었으며, 우리는 아주 잘 보이는 곳에 있었다.

적의 비열한 승리의 뜨거운 불꽃 속에서 이런 당황한 순간에, 만일 우리가 그냥 평범한 여행지에서 모든 사랑하는 사람을 확보하려는 바램도 없고 또 이 가련한 사람들, 그들 가운데 가장 성가신 사람조차도 사랑하는 마음으로 참을성 있게 모든 괴로움을 견딜 준비가 되어 있지 않았다면, 내가 눈으로 가득 찬 구멍을 겨냥하여 물총을 쏘아 버리는 장면을 기쁨에 들떠서 상상했었다는 것을 솔직히 고백하지 않을 수 없다. 그리고 지금은 내가 보다 익숙해져 있었기 때문에 나는 그것을 용서하고 이해하면서 보다 "침착하게" 이런 사생활의 침입을 참았다.

이즈음에서 우리의 양식은 거의 떨어졌다. 제일 먼저 설탕이 떨어졌다. 조선 사람들은 설탕을 갖고 있지 않았으나 메밀 꿀을 얻을 수 있었다. 그것은 이제까지 내가 결코 맛보지 못했던 아주 좋은 것이었으며, 우리는 그것이 가장 훌륭한 차의 맛을 증진시킨다는 것을 알았다. 우리가 사람들의 성격도 확실히 모르고 또 더욱 미심쩍은 많은 사람들이 숨어 있다고 알려진 내국의 오지로 여행해야 하기 때문에 현감은 우리와 함께 최소한 한 두 경의 관리를 딸려 보내야 한다고 생각했다.

산간 마을

희주[4]에서 풍경이 점점 더 삭막해지고, 아주 높지는 않지만 언덕은 산으로 올라가고 있으며, 시내는 콸콸거리며 바삐 요란하게 흘러내리고, 길은 꼬불꼬불 올라가고 있었다. 여기서 우리는 좀처럼 없어지지 않는 눈 아래 피어난 봄의 꽃과 눈 위에서 태양을 받으며 훨훨 날아다니는 나비를 처음 보았다. 아직은 약간 춥고 쓸쓸하고 위로 올려 보면 태양만이 있었지만 하나님이 그들을 세상에 보낸 이래 그들이 가장 어울리는 장소에 있는 것이 확실했다.

가장 가파르고 아찔아찔하며 오르기에 가장 힘든 바로 그곳에서, 잔인한 마부가 터무니없이 짐을 잔뜩 실기 때문에 죽 불쌍히 여겨 왔던 불행한 짐말 두 마리가 짐을 실은 채 싸우기 시작했다. 얼마 동안 서로 필사적으로 차고 작은 악마와 같이 끽끽 소리를 질렀다. 그 동안 가엾은 마부가 그것을 중지시키려고 둘레를 빙빙 돌면서 고함을 질렀지만 그들은 결국 다른 방향으로 도망치고 말았다.

나의 마음은 무거웠으며 그 이후 결코 이러한 동물을 동정하지 않았다. 내가 분명히 생각건대, 그들은 이제까지 내 짐을 나른 동물 가운데서 제멋대로 굴고, 버릇없으며, 완고하고, 싸우기 좋아하며, 변덕스럽고 다루기 힘들며 거친 작은 동물이다.

4) 희주(熙州) : 지금의 희천.

이 작은 마을에서 치료했던 많은 사람들 가운데, 한 여인이 약을 얻으려고 16마일을 달려와서 "위대한 의사"이신 그리스도에 대한 소식을 가지고 갔다. 따라서 육체에 대한 전도 사업이 영혼에 영향을 주게 되었으며, 그 씨앗이 널리 흩어지게 되는 것이다. 그 작은 씨앗이 얼마나 번성하느냐 하는 것은, "보수를 바라지 않고 선행하는 자는 훗날 그 댓가를 얻게 되리라"[5]고 약속하신 하나님만이 안다.

여기서 우리가 저녁을 먹은 후에, 언더우드 씨와 나는 숨이 막히는 듯한 작은 새장 같은 방을 탈출하여 사랑스런 경치 속으로 달빛을 받으며 산책하자는 은밀한 계획을 세웠다. 물론 경보 장치가 울려 우리는 마을의 강건한 사람들에 의해 추격될 것이기 때문에 대문 밖으로 나가는 것은 쓸데없는 짓이리라. 그러나 담이 낮았으므로, 우리는 모든 사람이 잠자리에 들었다고 생각될 때까지 기다려, 도둑처럼 살금살금 숙소를 빠져나와 담을 넘었다. 마침내 우리는 자유를 얻어, 노려보는 많은 눈동자를 피해 부드러운 공기를 즐기고 서로의 우정을 나눌 수 있도록 우리만이 있게 되었다.

그러나 아아! 우리가 채 20발자국도 못 갔을 때 조선의 똥개가 우리를 발견했거나 냄새를 맡고는 곧 크게 계속 짖어 댔다. 그때 그놈은 돼지보다 훨씬 더 밉살스러웠다. 우리는 도망치려고 서둘러 갔지만, 일은 우리 뜻대로 되지 않았다. 잇따라 다른 하얀 똥개가 문에 나타났고 곧 급속히 많아진 사람들이 우리의 자국을 쫓았다. 게임은 끝났다. 우리는 되돌아서, 길게 늘어선 종자를 거느리고 온 길을 되돌아 문으로 들어갔다. 그리고 우리의 작은 토굴 감옥 안에서 우리의 패배를 묻어 버렸다.

희주에서부터 우리의 길은 훨씬 더 높은 산을 넘어 더 올라가야 하므로, 여권의 조항에 따라서 우리는 짐을 나르는 데 말 대신에 더 강하고 확실히 잘 걷는 소로 바꾸었다. 시간이 늦어져 어두움을 만난 여행자들을 위해 몇

---

5) 『신약성서』 『루카복음』 6 : 38; 『마태오복음』 6 : 3–4.

몇 마을 사람들이 타오르는 소나무의 기다란 횃불을 가지고 따라왔으며, 어느 정도까지 와서는 새로운 불을 가지고 우리를 기다리고 있는 다른 사람들에게 인계되었다.

소와 횃불을 제공하는 사람은 봉사에 대한 보수를 받고 정부의 어느 분야에 고용된 사람이지만 종종 그들은 성실하지가 않다. 늦어진 여행자는 그들의 문을 오랫동안 헛되이 두드린다. 그러면 어느 이웃 사람이 나와 그 사람은 아프다거나 멀리 나갔다고 말한다. 마침내 보수가 지불되면 기다림의 미덕이 끝나고 그나 그의 부인이 나타나 오래 타는 횃불을 준비한다.

우리가 계곡으로 내려갈 때, 이 산의 다른 측면에서 이제까지 보았던 것과는 아주 다른 마을을 보았다. 집들은 보통의 조선식 주택처럼 그물처럼 짠 나뭇가지에 진흙을 가득 채운 것이 아니라 무거운 통나무로 지어져 있었다. 둘레에 여러 집이 흩어져 있는 이 작은 주택가는 튼튼한 재목으로 만들어진 높은 담장을 둘러치고 있었으며 꼭대기는 뾰족하게 깎여 있고 서로를 튼튼히 묶고 있었기 때문에 흔히 꽃핀 관목 울타리나 기와가 덮인 진흙 담과는 대조적이었다. 그 모든 것들은 마치 농부와 사냥터 지기들이 어떤 공격에 대비한 것인 듯이 보였다. 그러나 어떤 적으로부터의 공격인가?

이곳에는 인디언이나 야만족은 없다. 그곳은 그림 같은 곳이었다. 산은 우리 위로 웅장하게 솟아 있으며, 모든 주위는 나무로 덮여 있었고 아름다운 시내가 산과 우리 사이에서 잔물결을 일으키며 흐르고 있었다. 찬란한 달빛 어린 밤이었으며, 대기는 아주 찬란히 빛나는 듯했다. 저녁을 마친 뒤, 또다시 우리는 산책 나갈 준비를 했다. 사실상 우리에게는, 새로 결혼한 행복한 이들의 특권이자 본분인 것처럼 여겨지는 그러한 신혼 의식을 가질 기회가 거의 없었다.

이미 말한 바대로, 우리의 모든 일거일동을 지켜보고 아주 사소한 움직임도 놓치지 않는 많은 군중들은 우리의 그러한 어리석은 행위를 방해했다. 그러나 주민들이 집을 지키는 칭찬할 만한 습관으로 예외적으로 고상하게 보이는 이 마을, 숲과 산으로 둘러싸여 인적이 드문 먼 이곳에서 우리는 매력적인 달빛을 받으며 작자를 알 수 없는 시내의 맑은 운율을 들으며 마음대로 거닐 수 있었다. 우리는 사방이 숲으로 우거진 마을의 경계를 넘어 얼마까지는 신혼부부들이 대부분 하는 방식으로 쏘다녔다.

호랑이 덫

우리는 지나다니면서 여기저기서 통나무로 만든 커다란 연필처럼 보이고 그 꼭대기에 커다란 돌로 무겁게 내리눌러 이상하게 지어진, 마치 어떤 커다란 짐승의 거처처럼 보이는 것을 살펴보았다. 때마침 우리가 숲으로 건널까 말까하며 시냇가에 서 있었을 때, 나무 그늘의 건조한 나뭇잎 위에서 무겁지만 살금살금 하는 발자국 소리가 우리의 관심을 끌었다. 신비스런 오묘함이 사방에 걸려 있는 듯했다.

우리는 그 소리에 조금 놀랐지만, 그 연필 모양의 통나무가 호랑이 덫임에 분명하다는 사실과 그곳이 그 유명한 호랑이 출몰 지역이어서 호랑이가 물을 마시러 그 시내로 올 것이 분명하다는 점, 그리고 마을이 그렇게 튼튼히 요새화된 적군은 바로 이 맹수라는 것을 알았고, 따라서 우리의 달빛 산책은 뒷날 더 좋은 시간과 장소를 기대하며 연기하는 것이 모든 면에서 좋으리라는 사실을 깨닫게 되었다. 우리는 연인이라기보다는 직업적인 걸음걸이로 지루하지만 고마운 오두막의 보금자리로 되돌아왔다.

피습

조선의 호랑이 가죽은 겨울에 잡았을 때 가장 좋지만, 불행히도 조선 사람들은 그것을 보관하거나 다루는 적절한 방법을 알지 못하기 때문에 금방 털이 벗겨진다. 표범 가죽도 예외가 아니다. 그들은 발톱을 아주 소중히 여기며, 그 짐승이 죽자마자 발톱을 빼는 경우가 많다. 그들은 만주의 경계로부터 전국에 걸쳐서 산 가운데서 발견된다.

내가 도착한 뒤 한번 이상 표범이 서울에서 출몰했으며, 단 몇 달 뒤에 우리 옆에 있는 러시아 공사관 숙소에도 나타났다. 우리의 숙소는 모두 방갈로식이어서 아주 뜨거운 여름밤에는 종종 창문을 열어 놓아야 했다. 이런 때 나는 종종 몇 시간 동안 밤에 깨어 있는데, 어떤 때는 내 방에서 이러한 짐승의 살금살금 걷는 무거운 발걸음 소리와 깊은 숨소리를 듣곤 했다.

호랑이 이야기

아직 말하지 않은 호랑이 계곡에서의 우리의 경험담으로 돌아가 보자. 언더우드 씨와 내가 저녁 기도를 하고 있는 동안 아래 계곡에서 날카로운 총소리가 들려왔다. 우리가 거처하는 집은 언덕배기에 있었지만, 고용인 숙소와 사실상 마을 전체는 계곡 바로 아래에 있었다. 곧 한 사람이 달려와 방금 호랑이가 총에 맞았다고 보고했다. 그것은 약간 흥분된 것이었지만, 그것은 그 총소리를 듣고 내가 느꼈을 놀람을 진정시키려는 단순한 구실이었다는 것이 나중에 밝혀졌다.

진상인즉, 법망을 피해 다니는 도망자와 강도로 구성된 30여 명의 무리가 그날 한밤중에 우리를 덮쳐 감히 신성한 이 산중에 침입했던 사악한 외국인들을 죽임으로써 더 이상 외국인들이 그들의 고향을 시끄럽게 하지 않도록 경고하기로 공모했다는 것이다. 그들은 계획의 성공을 위해 함께 술을 마셨으며, 두목은 지나치게 과음했다.

그런 탓으로 계획을 실행하지 못할 정도로 너무 곤드레만드레가 되어 몇 시간이 흘러갔고, 작은 여관에서 그들의 계획을 큰 소리로 허풍떨면서 허세를 부려 그의 총을 발사했던 것이다. 부락장의 명령으로 그는 곧 체포되어 갇히고 총을 빼앗겼다. 그것은 불행한 사건이었으며, 하인의 손목 둘레에 기다란 퓨즈의 폭발로 생긴 상처를 남기고 끝을 맺었다. 하인은 총을 쏠 준비가 되었을 때 나타나 방아쇠가 잡아당겨진 총에 끼었던 것이다. 그 총은 방아쇠의 손잡이를 올리면 화약 가루를 넣은 작은 총알을 이동시켜 그것에 공이를 떨어뜨림으로써 발사하게 되어 있었다.

넉살좋은 조선의 사냥꾼들이 산에 많이 돌아다니는 가장 무시무시한 표범, 호랑이, 멧돼지와 곰을 만나 사살할 수 있는 것은 다루기 불편하고 꼴사나운 무기 덕분이다. 조선의 귀족들은 호랑이와 표범 가죽을 가마에 깔며 이빨과 발톱은 장신구로 사용한다. 뼈는 갈아서 가루로 만들었을 때 최고의 강장제로 여긴다.

조선 사람들은 호랑이에 관련된 얘기를 많이 하며 그들의 전설에는 주로 호랑이가 끼어든다. 시간상 간단한 이야기 하나만을 얘기하고자 한다. 어느 날 한 마리 사나운 호랑이가 먹이를 구하러 한 마을로 몰래 기어 들어왔다. 그러나 모든 사람들은 잠자리에 들었으며, 소와 돼지는 울타리 친 담 속에 잘 보호받고 있었고, 어린 아이, 개 혹은 닭조차도 밖에서 얼씬거리지 않았다.

호랑이가 거기서 먹이를 찾기를 단념하고 돌아서려고 할 때, 개나 고양이들이 다니는 출구에서 와들와들 떨고 있는 작은 개를 발견했다. 동물의 왕은 이 구멍으로 비집고 들어가려고 헛되이 노력했으며, 그것이 희망이 없음을 알고는 담장을 신중히 살펴보았다. 사실 그것은 높고 끝이 뾰족하게 되어 있었지만 왕의 식욕 또한 몹시 돋아 있었다. 따라서 그는 올라야 할 높이와 그 자신의 길이를 신중히 계산한 뒤 뛰어오르기로 결정했다.

호랑이는 아주 날랜 녀석이었으므로, 있는 힘을 다해 뛰어올라 간신히 뾰족한 끝을 넘어 담장 안에 안전하게 내려앉았다. 그리고는 집안에 있는 사냥꾼이 그를 발견하고 총을 쏘기에 앞서 얼른 그것을 낚아채고 가야겠다고 생각하면서 저녁을 먹을 준비를 했다. 그러나 강아지는 그의 꼬리를 다리 사이에 모으고, 크게 오랫동안 깽깽거리면서 열린 구멍을 통해 담장의 바깥쪽으로 빠져나갔다. 굶주린 도둑은 다시 도약할 수밖에 없었으나 그의 저녁은 그에게 다시 헛걸음치게 했을 뿐이었다.

아 저런, 그의 두뇌는 그의 참을성과 부지런함을 따를 수가 없었던 것이다! 이 굶주린 친구는 그의 먹이를 얻으려고 앞뒤로 뛰어넘었고 뛰어넘을 때마다 화가 치밀고 식욕이 증가했으며, 마침내는 지쳐서 죽어 버렸고 그의 작고 교묘한 적의 굴욕적인 먹이가 되었다는 이야기를 하지 않을 수 없는 것이 몹시 슬프다. 그러한 것은 힘이 항상 승리하지 않는다는 것과 작고 힘이 미약하더라도 크기와 힘을 겨루는 데 항상 절망할 필요는 없다는 사실을 이야기해 주는 것이다.

우리를 죽이려고 했던 사람 때문에 모험을 했던 그 작은 마을에서 우리는 좋은 사슴 고기와 향기로운 벌꿀을 대접받았다. 우리는 모든 숲에서 아네모네와 다른 봄의 꽃들을 보았으며, 이집트에서 숭배되는 새와 같은 종의 아름다운 분홍색 따오기의 표본도 보았다.

둘레의 여기저기에서 우리는 거무스름하고 단단한 나무의 묶음이 쌓여서 팔 준비가 되어 있는 것도 보았다. 그 나무의 이름은 알지 못했지만 대개는 검은 호두나무처럼 보였다. 조선의 이 지역을 여행했던 어느 누구도 조선에는 나무가 부족하다거나 또는 노래하는 새와 향기로운 꽃들이 없다거나 화려한 나비가 없다고는 말하지 못하리라.

제 4 장 관서 지방의 여행

우리의 중요한 다음 종착지는 강계였다. 이곳은 평안도의 북부 지역에 있으며 1~2만 명의 주민이 사는 성으로 둘러친 도시였다. 언제인들 산악 지대 사람들이 그렇지 않았는가만 적어도 그 당시에 그곳은 거칠고 독자적인 지역 사회였다. 또한 청국의 국경에 아주 가까워 그곳의 통치자는 거의 배타적인 권위를 누린다.

그는 항상 무장한 군사와 아첨하는 호위병을 수없이 거느리면서 커다란 권력과 위엄의 그늘로 둘러 싸여 있었다. 그가 그의 집무실을 떠날 때마다 예포가 발사되며 하인과 공무원의 행렬이 항상 그를 수행했다. 그는 이러한 모든 것이 백성들에게 위압감을 주고 그의 위신과 권위를 세우려고 필요한 것이라고 우리에게 말했다. 그는 왕비의 친척인데 나는 궁전에서 그를 만난 적이 있었다.

강계

우리가 강계 밖 3마일쯤 접근했을 때, 언덕 기슭에서 분명히 우리를 기다리면서 깃발을 흔들고 트럼펫을 부는 적은 군대 일행을 멀리서 보았다. 우리는 이것이 무엇을 예시하는 것인지를 알지 못해 난처했다. 그것은 침입한 외국인들에 대한 파수와 구속을 의미하는 것일 수도 있고 돌아가라는 명령일 수도 있고 즉각 죽이겠다는 뜻일 수도 있다. 그러나 각 처에서 우리에 대한 환영이 아주 따뜻하고 구경꾼도 금지하고 있어서, 비록 그러한 표현이 무엇을 의미하는가에 대해서는 몰랐지만 어떤 심각한 걱정을 품지 않았다. 이러한 군대의 의장이 우리와는 아무 상관이 없는 것처럼 우리는 똑바로 걸어갔다.

우리가 적당한 거리 내에 들어서자 이 작은 일행의 우두머리는 우리에게 가장 깊은 경의를 표시하고 그가 우리를 호위하기 위해서 이 도시로 파견되었다고 설명했다. 그리하여 우리는 적절한 수행원에 더하여 차라리 귀찮은 사람들을 달고 나아갔다. 그뿐만 아니라 세계 어느 곳에서나 작은 소년들은 똑같아서 군대와 곡마단 혹은 순회동물원(?)에 마음이 끌린 많은 사람들이 우리 주위에 바싹 다가섰다.

1마일쯤 가니 두 번째 수행 군대가 작은 소년들 무리와 함께 예외 없이 우리를 기다리고 있었다. 우리는 계속하여 행진했다. 더 커진 왁자지껄하는 소리, 둥둥거리는 북소리, 트럼펫 소리, 펄럭이는 깃발 소리, 그리고 무엇보다도 가장 시끄러운 나막신 소리를 들으며, 나는 커튼이 촘촘히 가려진 가마의 은신처에서 움츠리고 있었다.

순식간에 굉장히 많은 군중이 증가했으며 군악대들은 군데군데에서 우리와 합류했다. 우리는 조선 사람들을 나쁘게 평가하고 있는 외국인들이지만 군중들은 단순히 열광적인 호기심을 가진 선량한 사람들인 것처럼 보였다는 것이 감사할 따름이었다. 그렇게 많은 군중에게는 아무리 작은 사건이라도 분노의 불꽃에 불을 붙일 수가 있다. 우리는 그 국민들의 성격에 대하여 경험이 없고 또 전혀 모르지만, 현감의 의도가 무엇이든 간에 책임 있는 관리의 손은 대중의 손보다 부드러울 것이라고 나는 생각했다.

그러나 그 뒤에 발생했던 모든 일들을 돌이켜 생각해 보면 이 나라로 복음의 첫 알림과 기독교의 도래가 깃발, 트럼펫 그리고 성대한 갈채와 더불어 이루어져야 한다는 것이 적당한 방법은 아니지만 전혀 부적절했다고 생각지는 않는다. 아주 보잘것없는 시작이라도 하나님의 왕국이 도래했다. 계속되는 세대를 통하여 점점 더 커질 놀라운 사실은 하나님은 그의 가엾은 창조물인 우리에게 영원하고, 가없고, 신성하고, 영광스럽고, 평화스러운 왕국의 건설이나 우주의 창조보다 더 위대한 일을 그와 함께 하도록 한다는 것이다.

지름길

우리의 소란스러운 행진으로 얘기를 돌려보자. 시내에서 소음과 소동은 지금까지 보다 훨씬 더 커졌다. 조선어로는 이를 "야단"이라고 하는데 그 이상 잘 표현할 수 있는 말은 없다. 모든 부류의 여자와 건달들이 날뛰고 웃고 외치며 밀어 제치면서 군중은 불어났다. 요지는 몽땅 작은 꼬마들이 차지했으며 칸막이 자리는 숙녀들에게 빌려주었고, 거리는 거의 지나갈 수가 없었다.

나는 와들와들 떨었다. 나는 마치 호랑이의 손 안에서 희롱당하는 생쥐 같았다. 다만 구경이라 하더라도 자신이 몇 천 명의 낯선 사람의 욕구의 대상이 되고 있다는 것은 유쾌한 일이 아니다. 군중의 대부분은 우리를 보려고 10마일 이상을 걸어온 사람들이었다. 남편은 최소한 내가 그 많은, 그리고 그토록 열망하는 대중들의 손에 들어가는 불쾌한 일을 막으려고 감영의 문으로 서둘러 들어가 얼른 말에서 내려, 나의 가마가 들어오는 곧 그들을 막도록 경호를 요청했다.

경호는 즉각 이루어졌으며, 문이 잘 잠기고, 초병이 서자 우리는 작은 꼬마들에 대한 승리를 자랑스러워하면서 서둘러 방으로 들어갔다. 그러나 들어 보라! 우레 같이 울리는 폭포 소리 같기도 하고 방파제를 때리는 강물 소리 같기도 한 어떤 소리가 들리지 않는가? 슬프도다! 그것은 소년들이었다.

그들은 서로 서로의 어깨를 타고 담을 기어올라서 주택 안으로 글자 그대로 쏟아져 내렸다.

나는 추적당하는 동물처럼 도망갈 수단을 찾으려고 작은 방을 둘러보았다. 창문과 문은 이중으로 되어 있었으며, 안쪽 문은 벽에 붙어 있었지만, 둘 다 가느다란 막대의 가벼운 뼈대 위에 견고한 종이를 바른 것이었다. 날뛰는 소년·소녀들은 이미 강제로 들어오기 전에 바깥문을 찢어 내고 있었다. 갑자기 나는 작은 문을 발견했다. 그것은 길고 어두운 다락으로 통하고 있다는 것을 알았다. 다락은 몇 백 년 된 더러운 쓰레기와 먼지로 가득 차 있었다. 나는 그곳으로 뛰어 들어가 가장 깊숙한 곳에 몸을 움츠리고 있었다.

그들은 창문에서 들여다보고는 "미국 종"의 이상한 동물이 없다는 것을 알고는, 그가 분명 다른 곳에 있다고 결론지었다. 그리하여 잠깐 뒤에 언더우드 씨와 이방이 우리의 저택 문을 지키는 것이 좋겠다고 의견을 모았다. 이방은 고맙게도 그곳에 그의 부서를 장악하고 있었으며, 어떠한 병사도 초대받지 않은 "잡인"을 들여놓는다면 엄한 처벌을 내리겠다고 위협했다. 그 뒤로 내가 그 도시에 머무르는 동안 나는 비교적 조용하게 보냈다.

그러나 심각한 전염병이 그곳을 강타한 것 같았다. 모든 사람은 의사를 필요로 했으며, 케케묵고 거의 잊혔던 병이 기독교의 전래를 위한 구실을 주려고 다시 살아나 스쳐 지나갔다. 아니 설령 지금까지 전혀 존재하지 않았던 것이라면 새로운 병이 발생한 것이다. 사람들은 이 인기 있는 의사를 만나려고 아침부터 밤까지 길게 늘어서 있었으며, 만일 내가 돈을 받고 치료를 했더라면, 거의 얼마든지 청구하여 우리의 금고를 가득 채울 수 있었을 것이다. 그러나 나는 다만 "위대한 의사"이신 그리스도에 관해 그들에게 말할 수 있는 것만도 기뻤다. 그 "위대한 의사"의 말할 수 없는 재능은 돈이나 댓가가 필요 없다.

평안감사는 아주 친절히 우리를 대해 주었으며, 어느 날은 언더우드 씨를 위해 시외의 작은 여름 별장으로 저녁 식사를 했다. 다양한 조선의 진미를

왕의 사촌인 이재순(청안군)

다 먹은 뒤에, 그는 언더우드 씨에게 미국과 미국인에 대해서 아주 많은 질문을 했다. 따라서 남편은 그 사람에게 우리의 선교단과 업무에 대해 계몽

등짐 소

할 수 있는 절호의 기회를 얻게 되었다. 물론 그는 정중하게 들었지만 조선의 귀족들의 마음을 움직이기가 매우 어려웠다. 그는 아주 많은 사회적 · 종교적 · 정치적 속박에 단단히 얽매어 있기 때문에 한 순간이라도 그들을 벗어 던져 버릴 생각은 전혀 하지 않을 것이다.

우리는 군중들 가운데에서 그렇게 많다고 들었던 예비교리자를 찾지 못한 점에 크게 실망했다. 언더우드 씨는 그들에게 알리고 가르치려고 그의 최종 행선지인 의주로 가는 그의 주요 행로를 훨씬 멀리 돌았다. 그들은 우리가 위치해 있던 공공 숙소에 찾아오기가 부끄러웠던지 아니면 우리가 전적으로 잘못된 방법으로 포교했는지 둘 가운데 하나라고 결론을 내릴 수밖에 없었으며, 우리는 마음 내키지 않았지만 우리의 잘못을 사실로 인정했다.

달구지

감사는 우리가 떠나기에 앞서 많은 선물을 보내 왔는데, 그들은 우리가 담배는 못 피우지만 담배 한 상자, 청국의 설탕에 절인 생강, 벌꿀, 밀가루, 쇠고기, 식초와 토마토였다. 이러한 것들은 우리의 수행원에게 우리가 좋아하는 것이 무엇인가를 정성스레 물어서 보낸 물품들이었다. 그들은 토마토를 구하려고 조선을 샅샅이 뒤졌다. 벼가 자라지 않는 산악 지대를 제외하고 조선 사람들은 토마토를 거의 재배하거나 먹지 않기 때문이다.

강계를 떠나면 곧 우리는 두 갈래의 길을 만나게 되는데 하나는 산을 도는 먼 길로 잘 알려지고 왕래가 빈번한 곳이며 다른 하나는 산을 넘어 직진하는 지름길로서 왕래가 드문 곳이다. 강계 부사는 얼마 전 혼자 그 지름길을 지나왔었는데 아주 조용하고 모든 것이 평온했기 때문에 그 길이 아주 안전하다고 우리를 안심시켰다.

그 지역은 아주 소문이 나쁜 곳으로, 깊은 산중에 주요 여행 노선에서 멀리 떨어져져 있어서 도망한 범죄자가 은신처로 삼아 왔으며 강도 일당이 그들의 잠자리를 만들어 왔던 곳이라고 한다. 그러나 시간이 촉박하고 일이 급한 데다가 부사의 설명에 안심했기 때문에 우리는 지름길을 택하기로 했다. 우리에게는 한 명의 포졸과 한 명의 군관이 딸렸으며, 부사의 말에 따르면 그들이 우리를 존경하고 두려워하기 때문에 우리의 안전이 보장될 것이라고 한다.

강계를 떠나 우리는 인적이 아주 드물고 우리가 지금까지 보았던 것보다 훨씬 야생의 아름다움을 지닌 지역을 지나 산을 직접 가로지르는 길로 들어섰다. 드문 농작물인 토마토를 기르는 농부만이 가끔 보였고 가까이에 산이 사방에서 에워싸고 있었다. 산은 굉장한 나무로 덮여 있었고 여기저기서 나무꾼이 보이거나 소리가 들렸으나 사람이 사는 흔적은 거의 없었다. 우리는 산간 지방의 이런 한적한 지역에 사는 많은 사람들이 갑상선종으로 고생하고 있다는 얘기를 알고 있었다.

밤이 되어 우리는 6가구도 채 안 되는 작은 마을에 도착했는데, 그곳은 적당한 행진 거리 내에 어느 다른 장소가 없기 때문에 여행자를 위한 휴식처로서 정부가 지어 놓은 것이었다. 그들은 여권이나 공무상 명령서를 가진 사람들에게 음료수, 말, 소 또는 횃불을 제공하는 대신에 보조금을 받는다. 그러나 여행자가 드물어 그들은 자신의 부당한 강탈을 의무라고 생각했고, 그들의 보조금을 권리로 생각하게 되었다. 따라서 우리가 도착했을 때 그곳에는 불길한 침묵이 흘렀으며, 우리는 그곳이 완전히 비어 있다는 것과 모든 것을 없애 버리고 사람들이 도망가 숨은 지가 오래되지 않았다는 것을 알았다.

이토록 불친절한 대접은 그들이 제공하는 댓가로 아주 후한 보상을 받고 있는 거처와 원조의 제공을 명백히 거절하겠다는 악의의 표시임이 분명했다. 물론 아주 화가 나지는 않았지만, 현재로서는 우리가 필요한 것을 찾으

김윤식

려고 노력하는 것 밖에는 달리 길이 없었다. 불을 피우고, 말의 여물을 만들었으며, 인부와 마부, 수행원들을 위해 밥을 지었지만, 우리는 저장 상자 속에 있는 것을 먹었다. 그날 밤, 우리를 피해 도망갔던 마을 사람 가운데 몇 사람이 집으로 돌아왔다.

여리고로 가는 길

다음날 아침 일찍, 우리는 사용했던 것에 대한 댓가를 지불하고 출발했다. 그러나 그날 우리의 갈 길이 먼 데도 서두르지 않았던 것과 어떤 심각한 위험이 있을 것이라고 전혀 의심하지 않았던 것은 커다란 실수였다. 언더우드 씨와 군관, 그리고 나는 조수와 포졸, 그리고 천천히 걸었던 짐말과 마부를 몇 마일 떨어져서 따라오도록 남겨 두고, 뒤에 우리가 "여리고로 가는 길"[1]이라 불렀던 길을 서둘러 걸어갔기 때문에 우리의 적은 일행은 떨어졌던 것이다.

우리는 정오에 쉬기로 했던 휴게소에 보다 일찍 도착하여, 미리 음식을 만들고 한 시간 걸려 여물을 준비하여, 모두 도착하는 대로 채비를 해서 빨리 출발할 수 있도록 하기로 계획을 세웠다. 그날은 아주 청명하고 산 공기는 상쾌하고 즐거웠으며 구경꾼들도 없었다. 따라서 언더우드 씨와 나는 웃고 재잘거리고 아름다운 봄의 꽃들을 모으면서 함께 오래 걸었다. 거기에는 아름다운 꽃들이 많았으며 특히 향기로운 냄새가 나는 제비꽃이 많았다. 우리는 그 산에 그런 야생화가 자라고 있다는 것을 알고는 놀라움을 금치 못했다. 우리의 종착지인 작은 마을에 일찍 도착해서 그 마을이 자랑하는 훌륭한 작은 여관에 숙소를 잡았다.

1) 여리고(Jericho)는 이스라엘의 요르단강 남쪽에 있는 풍요로운 마을 이름. 착한 사마리아인이 예루살렘에서 여리고로 가던 길목에서 강도를 만난 사람을 구해주었다는 성서(누가복음 10 : 30–37)에 기초를 두고 있음. 따라서 "여리고로 가는 길"이라 함은 도움과 사랑이 필요한 사람들에게로 가는 험한 나그네의 길이라는 뜻임.

강도를 만남

긴 시간이 지나서 우리의 짐이 도착했는가를 확실히 알 수는 없지만, 그리 오래되지는 않았었다. 이윽고 그들이 오고 있다는 전갈을 받고 남편은 우리의 여행 가방에서 우리의 유일한 무기인 작은 연발 권총을 꺼내 호주머니에 넣었다. 그가 받았던 전갈이 무엇이었는지는 목소리가 너무 작아서 알 수 없었지만, 그는 나에게 우리의 일행과 함께 어떤 험악한 녀석들이 오고 있으며, 어떤 불행한 일이 있을 경우 권총이 필요할 수도 있다고 말했다. 남편은 여관으로 오는 길에, 강도가 우리의 일행을 덮치고 우리를 추적해 오고 있다는 전갈을 받았었던 것이다.

아마도 우리가 시야에서 사라지자마자 많은 사람들이 우리의 짐을 빼앗고는, 오히려 그들의 잃어버린 재산을 되찾아야 한다고 주장하면서 우리의 마부에게 도둑의 혐의를 씌웠던 것 같다. 그들은 마부의 두 손을 결박하고 우리의 말과 짐을 차지한 다음 여관으로 우리를 따라 왔다. 문이 열린 틈으로 내다보니 일이 심상치 않았다. 내가 이제까지 본 것보다 훨씬 더 사납고 거칠게 보이는 20 내지 30명의 일당이 따라오고 있었다. 머리칼은 흔히 보듯 대강 상투를 틀어 묶지 않고 사악한 얼굴에 엉켜져 어지럽게 흩어져 있었으며 성난 눈은 사납게 충혈되어 있었다.

강도들은 각기 짧고 튼튼한 몽둥이를 들고 있었으며, 손이 묶인 마부, 나의 남편, 포졸, 군인과 조수가 이 포악한 군중 가운데 서 있는 동안 그들은 모두 화난 어투로 함께 소리를 질러 대고 있었다. 그 작은 장소는 사람과 와자지껄하는 소리로 가득 찬 듯했으며, 놀란 마을 사람들은 문틈이나 담 너머로 들여다보고 있었다. 우리의 용감한 가마꾼들은 숨어 있었는데 우리는 뒷날 그것이 오히려 다행이었다고 생각했다.

크고 화난 소리로 공격을 퍼붓고 있던 패거리는 마부가 그들의 돈과 모자와 그릇을 훔쳤다고 비난했다. 증거를 대보라고 요청했을 때, 그들은 그때 마부의 머리 위에 있던 낡은 구식 모자와 짐 꼭대기에 있던 밥그릇, 그리고 우리가 아침에 보았을 때 말의 뒤에 봉해서 꼭 묶어 둔 커다랗고 무거운 조선의 현금이 든 가방을 손으로 가리켰다. 그들은 이것들을 내놓지 않는 한 마부를 풀어 주지 않겠다고 했다.

언더우드 씨는 모자와 돈은 우리의 것이지만, 그가 그들과 함께 관찰사에게 가서 모든 문제를 그의 결정에 맡기도록 하고, 우리의 마부는 풀어 주라고 말했다. 그들은 이 말을 들으려고 하지 않고 계속 우리가 그들에게 돈을 주어야 한다고만 주장했다. 남편은 이를 단호히 거절했다. 그러는 동안 그는 집과 울타리 사이의 다만 두 명만이 들어갈 수 있는 좁은 공간에서 그의 옆에 있던 용감한 작은 병사와 자리를 바꾸어, 그로 하여금 마부의 묶인 끈을 자르라고 했다.

폭도들은 그가 그렇게 한다면 그를 죽이겠다고 위협하면서, 병사는 언더우드 씨에게 돌아서서 "나리께서 저한테 자르라고 했지요?" 하고 말했다. 긍정적인 대답을 듣자마자 그는 마부를 묶은 끈을 잘랐다. 폭도들이 달려들었으나, 언더우드 씨는 재빠르게 그의 뒤로 마부를 밀치면서, 그 좁은 곳에서 옆에 있던 군인의 도움으로 다른 사람들 쪽으로 한 사람을 밀어 제침으로써 얼마 동안 그들을 떼어놓았다.

주막거리의 결투

그러나 그가 앞에 있는 사람들에게만 관심을 쏟고 있는 사이에 그 일당 가운데 몇 명이 뒤로 가는 길을 발견하고 살금살금 뒤로 가 갑자기 남편의 양팔을 뒤로 묶어 그를 무력하게 만들었다. 그러는 동안 다른 사람들은 불쌍한 마부를 마을 밖으로 데리고 갔다. 그들의 목소리가 멀리 사라지고 있었다. 소동에 뒤따르는 무시무시한 침묵 속에서 우리는 다음에 무엇이 일어날 것인가를 기다렸다. 불안한 시간이 지난 뒤에 그들은 마부 없이 돌아와서 포졸을 잡아갔다.

다시 불길한 침묵이 흐르고 괴로운 불안이 감도는 동안에 또 다른 사람이 와서 우리의 다른 마부를 끌고 갔다. 만일 이들과 다른 동료들이 작은 군인의 용기의 반만이라도 보여 그들과 우리를 방어하려고 노력했었더라면, 그리고 특히 가마꾼들이 우리 곁에 있었더라면 그 폭도들은 분명 격퇴되었을 것이다. 그런데 우리는 정말 무력했으며, 우리의 유일한 의문은 다음에 누가 공격받을 것이냐 하는 것이었다. 언더우드 씨는 최후까지 권총을 꺼내야 할지를 망설이고 있었다. 그들은 언더우드 씨, 작은 병사와 나만 남을 때까지 하나씩 우리 일행들을 데리고 갔다.

우리는 나중에 그들이 산적 일당이며, 그 대부분은 법망에서 도망치는 사람들로 조직된 강도라는 것을 알았다. 우리가 그들 손에 들어가자, 우리의 모든 친구들과 방어자들을 차례차례 끌어간 그들이 나의 남편도 데리고 가서 죽이지나 않을까 하는 두려움이 나의 마음에 얼음처럼 깔려 있었다. 나는 거의 숨을 숙인 채 다음 차례를 기다렸다. 내가 두려워했던 것은 그들이 그렇게 하는 것이 외국인을 대접하는 정당한 방법이라고 말하면서 정말 그렇게 하기로 했다는 것이었다.

강도들은 자신들이 몇 년 전에 한 일본인을 약탈하고 그를 죽이고도 그에 대해 처벌받지 않았기 때문에 우리를 그런 식으로 대한다 해도 전혀 안전할 것이라고 말했다. 우리가 서울로 돌아가서 그것을 물어 보았더니 그것이 사실이었다. 정부는 그들에게 무거운 벌을 내려야 했으나 그 살인자들을 찾아내어 처벌할 수 없었다. 우리가 그 마을에 도착하기에 앞서 그들을 만났었더라면 아마도 우리의 운명은 그 일본인과 같은 꼴이 되었을 것이다.

수행원들의 수난

그러나 일이 이쯤에 이르렀을 때 마을 사람들이 나서서 막았다. 그들은 산적들에게 하인과 우리 돈을 가져가도록 허락한다고 말했으며, 그러나 만일 황실에서 잘 알려지고 여권을 가지고 있는 우리 외국인들이 거기서 죽는다면 그들의 마을은 처벌을 받게 될 것이기 때문에 우리가 봉변을 겪어서는 안 된다고 말했다. 그들은 다만 몇 명에 불과했지만, 아마도 그 사람들은 범인의 출몰 장소를 알아 그들을 찾아낼 수 있으며, 어느 정도 그들을 마음대로 할 수 있는 것 같았다. 그렇게 해서 마을 사람들은 산적 대부분을 퉁명스럽게 쫓아냈다. 그러나 아직 가장 포악하고 가장 불쾌한 표정을 짓는 한 두 사람이 서성이고 있었으며, 그들 가운데 하나가 모든 조선 사람들의 눈에도 무례하게 보일 정도로 내 방으로 걸어와서는 나의 남편이 들어와 그를 쫓아낼 때까지 오만하게 노려보았다.

여관 주인은 5피트도 채 안 되는 작은 사람이었는데, 우리의 가엾은 친구들이 죽지 않았더라도 그들에게 무슨 일이 있을 것이지만 사람의 팔자란 알 수 없다는 듯이 최선을 다해 나를 안심시키고 위로하려는 노력을 보였다. 가장 가까운 감영까지는 영국 단위로 25마일이 되며, 우리가 최선을 다한다고 하더라도 그날 밤에 그곳에 도착하기는 어려울 것이다. 그러나 포로들을 위한 어떤 구제 수단이 있었다면, 우리가 그렇게 작은 부대로 아문의 담장 안까지 안전하게 갈 수 있는 보장이 없다는 사실을 차치하고라도, 우리가 안심했음이 분명하다는 것을 강도들은 알고 있었다.

우리는 가능한 한 빨리 출발하기로 결정했다. 겁먹은 가마꾼들은 건강을 잘 보전하여 숨은 장소에서 빠져 나와 배불리 먹고, 곧장 떠날 채비를 했다. 나의 남편은 조선의 말을 한 필 가지고 있었는데 그 말은 그의 마부와 주인을 빼고는 그를 만지려는 사람을 차고 물어뜯는 진기한 미덕을 가지고 있었다. 그러한 성질 때문에 그날 그는 우리에게 남아 있을 수 있었다. 우리는 또 다른 말을 구할 수 있었으나, 그것은 물론 우리의 양탄자와 침구만을 옮길 수 있을 뿐이었기 때문에, 다른 소지품들을 남기고 갈 수밖에 없었다.

시골 풍경

친절한 주모

주인에게 물건들을 맡아 달라고 요청했더니 그는 기꺼이 동의했다. 강도들은 그가 우리 또는 우리의 물품을 보호하면 다시 와서 그의 집을 불사르겠다고 위협했기 때문에, 주인의 아들은 겁먹은 나머지 그렇게 하지 말라고 간청했다. 몸집보다 마음이 훨씬 더 넓고 강한 작은 친구는 그 위협을 웃어넘기고, 우리를 공격했던 바로 그 사람들 가운데 하나에게 거들게 하여 우리의 트렁크를 집안으로 실어다 놓고는 우리가 그것을 보내라고 할 때까지 잘 보관하고 있겠다고 말했다.

그러는 동안 언더우드 씨는 나에게 먹으라고 강권했기 때문에 나는 그렇게 하려고 헛되이 노력하다가 딱딱하고 커다란 덩어리가 목에 걸려 올라오지도 않고 내려가지도 않아 아무 음식도 삼킬 수가 없었다. 사실상 나는 아주 겁이 많은 여자였기에 그 무시무시한 곳에서 가능한 빨리 그리고 가능한 한 멀리 도망가고 싶을 뿐이었다. 그것은 면목 없는 말로 들리겠지만, 그것이 진실이기 때문에 고백하는 것이다. 가장 슬픈 것은 우리가 불쌍한 친구들을 남겨 두고 떠나야 한다는 것이었다.

불운한 병자

우리가 막 출발할 준비를 갖추었을 때 두 세 명의 시골 사람들이 와서 가벼운 병을 위한 약을 달라고 했다. 그렇게 기회가 나쁜 일이 또 있겠는가? 분명 그때 우리는 잠시도 기다릴 수가 없었다. 그때는 우리 자신뿐만 아니라 불쌍한 사람들의 생명이 우리의 신속한 출발 여부에 달려 있었다. 그러나 그렇게 생각해서는 안 되다고 나는 남편에게 조언했다. 그 남자와 여자들은 우리가 줄 수 있는 도움을 필요로 했던 것이다.

우리가 하나님의 종으로서 형제애와 사랑의 정신으로 왔다는 것을 보여

주는 것이 우리의 사명이며, 그것은 하나님의 계시를 전달하고 쓰인 "말씀"을 배포할 절호의 기회를 우리에게 부여한 것이었다. 그것은 오래 걸리지도 않을 것이다. 어떤 경우라도 우리는 하나님의 손에 있지 않은가? 어느 순간에 무법자들이 와서 우리를 끌고 가 우리 수행원들이 죽음이 아니면 분명 고통을 나누게 될는지를 알지 못하면서, 나는 약을 처방했다. 아! 나는 나의 환자 가운데 어느 누구도 독살되기를 바라지 않는다. 그러나 그렇게 어수선한 마음으로 작업을 했기 때문에 고통을 겪는 눈, 귀와 목 등에 나의 생각을 고정시키기가 아주 어려웠다.

마침내 모든 조치가 다 이루어졌을 때 다른 환자가 와서 약을 다시 지었다. 우리의 출발은 다시 지연되었다. 나는 진찰하고 처방했으며 언더우드 씨는 약을 준비했다. 그러나 이어서 다른 사람들이 왔기 때문에 마침내 우리는 그날 도저히 떠날 수가 없겠구나 하고 생각이 들기 시작했다. 그러나 마침내 모든 일이 순조롭게 끝나자 우리는 2시가 훨씬 지나서야 서둘러 출발했다.

우리가 가장 가까운 마을까지 가는 데 산길로, 영국 단위 25마일을 여행해야 했다. 그것은 아주 야생적이고 지나칠 정도로 아름다웠으나 상대적으로 험악하고 힘든 곳이었다. 때때로 시냇가에 불쑥 내밀고 있는 바위의 턱을 따라 달리는 아주 좁은 보도만이 있었으며, 어떤 때는 길이 커다란 둥근 돌에 거의 막혀 피해 가거나 타고 넘어야 했다. 가장 사랑스러운 야생화가 둘레에 무수히 피어 있었으나, 한순간도 그들은 우리를 유혹하지 못했다.

우리가 마을의 경계에 거의 가까이 왔을 때 우리의 길 앞에 엎드려 있는 분명히 죽은 듯한 사람을 보았다. 우리는 그가 우리를 수행했던 포졸이며 죽은 것이 아니라 잔인한 매질을 당해서 기절했을 뿐이라는 것을 알았다. 그는 곧 약간 원기를 회복하더니 서둘러 원조를 요청하라고 말했다. 그는 너무 지쳐버린 데다가 타박상까지 입고 있었다.

다라서 우리는 그 날 밤 다음 마을까지 가려는 우리의 목적, 즉 모두의 안

녕을 위해 해야 할 목적을 포기하지 않는다면 모르되, 그를 함께 데려갈 수가 없었다. 따라서 어쩔 수 없이 우리는 그를 마을 사람들의 자비심에 맡겨두고 떠났다. 그것은 괴로운 선택이었지만, 그렇게 하지 않았다면 다른 사람들을 구제할 수 있는 시간이 더욱 지연되었을지도 모른다.

삶을 위한 경주

우리가 2~3마일 더 앞으로 나아갔을 때 우리의 앞길을 가로막고 총으로 분명히 우리를 겨냥하고 반쯤 무릎을 꿇고 늘어서 있는 사람들을 보았다. 물론 나는 최후의 시간이 왔구나 하고 결론을 내렸다. 그러나 우리는 두려움이나 의혹을 나타내지 않고 계속 나아가는 것이 유일한 방법이라고 결정했다. 잠시 뒤 우리는 무지막지하게 보였던 그들이 다만 다른 무리들에게 밀려나 순서를 기다리고 있는 사냥꾼들이었음을 알았다. 길은 계속 오르막길이었으며 점점 더 힘들었다. 4명의 남자가 가벼운 짐을 들기에도 더운 4월 오후에 산비탈을 올라 가마를 나르는 것은 쉬운 일이 아니기 때문에 나는 길이 나쁜 곳에서는 지친 인부들을 쉬게 하려고 가마에서 내려 걸었다.

석양은 거의 기울고 우리가 가야 할 길은 아직 여러 마일이 남았는데, 인부들은 저녁을 먹고 가자고 우겨댔다. 나는 그렇게 호의적이 아닌 마을에서 보호받지 못하는 밤을 보내야 하는 것을 걱정했으며, 식사를 한 다음에는 불가능할 것 같은 속도를 내야 하고 음식과 같은 그런 하찮은 것 때문에 발길을 늦춰야 한다는 것에 대한 불쾌감도 들었다.

그렇게도 모질고 잔인하게 보였던 정오의 그 사람들이 왜 우리 약한 일행을 뒤쫓아 와 공격하지 않는지를 나는 완전히 설명할 수가 없었다. 다만 내가 추측할 수 있는 것은 대개의 아시아인들처럼 그들도 언더우드 씨가 모든 외국인들과 같이 은밀하게 그러나 대단하게 무장을 하고 다니며, 따라서 우리 외국인들을 해치려는 어떠한 시도도 무서운 재앙을 가져올 뿐이라고 확신하고 있다는 것이다.

더욱이 그들이 설령 그렇게 하기로 거의 결정했다 하더라도 우리의 여권이 왕실과 아주 밀접한 관계를 가지고 있다고 알려진 사실은 그들로 하여금 우리를 해친 데 대한 결과를 두려워하도록 할 수도 있는 것이다. 그뿐 아니라 그들에게 우리를 해치지 말도록 했던 마을 사람들이 그들의 근거지를 알고 있어서 그들을 찾아낼 수 있을 것이다. 그리고 끝으로 언더우드 씨가 완강하게 대항했으며 어떠한 두려움도 나타내지 않았다는 것인데, 이는 분명 우리에 대한 그들의 태도에 크게 영향을 주었을 것이다. 또 우리의 조선 사람 일행 가운데 유일하게 그들과 싸우며 결코 두려움을 나타내지 않았던 작은 병사도 상처를 입지 않고 도망한 유일한 조선 사람이었다는 사실도 그것을 입증해 준다.

만일 우리가 어느 순간에 그들에게 두려움을 나타냈더라면 그들은 우리가 무방비 상태라고 확신했을 것이다. 그들이 우리의 작은 권총을 보고 또 그것이 우리의 유일한 무기라는 것을 알았었더라면, 사실이 그랬지만, 우리를 아무런 도움도 받을 수 없는 무리로 여겼을 것이며, 따라서 우리의 운명은 아주 다르게 결정되었을 것이다. 그 당시 나는 우리에 대한 그들의 공격은 끝나지 않았으며, 우리 일행이 무력하기 때문에 그들은 그 친절한 마을에서 멀리 떨어진 한적한 길에서 우리를 공격하여 그들의 일을 끝낼 것이라고 확신했다.

도망자의 도시

우리가 신체적으로 열세하기 때문에 그들을 훨씬 앞지르기를 기대할 수가 없었고, 우리와 그들 사이가 그렇게 많이 떨어져 있지 않다고 느껴져 어느 순간에 그들이 어떤 바위나 나무 뒤에서 나타날 것 같아 나는 자꾸 뒤를 돌아보았다. 모든 이에게 너그러운 하나님의 자비에 완전히 우리의 몸을 던지고, 모든 인간의 도움을 벗어난 우리의 운명은 전적으로 하나님의 손에 달려 있어서 그만이 구원자가 될 수 있는 듯했다. 그날 내가 남편을 향해서 "이제 하나님께 모든 것을 맡기는 수밖에 없습니다."라고 말했다.

하나님의 도움이 우리가 의지하는 마지막의 것, 마지막의 절망적인 기대일지라도, 달리 어떻게 할 길이 없을 때 우리가 일반적으로 얼마나 그를 절대적으로 믿고 있는가 하는 생각이 우리 두 사람에게 스쳐 갔다. 우리는 그를 육체의 무기로, 나약하고 왜소한 모든 인간의 임시변통 수단으로 믿으며, 그것을 우리 둘레에 치고서 우리가 안전하다는 환상을 가지는 습관에 얼마나 많이 빠져 있는가? 그러나 영혼이 그에게 맡겨졌을 때 얼마나 그가 가까이 느껴지고 "영원한 팔"은 얼마나 강하게 정신을 고양시키는지.

아름다운 풍속

우리는 지친 가마꾼들이 식사를 하는 동안 기다려야 했으며, 그 사이에 어두움이 빠르게 몰려오고 있었다. 마침내 나는 더 이상 시간을 낭비하지 않으려고 인부들을 뒤따라오게 하고 먼저 걷기 시작했다. 나는 음식을 먹을 수 없었다. 곧 두 갈래의 길이 나왔는데 하나는 산을 넘는 지름길이었고 다른 하나는 산을 도는 먼 길이었다. 우리는 지름길을 택하기로 결정했다. 그것은 또 곧 어두워져 횃불을 필요로 할 정도로 아주 울창한 숲을 지나야 하는 아주 나쁜 길임을 알았다. 그것은 가파른 산비탈을 돌고 꼬불꼬불 내려가는 거친 곳이었다.

우리가 잘못 놓인 돌이 저 아래로 덜거덕거리면서 굴러가는 소리를 들었을 때, 언더우드 씨는 곧 그가 그의 말에 의지하느니 보다는 그의 발을 믿는 편이 낫겠다고 결론을 내렸다. 그러나 나는 조금 전에 우리를 따라잡았던 가마에서 내리는 것이 훨씬 좋은 것이지만, 당시 너무 지쳐 있었기 때문에 내가 걷는 것은 우리를 너무 지체시킬 것이며 나의 안전에 조금도 도움이 되지 않는다고 생각했다.

안도

그러나 한시도 안심할 수 없는 어두움 속에서 벼랑의 가장자리를 따라 미끈미끈하고 울퉁불퉁한 길로 가마를 타는 것은 오히려 불편했다. 다만 흔들리는 횃불에 의지하여 앞을 볼 수 있었는데 그나마도 다음 정착지에 이르기 전에 꺼져 버렸다. 깜깜한 어둠 속에서, 항상 더 많이 남은 것처럼 보이지만, 1마일 이상을 더 가야 했다. 그리고 이보다 더 괴로웠던 것은 재미로 산을 여행하는 사람들과 자주 부딪치는 것이다.

9시가 조금 지나자 언더우드 씨가 가마로 다가와서 나에게 위를 올려다보라고 했다. 거기에는 우리 머리 위의 언덕에 별이 빛나는 하늘을 배경으로 그 도시의 성벽과 문이 우뚝 솟아 있었다. 사실상 피난의 도시인 것이며, 우리는 그 밤에 피의 복수자들에게 가까이 쫓기며 보호의 성 안에서의 안전을 찾는 도망자의 작은 기쁨을 실감했다. 우리의 전령이 도착했을 때 문이 흔쾌히 열리고 우리를 기다리고 있었다.

수령의 우정

북부 지방의 많은 도시에서는 어떤 이유로든 중요한 손님을 기다리는 환영의 표시로 각 문에 불을 켜는 것이 관습이라고 들었다. 우리가 거리로 내려와 각 문 앞에 이 밝고 작은 신호를 보았을 때, 우리의 가슴은 몹시 뛰었다. 공식적인 접견을 하기에는 너무 늦은 시각이었고 현청의 문도 닫혀 있었지만, 남편은 곧 현청으로 들어가자고 주장했다. 요청이 허락되자, 그는 서둘러 대면의 일상적인 의식을 시작했다. 그때 귀에 익은 목소리가 “그런데 당신은 나를 모릅니까?”하고 외쳤다. 그제야 남편은 처음으로 그 앞에 있는 관리의 얼굴을 가까이 보고, 그가 자주 우리 집에 초대되었던 서울에서의 옛 친구라는 것을 알았다.

모든 일은 아주 수월했다. 우리는 아침에 일어났던 사건을 조심스럽게 설명하고, 아울러 우리의 친구들을 구해 데려오고 우리의 물품을 되찾고 가능한 한 범죄인을 체포하려고 포졸을 곧 파견해야 한다고 요청했다. 그는 곧 그렇게 하겠다고 약속하고 근처의 숲과 산을 잘 알고 두려움을 모르는 용감한 수색대에 명령을 내렸다.

수령의 통인은 큰 소리로 그들을 동원했으며, 그 소리는 밝은 별이 빛나는 밤을 흔들었다. 그는 곧 그리로 가서 3일 안에 강도들을 찾아 체포하고 우리의 수행원들과 물품들을 안전하게 데려오도록 명령하면서, 그렇게 하지 못하면 그들의 목을 날려 버리겠다고 말했다. 그에 대해서 그들은 3일 안에 체포하고, 되찾아 데려오겠으며, 그렇지 않으면 그들의 목을 자르라고 낮은 소리로 합창하듯 대답했다.

그 마지막 음절은 길게 끌었으며, 혀를 꼬부렸고 잔물결이 일듯했으며, 하늘 어디엔가로 사라지듯 울려 퍼졌다. 그들의 목을 자른다는 조건은 물론 단순히 수사적 효과를 위한 것이거나 몇 백 년 동안의 관행인 응대와 응수의 형태로 오랜 관습의 모방인 듯하다. 어쨌든 3일이 지난 뒤 그들의 임무를 완전히 수행하지 못하고 그들이 돌아왔음에도, 어느 부분에서도 그들에 대한 참수에 대한 얘기나 생각은 나타나지 않았다.

이 장에서 기독교의 포교에 대해서는 많이 언급하지 않았으나, 상황은 어느 정도 불리했다는 점을 말할 수 있다. 미국 공사의 걱정 때문에 언더우드씨는 이 당시 조선에서 설교가 금지되어 있었다. 따라서 그의 업무는 조선과 조선의 백성들, 그리고 그들의 가능성을 연구하고 미래의 업무를 위한 계획을 수립하며 개종자를 시험해 보고 가르치며 용기를 주며 또 조수의 일을 감독하고 검사하는 일에 제한되어 있었다. 한편 내가 할 수 있는 것은 병의 치료와 종교 서적의 보급을 통해 호의적이 인상을 주려는 노력이 전부였다.

제 5 장 관북 지방의 여행

위원

그 다음 우리는 위원이라는 작은 마을에서 우리는 쉬었다. 우리는 지도자와 우정을 맺기를 희망했던 친구들과 사귀었으며 기회가 닿는 대로 병든 몸과 영혼을 돌보았다. 이곳에서 지낸 며칠 뒤에 우리의 물품 상자와 우리를 공격했던 몇 사람이 왔다. 우리의 불쌍한 수행원들은 얼마 동안 여행할 수 없었기 때문에 훨씬 후에야 왔다. 그는 몽둥이로 두 번이나 호되게 두들겨 맞았으며 매일 밤 고통스럽고 괴로운 자세로 묶여 있었다. 마부는 팔이 부러졌고 조수가 등에 입은 상처는 결코 완전히 회복되지 못했다. 붙잡은 범죄인 가운데 몇 명은 처벌을 받으려고 감영으로 이송되었다.

만찬

위원을 떠나기에 앞서 우리는 현감의 호기심과 그의 친구들의 호기심을 만족시키려고 그들을 저녁 식사에 초대했다. 우리는 어떻게 해서든 그의 친절과 호의에 감사하고 싶었는데, 야영지에서의 경험이 많고 상당히 익숙했던 언더우드 씨와 총각 요리사가 약간 이상하지만 그 일을 그럭저럭 수행했다. 조금 남은 저장 식품과 외국인이 만들 수 없는 조선 식료품 가운데 얻을 수 있는 몇 가지를 가지고 향연을 벌이는 것이 우리의 재주로는 아주 무리라는 것을 알았다.

그러나 우리는 6단계로 아주 훌륭히 해냈다고 자부했다. 수프, 생선, 그리고 꽃과 딸기로 장식하고 사과 소스를 가미하고 토마토와 밤과 양파로 속을 채운 매혹적인 작은 구운 돼지가 포함되어 있었다. 크래커에 마멀레이드를 얹은 후식은 최고의 심미안에게도 단연 만족을 줄 수 있을 만한 것이었으며 색다른 커피를 소개했다.

우리는 설탕이 떨어졌다고 속삭이지 않고 커피에 벌꿀로 향기를 돋우었던 것이다. 현감이 많은 수행원들과 함께 와서 작은 방을 가득 채우고도 부엌까지 넘쳐흘렀다. 그들은 모든 것을 자세히 보고 만지작거림으로써 하인들이 많은 어려움 속에서도 봉사하는 진행 과정을 엉망으로 만들었다.

손님들

난로 대신 화로밖에 없었고 적당한 부엌 용구도 없었기 때문에 은자의 나라 먼 외진 곳에서 그러한 요리 기술을 완수하기란 쉬운 일이 아니었다. 그러나 우리는 조금도 불편하다거나 귀찮다고 생각하지 않았으며 조선 사람들과의 우정을 돈독히 하려고 특별히 노력하는 일을 결코 후회하지 않았다. 선교단이 식단을 계획하고 지방 현감들에게 식사를 제공하는 것이 하찮게 보일 수도 있지만 이는 훨씬 더 좋은 동기 유발 방법이 되었다. 사람들의 마음을 끌어야 하며, 가장 좋은 친구를 얻은 사람이 가장 훌륭한 독자와 가장 사려 깊은 청중을 얻는 것이기 때문에 우리는 가르쳐야 하는 일을 호의로써 받아들이도록 했다. 어떠한 도움도 하찮은 것이란 없다.

죄수들과의 여행

우리의 수행원들과 물품이 돌아온 뒤 우리는 그들이 여행할 수 있는 대로 빨리 의주로 서둘러 떠나야 한다고 생각했다. 위원의 현감은, 우리가 출발할 때 잡아 두었던 8명의 죄인을 둘씩 묶어 우리의 나머지 여행 동안 일행에 앞세워 데리고 가면서 길잡이로 쓰는 것이 어떠냐고 제안했다. 그리하여 우리가 정복자처럼 여러 지방을 행진한다면, 모든 사람의 마음속에 경외심과 공포를 주입시키게 되고 이러한 장면을 보는 어느 누구도 감히 다시는 외국인을 공격하려고 하지 않을 것이라는 것이었다.

물론 이것은 우리가 선교단이 바랐던 효과였다! 우리는 이러한 좋은 실례와 더불어 기독교를 설교하면서, 우리 앞에 묶은 그들의 동포를 몰면서 국민의 마음을 사려고 노력하는 모습을 생각해 보면서 대단한 상상을 즐겼다. 범죄인들, 그 가운데 몇 사람은 악명 높은 사람으로 밝혀지고 공동체의 평화와 안전을 위해 필연적으로 체포하지 않으면 조선 사람들은 안심하지 못하리라. 그러나 우리는 나서서 그들을 처벌하거나 원한을 풀려는 생각을 결코 하지 않았었기 때문에, 그의 약삭빠른 제안에 정중히 감사하고 용서해 달라고 요청했다.

압록강 기행

위원을 떠난 그날 밤에 우리가 멈추었던 초산은 아주 독특하고 흥미를 끄는 조그마한 마을이었다. 그곳은 조선과 청국의 경계를 이루는 압록강 근처에 위치해 있었다. 일종의 헌병인 두 명의 기수가 우리를 맞이하러 3마일을 나와 있었고, 그들은 자신의 행위가 우리 둘에게 가장 혐오스럽다는 것을 이해할 수도 없고 이해할 리도 없겠지만, 아주 곤란하고 또 불쾌하게도 내내 트럼펫을 불면서 도시로 우리를 선도했다.

강계에서처럼 점점 더 많은 군인들이 군데군데에서 우리를 맞이했다. 깃발이 날리고, 음악을 연주하고, 군중이 몰려왔으며, 우리는 또 다시 곡예단처럼 도시로 들어갔다. 그러나 군중은 질서 정연히 뒤로 물러나 있었기 때문에 이 작은 마을의 현청에 들어가는 데 방해를 받지 않았다. 우리가 그곳에 들어가자마자 뜨거운 인삼차가 담긴 작은 쟁반이 들어왔다.

현감의 친절한 배려로 아주 편안하고 유쾌한 기분이었다. 그는 다른 사람과는 달리 우리에게 곧 들어오라고 재촉하지 않고 우리가 어느 정도 휴식을 취하고 기운이 날 때까지 상당한 시간을 기다렸다. 이곳에서 우리는 다른 어느 곳에서 보지 못했던 관습을 보았는데, 그것은 오후 늦게야 다시 켜지게 될 불을 끄면서 매일 아침에 종을 울리는 것이었다.

급류

우리는 압록강 하류의 짧은 여행에 필요한 배를 얻으려고 다시 몇 마일을 더 걸어가야 했다. 비가 와서 이곳과 의주 사이의 급류가 위험스러웠지만 여행을 보다 기쁘게 만든 것은 바로 그 급류였다. 우리는 조선의 돛단배를 발견했다. 그것은 원래 수행하기로 되어 있었던 다른 목적뿐만 아니라 우리를 위해 준비된 것으로서, 바닥이 평평했고 길이는 30피트이고 넓이는 3피트 정도가 되었다. 이것이 우리의 수행원과 짐, 두 세 명의 사공과 우리들을 실어 갈 것이다.

햇볕을 가리려고 우리 머리 위의 대나무 막대에 몇 개의 가마니가 걸쳐 있었으며, 배의 가운데에는 다른 것으로 칸막이가 쳐 있었다. 한 쪽은 조선 사람들을 위해 남겨 두고 우리는 다른 쪽을 확보했다. 여기서 우리는 3일 낮과 밤을 보냈으며 밤에는 항상 해안 가까이에 정박했다. 우리가 통과하는 마을에서 많은 사람들이 구경하러 나왔으며 그들로부터 많은 식량을 얻었다. 여기서 우리는 불편을 겪지 않았으며, 배에서 그들과 충분히 이야기할 수 있었지만 우리와 우리의 소유물을 관찰해도 괜찮은 것 이상을 허락하지 않을 수 없다.

어느 날 밤 우리는 "불이야, 불이야!" 하는 외침으로 잠을 깨어서야 배가 불에 타고 있는 것을 알았다. 어떤 사람이 담배를 피우면서 잠들어 버렸는데 인화물에 뜨거운 재가 떨어졌던 것이다. 그러나 우리는 해안 가까이에 있었기 때문에 많은 물과 불을 끌 많은 사람들이 있었다. 불길은 곧 멈추었고 끔찍한 일은 일어나지 않았다. 그것은 우리의 뜻하지 않은 경험이었다. 이런 저런 위험이 나타나고 있는 동안, 분명 하나님의 배려를 증명해 주듯이 우리는 어머니의 팔에 안겨 있는 어린애처럼 안전하고 해를 입지 않았다. 우리를 밑에서 받쳐 주고 있는 영원한 팔과 함께 있는 것이 아닌가?

한만 국경

그 사랑스러운 봄날, 한 쪽은 청국과 맞닿아 있고 다른 한 편은 조선과 닿아 있는 압록강으로 내려갔을 때, 마치 두 나라가 강에 의해서가 아니라 대양에 의해 나뉘어졌다고 해도 과언이 아닐 만큼 현격한 대조를 이루고 있었다. 이 차이는 또한 국민들의 관습의 차이만큼 그 나라의 자연적 특성에서도 뚜렷이 나타났다. 조선의 강기슭에 있는 나무는 소나무가 주종을 이루었고 청국 쪽에는 참나무와 여러 종류의 낙엽수가 많았다.

조선의 농가는 진흙으로 지어져 있고 짚으로 지붕을 이었으며, 청국의 농가는 벽돌이나 돌로 지어져 있고 지붕은 기와로 덮여 있었다. 흰 옷을 입는 조선 사람들은 황소로 경작하고 있었지만 푸른색 옷을 입는 청국의 농부들은 말로 경작하고 있었다. 양쪽 다 철쭉이 바위와 언덕을 장미 빛의 엷은 색조를 물들였다. 그곳을 지나는 여행자라면 어느 지방이 보다 번영하고 어느 지방이 검약하는가를 쉽게 알 수 있다.

푸줏간

의주

4월 27일 밤에 우리는 의주에 도착했다. 다행스러운 것은 도착하기에 앞서 아무런 공식적인 통지가 없었기 때문에 가까이서 우리의 생명을 위태롭게 하는 트럼펫, 북, 하프, 나팔, 현악기 등의 모든 음악이 없었다. 우리는 언더우드 씨가 탈 가마를 빌렸으며 깊어 가는 석양의 친절한 보호를 받으며 은밀하게 가마를 타고 행복한 평민처럼 조용하고 검소하게 시내로 들어갔다.

다시 이야기를 거슬러 올라가서, 우리가 평양을 떠난 지 얼마 되지 않아서 성서공회의 대리인인 이 씨를 의주에서 만났다. 그때 그는 서울로 가는 도중이었다. 그러나 우리가 어디로 가고 있다는 얘기를 그가 들었을 때 그

그릇 가게

는 우리와 함께 다시 돌아가기로 결정을 했다. 그 당시 언더우드 씨는 의주와 평양 가운데 어느 것이 지회에 더 적절한 곳인지를 결정하는 가운데 있었으며, 주택을 구입하여 순회할 때 쉴 수 있도록 하고 그것을 관리하기 위한 관리자, 말하자면 조수를 뽑는데, 그 지역의 개종자 가운데서 뽑도록 하되 가능하면 가장 능력 있고 성실한 사람을 채용하려는 계획을 추진하고 있었다.

그 계획의 일부를 이 씨와 상의하였더니 아주 긍정적으로 받아들여진 듯했다. 그는 곧 우리를 의주로 안내하여 그러한 장소를 물색하겠다고 제안했다. 그러나 언더우드 씨는 우리를 위해 그러한 집을 사거나 산다고 약속할 수 없다고 솔직히 말했다. 우리의 계획은 명확한 것이 아니기 때문에 우리가 그 도시와 기독교인들을 본 후에라야, 한 마디로 말하면 우리가 그곳에 꼭 그러한 집을 필요로 한다고 결정할 만한 자료를 얻은 뒤에라야 구입할 수 있으며 그 경우라도 우리가 직접 그 지역과 집을 보아야 한다고 말했다.

그리고 우리는 그가 앞서 가 우리를 맞이할 여관 또는 기독교인의 집을 찾아, 우리가 그 도시에 들어가자마자 빠르고 조용하게 거처를 잡을 수 있도록 하자는 데 동의했다. 또 일하기에 편리한 집을 구입할 수 있는지와 얼마에 구입할 수 있는지에 관해서 문의하여 거기에 도착하자마자 생각을 명확히 할 수 있도록 하자는 데에도 동의했다. 따라서 우리가 강계에 이르기에 앞서 그는 우리를 남겨 두고 서둘러 의주로 떠났다. 우리가 도착했을 때 그는 우리를 충심으로 맞이하여 아주 널찍하고 훌륭한 방갈로로 우리를 안내했다. 여기서 우리는 그의 폐병에 걸린 아내와 노부, 그리고 아이들을 소개받았다.

무례한 수령

관습대로 우리는 도착하자마자 우리의 여권을 현감에게 보냈다. 그러나 여권이 그의 관청에 도착하기에 앞서 우리의 하인과 조수를 체포하여 바로 관아로 끌고 와 곤장을 치고 가두라는 명령이 떨어졌다. 우리는 현감이 보낸 심부름꾼이 닭, 계란, 땅콩, 과일과 다른 식료품 등 아주 푸짐한 선물을 가지고 왔다는 전갈을 받았을 때도 그런 당황스러운 소식은 받지 못했다. 이런 물품을 받는 순간 관리가 우리를 초대한 사람을 체포하여 곤장을 치라는 명령을 받들고 왔을 때 심부름꾼은 아직 시야에서 사라지지 않았었다. 이러한 아주 모순된 행동은 분명 혼란을 야기했으며, 우리는 그 의미가 무엇인지 추측하기 어려웠다.

그러나 우리는 오래 기다리지 않았다. 조금 뒤에 부관쯤 되는 관리가 찾아와, 전후 사정을 간단하게 설명해 주었다. 떠나기에 앞서 그의 상관이 어느 정도 자유분방하게 행동해 왔으며 그의 존경스러운(?) 행동에는 전혀 다른 뜻이 있는 것이 아니므로, 자신은 우리의 불쌍하고 죄 없는 사람들을 체포해서 곤장을 치는 그의 가벼운 장난을 우리가 너그럽게 보아주기를 바란다고 언더우드 씨에게 이해를 구했다.

그가 말한 대로 이러한 작은 탈선은 아주 흔히 있었으며, 무슨 뜻으로 그랬는지 그 이유를 안 다음에는 전혀 관심을 둘 필요가 없다고 느꼈다. 물론 우리는 이러한 해명으로 아주 안심하고 진정했으며, 현감의 존경스러운 어떤 소동이나 회오리가 우리를 또다시 몰아칠지 모른다는 즐거운 생각을 가지고 평온한 마음으로 쉬었다.

그가 건전한 생각을 가지고 아무런 악의 없이 저지른 일이기 때문에 그러한 것이 모두 잘 되리라고 확신했다. 가까이에는 현감과 우리 여권을 발행한 서울의 외부 사이에 꽉 끼어 있는 불쌍한 관리는 앞에 언급했던 닭과 달걀 등을 제공함으로써 여권을 소지한 외국인들에 대한 현감의 무례한 대접을 완화시키려고 노력했다. 이것이 선물과 처벌이라는 이상한 결합에 대한 설명이었다.

말하기는 유감스럽지만 조선에는 술주정이 흔히 있다. 조선 사람들은 일본이나 청국에서처럼 차를 재배하지 않으며, 가장 부유한 사람조차도 최근에야 비로소 차나 커피의 사용법을 알게 되었으며 평민들은 너무 가난해서 차를 살 수가 없는 것이다. 이상하게도 그들은 결코 우유를 마시지 않으므로 연회를 벌이는 경우 손님들에게 제공할 수 있는 무해한 음료수가 없다. 그리하여 그들은 일반적으로 술에만 의존하며, 어떤 사람은 지나치게 술을 마셔서 술에 빠져 버린다.

구호품을 바라는 기독교도

우리는 몇 달 동안 의주에서 기독교 봉사자들을 고용한 일이 있었는데,

그 가운데 한 명은 언더우드 씨가 임명했던 사람이었으며 두 사람은 스스로 자청한 사람이었다. 이 나중의 두 사람에 대해서 우리는 그때 미덥지 못하게 생각했으며 뒤에는 훨씬 더 그렇게 되었는데, 지금 자기네가 우리에게 아주 유용하기 때문에 우리가 그들에게 선교단에서 많은 보수를 주는 지위를 부여하기를 바라고 있다.

의주에서 우리가 믿었던 사람들의 성실치 못함 때문에 겪은 몇 번의 경험은 아주 괴롭고 좌절감을 주는 것이었지만, 동시에 그들은 도움이 되기도 했다. 왜냐하면 그들은 사람들에게 책임을 맡기면서 아주 천천히, 조심스럽게 해야 한다는 것과 개종자를 받아들이고 돈을 쓰는 데 아주 신중해야 한다는 것을 우리에게 가르쳐 주었기 때문이다. 그리고 그들은, 언더우드 씨가 이미 네비우스[1] 박사의 저서를 읽고 곰곰이 생각하여 어느 정도 따르기 시작했었던 자영의 사상을 우리에게 더 확고히 불어넣어 주었다.

자청해서 들어온 사람 가운데 하나가 아직까지 개척되지 않은 곳에 기독교 학교를 시작하여 자신을 많은 월급을 주어 선생으로 앉히라고 우리에게 요청했다. 언더우드 씨는 이렇게 이의를 제기했다.

"그러나 우리는 아직 그러한 학교를 시작할 준비가 되지 않았으며, 또 단순히 당신에게 생활비를 주려고 학교를 시작할 수는 없습니다."

---

1) 네비우스(John L. Nevius : 1829~1893) : 미국 장로교 선교사. 프린스턴대학 출신(1854). 1854년에 중국에 도착하여 영파 · 항주 · 상해에서 포교하다가 산동을 중심으로 포교했으며 지부에서 사망함. 『선교 사업의 방안』, 『선교 교회의 설립과 발전』 등의 저술을 남겼다. 그는 동방 사회의 선교 방법에 대한 전문가로서 1890년에 한국 교회의 초청을 받고 내한하여 소위 「네비어스 선교 정책」을 제시했는데, 그 내용을 보면, (1) 한 사람을 그리스도에게 인도하면 그를 떠나지 말고 끝까지 붙들어 그가 개인 전도하는 일꾼이 될 때까지 자기의 직업에 종사하면서 이웃에게 그리스도를 전할 수 있게 되도록 인도한다. (2) 교회의 운영과 기구 조직은 그 교회 자체가 능히 감당할 수 있는 범위 안에서 기획 실천하여 발전을 기하도록 해야 한다. (3) 교회에서 전도 사업을 감당할 만한 인물이 나오거나, 재정을 공급할 수 있는 유자격자가 생기면 그들을 선임하여 교회의 지도 일꾼으로 세워 육성한다. (4) 교회당 건축은 되도록이면 그 교인들 자신의 힘으로 하게 하되 건축의 구조나 모양은 한국 고유의 양식으로 혹은 지방의 교회답게 건축하도록 유의한다.

그의 물질적 관심에 대한 냉담한 반응은 그를 몹시 슬프게 했다. 그는 오랫동안 그가 필요한 것을 간청했으며 순진하게도 그의 생활 전체에 대한 책임이 우리에게 있다고 하면서 정직하게 그가 어떻게 생활해야 할지를 그에게 알려 달라고 요청했다. 우리는 게으른 사람들에게 수입을 제공하러 여기에 온 것이 아니라 복음을 전파하려고 왔다는 것을 강조하지 않을 수 없었다.

세례 교인

우리가 신용했던 또 다른 사람은 우리에게 모든 것을 아주 과장해서 말했다. 강계에서 기독교에 관심 있는 사람이 많다는 그의 보고가 있었음에도 불구하고 우리는 한 사람도 찾지 못했기 때문에 그가 의도적으로 거짓말한 것이 아닌가 두려웠다. 그는 결과적으로 그의 신용에 영향을 주게 되었던 그 보고를 우리가 확인하러 그곳에 가리라고는 생각하지 않았던 것이다.

그러나 훨씬 더 괴로운 경험이 우리를 기다리고 있었다. 우리는 집을 하나 사서 입주할 예정이었는데 대리인 이 씨가 우리의 계속적인 금지 명령에도 불구하고 그가 자신의 작은 집을 팔아서 대금을 일부 지불하고 그의 가족이 거기에 들어앉았다고 우리에게 말했다. 이곳은 이제 그의 늙은 아버지, 병든 아내와 무력한 작은 아이들의 유일한 거처가 되었다.

그 친구는 계획적으로 우리를 심각한 곤경에 빠뜨렸다. 이 사람의 죄 때문에 이 허약하고 무력한 사람들을 거리로 내모는 것은 생각할 수도 없는 일이었다. 그 사람에게 그의 부정직한 술책으로 이익을 얻게 하는 것은 교회에서 이익을 취하고자 하는 탐욕스런 사람들에게 용기를 주게 될 것이며 신에게 바쳐진 자금을 오용하는 것이 될 것이다.

다행스럽게도 매각한 뒤 10일 이내에 돈과 증서를 다시 돌려줄 수 있었으므로 우리는 그에게 작은 집을 되찾도록 했고, 원래의 주인에게는 약간의 웃돈을 얹어 주고 우리가 사용했었던 집을 되돌려 주었다. 물론 우리가 아무리 조심해도 때때로 모든 책임을 져야 하므로 영국 성서공회에 그들은 이 사람을 분명 잘못 보았다고 말하는 것이 마땅하다. 그가 일하고 있는 곳과 고용주와의 거리가 감독을 거의 불가능하게 했던 것이다.

우리는 아주 많은 사람들의 방문을 받았는데 대개는 기독교에 깊은 관심을 가지고 세례를 바라는 듯이 보이는 남자들이었다. 그러한 지원자 가운데 100명 이상이 자발적으로 참여한 사람들이었다. 언더우드 씨는 그들을 아주 신중하게 심사해 본 결과 모두가 근면하게 성서와 소책자를 연구했으며, 거의 모두가 복음의 기본 진리를 잘 알고 있다는 것을 알았다.

한 사람은 성서에 관한 지식이 더 이상 필요 없는 놀라운 사람이었다. 그는 청국어로 된 신·구약 성서에 있는 많은 장과 시편, 하느님의 이름과 예수가 나타난 시대들, 그리고 다른 많은 사실들을 알고 있었다. 그러나 그는 자신이 아주 뛰어난 기억력을 가지고 있다는 것을 나타내고자 했을 뿐 개종의 뜻은 비치지 않았다. 나는 그 불쌍한 사람을 동정의 눈으로 보지 않을 수 없었다. 그가 정말 그들을 얻기를 원했더라면, 그리고 그가 그들이 원하는 놀라운 가치를 충분히 알기만 했다면 달콤한 생명의 빵과 꿀을 바위에서 쉽고 간단하게 얻을 수도 있을 것이다.

그러나 그는 부차적인 것을 얻으려고 그렇게 많은 고통을 겪고 그렇게 많은 고난의 시간을 소비해야 했다는 것은 잘못된 듯했다. 나는 이 사람과 우리가 시험했던 어떤 다른 사람들이 기독교가 진정 무엇인가를 알지 못하고 다만 그것은 분명 좋고 훌륭한 철학이며, 그것을 받아들이면 부유하고 영향력 있는 외국인들과 접촉하게 되고, 선생이나 조수나 그 밖의 어떤 형태이든 곧 일자리를 구하게 된다고 생각하지 않을까 걱정스럽다.

우리가 이 지원자들에게 마음 졸이며 간절히 바라는 것은 마음의 진실한 변화의 징후, 그들을 구제하려고 십자가에 못 박힌 구세주를 위한 진실한 사랑, 그리고 이러한 믿음의 열매의 표시로 생활과 성격을 변화시키는 것이다. 이 100명의 지원자 가운데서 우리는 33명을 골라냈는데, 유창하게 대답했던 사람들이나 가장 훌륭한 지식을 펼쳤던 사람들이 아니라 거의 분명하게 진실한 마음을 가졌으며 예수를 진실로 아는 사람들이었다. 내가 "거의"라고 말한 것은 때때로 실수하지 않기란 거의 불가능하기 때문이다.

우리는 외국인의 신분으로 조선에서 세례를 주는 것이 여권 발급의 조건으로 금지되어 있었으므로 모두가 강을 가로질러 청국으로 건너갔다. 거기에서 우리는 아주 엄숙하고 깊은 감동을 주는 성체 의식을 가졌으며, 언더우드 씨는 이들에게 세례를 베풀었다. 이들은 우리의 전체 여행 가운데 유일하게 세례를 받은 사람들이었으며, 그가 세례를 준 전무후무한 많은 숫자였다.

선교사의 초기라는 점에서 보면 많다고 할 이 숫자는 뒤에 훨씬 과장된 소문으로 퍼졌다. 어느 누구도 새로 태어난 이 영혼의 작은 무리를 2년 동안 방문할 수 없었다. 도움을 바라는 긴급한 요청에 대해 본국 교회에서는 아무런 회신이 없다. 서울에 가면 가혹할 정도의 일이 기다리고 있다는 두려움과 향수병도 그들에게 가서 신앙을 강화시켜 주고 용기를 주며 그들을 붙잡을 수 없게 만들었다.

목사도 없고 성경책이라야 청국어로 된 몇 권밖에 없이 슬프게도 그들은 무시당하고 있으며 인간적으로 말해서 그들은 양치기 없는 양처럼 흩어지고 길을 잃어 헤맨다 해도 놀라운 일이 아니다. 우리는 적어도 1년에 한번 그들을 방문하고 싶었지만 서울에서 일이 얼마나 많게 될는지 그리고 그곳을 떠나기가 얼마나 실현하기 어려운지를 전혀 알기가 어려웠다.

이 사람들은 의주의 중심지가 아니라 어느 정도 떨어진 작은 마을에서 왔고 또 어떤 사람들은 15~20마일 떨어진 곳에서 왔던 사람들이었다. 그 가운데 몇 사람은 언더우드 씨가 이미 잘 알고 있던 사람들이었는데 그들은 1년 이상 가르침을 받아 왔었으며 어떤 사람은 서상윤 씨에게서 세례를 받기로 준비하고 있었다. 서 씨는 로스(John Ross) 씨가 3년 전 서울에 왔을 때 고용했던 사람이었다.

그러한 현상은, 우리도 모르는 사람들이 말하고 있듯이, 우리가 알지 못하는 많은 신진 목사들이 신도의 숫자를 증가시키려는 열성으로 분별없이 세례를 주었다는 것이 아님을 보여주려는 것이다. 우리는 오랫동안 준비해 왔던 것을 엄격히 심사했다. 2년 뒤에 청국으로 가는 길에 의주에 들렀던 두 명의 선교사와 8~9년 뒤에 그곳에 오래 머물렀던 한 사람은 그러한 기독교인들을 본 일이 없다고 말했지만, 우리는 하나님이 그 자신을 잘 지킬 수 있었으리라고 믿는다.

그 사람들의 이름이나 그들이 살았던 마을의 이름을 알지 못하는 상태에서, 특히 그 사람들의 유랑적이고 거의 방랑적이라 할 만한 성격과 러일전쟁이 불가사의한 변화를 일으켜 그들 가운데 대부분이 아마 아주 멀리 떠났을 것이라는 점을 상기해 볼 때, 그들을 찾아내기란 쉬운 일이 아니었을 것이다. 그 참혹한 전쟁 동안에 의주와 인근 주민 절반 이상이 사라진 듯했다.

여권 분실

의주에서의 업무가 끝났을 때 우리는 서울에서 임무를 기다리고 있는 많은 사람들에게로 되돌아가려고 서둘렀다. 현감이 우리의 여권을 돌려주지 않아 사람을 보냈지만 그래도 그것을 내주지 않았다. 우리는 얼마 동안 기다렸다가 다시 부드럽게 요구했다. 그러나 여전히 그것을 주지 않았으며, 마침내 우리가 도착한 날 밤에 감사가 그것을 어디다 두었는지 기억하지 못할 만큼 무책임한 정신 상태로 있었다는 것을 알았다. 요컨대 "여권을 잃어버린 것이었다." 이것은 사실 심각한 문제였다!

여권 없이 여행한다는 것은 매우 위험한 것이며 이 문제를 해결하려고 서울에서 오는 다른 사람을 기다리는 것은 우리가 할애할 수 있는 그 이상의 시간이 걸릴 것이다. 사실상 문제는 정말 그것을 잃어버렸다고 믿어야 할지 아니면 어떤 흉계를 가지고 우리를 그곳에 붙들어 놓고자 하는 적의가 있는 현감의 단순한 구실이었는지 알 수가 없었다.

얼마 동안의 괴로운 기다림의 시간이 지난 뒤에 그것이 발견되어 지체 없이 되돌려 받았으며, 우리 친구들과의 슬픈 작별을 했다. 하나님의 울타리 속의 어린양들에게 영양을 공급하려고 곧 다시 돌아오리라는 의도와 희망을 가지고 우리는 의주를 떠났다. 그러나 "우리는 아직까지 그곳에 다시 돌아가지를 못했다."

귀가 여행 가운데 언더우드 씨와 나는 지회를 설립하려면 평양과 의주 어느 쪽이 좋은지를 오랫동안 열렬히 논의했다. 한 곳에서의 창설이 보다 희망적이라면 다른 곳에서는 훨씬 더 유리한 점을 갖는다. 마침내 우리는 그 문제를 미해결로 남겨 두고 우리가 근거지를 어디로 해야 할 것인가는 앞으로의 경과에 따르기로 했다. 우리는 가능한 한 지체하지 않고 주요 도로를 통해 서울로 돌아갔다. 군중이나 강도에 의해 곤란을 받지 않은 평탄한 여행이었다.

철이 어느 정도 바뀌어 여관은 아주 무더웠지만 지극히 사랑스러운 많은 꽃들로 시골은 아름다웠다. 길가에 10피트도 안 되는 많은 꽃들 사이에서 계곡의 백합이 자라고 있는 것을 보았으며, 라일락, 들장미, 향기로운 제비꽃과 많은 다른 꽃들의 향기로운 냄새가 나의 가마에 그득 찼다. 우리는 5월 중순쯤이면 2개월 이상 비워 두었던 집에 무사히 도착하리라고 생각했다. 그 사이에 우리는 1천 마일 이상을 여행했고 6백 명이 넘는 환자들을 치료했으며, 그 숫자만큼 여러 번을 그들과 얘기했다.

우리가 돌아오자마자, 지나치게 충성스러운 선교사 가운데 한 사람이 율법에 충실하게 작은 방을 잠그고 그곳에서 조선 사람들과 예배를 거행하고 있으며, 자신의 작은 집의 한 곳 또는 어떤 다른 곳에서 비밀리에 예배를 보고 있다는 것을 알고는 당황했다. 우리는 곧 우리 집 문을 열어 놓고 규칙적으로 그곳에 기독교인들을 모이게 했으며 그때서야 모든 선교회는 다시 자진해서 작은 예배당을 사용했다.

두 번째의 왕비 알현

우리가 돌아온 지 얼마 되지 않아 왕비[민비]는 개인적으로 나를 초대하여 나에게 아주 특이한 금팔찌 한 쌍을 주었다. 그것은 결혼 선물로 그가 주문해서 만든 것이었으며 우리가 시골로 떠난 뒤에 준비되었던 것이었다. 그는 또 남편을 위해 아름다운 진주 반지 한 세트를 주었다. 그는 우리의 여행에 대해서 자상하게 물어 보았으며, 여느 때와 다름없이 인정스럽고 사려 깊었다. 나는 그의 전성기 때의 진실한 모습을 세상에 알리고 싶지만, 설령 그가 사진을 찍기를 허락했다 하더라도 이것은 나타내기가 어려울 것이다. 왜냐하면 대화할 때 그의 매력적인 표현, 그때 드러나는 개성과 지성은 얼굴이 평온할 때는 반쯤밖에 보이지 않기 때문이다.

왕비는 모든 조선의 부인들처럼, 머리 중앙을 가르고 얼굴 옆으로 단단하고 아주 매끄럽게 잡아 당겨 머리 뒤쪽 약간 아래쪽에 묶었다. 그리고 내가 어떤 다른 부인에게서 전혀 보지 못했던 것으로서 아마도 그의 지위를 표시한다고 생각되는 작은 장식이 머리의 꼭대기에 얹혀 있었다. 산호, 진주, 그 밖의 보석을 박은 금세공의 긴 장식 머리핀 한두 개가 머리 뒤의 묶은 곳을 꿰뚫고 있었다. 그는 보통 노란 비단 “저고리”를 입고 진주나 호박으로 된 단추를 채우고 아주 길게 끌리는 푸른색 비단 치마를 입고 있었다. 저고리는 모든 조선의 여인들이 입는 것이다. 왕비의 모든 옷은 아주 고상한 비단으로 만들어졌다.

민비의 의상과 장식

왕비 전하는 장식에 신경을 많이 쓰지 않는 것 같았으며, 또 거의 달지도 않았다. 북부 지역의 젊은 여성들이 커다란 은귀걸이를 하는 것을 제외하고는 어떠한 조선의 여성들도 귀걸이를 하지 않았다. 왕비도 예외가 아니어서 이제까지 그가 목걸이, 브로치, 또는 팔찌를 한 것을 본 일이 없다. 그는 많은 반지를 가지고 있었을 것이 분명했지만 그가 유럽의 제품을 한두 번 이상 낀 것을 보지 못했다. 그것도 평범한 재산과 지위를 가진 미국 여성들이 종종 과시하는 것처럼 그렇게 많거나 큰 것은 아니었다.

그는 멋진 시계를 몇 개 가지고 있었지만 결코 차지 않았다. 조선의 관습에 따라서 그는 긴 비단 술이 달려 있는 금세공의 장신구 몇 개를 옆구리에 매달고 다녔다. 그를 반쯤 문명화된 국가의 왕비라고 생각하기 어려울 정도로 그의 옷 입는 취미는 아주 단순하고 아주 지극히 세련된 것이었다.

이 방문에서 그는 사려 깊은 친절함의 새로운 증거를 나에게 보여주었다. 나는 그때 결혼 드레스를 입고 아주 얇은 공단 실내화를 신고 있었는데, 내가 떠나려 할 때 갑자기 비가 오기 시작했다. 나의 가마는 규율에 따라 거의 반 마일 거리의 문밖에 대기하고 있었다. 왕비에게 어떠한 탈출구를 요청하지도 않았는데 그는 비가 와서 내가 곤경에 처해 있다는 것을 알아차렸다. 그는 몸소 창문까지 오더니 곧 대문에 사람을 보내어 나의 가마를 대기실까지 가져오도록 명령을 내렸다.

그러나 이것은 너무 지나친 것이었다. 거기서 나를 수행했던 관리는, 나를 위한 이와 같은 예외 조치는 심한 비판과 질투심을 일깨울 것이며, 그 때에 이 나라의 최고 관리 가운데 하나가 알현하러 들어오려고 대궐문에서 기다리고 있었는데 이제 비를 맞으며 걸어와야 할 것이라고 말했다. 그들은 내가 왕비의 명령 이행을 사양하고 가마까지 걸어가야 한다고 간청했다.

나는 그들이 반대하는 것이 훌륭한 판단이라 생각했기 때문에 마치 나의 실내화와 비단 옷이 잘 보호된 것이나 다름없이 왕비의 친절한 배려에 위안을 받고 물론 곧 동의했다. 가마꾼들의 대궐 출입을 배척하는 이 규칙은 얼마 뒤에 바뀌어 나의 가마도 왕궁 가까이까지 갈 수 있게 되었다.

경회루

조선의 여름 집

그해 여름은 강 둑 위의 높은 벼랑 꼭대기에 있는 조선식 여름 별장에서 지냈다. 그것은 왕의 소유였는데 그 한 해 앞서 왕가에서 우리의 선교단이 사용하도록 허락했었으며 지금은 우리에게까지 그 호의가 베풀어졌던 것이다. 그것은 수면에서 약 50피트 쯤 위에 있는 바위 위에 위치해 있었으며, 조선 사람들이 이상적인 건축으로 여기는 멋지고 시원하며 그림 같은 여름의 거처 가운데 하나였다. 모서리가 예술적으로 곡선을 이루며 위로 뻗어 있는 그 지붕을 몇 개의 튼튼한 기둥이 떠받치고 있었으며, 벽은 모두 창문이었는데 공들인 도림질 세공 도안을 한 가벼운 나무로 만들어졌고 한 쪽이 종이로 발라져 있었다.

그 문을 치켜 올려 지붕에 고리를 걸면 아주 효율적인 차일(遮日)이 되었다. 늘 미풍이 불어오고 효과적으로 차양되고 산과 한강을 훤히 바라볼 수 있는 이곳에서 언더우드 씨는 거의 여름 내내 그의 작은 사전을 만들었다. 간간이 게일 씨(Mr. Gale)나 헐버트(H. B. Hulbert) 씨가 그에게 유용한 많은 자료를 제공해 주었다.

사전 편찬

남편은 대사전을 만들고 있었는데, 그것은 그가 거의 3년 동안 아주 알차고 완벽한 것으로 만들고자 계획했던 것으로 이미 동의어를 포함해서 몇 천 개의 단어에 대한 정의를 수록했다. 그것은 프랑스 사전처럼 단순히 조선어를 외국어 발음으로 표기한 것이 아니라, 영한 및 한영사전으로 만들기로 되어 있었다. 그것은 그가 직접적인 선교 업무에서 짬이 나는 모든 시간을 쏟아 넣고 있었던 그의 가장 소중한 설계였다.

그러나 지금 도착하기 시작하는 선교단이 가장 절실히 필요로 하는 것이 따로 있다고 그의 교회 형제들이 설득했기 때문에 그는 당분간 그의 "대작업"을 제쳐 두었다. 아쉬움이 없는 것은 아니지만 그러나 뒤돌아보지 않고 언어와 투쟁하는 사람들이 절실한 순간에 편리하도록 하려고 그 긴 여름 내내 이른 새벽부터 밤늦게까지 쉬지 않고 일하여 작은 사전을 준비하고 완성했다.

우리 집

연이어 다가온 가을에 호감 가는 비서 미첼 박사(Dr. Mitchell) 부부가 우리의 선교단을 방문하고 많은 충고와 도움을 주었는데 우리는 그것에 깊이 감사했다. 그때 우리는 지금과 같이 그렇게 좋은 집에 살지 않았었다. 우리의 집은 진흙 벽으로 되어 있고 눅눅했으며, 창문에 난 많은 틈으로 우기에는 비가 몹시 샜고 겨울에는 아주 차가운 밤이 스며들었다. 많은 창문은 유리가 끼워 있지 않고 그냥 종이로 발랐다. 그 의사의 방문 기간 가운데 어느 날 밤은 비와 바람을 동반하는 무시무시한 폭풍이 몰아쳐 우리 침대 가까이의 창문을 완전히 때려 부쉈기 때문에 비가 바닥 위로 쏟아져 들어왔다.

지붕이 새었지만 우리는 우산과 방수복으로 가려 전혀 젖지 않았다. 그러나 그날 아침 홍수가 된 바닥과 조각난 채 걸려 있는 종이 창문을 보고 미첼은 우리의 부주의를 심하게 나무라면서 선교단원이란 그렇게 잘못 보호되기에는 너무나 값진 상품이라고 경고했다. 모든 젊은 선교단원들이 그 교훈을 얻었더라면 좋았을 것이지만, 세상사가 다 그렇듯이 그들은 너무 늦게 왔기 때문에 그 경고에 따르지 못했다.

제 6 장 초대 교회의 어려움

왕의 알현

1889년 초가을에 나는 몇 명의 외국인 관리 및 그 부인들과 함께 왕궁에서의 또 다른 알현에 초대받았다. 알현 뒤에 저녁 식사가 제공되었으며, 식사 뒤에 기생들의 솜씨가 펼쳐졌다. 그리고 바로 이곳에서 내가 말해야 하는 것은, 내가 왕궁의 이러한 분위기 속에서 여러 번 기생들을 보았지만 그러한 때 그들의 행동에 어울리지 않다거나 품위가 없는 행동을 본 일이 없다는 것이다.

기생들의 동작은 우아하고 항상 느렸으며 손에 손을 잡거나 여러 가지 아름다운 모습의 공동 동작으로 빙글빙글 돈다. 그들은 목이 높고 긴소매의 상의 또는 외투와 긴치마를 입었으며, 얼굴은 그 옷으로 완전히 가려졌다. 그들의 얼굴을 낯선 사람이 볼 수 있도록 내놓아 공개적으로 나타내는 것은 모든 조선 사람들의 눈에는 예의범절에 벗어난 행동이며, 가장 타락한 여성이 되는 것이다.

기생

모든 나라에서 그런 부류의 여성들처럼 그들은 가장 가련하고 희망 없는 여성들이지만 스스로 그 길로 뛰어든 사람들과는 달리 이 가엾은 소녀들은 부모에 의해 팔려 두려운 생활을 하게 되었다. 그들에게는 자신의 인생에 대한 선택권이 없기 않기 때문에 동정심과 아울러 약간의 질책을 받아 마땅하다. 불쌍한 많은 조선의 작은 어린 아이들은 쌀 몇 가마 때문에 노예로 팔려 기생으로 훈련받거나 일상의 잡역에 이용되고 그렇지 않으면 그가 전혀 본 적이 없던 사람에게 시집을 간다. 사실 그 아이들은 놀이방에서 인형을 가지고 노는 우리의 작은 어린 아이보다 큰 아이들이 아니다.

여담이 너무 길어진 듯하여 이제 우리의 왕궁 초대로 다시 돌아가자. 손님들은 식당 바로 앞에 있는 "마루"에 앉아 있었는데, 넓게 펼쳐진 돛을 단 아름다운 배가 우리 앞마당에 나타났다. 그 안에는 화려하게 입은 소녀들이 앉아 있었다. 이제 또 다른 소녀들이 느린 조선의 음악에 맞추어 춤추면서 품위 있는 모습으로 거의 미뉴에트1) 풍으로 흐르는 듯한 소맷자락과 깃발을 흔들면서 나타났다.

그들은 분명 바람의 요정이었으며 배는 부드러운 미풍을 맞고 있었다. 음악이 점점 빨라지면서 무희들의 스텝도 점점 급해지고 소맷자락, 치마와 스카프와 함께 돛이 점점 더 빠르게 펄럭였다. 마침내 배가 천천히 앞으로 움직이면서 그 연기자들과 함께 시야에서 멀어져 갔다. 배가 우아하게 바람과 함께 사라져 갔을 때 나뭇잎 사이로 숨은 커다란 연꽃 두 그루가 나타났다.

---

1) 미뉴에트(Minuet) : 17세기 중엽에 프랑스에서 일어난 3박자의 우아한 춤.

알현 후의 여흥

그들을 따라 아주 잘 분장한 한 쌍의 거대한 황새가 나왔다. 그 새는 앞으로 왔다가 뒤로 후퇴했다가 옆걸음질치고 점잔을 빼며 머리와 긴 부리를 흔들면서 음악에 맞추어 이리 저리 불확실하게 그러나 마음속에는 분명한 어떤 확실한 목표를 가지고 천천히 앞으로 나왔다. 마침내 오랜 망설임이 있은 뒤에 그 하나가 용기를 내어 연꽃 봉우리를 힘차게 쪼니 그 봉우리는 곧 활짝 피어 그 가운데에 말아 올려 있었던 예쁘고 작은 아이를 풀어놓았다.

다른 황새도 비슷한 행운으로 다른 작은 꼬마를 발견해 냈다. 나는 조선에서 몇 세기 동안 내려온 이 황새와 갓난아기의 전설을 아주 흥미롭게 생각했다. 사실 동양의 여러 나라들은 분명 무척 깊은 먼 과거에까지 뻗쳐져 있으며, 이 세상에 새로운 것이 없다는 것을 우리에게 확신시켜 주는 어떤 신선한 놀라움을 끌어내고 있다.

사전과 문전의 인쇄

같은 해 11월말에, 우리는 언더우드 씨의 문법책과 사전을 출판하러 일본으로 갔다. 그것은 서울에는 그러한 책을 찍어낼 수단이 없기 때문이었다. 활자를 만드는 동안 우리는 기다려야 했으며 그 동안 언더우드 씨는 맨 앞부분을 첨가해 넣음으로써 문법책을 완성했다. 그가 돌아올 때 일본의 기선이 그의 귀국을 방해하자 그는 일본에 관한 모든 것들은 물론 우리의 엄청난 노력까지도 싫어했다.

쌀은 청국 조선과 일본에서 주요한 식료품이지만 이 세 나라에서 각기 다르게 요리되어 식사에 제공되고 있으며 절박하게 필요한 경우가 아니라면 어느 나라도 다른 나라의 쌀을 먹지 않는다. 우리는 양반에게서 문필의 도움을 받았다. 그는 노동을 하거나 그 자신을 위한 어떤 것을 요리한 적이 전혀 없었으나, 일본의 호텔에 머무르면서 아주 짧은 기간 동안 음울한 불평을 많이 하더니 그에게 밥을 구해 줄 것과 혼자 힘으로 살림을 꾸려 나가게 해 달라고 요청했다.

그 양반이 이와 같은 제안을 한다는 것은 그가 받았던 곤란이 어느 정도인가를 나타내는 것이다. 따라서 우리가 곧 그의 요청을 들어주었더니, 바로 그때부터 그는 자신의 점잖은 손으로 자신의 밥을 만들었다. 그는 풍부한 지식을 가진 한학자였으며, 그의 학식은 일본의 고위층에게 많은 존경을 받았다. 그는 종종 초대를 받았는데 특히 시장의 집으로 초대받은 것으로 유명해졌다.

잘 먹으려고 굶는다

조선 사람들은 향연에 참석하여 그 엄청난 음식을 다 먹어 치우는 것을 당연한 일로 생각한다. 그들의 옷소매나 손이 허락하는 한 그 안에 넣어 가져가는 것도 이상한 일이 아니다. 때때로 그들은 초대의 진가를 완전히 올바르게 발휘하려고 며칠 전부터 굶으며, 내가 생각하기에는 일반적으로 양이 질보다 훨씬 더 중요한 것으로 생각된다.

우리 선생이 초대되었던 일본인의 집에서는 그렇지 않았다. 그의 말을 믿는다면, 아주 극단적으로 미각만을 발휘하며 손님을 위해 작은 컵 몇 개와 맛있고 진귀한 고급 요리가 담긴 접시 몇 개만을 제공했다. 이러한 경우 그것은 거의 애처로운 일이라고 말할 수 있다. 가엾은 조선 사람은 쌀밥과 가는 국수, 쌀로 만든 뜨거운 떡, 땅콩, 신선한 과일과 건조시켜 설탕에 절인 과일, 뜨거운 소스를 얹은 고기, "김치" 등이 있는 잔치를 기대하며 굶었던 것이다.

슬픈 날이여! 몇 개의 작은 찻잔, 그리고 분명 그 속에 생선회가 들어 있겠지만 조선 사람들이 알지 못하는 어떤 것이 담긴 몇 개의 작은 접시가 고작이었고 그밖에는 지성과 환담의 향연이었다. 다음날 더 지혜롭고 더 수척해진 그가 애처롭게 언더우드 씨에게 말하기를, 그는 왜 조선 사람들이 가난하게 되었으며 일본인들은 번창하게 되었는가를 이제야 이해할 수 있다고 했다.

그의 설명에 따르면 조선 사람들은 하루에 100원을 벌고 1,000원어치를 먹지만 일본인들은 반대로 하루에 1,000원을 벌고 100원어치를 먹는다는 것이다. 적어도 일본인에 관한 한 이 말은 잘못된 것이 있다. 일본 사람들에게 그들이 최악의 적인 조선 사람들이 반박할 수 없는 미덕이 있다면 그것은 그들의 근면과 검약이다.

일본에서는 월평균 또는 연평균 경미한 일상적인 지진이 정확히 얼마나 발생하는가는 알 수 없지만 우리가 머무른 6개월 동안 그것은 평균 3일에 한 번씩은 있었다. 우리의 체험 가운데 하루 24시간 지속된 것은 열한 번이었다. 물론 그것은 심각한 것은 아니었지만 문을 흔들고 샹들리에를 딸그락거리게 하고 의자가 움직여 구르게 할 정도였으며 한 번 이상은 그 집이 붕괴 직전에 있다고 확신할 정도였다.

데이비스 씨의 죽음

우리가 조선으로 되돌아오기 직전에 예수 안에서 아주 사랑하는 형제인 데이비스 목사[2]가 천연두로 갑자기 죽었다는 소식을 듣고 충격을 받았다. 그는 지난 초여름에 도착하여 언어에 놀라운 향상을 이루었던 사람으로 재능과 학식도 남달랐지만 그의 영성과 헌신은 더욱 탁월했다. 그의 열성은 자신을 아끼는 것을 조금도 허락하지 않았다. 그는 곧 언더우드 씨와 자신이 마음과 마음을 연결한 인연이라고 여겼기 때문에 함께 계획을 수립하고

---

2) 데이비스 목사(J. Henry Davies : 1858~1890) : 호주 장로교 선교사. 멜버른 법과대학과 에든버러대학 신학과 졸업. 1889년 누이와 함께 내한하여 당초에는 서울에서 선교하다가 부산으로 이주하여 전도 여행을 하다가 천연두와 급성 폐렴으로 사망했다.

연구하고 일했으며 사람들의 구원을 위해 기도했다.

그를 잃었다는 소식이 전해졌을 때 마치 우리 가족에게 죽음이 찾아온 것 같았으며 우리의 앞길에 검은 장막이 가로 놓여 있는 듯했다. 우리는 신이 모든 것을 훌륭히 한다는 것을 알고 있으며, 그의 방식은 우리의 방식이 아니며 그의 사상은 우리의 사상이 아니라는 것을 알고 있다. 따라서 이유를 알 수는 없지만 육체는 허약해서 우리 주위에 구제 받지 못한 몇 백만의 사람들을 보고 우리는 데이비스 씨를 살릴 수 없다고 느꼈다.

우리에게 또 그가 막역한 친구가 되어 왔고 동조자, 조언자 및 동료가 되어 왔던 사람들로서는 그 사람을 잃어버린다는 것이 견디기 어려운 일이었다. 그러나 하나님의 기반은 어떤 한 인간에게 의존한다고 우리가 생각하거나 그렇게 느끼게 될 때마다 하나님은 그 사람을 제거하여 그의 기반이 어떠한 인간에게도 의존하지 않는다는 것, 그리고 그는 가장 미약하고 보잘것없는 사람의 노력도 축복할 수 있으며 작은 소년의 바구니로 5천 명을 먹일 수 있다는 것[3]을 우리에게 가르치려 한다는 것을 우리는 알았다.

1890년 4월 26일에 『조선어 문법』과 『조선어사전』이 완성되었다. 우리는 곧 조선으로 출발하여 5월에야 도착했다. 일본에서 돌아오자 곧 우리는 네비우스 박사(Dr. Nevius) 부부를 방문했다. 네비우스 박사는 매우 밝고 넓은 아량을 지녔으며 다정한 성품 깊은 박애 정신, 오랫동안의 성실한 노동 경력을 가진 인간의 왕으로서 우리가 기꺼이 그의 발치에 앉을 수 있는 사람이라는 것을 우리 모두는 알았다.

대단한 책임감을 실감함과 더불어 느끼는 자신의 무지, 무능력, 무경험의 자각은 새로운 분야에 뛰어든 젊은 선교사들에게 압도적으로 덮쳐 오면서도, 낙심과 절망을 하지 않는 것은 전능한 힘에 대한 끊임없는 의지뿐이다. 그런 때 그러한 나이든 형제의 충고는 매우 귀중한 것이다.

---

3) 『신약성서 요한복음』 6 : 1–13.

이때까지 소규모였던 선교단은 몇 차례의 새로운 사람의 내한으로 보강되었으며, 아주 무더운 그 해 여름에는 그들 가운데 대부분이 뜨거운 몇 달을 보내려고 남한산성으로 갔다. 서울은 산으로 둘러싸인 분지에 위치해 있으며 여름에는 그 썩은 물웅덩이와 오물이 넘쳐흐르는 도랑, 구역질나는 대기에 병이 가득 찬 악마의 기운을 발효시켜 문명화된 나라에서 상상할 수도 없고 말할 수 없을 정도의 냄새를 풍겨 아주 비위생적이다. 남한산성은 서울에서 약 17마일 떨어진, 2천 피트도 채 안 되는 산 위에 있다. 그것은 한강의 저쪽에 위치해 있지만 산을 도는 가파른 길을 따라가면 아주 쉽게 접근할 수 있다.

헤론 박사의 죽음

헤론 박사(John W. Heron)는 가족을 데리고 갔는데, 서울에서의 임무 때문에 자주 왕복했다. 그것은 분명 뜨겁고 습기 찬 때는 그의 힘에 부치는 일이었다. 그는 곧 설사병에 걸렸으나 처음에 그것을 대수롭지 않게 여겨 오랫동안 계속 무심했다. 마침내 그것은 가장 악성 질병으로 발전하여 의사들의 모든 노력에도 소용이 없었다. 스크랜튼 박사[4]와 맥길 박사(Dr. MacGill)는 끊임없이 노력했지만 계속 실패했다. 증세가 심상치 않은 기색을 보이기 시작하자 곧 헤론 부인을 불렀다.

커다란 슬픔과 불안에 빠진 그는 바로 그 날 밤 비바람이 몰아치는 무시무시한 폭풍우 속에서 진정 사육제를 출발했다. 바람은 약한 가마를 인부들의 손에서 잡아채려는 듯 둘레에서 휘몰아쳤으며 어떤 횃불이나 등롱도 유

4) 스크랜튼(W. B. Scranton : 1856~1922) : 미국의 신학자. 코네티컷 출신. 예일대학(1878)과 뉴욕 의과대학(1885)을 졸업 한 뒤 어머니(Mary Scranton), 아펜젤러와 함께 일본에 도착하여 한국어를 배우고, 상동교회를 창립하여, 성서를 번역하고, 의료 활동을 하다가 일본으로 건너가 고베에서 사망함.

남한산성 남문

지할 수 없었다. 청명한 날씨에도 오르기에 가파르고 힘든 그 길은 한 발짝 앞도 보이지 않는 칠흑 같은 어두움 속에서 진흙과 물이 범벅이 되어 미끄러지는 아주 위험한 길이었다.

그런데다가 숲과 계곡에서 인부들은 때때로 허리까지 물속에 담가야 했다. 옷 속까지 흠뻑 젖은 이 불쌍하고 괴로운 젊은 부인은 그의 남편이 거의 죽어 간다는 것을 알고 이 무시무시한 폭풍우 속에서 밤새도록 헤맨 뒤에 거의 아침 무렵에야 집에 도착했다. 3주 정도 병에 시달리고 많은 고통을 겪은 뒤에 헤론 박사는 죽었다. 그의 죽음은 전체 외국인들뿐 아니라 그가 관계를 맺었던 많은 조선 사람들에게 슬픔과 타격을 주었다. 헤론은 그 모두에게 끊임없는 친절을 베풂으로써 사랑을 받았던 것이다.

장지의 어려움

물론 오래 전에 그렇게 하도록 했던 조약에 따른 것이기는 하지만 조선 정부는 외국인 묘지를 위해 서울 근교에 땅을 내어 주지 않았다. 강한 미신과 아주 엄격한 법률은 그 도시 성곽 내에 죽은 이의 매장을 허락하지 않았으며 이제까지 죽었던 몇 명의 유럽인들은 제물포 근처의 묘지에 매장되었다. 그러나 7월의 한더위 속에서 그것도 운송 수단이라고는 가마밖에 없는 상황에서 제물포까지 30마일 거리를 유해를 옮겨 그렇게 멀리서 고인을 장례 지내야 한다는 것은 이미 상처받은 마음에 고통을 더하는 것일 뿐만 아니라 무익하고 불편하며 비용이 많이 드는 것이다. 그리하여 헤론의 죽음이 피할 수 없는 것처럼 보이자 묘지를 위해 서울 근교에 한 지역을 정부에 요청했다. 그들은 특유의 지연 방식으로 끝내 땅을 주지 않았다.

헤론이 죽던 날 그들은 한 장소를 제공했으나, 우리는 그것이 강 건너 모래사장 뒤쪽 멀리 떨어진 아주 낮은 지대여서 거의 사용할 수 없다는 것을 알았다. 그때 우리는 어떤 즉각적인 조치를 취하지 않으면 안 되었기 때문에 우리 선교단 소유의 토지 일부에 임시로 매장하기로 결정했다. 그 당시 거기에는 언더우드 씨와 헤론의 한글 선생들이 살던 작은 집이 있었다. 조선의 관리들이 이러한 계획을 듣자마자 그것은 법에 저촉되며 또 시체를 그곳으로 옮기려면 도로를 통과해야 하는데, 그러면 아마도 상당한 흥분과 소동이 있게 될 것이라고 말하면서 아주 강력히 반대했다.

그때 우리는 그들이 다른 장소를 제공하지 않았기 때문에 일시적으로나마 유해를 이렇게 처리하지 않을 수 없다는 전언을 외부에 보내는 동시에 헤론의 집 뒤쪽에 무덤을 파라고 지시했다. 장례 시간은 3시로 정해져 있었는데, 약 30분 전에 한글 선생들이 헝클어진 머리에 눈물을 흘리고 떨면서 극도의 흥분과 공포에 사로잡혀 다시 우리에게 돌아왔다. 그들은 그 지역에 있는 사람들이 만일 시체가 성곽 안에 매장된다면 우리 모두를 공격하고 집을 불태울 것이며 그들을 때려죽이고 우리 또한 그렇게 죽이기로 계획하고 있다고 말했다.

우리는 시체를 뉘일 수 있는 장소를 찾을 수 없다는 것이 비참했다. 우리의 마음은 가엾은 괴롭힘을 당한 자매에 대한 고통으로 찢어지는 듯했다. 헤론 여사는 모든 사람의 동정을 받을 뿐만 아니라 그가 사랑하는 사람의 시체를 위해서 조용하고 버젓한 장례를 주장했지만, 그의 영면을 위한 장소 제공을 거절당한 채 온갖 입씨름과 혼란에 휩쓸렸다.

우리는 유생들의 처사에 몹시 화가 났다. 우리는 그들이 미개한 미신의 영역을 벗어나야 하고 사람들에게 비밀을 알리지 말아야 한다고 생각했다. 헤론의 유해가 어디에 안장될 수 있는지 불확실하기 때문에 방부 처리하고 밀봉해 두었다. 그러나 외부는 백인 주택지에 묻는 것이 우리 취지라는 얘기를 듣고 곧 타협하여 우리에게 서울에서 약 5마일 떨어진 강이 내려다보이는 멋진 절벽 위의 넓은 장소를 제공했다.[5] 이것은 미국 공사인 알렌 박

5) 지금의 마포구 합정동에 있는 외국인 묘지를 의미함.

사가 외부를 공격하고 양보할 것을 주장하면서 끈질긴 노력을 보여 얻은 것이었다.

이러한 몇 달 동안에도 업무는 계속 추진되고 있었다. 신자와 신앙에 대해 문의하는 사람의 수는 우리가 기대했던 것 이상으로 증가하였으며 감리교단의 스크랜튼 박사와 언더우드 씨를 구성원으로 하는 성서번역위원회가 설립되었다. 두 선교단은 각각 오래 전에 여학교를 창설했으며 감리교파가 여기서 단연 선두를 달렸지만 두 교파는 꾸준히 성장하고 있었다. 소년들의 고아원은 소년 학교로 바뀌었으며 두 선교단의 병원과 진료소의 업무는 우리의 우정과 신뢰에 대한 사람들의 확신의 증가와 더불어 번창하고 있었다.

귀국

초가을에, 그 차원과 무게는 아주 터무니없이 어울리지 않았지만, 우리의 가족에 새로운 선교 단원이 나타나서 생활을 더 윤택하게 만들었다. 이 몇 달 뒤에 나의 병이 점점 더 심해지고 제어할 수 없게 되자 마침내 미국으로 돌아가는 것이 유일한 해결책이며, 의심의 여지가 있지만 미국에서 생명을 구할 수 있다는 의사의 진단을 받았다. 나에게 보여준 외국인 공동체의 우정과 친절은 이루 다 표현할 수 없는 것이었다. 돈이 없어 대도시의 일상적인 편의 시설을 갖지 못하며 우리가 서로의 친절한 도움에만 의존하는 바로 이곳 동방에서 서로의 사랑과 봉사는 우리를 아주 가까이 이끌고 묶어 준다.

친구들과 이웃들은 나를 간호했고 나의 남편이 우리의 물건을 꾸리는 것을 도왔다. 우리는 1년의 공백을 예정했기 때문에 곰팡이, 좀벌레, 먼지, 쥐와 도둑을 막으려고 모든 것에 못을 치고 잠그고 밀폐시켜야 했다. 우리가 살던 집은 입주를 기다리는 다른 집 없는 선교사들이 사용할 수 있도록 가구를 빽빽이 들어넣었다.

그들은 아기와 나를 위해서 바느질을 했으며, 우리를 돕는 데 어떠한 고통이나 수고도 아끼지 않았다. 벙커 부인(Mrs. Banker)과 로드와일러 양[6]이 제물포까지 우리와 동행했다. 그곳까지의 여행에서 나는 긴 증기 의자 위에서 흔들리지 않도록 6명의 가마꾼들이 나를 운송했으며, 밤에는 중간 지점에서 원시적인 일본식 호텔에서 묵었다.

나는 조선을 떠난다는 것이 말할 수 없이 후회스럽고 부끄러우며 고통스러웠다. 나는 기나긴 몇 년 뒤에 일이 잘 시작되고 약속된 시간이 왔을 때, 일이 무사히 완수되어 귀향할 것을 기다리고 있었다. 그러나 "지금" 나의 일을 거의 시작하지도 못한 채 남겨 두고 돌아오지 못할지도 모르는 "실패자"로 돌아간다는 것은 견디기 어려운 일이었다. 그러나 더 견딜 수 없는 것은 일하는 사람이 터무니없이 부족하고 사방에서 도움을 청하는 외침이 크게 들려오는 상황에서 건강하고 활동적인 나의 남편을 유용한 삶에서 등을 돌려 끌고 간다는 것이었다.

기독교 서적과 찬송가가 필요했고 성서도 아직 번역되지 않았으며, 사전 작업은 절반도 이루지 않았다. 학교도 설립해야 하고 급속히 증가하는 기독교인들을 육성하고 가르쳐야 했다. 이 모든 것을 생각했을 때 나는 암담했다. 그러나 하나님은 항상 외관상 불행해 보이는 일을 하지만 축복을 내렸다. 왜냐하면 미국으로의 귀향 때문에 몇 명의 선교사를 얻었고, 새로운 선교단이 설립되었으며, 미국·캐나다·영국의 기독교인들의 마음에 조선에 대한 관심을 불러일으켰다.

> "결코 끝이 있을 수 없는 하나님을 섬기는 인간의 나약함 — 지상의 인간에게 이보다 더 천사 같은 일은 없다. 그는 항상 하나님의 편에 있는 사람들을 친구로 삼으며, 그에게 오는 어떠한 기회도 놓치지 않는다. 그리고 자신

6) 로드와일러(Louisa C. Rothweiler : 1853~1921) : 미국 감리교회의 여성 선교사. 독일계. 디트로이트 출생. 1887년에 내한하여 스크랜튼 부인과 함께 이화학당의 창설에 기여했으며, 그 2대 학장이 됨(1890~1892). 1899년에 귀국함.

의 희생으로 승리했을 때 그에게 하나님의 뜻은 가장 달콤한 것이다. 악도 그가 축복한 것이면 우리의 선이 되고, 선이 악이 되는 경우가 아니라면 가장 잘못된 것으로 보이는 모든 것도 그것이 하나님의 달콤한 뜻일 경우는 옳은 것이다."

제물포의 여름

치료를 마치고 조선으로 돌아왔을 때 우리는 그 여름의 절정기를 제물포에서 보냈다. 우리의 아기가 많이 아팠기 때문이었다. 우리는 중국인이 경영하는 소위 "호텔"에서 묵었다. 그곳의 잡음과 냄새 때문에 기나긴 무더운 밤을 견디기가 어려웠다. 초저녁부터 한밤중을 지나서까지 길 건너편 청국인 극장에서 가수가 부르는 고음의 가성이 우리를 괴롭혔다.

인천만에서는 전함으로 돌아가는 선원들 때문에 개들이 격앙된 소리로 짖어댐으로써 가까스로 시도했던 잠을 효과적으로 설치게 했다. 개들이 평정을 되찾을 즈음이면 채소와 생선을 파는 일본 상인들이 반드시 높은 가격을 얻어야 하는 장사에 전념하여 나의 창문 아래서 귀에 거슬리는 큰 소리로 상품 이름을 외쳐댔으며 이것은 해가 떠서 날이 밝을 때까지 계속되었다.

온종일 나는 해안의 길게 뻗친 황량한 진흙 습지 저쪽을 내다보며 나의 배고픈 작은 사내아이가 소화시킬 수 있는 유일한 음식을 가져오는 배를 기다리면서 마음 아파하며 그를 안고 배가 너무 늦게 오지 않도록 기도했다. 작은 생명은 나날이 위기에 빠져 있는 가운데 마침내 배가 들어왔다. 그러나 그렇게 기다리던 막대한 보석과 귀중품을 실은 인도의 상선은 결코 아니었다. 나의 아기에게 힘과 생명을 주는 그러한 귀중한 뱃짐을 실은 배는 결코 나에게 올 수 없었던 것이다. 그러는 동안 언더우드 씨는 제물포에서 힘껏 일했다. 그 동안 집에 대한 수리를 감독하면서 우리는 건축업자, 도급자, 목수, 정원사, 그리고 매매 업자가 되지 않으면 안 되었으며, 여름 내내 작은 교회가 절실히 필요로 했던 찬송가의 번역 작업을 쉴 새 없이 했다.

중국과 조선과 일본에서의 "용어 문제"

"용어 문제"는 아직까지도 모든 선교단의 동의를 얻지 못해 해결을 찾지 못한 논쟁점이다. 이 문제는 God를 부르는 적당한 말이 어느 것이냐에 관련된다. 청국과 일본과 조선은 다 같이 한자를 사용하며 "신으로 떠받드는 것들" 또는 숭배되는 것을 나타내는 단어를 가지고 있다. 그러나 그들은 우리가 "신으로 떠받드는 것들"을 영어로 The God 또는 God으로 바꿀 수 있는 것처럼 명확한 대상이나 고유명사를 가지고 있지 않다. 그들은 또 아주 다른 각각의 신을 나타내는 이름들을 가지고 있는데, 예를 들어 하늘의 주신은 상제 또는 하나님이며, 땅의 신은 "땅님"과 같이 부른다.

어떤 선교사들은 이러한 하늘의 주신의 이름을 사용하고 사람들에게 그들이 모르면서 숭배하는 신의 성격과 특성을 설명한다면 그들이 보다 쉽게 우리의 설명을 이해하고 보다 빨리 받아들일 것이라고 주장했다. 물론 하늘의 주신을 숭배하는 모든 이교도들은 다른 무수한 하찮은 신위들을 함께 숭배하고 있기 때문에 그 이름이 "유일신"을 언급하는 것이라고 주장할 수는 없지만 그 이름은 사실 "하늘의 위대한 신"을 언급한 것이라고 많은 사람들은 믿고 있다.

또 다른 편에서는 이교도 신위의 개별적인 이름을 "불멸의 여호와" 대신에 사용해서는 안 되며 그러한 방법은 "신"의 고유한 이름과 직접적으로 충돌한다고 양심적으로 믿는 사람도 있다. 따라서 이 문제에 대한 그들의 확신은 차치하고라도, 그들은 하늘의 신이든 땅의 신이든 간에 이들 신위의 하나인 이교도의 명칭을 사용하는 것은 안 될 뿐만 아니라, 누구나가 신이 될 수 있다는 인식은 "나도 신이 될 수 있다"고 생각하게 함으로써 아직 초기의 조선 교회의 구성원들의 마음에 위험한 오해를 유도할 수 있다고 믿고

남한산성 수어장대

있다.

요컨대 거짓된 것은 올바른 것일 수 없으며, 자신의 이름이 아닌 다른 것의 이름을 "여호와"에 붙이는 것은 결국 올바르거나 좋은 결과를 가져올 수 없다고 그들은 믿는 것이다. 이러한 견해는 많은 신교도 소수파를 가지고 있는 일본의 다양한 교파의 선교사들, 청국의 모든 가톨릭교도, 그리고 조선에서의 성공회와 가톨릭교도들에 의해 채택되어 왔다.

선교의 어려움

조선에 있는 장로교회와 감리교 선교사 거의 모두와 청국의 장로교회와 감리교의 대다수는, 비록 청국의 선교사들이 사용하는 단어와 조선의 선교사들이 사용하는 것이 아주 본질적으로 다르기는 하지만, 가톨릭이나 성공회와는 다른 입장을 취하고 있다. 청국인들은 상제라고 하지만 조선 사람들은 하나님이라고 한다.

여기서 이 문제를 언급하는 것은 어떤 논쟁을 하려는 의도가 있는 것은 아니다. 그것은 사실 논쟁의 여지가 있는 문제이지만 만족스러운 해결책이 절실히 요구되는 것이다. 그것은 마음속에 뿌리 깊은 많은 신조들과 관련된 문제이기 때문에 어떤 사소한 감정도 불러일으킨 적이 없었다. 굳이 이 문제를 언급하는 이유는 기독교 국가의 사람들이 선교의 어떤 분야에서 봉사하는 사람들이 직면하는 어렵고 곤혹스런 문제를 살펴 볼 수 있도록 하려는 것이다. 이러한 문제들은 여러 나라에서 다른 양상을 보이지만 그들은 모두 그들 나름의 어려움을 가지고 있다.

우리가 조선에 돌아온 무렵에 게일(James Gale) 씨의 『문법책』이 발행되었으며 약 1년 뒤에 그의 『한영사전』이 출간되어 선교단은 이제 몇 몇 언어에 도움을 받고 있다. 처음부터 선교사에게 조선어를 완전히 정복하라고 강조했으며, 각 선교사는 1년에 세 번의 아주 엄격한 시험에 통과해야 했다. 매년 1, 2, 3단계의 학습 과정이 설강되었으며, 학생들을 돕고 신참자의 어학 공부를 도와주고 감독하도록 시험위원회와 기타의 직책이 임명되었다.

제 7 장 갑신정변에서 청일전쟁까지(1884~1894)

1893년의 선교

1893년 가을, 우리는 최근에 수리했으나 아직 완성되지 않아 젖은 진흙 벽에 방에는 창문도 달지 않은 집으로 너무 일찍 이사를 했다. 그것은 불가피한 일이었으나 결과적으로 나와 작은 아기를 겨울 내내 아프게 했기 때문에 나는 조선 사람들 틈에서 좋은 일을 거의 하지 못했다. 중류층과 하류층의 사람들이 교회에 많이 왔으며 남녀 모임에 참석자가 많았다.

학교에 다니는 작은 소년들도 그리스도에 대단한 열의를 가진 듯했으며 공휴일과 노는 시간이면 좋은 소식을 이야기하고 나누어준 책자를 얘기하면서 보냈다. 우리 선교사의 일원인 모페트 박사[1]가 평양으로 발령되었으며 곧 이어 그곳에 감리교 선교단의 홀 박사[2] 부부를 비롯하여, 장로교파에

---

1) 모페트(S. A. Moffett : 1864~1939) : 한국명은 마포삼열(馬布三悅) 또는 마부열(馬富悅). 미국인 장로교 선교사로서 1890년에 입국하여 평양신학교를 설립, 교장이 되었고 "105인 사건" 당시에는 이를 세계에 알려 국제 여론을 일으켰다. 숭실전문학교 창립에 주도 역할을 하고 1918년에 교장으로 취임하여 육영사업에 종사하다가 1934년에 귀국했다.

2) 캐나다 출신인 감리교 부부 선교사 의사 윌리엄 제임스 홀(William James Hall)과 로젯타 셔우드 홀(Rosetta Sherwood Hall)은 일제 치하에 한국에서 의료와 선교에 헌신했다. 그의 아들 셔우드 홀(Sherwood Hall : 1893~1991)은 의사로서 해주에서 구세병원을 열어(1925) 결핵 치료에 기여했으며 특히 1932년 처음으로 크리스마스 실을 발행하였다. 제

서도 다른 사람을 임명했다.

나도, 얼마간 완전히 중단했던 의료 사업을 다시 시작했다. 언어의 습득이 불충분한 관계로 많은 어려움이 있었음에도 불구하고 여성 모임을 시작하여 지속했다. 조금씩 내가 알고 있던 단어를 아주 불완전하게나마 사용하려고 노력함으로써 나는 곧 더 많은 언어를 습득하게 되었고 항상 세련되고 정확하지는 못했지만 어느 정도 자유롭게 말하고 기도할 수 있었다.

나의 주요 목적은 조선 사람들이 나를 이해하는 것이지 나 자신이 조선어에 능통한 사람이라는 것을 과시하는 것이 아니었기 때문에 내가 그 목적을 이루었다는 것이 증명되었을 때 나는 만족스럽고 행복했다. 이즈음에 세 선교단의 다른 여성들은 이러한 업무를 잘 수행할 수 있도록 준비되어 있었다. 우리의 가엾은 조선의 자매들은 여러 지역에 퍼져 있었다. 내가 왕궁에 여러 번 초대될 때마다 나의 아기 또한 그곳에 초청되어 귀여움을 독차지했다.

성서번역위원회도 확장되어 의사 스크랜튼 씨와 언더우드 씨 외에 감리교 목사 아펜젤러(H. G. Appenzeller)와 장로교파의 게일 씨(James S. Gale)가 새로이 합류했다. 그들은 우리 성서 연구반을 위해서 일과 자료를 준비했고 여러 선교사들의 몇 개의 소책자를 번역하고 있었다. 1891년, 우리가 일시 귀국하기 전부터 그 뒤 몇 년 동안 부유한 조선 사람들 가운데 하인, 식객, 또는 이방인이 어떤 전염병을 앓으면 곧 거리로 내모는 나쁜 습관이 생겨 겨울의 격심한 돌풍이나 한여름의 불타는 듯한 더위 속에서도 거리에서 누워 있는 불쌍한 사람들을 보는 것이 예사였다.

때때로 친구나 친척이 그 고통 받는 사람에게 쓰러져가는 초가집을 지어 주었으며 때로는 전 가족이 함께 그러한 초가에 들어와 죽은 자와 산 자가 함께 누워 있는 경우도 있었다. 그러한 경우를 위해 병원을 사거나 지을 돈을 어떻게 해서든 마련하고자 하는 것이 우리의 간절한 바램이었다. 우리가

2차 세계 대전 당시에 간첩 혐의로 일제에 의해 추방되어 밴쿠버에서 타계했으나 유언에 따라 부모가 묻힌 양화진외국인묘지에 묻혔다.

미국에 있는 동안 이따금 "그 작업을 위해" 우리 손에 적은 돈이 들어왔고 이제 그것이 불어났기 때문에 우리는 이 오랜 숙원을 위해 그 돈을 사용하기로 했다.

"피난처"

우리는 한국에 돌아오자마자 좋은 나무가 덮여 있고 6~7개의 방의 좋은 기와집이 들어서 있는, 통풍이 잘되는 언덕 중턱의 아름다운 대지 일부를 아주 저렴한 가격으로 구입할 수 있었다. 그것은 우리의 목적에 맞을 만큼 컸지만, 우리가 꿈꾸었던 병원을 짓기에는 수중의 돈이 충분하지 않았다. 그리하여 우리는 헌 건물을 수리하고 관리인의 숙소를 덧붙여 만들었다. 우리는 어느 누구라도 거리에서 전염병 환자를 데리고 와서 원하는 어떤 의사의 치료도 받을 수 있도록 하는 초교파적인 기관을 만들었다. 동시에 뉴욕의 오닐 부인[3]이 외동 아들을 낳은 기념으로 제공한 작은 진료소가 북쪽 주요 도로의 "피난처"라 불리는 곳에서 멀지 않은 곳에서 문을 열었다. 이곳에서는 의료 사업뿐 아니라 여성들의 성서반이 열렸으며 남성과 여성의 저녁 기도회와 안식일 아침 예배를 드렸다.

청일전쟁

1894년 6월에 조선에서 청일전쟁의 개전과 더불어 일본이 서울을 포위하는 것을 보았다. 어느 날 아침, 우리는 총소리를 듣고 깨자 곧 일본이 왕궁을 장악했다는 것을 알았다. 외국인과 조선 사람들 사이에 흥분이 고조되었

3) 오닐 부인(Hugh O'Neil)은 뉴욕의 자선사업가로서 장애자인 아들을 기념하기 위해 자금을 제공했고, 언더우드 부인이 이 기부금을 바탕으로 "휴 오닐 2세기념 진료소"를 설립했다. 이것이 훗날 세브란스병원 부인과의 모체가 되었다.

다. 아주 심각한 위험에 처하여 그렇게 적은 인원으로 어떻게 감당해 낼 수 있을지를 알기는 어렵지만, 모든 공사관은 우리의 보호를 위해 포함이 있던 항구로부터 군대를 올라오라고 명령했다. 거기에는 50명의 러시아인, 40명의 미국인, 40명의 영국인과 9명의 독일인 해군이 있었다.

모든 조선 사람들은 공포에 빠졌다. 귀족들은 대개 그들의 집을 버리고 갖가지로 위장하여 도망쳐 외국 공관이나 시골에서 피난처를 찾았다. 평민들도 시골로 한꺼번에 출발했다. 모든 가게도 문을 닫았기 때문에 그 도시는 전염병이 습격한 지역과 같았다. 남자, 여자, 가마, 짐말의 장엄한 행진, 죽은 듯한 침묵 속에서 빠른 걸음으로 단호하고 겁에 질린 얼굴을 한 군중들이 연이어 주요 도로와 문 밖으로 쏟아져 들어왔다.

혼란에 빠진 서울

애처롭고 작은 많은 집단들, 커다란 공포에 빠진 부모가 군중 속에 버리거나 잃어버려 눈물 자국이 난 얼굴로 혼자 바삐 걸어가는 어린 아이들, 등에 아기를 업고 치맛자락을 잡은 아기를 데리고 있는 여인들, 어깨에 재산을 싣고 나르는 남자들, 여기 저기 군중을 밀어 제치면서 놀란 부자나 귀부인의 가마를 나르는 인부들이 보였다. 상하 귀천을 막론하고 그들의 오랜 적국인 무시무시한 일본인으로부터 도망가기에 바빴다. 넓은 길을 따라, 결국 부서질 넓은 문을 통해 밀고 나가는 구제 받지 못한 사람들의 거대한 숫자를 실감케 했다. "그리고 그가 군중들을 보았을 때 목자를 잃은 양과 같은 그들에게 동정심을 느꼈다."

하인들은 집에 남아 있다가는 청국인이나 일본인들에 의해 죽게 될 것이기 때문에 머무를 수가 없다고 말했다. 우리는 그들에게 우리가 결코 두려워하지 않으며 참전하지 않았다는 것을 상기시키고, 우리는 조선의 기독교인들을 위해 결코 떠나거나 그들만을 남겨 두지 않기로 결정했다고 약속함으로써 마침내 가까스로 그들 가운데 몇 명을 머물도록 했다.

평양의 홀 부부

그러는 동안에 평양에서는 긴장되고 괴로운 사건들이 일어나고 있었다. 지난 5월에 감리교파의 홀 박사가 평양에 근거지를 세우고 영주권을 얻으려고 그의 부인과 아기를 데리고 왔다. 그들은 통제할 수 없을 정도의 호기심 많은 군중들에 의해 거의 습격 받다시피 했다. 그곳 감사는 경찰을 보내 주지 않았으며 더욱이 그들이 도착한 지 2~3일 뒤에는 홀의 조수와 그에게 집을 팔았던 사람을 체포하여 감옥에 넣었다.

이것은 집이나 대지에 대해 정당한 권리를 갖는 어떤 사람으로 하여금 그것을 포기하도록 만드는 일반적인 방법이었다. 조선의 관리들은 어떠한 이유로도 그의 소유를 반대했다. 홀 박사는 그 집이 그가 가장 일을 적절히 수행할 수 있다고 믿는 그 도시의 인구 밀집 지역에 위치해 있기 때문에 이 대지를 골랐으나, 그는 이전의 소유자가 그 근처에 있는 어떤 악마를 숭배하는 무당의 집에 항상 바쳤던 세금을 지불하기를 완강히 거절했다.

의사 모페트의 조수와 그의 집의 전소유자가 투옥되었고, 조선의 기독교인들이 심하게 곤장을 맞았으며 그와 때를 같이하여 홀을 따르는 사람들도 체포되었다. 평양에서 선교사들을 묵인하지 않는다는 것이 명백해졌다. 또 다른 감리교파 조선 기독교인 한 두 명이 체포되어 두들겨 맞았다. 모페트 박사는 서울에 있었기 때문에 홀의 가족은 그가 서울의 여행에서 돌아와 도와 줄 수 있을 때까지 며칠 동안 이 커다란 도시에서 많은 적들 가운데 홀로 남게 되었다.

상황은 냉혹했다. 홀은 멀리 떨어져 있는 감사나 청국 전신국을 찾으면서 감옥에 있는 기독교인들을 안심시키거나 도우려고 노력하는 동안 그의 힘없는 부인과 아기를 무방비 상태의 집에 남겨 두지 않을 수 없었다.

기독교도들의 영웅적인 행동

그의 첫 전문이 서울에 도착하자마자 모든 선교사의 전체 회합이 우리 집에서 소집되어 홀의 가족과 고통 받는 불쌍한 조선의 형제들을 위해 하나가 되어 기도했다. 스크랜튼 박사, 모페트 박사와 언더우드 씨는 곧 미국과 영국 공사관을 찾아가 외부로 하여금 감사에게 기독교인들을 석방하고 훼손된 재산을 보상해 주라는 명령을 내리게 했다.

이것은 곧 평양으로 타전되었지만, 나타난 결과는 조선 기독교인들이 더 심하게 매를 맞았고 물장수가 홀의 집에 물을 배달하는 것이 금지되었으며 그들 집에 돌을 던져 벽이 무너져 내렸다는 것이다. 조선 기독교인들은 잔인한 대우를 대담하게 견디었으며 그들의 신앙을 포기하지 않았다. 그들은 사형수 독방으로 옮겨졌으며 감사는 그들에게 그들을 박해하는 취지를 설명했다. 서울에서 보낸 두 번의 전보가 감사에게 전달되었으나 아무런 변화도 나타나지 않았다.

그러는 동안 서울에서 몇 명의 선교사가 홀 박사를 도우러 가야 한다고 결정했다. 몇 몇 사람들은 그들이 아주 심각하고 확실치 못한 상황에 부딪치러 가는 사람들이라기보다는 마치 휴가를 요청하는 소년들처럼 그들이 가야 하는 최선의 이유를 강력히 주장했지만 모페트 씨는 자신의 교인들이 거기에서 곤란을 받고 있기 때문에 자신이 가야 할 권리가 있다고 주장했고 캐나다에서 온 매켄지 씨(Mr. McKenzie)가 아직 미혼이므로 그를 수행하기로 했다.

청일전쟁 후의 평양

우리 모두는 다른 기독교인들뿐만 아니라 홀 부부가 외부를 통해 그들을 구제하고자 하는 우리 공사관의 충분한 영향력이 미치기에 앞서 군중과 감사의 적의에 희생되지나 않을까 두려웠다. 그러나 서울에서 간 두 명이 그곳에 도착했을 때는 기독교인들이 또 몹시 두들겨 맞고 돌멩이 세례를 받은 뒤 석방된 지 닷새가 지났을 때였다. 그 뒤 한 달 동안 홀 부부는 환자들을 치료하고 "말씀"을 전도하였으나, 전쟁이 임박하자 그들뿐 아니라 가능한 한 오랫동안 그곳에 남아 기독교인들에게 용기를 주고 격려하고자 했던 매켄지와 얼마 뒤에 간 모페트 씨는 서울로 다시 돌아오라는 명령을 받았다.

평양은 이제 청국인의 손에 들어갔고 서울은 일본인의 손에 들어갔다. 그 해 여름은 아주 뜨거웠으며 건강에도 좋지 않은 계절이어서 외국인 가족 가운데 한 명 이상이 심각한 쇠약 증세에 걸리지 않은 가족이 없었다. 두 명의 어린 아이가 죽었으며, 사랑하는 사람의 생명이 몇 시간 동안 아슬아슬한 고비를 넘기는 것을 오랜 시간 지켜보는 고통의 시간도 있었다.

우리 가운데 어느 누구도 그 도시를 떠나 순수한 공기나 물을 구할 수가 없었으며 깨끗한 우유를 얻을 수 없었다. 어느 가엾은 아버지의 작은 아이는 소화시킬 수 있는 음식이 없어 정말 굶어 죽고 있었으며 아버지의 좋은 젖소가 있는 농장을 기억하면서 "나는 배가 고파 굶어 죽고 있지만 나의 아버지의 집에는 충분한 음식이 있어 남아돌아 갈 정도"라고 애처롭게 말했다.

청국이 패배한 뒤 10월 첫째 날에 장로교 선교사들과 홀 박사는 그렇게 힘든 경험을 했던 평양에 그렇게 오래 비워 둔 근거지의 권익을 찾고자 되돌아갔다. 평양은 지독히도 불결한 상태였다. 한 선교사는 "사람, 말과 가축의 썩어 가는 시체가 무수히 널려 있어 우리가 가는 곳마다 계속 그것들을 넘어 다녀야 했으며 공기는 표현할 수 없을 정도로 불결했다"고 기록하고 있다.

또 다른 선교사는 이런 기록을 남겼다.

"어느 곳에서 나는 마치 총에 맞아 쓰러진 듯이 누워 있으며 그야말로 첩첩이 쌓아 올려진 20구 이상이 되어 보이는 시체를 보았다. …… 또 다른 곳에서는 만주의 기병이 일본 보병의 복병을 만나 소름끼칠 정도의 대량 학살이 벌어져 몇 백구의 사람과 말의 시체가 누워 있었는데 그 길이가 거의 1마일에 달하고 넓이가 몇 야드 되는 지역에 시체의 행렬을 만들고 있는 듯했다. 전투가 끝난 지 3주가 지났는데도 시체는 모두 거기에 손대지 않고 남아 있었다."

도시는 하나의 배이며 우물을 파는 것은 그 배를 가라앉게 한다는 조선의 미신 때문에 평양에는 우물이 없었다. 그러나 많은 인간과 말의 시체가 강가에 놓여 있어 몇 주 동안 유일한 물 공급지를 오염시키고 있었다. 이러한 무시무시한 상황 속에서도 우리의 용감한 선교사는 그곳에 남아서 일했다. 10월 17일에 홀 박사는 다음과 같은 기운찬 말을 기록하고 있다.

> "우리는 아주 흥미진진하게 예배를 드린다. 약 1년 전만 해도 찬송가를 부를 때면 욕설과 돌이 날아왔지만, 이제는 기쁜 마음으로 들으며 뉴욕에서의 경찰의 호각 소리처럼 그들에게 안도감을 준다. 비교적 적은 수의 조선 사람들이 그들의 집으로 되돌아갔지만 날마다 새로운 가입자가 찾아왔다. 돌아갔던 사람들과 근처 마을과 도시의 주민들이 매일 우리를 찾아왔다. 그들은 우리의 책자들을 샀으며 내가 전에 그들을 보았던 것보다는 훨씬 더 복음에 관심을 가진 듯했다."

홀 박사의 죽음

이러한 글을 쓴 얼마 뒤 홀 박사는 서울로 돌아왔는데 그가 타고 왔던 배는 병에 걸린 일본 병사들로 가득 차 있었다. 그곳에는 발진티푸스에 걸린 사람도 있고 설사병에 걸린 사람도 있었으며, 물도 물론 오염되었기 때문에 그는 발진티푸스로 심하게 앓으면서 여러 번 괴로운 곡절을 겪은 뒤 서울에 도착했다. 벌써 뚜렷한 발음이 어려워졌지만 불완전한 문장을 말하는 중에도 평화와 기쁨이 넘쳐 있었다. 그의 마지막 말은 겨우 "나는 문을 통과하고

폐허가 된 왕의 찬소

있다"는 것이었다.

우리 모두가 홀 박사를 사랑했을 뿐만 아니라 존경했기 때문에 이 글을 쓰는 중에도 눈물이 앞을 가리고 있으며, 우리는 그가 우리 가운데 어느 누구보다도 더 폭넓은 그리스도 정신을 가지고 있다고 느꼈다. 그가 방으로 들어간다는 것은 주님께 더 가까이 다가섰다는 것을 의미하는 듯이 보였으며 그의 표정과 말과 행동은 예외 없이 그리스도의 힘과 훌륭함을 드러냈다. 어느 누구도 홀이 귀에 거슬리거나 원한의 말을 하는 것을 들어보지 못했으며 어느 누구도 그가 기독교 형제를 비난하는 소리를 듣지 못했다.

내가 아는 한 아무도 홀에게서 고상하지 않거나 진실하지 않거나 믿음이 없거나 기독교인답지 않은 점을 본 일이 없다. 그의 얼굴은 거룩한 광채로 빛났으며 그가 어떤 면에서 다른 사람보다 뛰어나다고 잘난 체하지도 않았기 때문에 우리 모두는 그가 성자라고 느꼈다. 유럽인들과 조선 사람들은 한결같이 그에 대해 똑같은 인상을 표명했으며 똑같이 그를 사랑했다. 그의 상냥한 기질은 모든 이의 마음을 끌었다. 그리하여 그는 모든 사람에게 보편적으로 사랑 받았고 존경받았다.

서울에 있던 우리가 좋지 않은 건강으로 어느 정도 고통 받고 있는 동안 일본인들은 군대의 훌륭한 규율로 커다란 신망을 얻었다. 한 도시에서 질서가 잡히고, 한국인이나 외국인이 모두 평안하게 된 것은 전적으로 동방의 그 승전국의 덕분이었다.

궁중에서의 복음 전파

1894년과 1895년에 걸친 가을과 겨울 동안, 왕비는 자주 나를 불러 외국 여러 나라들과 그들의 관습에 대해 묻고 아주 상냥하게 잡담을 나누었다. 우리는 종종 공식적인 통역관 없이 이야기했으며, 자주 자리를 같이 했던 왕과 왕세자도 평소와 다름이 없었다. 그렇게도 다정스럽고 친절한 왕비 전하와 이야기할 때 나는 내가 절친한 친구와 마주앉아 이야기하고 있는 것이 아니라는 것을 때때로 잊어버리기도 했다.

물론 나는 막중한 책임감을 느꼈으며 때로는 나의 의무감과 무력감에 압도되었다. 마침내 나는 왕비에게 그리스도에 대해 말할 기회가 생기자 내가 그것을 실현하여 그 기회를 적절하게 사용할 수 있도록 기도해 줄 것을 선교사들에게 요청했다. 그렇게 해서 이제 나의 걱정과 마음의 고통은 사라지고 편안하고 느긋한 마음을 갖게 되었다. 나는 적절한 시기에 하나님이 나를 인도하도록 운명지어져 있다고 확신했다.

서구와의 친교를 모색하는 민비

크리스마스 전날, 왕비는 나를 불러 우리의 성대한 축제와 그 기원, 의미, 그리고 어떻게 거행하는지 얘기해 달라고 요청했다. 이보다 더 명백하고 좋은 인도의 기회를 바랄 수 있겠는가? 그러한 상태에서 복음을 말하지 않을 수 없을 것이다. 그리하여 나는 그에게 천사의 노래, 별, 그리고 구유에 누워 있는 작은 아기에 대해서 이야기했으며 버려진 세상의 구속됨, 세상을 지극히 사랑하시는 하나님과 세상 사람들의 죄를 속죄하려고 온 구세주에 대해 설명했다.

그는 열심히 깊은 관심을 가지고 들었으며, 나의 말을 그렇게 잘 이해하지 못했던 왕과 왕세자를 때때로 돌아보며 아주 고무적이고 공감하듯이 반복해서 들은 바를 설명하기도 했다. 나의 조국에 대해 많은 질문을 한 며칠 뒤에 그는 "조선도 미국처럼 자유롭고 힘이 있으며 또 행복했으면 ……" 하고 다소 슬픈 듯이 말했다.

다시 얻어진 기회를 잘 이용하려고 노력하면서 나는 미국이 부유하고 힘이 있기는 하지만 가장 훌륭하거나 최선의 국가는 아니며 죄나 고통과 눈물이 없는 더 좋은 땅, 끝없는 영광과 선량함과 기쁨이 있는 땅을 묘사했다. 왕비는 말할 수 없는 비애를 느끼며 "아, 왕과 왕세자 그리고 내가 모두 그곳에 갈 수 있다면 얼마나 좋을까!" 하고 외쳤다.

왕비의 너그러움

가엾은 왕비! 그의 왕국은 그 당시 뿌리 깊은 적대자, 그 편의 사람들과 친척 가운데 있는 반역자와 잔인한 경쟁 상대들 그리고 그가 끌어올려 옆에 두었던 사람 가운데 그를 배신하여 죽이려고 음모를 꾸미고 있던 사람들 때문에 사방에서 위협을 받고 있었다. 그가 그 평화와 안식처의 천국을 갈망하여 한숨짓는 것은 놀라운 일이 아니었다. 그러나 나는 아주 애처롭게도 어떠한 죄인도 그곳에 갈 수 없다는 것을 그에게 말하지 않을 수 없었다. "죄인은 안 됩니다!" 그의 얼굴은 어둠이 깃들었고 밝은 표정이 흐려졌다. 그는 관습에 따라 거의 신성한 존경을 받고 있지만 자신이 죄인이라는 것을 알고 있었기 때문이었다.

그러고 나서 방안에 침묵이 감돌았을 때 나는 그에게 예수를 믿고자 하는 모든 사람은 그를 통해 죄 사함을 받고 정결해지며 따라서 신성해져 그 나라에 들어갈 수 있다는 복음을 들려주었다. 그는 아주 사려 깊게 들었다. 그리고 이 문제에 대해서 더 이상 이야기할 기회가 오지는 않았지만 나는 구원의 길을 분명히 가르쳐 줄 수 있는 기회를 허락 받았다는 것에 말할 수 없이 감사했다.

그의 나라의 무력함과 허약함이 두드러지게 눈에 띄는 그 즈음에, 나는 왕비가 유럽인들과 미국인들과의 관계에서 우정을 강화시켜 나가야 한다고 생각했다. 그는 유럽 및 미국의 여성들과 몇 번의 공식 회견을 가졌는데 그를 만난 사람은 모두 그에게서 강하게 끄는 매력을 느꼈으며 곧 그의 친구가 되고 조언자가 되었다. 그해 겨울 동안 두 번 왕비는 나에게 모든 친구들을 왕궁 정원에 있는 연못에서 스케이트를 타도록 초청하라고 했으며, 왕궁에서 내가 주빈으로 행동하여 가까이 있는 작은 정자에서 차를 대접하지 않겠느냐고 넌지시 물었다.

궁중의 한 어린아이

크리스마스에 왕비 전하는 나에게 아름다운 가마를 보냈다. 그것은 왕비의 것이었는데 파란 벨벳으로 덮여 있었고 청국의 아름다운 무늬의 비단으로 안을 댄 것으로 그 속에는 칸막이, 돗자리, 옷감, 두루마기와 조선에서 만든 여러 가지 흥미 있고 호기심 나는 것과 더불어 계란, 꿩, 생선, 호두, 대추가 들어 있었다. 그리고 정월 초하루에도 그가 나에게 진주를 구입하는 데 쓰라고 했던 500냥과 함께 나와 나의 작은 아들을 위한 선물을 보냈다.

나의 아들은 그 무렵 네 살이 조금 넘었는데 왕궁의 여인들은 내가 궁전에 올 때 그를 데리고 오라고 늘 성화했다. 물론 왕실로부터의 특별한 요청이 없이는 나는 그렇게 하지 않으려 했다. 마침내 어느 날 왕비는 왜 내가 그를 데리고 오지 않느냐고 물었다. 아들을 초청하지 않았을 때는 데려오지 않는 법이라고 내가 말씀드리자 그는 놀라움을 표시하면서 다음날 그를 데려오라고 당부했다.

그리하여 나는 아들을 궁전에 데리고 가게 되었는데, 인부가 가마를 내려놓자마자 분명 우리를 기다리고 있었던 여인들이 그를 꼭 잡고 의기양양하여 그의 어머니인 나도 알지 못하는 곳으로 데려가 버렸다. 대기실에서 알현실로 들어가라는 요청을 받기에 앞서 몇 분 동안 나는 유괴된 아들에게 무슨 일이 일어나고 있는가를 손에 땀을 쥐며 추측하느라고 시간을 보냈다. 잠시 뒤 내가 부름을 받았을 때 나는 아들이 왕실 가족과 함께 그들 가운데 둘러싸여 있는 것을 보았다.

왕과 왕비는 항상 어린 아이를 무척 귀여워했다. 불과 몇 달 전에 왕은 약 여섯 살 된 그의 막내아들을 공격했던 역신 마마를 달래려고 무당과 절에 거의 40만 달러를 썼다. 따라서 그들이 작은 미국의 꼬마에 대해 그렇게 친절한 것도 놀라운 일이 아니었다. 왕비는 호두와 사탕을 가져오게 해서, 바로 그 자리에서 그에게 먹이라고 강권했다.

물론 왕 앞에서 무엇을 먹는 것은 조선 사람들이 보기에나 외국인들이 보기에 좋은 모양이 아니었으며 또 나의 아들은 그때까지 호두를 먹어 본 일이 없었기 때문에 그의 건강도 염려되었으므로 나는 왕비 전하께 그러한 특별 대우를 다음으로 미루어 줄 것을 요청했다. 아들의 모습과 행동은 분에 넘치는 칭찬을 받았으며, 모든 표현이 주목과 관찰의 대상이 되었다. 왕비는 어머니같이 아기를 그의 옆으로 끌어당겨 이마에 손을 얹어 보고는 이마가 너무 뜨겁다고 걱정스레 말했다.

우리가 떠날 준비가 되었을 때 놀랍게도 왕은 아기 앞에서 정말로 무릎을 꿇고 앉아서 그의 "옥 같은" 손으로 작은 오버코트의 단추를 끼우고 모자 끈을 묶으려고 용감히 시도했다. 송구스럽게도 끈 하나를 서투르게 잡아당겼기 때문에 잡아맨 자리가 찢어졌다. 물론 나는 그런 경우 잘못된 리본 매듭 때문에 당황했으나 왕은 그것을 못 본 채 넘어갔다. 작별 인사를 하자, 아기는 궁중의 여인들에 의해 감쪽같이 납치되었다. 나는 그 여인들의 숙소 근처에서 그를 보았는데 여인들은 그를 껴안고, 어르며, 이야기하기도 하고, 약간 놀래기도 했지만 예의바르게 진품처럼 이 사람에서 저 사람으로 차례로 돌렸다.

가엾은 궁중의 여인들! 가정도 없고 어린 아이도 없고, 목표도 없이 갇힌 삶을 사는 그 여인들 가운데 있는 아기는 정말이지 하늘이 주신 선물이었다. 어린 아이는 늘 그들의 마음과 가정에 대한 난관의 돌파구이다. 하나님은 선교사의 어린 아이에게 은총을 내려 이 작은 전도사들이 그들의 작은 잔물결 같은 손가락 이외에는 어떤 것이 닿아도 열리지 않는 문을 열게 한다. 궁궐 가운데서 오두막에 이르기까지 나는 어린 아이를 보고 마음이 부드러워지지 않거나 눈이 밝아지지 않거나 곧 관심을 쏟지 않는 여성을 본 일이 없었다.

그날 밤 우리가 서울의 좁고 바람 부는 거리를 통해 집으로 돌아올 때 우리는 아주 위풍당당하게 행진했다. 많은 왕궁의 횃불 수행원들이 왕실의 화려한 색깔의 군용 횃불을 들고 우리를 수행했으며 우리 앞에는 머리에 오렌지, 호두, 곶감과 사탕을 담은 큰 쟁반을 인 하인들을 대동했다. 동양식 복장을 입은 사람들, 램프와 거리, 동양적 화려함으로 치장된 우리의 가마를 보면 나의 무릎에 앉아 있는 작은 알라딘[4]과 우리를 집으로 데려다 주는 노예들의 벽제 소리를 연상하면서 자신이 『아라비안 나이트』의 주인공으로 착각케 했다.

4) 알라딘(Aladin) : 『아라비안 나이트』에 나오는 인물로서 마술 램프의 임자임.

궁중의 성탄 장식

크리스마스 직후에 나는 왕실을 위해서 크리스마스 트리를 장식했으나 가슴 아프게도 그 효과는 엉망이 되었다. 왜냐하면 왕과 왕비 전하는 너무 성급해서 그것을 보려고 어두워질 때까지 기다릴 수가 없어, 우리가 들어가지 못하도록 문을 잠가 그들의 궁전에서처럼 그들 뜻대로 하는 행동을 막을 수가 없었기 때문이었다. 그곳에는 두꺼운 커튼이나 방을 어둡게 할 수단이 없었기 때문에 가엾은 작은 촛불은 찬란히 빛나는 햇볕 속에서 희미하게 깜빡거렸으며 나는 비판적인 동양인의 눈에 서양의 관습이 보잘 것 없는 것으로 평가되었다고 생각했다.

사실 우리는 종종 자만심에 빠져 동양인들은 유럽이나 미국의 것이라면 입을 벌리고 감탄하며 본다고 생각함으로써 우리 자신을 기만한다. 나는 미국에서 서울로 돌아온 조선의 한 귀족이 뉴욕이 어땠느냐는 질문을 받고 "아. 아주 좋습니다. 지독한 냄새와 더러운 것을 제외하고는…" 하고 대답했던 것을 기억하고 있다.

우리와 함께 제물포와 부산에 갔었던 조선 사람 가운데 하나에게서 또 다른 유사한 경우를 보았다. 그는 2층집들, 항구의 배, 여러 가지 문명의 기적들을 보고는 "가엾은 조선 사람들, 가엾은 조선 사람들"하고 외쳤지만, 그가 외국인 악대가 일본의 영사관에서 연주하는 것을 들었을 때 기쁨에 넘쳐 "일본인들이 우리와 경쟁하거나 필적할 수 없는 것이 적어도 한 가지가 있다. 그것은 우리의 음악이다!" 하고 소리쳤던 것이다.

겨울 내내 나는 미국과 러시아 공사관의 부인들, 그리고 왕의 어의로서 자주 진찰하러 갔던 우리 선교단의 에비슨 박사[5]와 마찬가지로 왕후의 총

5) 에비슨(Oliver R. Avison) : 캐나다 북장로교회 선교부 소속 의사. 토론토의과대학을 졸업하고 한국에 입국하여(1893) 광혜원 원장으로서 현대 의학의 보급에 힘썼으며, 세브란스(Louis Severance)의 기부를 받아 세브란스병원(1902)과 세브란스의학전문학교(1917)를

애를 듬뿍 받아 궁전을 자주 왕래했다. 봄에 영의정이 와서 언더우드 씨에게 양반의 자제를 교육시키기 위한 학교의 설립을 계획하고 비용을 산출하라는 요청하려고 왕비가 자신을 보냈다고 말했다. 선정된 위치는 동쪽의 궁전과 서쪽 궁전의 중간에 있었다. 왕비 전하는 나의 남편에게 추천을 요청했던 미국인 교사들을 위한 거처를 세우도록 했다. 영의정의 말에 따르면 왕비는 학교를 위해 곧 3만 달러를 지불할 준비가 되어 있으며 계속되는 비용에 대해서는 매년 2~3만 달러를 지급할 것이라고 말했다.

민비의 유익한 계획

언더우드 씨는 초안을 작성하고 비용을 산정해서 왕비 전하의 찬부를 들으려고 그것을 보냈다. 이것이 다시 언더우드 씨에게 회송되어 최종 계획이 준비되고 있었는데, 그것이 왕비의 승인을 얻으러 보내기 단 2주일 전에 커다란 강풍이 불어 그의 백성을 향상시키려던 자비롭고 계몽적인 계획은 무산되고 말았다. 이야기를 더 진행시키기에 앞서 독자들이 다음에 이어지는 몇 장에 관련된 사건을 보다 분명하게 이해할 수 있도록 하려면 몇 년을 거슬러 올라가 내가 도착하기 전인 1884년에 일어났던 두세 가지 사건을 언급하는 것이 좋겠다.

갑신정변

그 해[1884]에 조선의 정가에서 김옥균이라는 인물이 진보적인 개화당을 이끌고 있었다. 그러나 그들의 진보와 개화의 모든 시도는 보수파에 의해서 계속 실패했으며, 마침내는 12월 4일 한밤중에 보수파들이 그들의 모든 최

세우는 등 근대 의학에 크게 기여했다.

폐허가 된 대궐

고 지도자들을 살해할 계획을 꾸몄다고 믿을 만한 정보를 입수하였다고 그들은 주장했다. 이날 저녁에는 우정국의 개원을 기념하여 연회가 열리기로 되어 있었으며 개화파는 그들의 반대자들의 계획을 앞질러 봉쇄하기로 결정했다.

그리하여 만찬 직전에 그들은 왕비의 사촌이자 조선에서 가장 영향력 있는 사람인 민영익을 칼로 쳐 쓰러뜨렸다. 당시 우리 선교단의 의사였던 알렌(H. N. Allen)의 응급조치가 없었더라면 그는 죽었을지도 모른다. 다른 보수파의 지도자들은 예상했던 대로 왕의 명령에 따라 왕궁으로 갔으나 그곳에서 당시 왕궁을 장악하고 있었던 김옥균이 이끄는 진보당에 의해 그들 가운데 다섯 명이 살해되었다. 우정국은 다만 한번 사용했던 새로운 우표들과 더불어 그날 밤에 불타 버렸다.

그런 일이 있은 직후 일본의 공사[6]와 다른 외국의 관리들이 왕궁에 초대

---

6) 다케조에 진이치로(竹添進一郎 : 1842~1917)를 의미함. 일본의 외교가이며 한학자. 구

되었는데, 140명의 군사를 이끌고 왔던 그 일본 공사만이 들어갈 수 있었다. 여기서 일본인들과 개화파는 3천여 명의 조선 사람들과 2~3천의 청국인들로부터 공격을 받았다. 사건이 명백해지자 왕은 자신이 개화당에서 풀려나면 싸움이 중지되리라는 생각에서 다른 반대당에게로 가는 것을 허락했다.

이것이 실현되지는 않았지만, 소수의 일본인 일당은 지뢰를 터뜨려 수많은 연합파를 분산시키고 개화당의 지도자들과 일본 공사를 중심으로 방어진을 형성하면서 적들과 적대감이 감도는 거리를 헤쳐 나가, 처음에는 일본의 공사관으로, 그 다음에는 한강으로 갔는데 희생자는 다만 다섯 명뿐이었다. 그들은 많은 어려움 끝에 배를 얻어 강을 건너 제물포로 갔으며 거기에서 안전하게 일본으로 피신했다.

유령이 떠도는 대궐

주위에 참으로 아름다운 공원을 가진 정말 그림 같은 왕궁에 왕비는 다시는 거처하지 않았다. 왕비 전하는 살해당한 그의 친구들의 울부짖는 소리 곧 "무슨 이유로 내가 죽었는가? 왜 내가 죽었는가?" 하는 외침이 계속적으로 들리기 때문에 밤에 거기서 잘 수가 없다고 주장했다. 그리하여 이제는 사람이 살지 않는 방에는 바람 소리와 비탄의 소리만이 들리고, 아름다운 대리석 계단의 틈으로 풀과 잡초가 무성하며 전에 사랑스러웠던 연당에는 녹색 이끼가 두껍게 자라고 있으며, 매력적인 작은 여름 별장은 황폐해졌고 다만 뱀과 도마뱀이 돌 의자를 이리저리 미끄러져 다니고 있다.

널따란 잔디는 긴 풀과 함께 무성히 자라 있으며 장대한 숲과 동굴에서는

마모도현 출신. 이토 히로부미의 신임을 받아 천진영사와 북경공사관 서기관을 거쳐 조선 주차 일본 공사(1882~1884)로 있으면서 갑신정변을 주도했다. 1913년에 정계에서 은퇴한 뒤 동경제국대학에서 한학을 강의하고 일본학사원상을 수상했다.

호랑이와 표범이 잠자리를 만들고 있다고 한다. 여러 가지 멋진 무늬가 새겨 있고 마치 멀리 저쪽의 아름다운 경치를 보여주기 위한 것 같은 모양을 하고 있는 출입문은 무성하게 자란 덩굴 풀과 잡초가 숨 막히게 가득 차 있다. 이 방치된 모든 불모의 아름다움 속에서 유혈과 공포에 떤 그날 밤의 이야기를 읽거나 오랫동안 듣는다거나 멀리서 본다거나 나뭇잎의 몸서리칠 정도로 냉랭한 속삭임 속에서 "유령"의 얘기를 들을 마음이 내키지 않는다.

김옥균의 암살

10년의 세월이 흘렀어도 도피자들은 아직 일본에 있지만 동양인의 복수심은 지치거나 잠자지도 않고 있으며 절대로 없어지지 않고 있다. 아마 정부가 고용한 듯한 홍종우라는 사람이 일본에 가서 김옥균에게 비위를 맞추고 그를 상해로 유인해서 죽였다. 그리고 1894년 4월 12일에 청국의 포함이 암살자이자 희생자의 유해를 제물포로 싣고 왔다. 조선에 도착하자 살해된 자의 시체는 찢겨 8도로 보냈다.

다른 도피자 가운데 두 명은 이미 미국으로 떠났으며 박영효 한 사람만이 일본에 남아 있었다. 세 사람의 소식은 다시 언급하겠다. 어떠한 정부에도 오점이 되는 이러한 혐오스러운 행동에 우리 모두가 몸서리쳤고 유감으로 여겼다. 김옥균은 가장 극악한 정치범이었다는 것과 어떠한 국가도 유사한 상황에서라면 그런 식으로 가능한 한 그를 반역자와 암살자로서 처형했겠지만, 조선 정부는 복수가 정당한 처벌이 아니라는 것을 알지 못할 만큼 문명화되지 않은 동양의 정부였다는 것을 기억해야 한다.

제 8 장 토착 교회 : 소래교회

한편, 우리가 언급했던 바와 같이 1893년 겨울에 캐나다에서 내한하여 홀 박사를 간호하러 평양으로 떠났던 매켄지 씨가 다시 돌아왔다. 그는 1894년 가을에 자신이 오지로 들어가 언어를 배우고 사람들과 사귀며 거기서 가능한 한 모든 면에서 조선 사람들과 똑같은 방식으로 사는 것이 좋겠다고 결심했다. 언더우드 씨는 그에게 소래로 가라고 조언했다. 그곳은 당시 언더우드 씨가 선교의 책임을 맡아 세례를 주던 곳인데 그 세례인들은 조선 교회에서 거의 처음으로 세례를 받은 개종자들이었다.

거기에서 매켄지는 그 자신을 형제로 받아들인 몇 명의 기독교인들을 만났다. 그는 그들 가운데 하나와 함께 근거지를 만들고 시범 삼아 곧 그리스도를 전도했다. 사람들은 그의 엉터리 조선말을 이해하기 훨씬 앞서 그의 아름다운 삶을 알게 되었으며, 점차 전체 마을에 변화가 일어나기 시작했다. 우리 모두는 멀리 떨어져 있는 그 마을에서 그가 다른 사람들에게 커다란 빛을 던져 주고 있지만 사실 거기에는 그를 위한 진정한 동료가 없어 종종 외로울 것이라고 생각했다.

우리는 매켄지가 외국의 식료품을 가지고 있지 않으며 오로지 조선 음식으로만 살고 있다는 것을 알고 있었기 때문에 크리스마스에 그에게 집에서 만든 빵, 건포도 케이크, 과일 통조림과 야채, 차와 우유와 설탕을 넣은 상자

소래교회

를 보냈다. 그러나 그때 우리는 조선의 음식이 주로 밥이며 1주일에 한번 정도 닭고기를 먹고 가끔 계란을 먹는다는 것을 알지 못했다.

우리의 상자가 그에게 도착하자 그는 그 내용물 모두를 조선 사람들에게 주었다. 그는 자신이 그것을 먹는다면 다시 조선의 음식을 먹지 못할 것이라는 것을 알고 있었기 때문에 "감히" 그것들을 먹지 못했다고 기록하고 있다. 그 사이에 그 마을과 이웃 마을 사람들이 하나둘씩 그들의 전통적인 이교도적 우상을 버리고 그리스도에게로 돌아서고 있었다.

최초의 토착 교회

몇 년 전에 그 마을의 기독교인들이 언더우드 씨에게 자신들의 교회를 세워 달라고 요청했으나, 마치 예수에게 왔던 젊은이들처럼 그들 자신이 그것

시집가는 날

을 지어야 한다는 말을 들었을 때 탄식하며 달아났다. 그러나 이번에 그들은 다시 마음을 바꿔 다른 생각을 짜냈다. 그 마을 근처에 높은 지대가 있는데 그곳에 작은 숲이 있고 숲 가운데에는 마을신을 숭배하는 사당이 몇 년 동안 있는데, 이것은 오랫동안 돌보지 않아 못쓰게 되었으므로 여기에 새로운 교회를 짓기로 결정했다는 것이다.

사람들은 저마다 하나님이 자신을 번영시켰다는 생각으로 기쁘고도 열성적으로 참여했으며, 이교도인 건축업자도 절반 값으로 건물의 설립을 감독하기로 약속했다. 그것은 그가 이해하는 대로 하자면 위대한 "하늘의 주님이신 분"을 위한 일이기 때문이었다. 아마도 그는 그 예배를 위해 세우는 유일신에 대해서는 잘 알지 못했겠지만 오래지 않아 하나님이 그를 알고 또 사랑한다는 것을 알게 되었다.

작은 만남의 집은 그리 훌륭하거나 우아한 것은 아니었다. 그것은 우리 미국 교회들과 같은 웅장함을 뽐낼 것이 없었으며 분명 그러한 당당한 회합처럼 교회라고 부르기는 낯간지러운 일이기 때문에 나는 그것을 예배당이라고 부르기로 했다. 그것은 초라하고 위엄 없는 것이었지만 "그곳에서는 가장 훌륭한 건물이었다."

가엾은 사람들은 그 교회에 열렬한 기도와 함께 그들의 가장 좋은 목재와 돌, 기와, 그들 자신의 손이 제공하는 충실한 노동을 쏟아 넣었다. 교회가 완성되었을 때 딸린 빚은 전혀 없었으며, 인간이 보는 것처럼 보지 않는 하나님은 온순하게 그의 말을 받아들일 마음으로 왔던 단순하고 진실하며 열정적인 사람들을 충만하게 함으로써 그들을 축복하고 영광을 주었다.

매켄지 씨의 죽음

1895년 초여름에 매켄지 씨는 언더우드 씨에게 그 교회로 와서 헌당식을 거행하고 많은 세례 지원자를 받아 달라는 내용의 편지를 보냈다. 남편은 그렇게 하기로 약속했다. 그러나 그가 출발 준비를 하기 직전인 7월의 어느 슬픈 날, 우리 가운데 많은 사람들이 하루 동안 단식과 기도를 하고 있었을 때 매켄지 씨가 심하게 앓고 있다는 전갈이 왔다. 떨리는 손가락으로 각 문장마다 심한 고통과 이미 마음이 혼란한 흔적을 담고 쓴 비참한 편지가 온 뒤 곧이어 그가 사망했다는 충격적인 소식이 뒤따랐다. 천둥번개 치듯 바람이 몰아쳤다. 그렇게 열성적이고 헌신적이며 유능한 사람을 그토록 빨리 데려갔는가!

그것은 참 이상한 일이었지만, 거기에는 선교단 가운데 가장 고귀한 생각을 가진 사람들에게 주는 교훈이 담겨 있다. 여기에서 나는 외국에서 일하고 싶어 하는 사람들과 어쩌면 이미 외국에서 실제로 일하고 있는 사람들에게 몇 마디 경고의 말을 하고자 한다. 어떤 사람들 가운데에는 자신이 마치 세례 요한이 되어 그렇게 열심히 정열적으로 일에 빠져든다는 점이다.

사실 모든 진실한 선교사들이 지나치게 힘겹게 느끼는 것이지만, 이를 애타게 그리는 몇 백만 신자에 대한 대단한 책임감에 압도되어 육신의 사망이라는 지당한 요구를 잊어버리는 사람이 있다. 고독한 삶은 점차적으로 그 이성이 갈 바를 잃게 한다는 것을 그들은 망각하며, 풍부한 영양이 있는 음식을 먹으며 성숙해 왔던 육체가 갑자기 외국의 빈약하고 익숙지 않으며 맛없는 음식으로 입맛이 바뀔 수도 없고, 질병에 저항한다.

뿐만 아니라 그들은 필요한 재료도 없이 만들기를 요구하는 이집트의 공사 감독들처럼 무자비하게 그들에게 부과되는 과중한 업무를 수행할 수 없다는 것을 잊어버린다. 그들은 두뇌를 포함한 육신의 요구가 만족되지 않는 한 영혼은 육신에 협력하지 않으며, 우리의 가장 숭고하고 가장 필요로 하는 노동력을 하나씩 제거한다는 것을 잊어버린다. 그러나 그렇더라도 그들은 전적으로 헛되이 죽는 것은 아니다. 그들은 그리스도적인 모범과 감동적으로 전도하는 헌신을 남겨 모든 형제들에게 감화를 준다.

그러나 그들이 살아서 전도하면서 그들이 할 수 있는 정열, 헌신, 지혜와 극기를 잘 혼합할 수 있었더라면 얼마나 좋았을까! 나의 짧은 경험을 통해 나는 매켄지 씨의 죽음이 우리 모두에게 무척 놀라울 정도의 경각심을 일깨웠다는 것을 몇 번의 실례에서 느꼈다. 우리는 나중에 그가 몇 주 동안 앓았으며 그는 그 병을 초기에 어느 정도 감지했지만 그 위험 신호를 알아차릴 수 있는 친구가 없었으며 도움을 줄 의사도 없었기 때문에 그의 귀중한 생명을 잃어버리게 되었다는 것을 알았다.

조금 학식 있는 조선 사람들은 그에게 의사를 요청하라고 했지만 그는 그것이 스쳐 지나가는 일시적인 질병이 아닐까 생각하면서도, 업무에 열중인 사람을 불러 건강에 좋지 않은 여름에 길고도 힘든 여행을 하도록 하는 것을 주저했다. 따라서 그는 사심 없는 마음과 고통을 준다는 양심적인 우려 때문에 도움을 요청하지 않고 오지에 홀로 있는 선교사가 으레 하는 것처럼 자신이 의사가 되었다. "머리를 조심하세요, 햇볕에서 너무 오래 일하지 마세요, 그러면 당신도 나처럼 정신을 잃게 됩니다." 그는 길가에 있는 한 늙은 여인에게 말했다.

새로운 선교사에 대한 경고

매켄지는 긴 밤을 사탄과 힘겹게 싸우기도 하고 다시 구주와 기쁨의 시간을 갖기도 했다는 얘기를 그의 친구인 조선 사람 집사에게 했다. 머리의 견딜 수 없는 고통은 점점 악화되어 결국 죽게 되었다.[1] 조선 사람들은 심한 타격을 받았지만 매켄지 씨에 대한 기억들을 계속 사랑하고 존경했다. 그들은 눈물 없이는 몇 년 동안 그에 대해서 말을 할 수 없었다.

그들은 사랑 어린 손길로 그의 무덤을 준비했으며 꽃으로 그의 관을 덮었다. 그들은 자신들이 아는 한 가장 호화롭게 장례를 치렀으며 우리의 관습에 따라 기도하고 찬송하면서, 그가 하나님의 손에 맡겨졌던 작은 교회에서 멀지 않은 조용한 장소에 그의 사랑하는 시신을 묻었다. 그의 영향력은 아직도 그 마을과 둘레 몇 마일까지 느껴진다. 그는 그리스도를 사랑했으며 교회의 기초를 견고히 했다. 그는 대단히 용기 있고 대담한 사람이라는 평판을 들었으며, 다만 그가 있음으로써 소래를 동학교도의 침입으로부터 구할 수가 있었다고 한다.

동학

동학 집단은 청일전쟁의 시작에 분명히 작용했다. 그들의 명분은 문자 그대로 동양의 신조를 의미했으며, 그들의 목표는 간단히 말해서 "동양인을 위한 동양" 또는 "조선인을 위한 조선"이었다. 그들은 모든 서구인들, 서구

1) 매켄지는 죽음을 피할 수 없다는 것을 스스로 알고 자살했다는 설도 있음. 민경배, 『한국기독교회사』(서울 : 연세대학교 출판부, 1993), p. 155.

방물장수 아이들

적 사상, 개혁과 변화를 물리치고 옛날의 법과 관습으로 돌아가 그것을 다시 확립하고자 하는 요구와 뜻을 선언했다. 이 집단의 갑작스러운 조직과 놀라울 정도의 인기는 물론 많은 부패한 관리들이 포학한 행위 때문에 일어난 것이었다. 관리들은 부당한 세금을 강요하여 무자비하게 백성들을 괴롭혔으며, 그로 말미암아 불안감과 극심한 불평이 팽배하게 되었던 것이다.

동학교도들은 청국에서의 의화단 사건 때의 사람들과 많은 면에서 흡사했으며 자신들이 죽음에서 면제되었고 총알을 맞아도 다치지 않는 사람들이라고 믿고 있었다. 그들은 곧 전국 각지에 퍼져 관리들에게 폭력을 가했으나 조선 정부는 그들을 중지시킬 힘이 없었다. 그들은 모든 작은 신위를 숭배하기를 그만두고 오직 하늘의 주신만을 경외했다. 그들은 각지의 사람들에게 그들의 대열에 합세할 것과 상하 귀천 모두에게 세금을 부과하며 그들의 지지를 위해 기부하라고 강요했다.

다른 많은 운동처럼 동학은 관리의 탐학을 없애고 제도를 개혁하고자 하는 훌륭하고 애국적인 결심으로 출발했으나 점차 전국에서 커다란 해악과 폭력으로 변질했다. 각지에 있는 그 무리 가운데에는 악질적이고 무모한 사람들이 많이 있었다. 그들은 침착하지 못하고 어떠한 변화가 일어나도 그들에게 불리하지 않다는 것을 알고는 변화를 약속하는 어떠한 것에도 스스로 뛰어들 준비가 되어 있는 사람들이었다. 그들은 다른 많은 사람들과 합세했기 때문에 이름이 동학교도이지 강도와 다를 것이 없었다.

앞서 언급했듯이 정부는 그들에 대한 대책이 없었으며, 공식적으로 청국의 원조를 요청했는지 하지 않았는지는 내가 알 수 없지만, 명목상 이 폭동을 진압하려고 청국이 조선에 군대를 보냈다는 사실을 일본이 악용했다. 일본인들은 서로 간에 개전의 이유가 되는 사태라고 동의하지 않는 한 쌍방의 어느 쪽도 조선에 군대를 파견해서는 안 된다는 상호 협정[2]이 청국과 일본

---

2) 천진조약 제3조 : 장차 조선국에 변란이나 중대한 사건이 일어나 중 · 일 양국이나 그 가운데 한 나라가 파병할 필요가 있을 때에는 당연히 그에 앞서 쌍방이 문서로써 통지해야

간에 있었다고 주장했으며 곧 조선에 군대를 파견해서 왕궁을 포위하고, 청국인들을 싣고 제물포로 오는 수송선을 침몰시켰다.

동학에 대한 설명치고는 너무 장황했던 것 같다. 이 많은 무리들은 매켄지 씨가 그곳에 있는 동안 세 번에 걸쳐 소래를 습격하겠다고 위협했다. 그는 전능한 하나님이라는 무기 이외에는 어떠한 방어 수단에도 의존하고 있지 않다는 것을 나타내려고 그들이 접근했다는 전갈을 받았을 때 그의 총을 부숴버렸다.

동학도들은 그 얘기를 듣고는 깊은 감동을 받았으며, 그가 그렇게도 확고하게 어떤 신비적인 힘에 의존하고 있다면 그를 공격하는 것은 쓸데없는 것이고 또 나쁜 결과를 가져올 것이라고 확신하게 되어 그들의 계획을 포기했다. 그들은 1만 배나 강하다고 들은 그 곳을 세 번을 공격하기로 결정했으나 부분적으로 공격해 온 뒤 다시 되돌아갔으며 결코 다시는 소래를 위협하지 않았다. 그리하여 소래는 그 지역에서 결코 습격 받지 않은 유일한 마을이 되었다.

언더우드 씨의 소래 여행

어느 날 매켄지 씨는 그 근처에서 호랑이가 배회하고 있다는 얘기를 듣고 그 짐승을 사냥하려고 엽총을 들고 나섰으나 운이 좋게도 그 무기로 승부를 겨룰 기회가 없었다. 사실 그것은 새를 죽이는데 유용할지는 몰라도 호랑이를 괴롭히는 것 이상의 역할을 할 것 같지는 않은 것이었다.

우리는 매켄지 시가 죽었다는 소식을 듣자 그의 물건을 정리하고 그의 사망이 보고된 대로인지를 확인하고 또 조선의 기독교인들을 위로하고 용기를 북돋아 주기 위해서 소래로 떠나기로 되어 있었던 바로 그날에 언더우드

한다. 사건이 종식되면 곧 철군하여 머물지 못한다.

씨와 웰즈[3] 박사가 출발했다. 그들이 다시 돌아오기에 앞서 언더우드 씨는 작은 교회를 헌당했으며, 그곳은 문과 창가에 둘러서 있는 군중들로 거의 질식할 정도로 꽉 차 있었다. 그날 그는 몇 명에게 세례를 주었을 뿐만 아니라 많은 예비자를 받아들였으며 매켄지 씨를 위한 추도 예배를 가졌다.

이 여행에서 언더우드 씨는 내가 예상했던 것보다 더 오래 머물렀었다. 그곳에는 우편이나 전보 전달 기관도 없었다. 남편을 몇 백 마일 떨어진 오지로 보내야 하는 우리 여성들은 우리가 하나님에게 강력하게 매달리지 않을 수 없다는 것과 인내와 믿음을 배워야 한다는 것을 실감한다.

언더우드 씨가 돌아 올 때가 지났는데도 아무런 소식이 없자 나는 강의 홍수, 동학교도의 무리, 7월이나 8월에 그 나라를 여행하는 남성을 침범하는 여러 형태의 치명적인 질병 등을 상상하기도 했으며 날이 갈수록 기다림과 불안으로 힘겨웠다.

매일 아침 나는 그가 오고 있지나 않을까 하여 언덕을 돌아 꼬부라진 길을 쳐다보았다. 매일 저녁 밉살스런 석양이 어둠을 재촉하고 있을 때, 나는 텅 빈 그 거리를 간절한 눈으로 바라보기도 하고 그가 배를 타고 올 수도 있다는 생각으로 밤새도록 강에 노 젓는 소리에 귀를 기울이거나 또는 거의 환상적으로 배가 곶을 돌 때 그의 목소리를 듣기도 했다. 가끔 나는 멀리서 일본인들이 오는 것을 보았는데 그들의 옷을 보고 그라고 생각하여 속기도 했다.

언제인가는 조선의 가마가 길을 올라와 집 가까이 왔으며 그들은 나에게 그가 왔다고 말했으나 그것은 이방인이었을 뿐, 가마는 그냥 지나갔다. 그러나 나의 경우는 고국에 있는 많은 여성들의 경우보다는 나은 편이다. 그들은 격심한 불안과 기나긴 밤이 어떤 것인가를 완전히 터득해야 하는 것이

---

3) 웰즈(James H. Wells : 1866~1938) : 미국 북장로회 의료선교사. 1895년에 내한하여 평양에서 모펫 목사의 식당에서 의료 사업을 시작했고 1915년 이후에는 평양연합기독병원에서 봉사하였음. 은퇴 뒤에 포틀랜드에서 사망함.

다. 마침내 나는 그가 심하게 아픈 것이 아닐까 걱정되어 직접 가서 그를 만나야겠다고 결정했다.

나는 이 여행을 비밀로 해야 했다. 왜냐하면 나의 외국인 친구들이 나의 계획을 듣는다면 그들은 그 계절에 내가 그곳에 가는 것을 만류할 것이기 때문이었다. 따라서 나는 언더우드 씨가 신임하는 서사를 불러 말을 빌리기로 했다. 그 당시 우리는 강가에 있는 오막살이에 머무르고 있었지만 나는 서울에 있는 우리의 집에서 출발하기로 계획했으며 거의 모든 사람이 도시를 빠져나갔을 때 아무에게도 들키지 않고 떠날 수 있을 것으로 예상했다.

그러나 바로 그날 그가 이미 출발했으며 그가 집으로 무사히 돌아오고 있다는 전갈을 받았다. 그의 말은 이미 돌아왔지만 그는 수로로 오고 있으므로 거의 도착할 때가 되었다는 것이었다. 이제는 갈 필요가 없으며 그는 하루나 이틀 안에는 다시 우리와 함께 안전하게 있게 되는 것이었다. 그리하여 나는 다시 회개하며 조용한 꾸짖음을 들었다. "그대는 신앙심이 약하구나, 그대는 무엇 때문에 의심했는가?"

토착 교회

소래교회는 최초로 조선 사람들이 지었고 그들이 운영비를 지불했으며 사실상 조선에서 처음으로 지어진 장로교회였다. 서울에 있는 조선 사람 기독교인들은 우리 집에 있는 작은 숙소나 다른 근거지의 비슷한 방에서 모였다. 그리하여 선구자로서의 소래는 출발 명령을 내렸으며 모든 교회들은 거의 예외 없이 소래교회의 선례를 따랐다. 봉급을 받는 목사는 아무데도 없었으나 보다 큰 교회는 복음 전도사를 고용하여 이교도인 이웃 사람들에게 체계적으로 복음을 전하도록 하려고 그들에게 쌀이나 대지 또는 목재를 지급했다.

각 교회에서 기독교인 가운데 가장 열성적이고 학식 있는 지도자를 선발하는 것이 우리의 관습이다. 그는 예배를 감독하며 신도들을 돌보고 해당 선교단에 진척 상황을 보고한다. 지도자들은 1년에 한번, 농부들이 가장 한가할 때 어떤 중심지에 모여 성서의 원리, 교회의 조직과 역사, 그리고 신중하게 주석을 단 성경을 공부한다. 그들은 종교 의식을 거행하는 법과 그림 있는 성경 독본을 준비하는 것을 배운다.

선교단은 가능한 모든 방법을 취해서 이 사람들이 의무를 적절히 수행할 수 있도록 노력했다. 언더우드 씨는 가까이 사는 사람들을 위해 시내에 한 반과 여기에 들어오기에는 너무 멀리 떨어져 사는 사람들을 위해 다른 반을 개설해 지속하고 있다. 나는 거의 모든 다른 사람들도 똑같이 그렇게 하리라고 믿는다.

회합에 대한 관심과 보다 많은 빛을 갈구하여, 초대받지 않은 사람들과 그 교회에서 임무를 맡지 않은 많은 사람들이 쌀을 가지고 몇 마일을 여행해 와서 넘쳐흘러 혼잡을 이루었다. 교회의 지도자들은 조선 사람들에게서 보수나 봉급을 거의 받지 않으며 복음 전도에 종사하는 각 선교사는 한 달에 5달러쯤 지불되는 조수를 1명 쓰고 있다. 이 사람은 그의 전체 시간을 여기에 투자하며 관할 지역이 넓은 몇몇 선교사들은 조수를 두 명까지 쓸 수 있도록 되어 있다.

언더우드 씨의 주위에는 항상 좋은 사람들이 많이 있었다. 그들은 선교 사업에 자유롭게 많은 시간을 할애하거나 조선 기독교인들에게 보수를 받거나 그 일에 많은 시간을 할애할 수 있는 생계 수단을 제공받거나 하는 사람들이었다. 어떤 사람들은 넉넉한 생활을 할 정도로 충분한 이익을 얻을 수 있는 키니네를 행상하고자 했다. 그들은 소책자와 함께 키니네 병을 싸가지고 다닌다. 그들이 느끼는 고통은 그들의 손에 쥐어질 수 있는 최상의 선물이라고 그들은 생각하고 있다.

이들 가운데 몇 사람은 아무런 보수도 받지 않고 작은 서점을 관리하며 어떤 사람은 교회나 진료소를 관리한다. 이들이 받는 유일한 보수란 집을 점유하는 특권이다. 그의 주위에는 항상 기쁘고 자랑스럽게 여기저기의 특별한 선교 사업에 봉사하기를 요청하는 많은 젊은이들이 있으며 체계적인 복음 전도를 위해 모두가 스스로 젊은이의 선교 단체를 만들어 매주 선교 소책자를 나누어주고 설교하면서 몇 군데의 마을을 방문한다. 주변의 일을 그가 시키는 대로 하는 이들은 지도자들과 함께 훌륭한 조력 부대가 된다. 이러한 계획이나 그와 유사한 계획은 장로교단의 복음 전도사들에 의해 수행되는 것이라고 생각된다.

언더우드 씨는 감리교파를 본받아 서울과 그 근교에 그가 돌보고 있는 기독교인의 모임을 만들었다. 교회 지도자들은 각기 책을 가지고 와 1주일에 한 번씩 언더우드 씨를 만나 출석자, 결석자, 환자, 이사 간 사람, 믿음이 변한 사람, 사망자, 개종자 등을 보고한다. 우리가 알고 있는 바에 따르면, 이 지도자는 그 반에서 가장 우수한 사람으로서 어떤 방법으로든 책임을 지고 있는 매우 유용한 협력자이다.

서울 교인들의 교회 설립

1895년 봄, 서울 정동 장로교회는 그들 자신을 위한 교회를 짓기로 결정했다. 그들 대부분은 조선식 통념으로 보아도 아주 가난한 사람들로서, 도배장이, 목수, 소매상점 주인, 농부, 포졸, 군인, 통역, 작가, 필경사, 가마꾼, 정원사와 행상인 등이었으며, 그들 가운데 가장 부유한 사람도 한 달에 금화 5달러 이상을 벌지 못했다. 그래서 우리 선교사들은 조선 사람들이 가능한 만큼 내도록 용기를 주면서 필수 자금 가운데 최대 한도인 2천 원을 조달하기로 결정했다.

그러나 그들에게 하나님의 일을 아낌없이 도울 의무를 주지시키려고 노력하여 왔던 언더우드 씨는 어느 날 이것이 외국인의 종교인데, 외국인이 그 비용을 지불하지는 않는다는 것을 조선 사람들에게 납득시키기는 어렵다는 것을 깨닫게 되었다. 그래서 남편은 말했다.

"그러면 여러분이 그 일을 하는 데 외국인의 돈이 사용되어야 한다고 생각하는 만큼 오랜 시간을 끌게 될 것입니다. 여러분이 여러분의 교회를 짓고 소유하게 되었을 때, 여러분 자신의 복음 전도사를 파견하고 여러분의 학교를 지원하게 되면, 여러분과 다른 사람들은 그것이 외국인의 일이 아니라 여러분 자신의 일이라는 것을 느끼고 깨닫게 될 것입니다."

그러자 한 집사가 말했다.

"그러면 우리 스스로 정동교회를 짓겠습니다."

언더우드 씨가 깜짝 놀라며 말했다.

"어떻게 당신들이 그런 교회를 지을 수 있습니까?"

"목사가 하나님의 일에 관련된 그러한 문제를 묻습니까? 하나님과 함께라면 모든 일은 가능합니다."

물론 아무 말도 할 여지가 없었다. 선교사들은 일어날지도 모르는 정치적 혼란에 대비하여 대지를 소유하는 것이 그들을 위해 현명할 것이라고 결정했지만 건축비만 꼭 1천 원이 들 것 같았다. 사람들은 진지한 자세로 일했으며 목사와 한두 명의 선교사도 옷을 벗고 일손을 보탰으며 소년들은 돌을 날랐다. 펜보다 더 무거운 것을 들어본 적이 없던 조선의 양반, 학자와 선생들도 자진해서 건축에 동참했으며, 목수들은 이틀 가운데 하루만을 생계 유지를 위해 일하면서 하루걸러 숙달된 노동을 제공했다.

여자들은 가족 마다 준비된 그릇에 쌀을 조금씩 비축해서 충분히 모아지면 팔아 헌금했다. 그렇게 해서 다양한 방법으로 돈이 들어와 일이 진행되었다. 그러나 마침내 더 이상의 자금이 부족하여 건축은 중단되었다. 아무도 빚지려 하지 않았으며 선교사들에게도 빌려주려고 하지 않았다. 그래서 길이 열릴 때까지 기다리기로 결정했다.

콜레라

모든 것이 희망 없이 된 듯했을 때 아시아의 호열자가 발생했다. 왜 조선 사람들은 해마다 여름이면 전국적으로 이 유행병을 겪는지는 아직 해결되지 않은 문제 가운데 하나이다. 모든 오물이 불결하고 좁은 도랑으로 흘러내려 도랑은 흔히 폐물로 막혀 도로로 흘러넘칠 정도가 되었다. 녹색의 이끼 낀 물웅덩이가 정원과 길가에 있고, 우물은 가까이에서 더러운 의복을 세탁한 배수로 오염되어 있으며, 썩은 야채들이 도로와 집의 창문 아래에 수북이 버려져 썩고 있다.

비위생적이라든가 불결하다든가 하는 정의에 속하는 모든 상상 가능한 모습들이 널리 퍼져 있다. 아직 걷지 못하는 어린 아이조차 날것의 푸른 오이와 껍질이 벗겨지지 않은 쓴 딸기, 그리고 물렁물렁하고도 뜨거운 빵을 먹는다. 그들은 뜨겁거나 차가운 밥에 거칠고 소화가 잘 안 되는 김치를 급하게 먹으며, 배추는 도랑물에 씻어 무와 함께 소금과 고춧가루로 맛을 낸다.

모든 종류의 녹색 수확물을 자연의 법칙을 완전히 무시한 채 먹음으로써 서구인들을 깜짝 놀라게 한다. 그런데도 탈나지 않는 것은(재앙으로부터 보편적으로 면역되어 있기 때문이다.) 만일 우리가 조선 사람들이 웃으면서 태연하게 일반적인 권리로 당연히 받아들이는 자연의 여신에 대한 무례하고 자유로운 행동을 1/10이라도 감히 저지른다면, 우리 가운데 어느 누구나 곧 그리고 당연히 죽을 것이 분명하다.

불결한 도시

내가 이제까지 도달했으며 다만 약하게 주장하는 유일한 해결책은 적자생존 법칙에 따라 뛰어나게 강한 종이 아니면 청년기나 유아기까지 살아남을 수 없다는 것과, 유년기의 굉장한 시험에 살아남는다면 그들은 그 뒤에 닥칠 어떠한 시련도 견딜 수 있다는 것이다. 설령 그렇더라도 쇠붙이로 만들어진 내장도 항상 내구력을 갖는 것은 아니다. 시간이 걸리기는 하지만 매 5~6년마다 세균이 부지런하게 번식하여 아주 강한 내성과 굉장한 독성을 가짐으로써 조선 사람들조차도 굴복하지 않을 수 없는 콜레라가 돌게 되는 것이다.

8년 전인 1887년에 전염병이 조선 땅 전역을 휩쓸어 몇 천 명이 쓰러졌다. 선교사들과 기독교인들은 하나가 되어 하나님이 응징을 멈추어 주기를 기도했다. 의사들은 서리가 세균을 죽이기에 앞서 그것을 멈추어 달라고 하는 것은 자연의 법칙에 모순되는 것이라고 선언했지만, 놀랍게도 믿음을 증거하듯이 그 전염병의 폐해는 8월 하순과 9월 초순의 무지무지한 열기 속에서 갑자기 멈추었다.

제 9 장 혼란한 정국 : 을미사변

이제 또 다시 하나님의 회초리가 떨어지고 있었다. 전염병이 굉장한 기세로 돌기 시작했으며, 아침에 건장했던 사람이 정오에 시체가 되기도 했고 한 가족 가운데 몇 명이 같은 날에 죽었다. 전염병은 한 이웃에서 갑자기 발생한 뒤 매일매일 계속적으로 눈에 띄게 증가했다. 그 가혹하고 절대부동의 잔인함은 놀라운 것이었다.

일본인들과 다소 개명된 조선 사람들 대부분은 미리 경계하여 유럽과 미국 의사들의 조언을 받아 전염병이 나라 전체에 퍼지지 않도록 격리 시설을 만들고 위생 규칙을 만들기로 했다. 그러나 영리한 젊은 조선 사람들은 슬퍼하며 의견을 말했다. "법을 만드는 것은 아주 쉽지만 그것이 실행 가능할 수 있을 것인지가 더 의심스럽습니다."

검역법 실시의 어려움

설령 강제로 격리시키려고 관리와 군인을 보낸다 하더라도 풍습과 사람됨을 알고 있는 사람들 가운데에서 그들의 대부분이 아주 조그마한 뇌물에도 쉽게 움직일 것이라는 사실을 의심하는 사람은 적었다. 서울을 제물포로부터 봉쇄시킬 필요성이 제기되었을 때, 고위 관리들은 두 지역 간의 무역의 중요성 때문에 그것은 불가능할 것이라고 말했다. 위생 규칙을 실행하려는 시도가 절망적이라는 것을 보여주는 한 사례가 있다.

어리석게도 익지 않은 사과나 참외, 오이를 엄청나게 소비하는 것을 막으려는 노력으로 이들의 판매를 금지하고 파는 사람과 사는 사람을 처벌하겠노라는 법령을 각지에 공시했다. 그 바로 얼마 뒤 나의 남편이 어느 곳을 지나게 되었는데 그곳에서 그들은 금지된 것들을 대량으로 판매하고 있었고 바로 위에는 그 공시문이 붙어 있는 것을 보았다. 사는 사람들 가운데에는 몇 명의 경관들이 판매 금지된 열매를 보기에도 좋게 태연하고 맛있게 먹고 있었다.

정부는 그런 상황을 완전히 인식한 것 같고 이를 금지하려고 최대한 힘쓰고 있지만 많은 관리들의 통탄할 정도의 부패 때문에 어려움을 겪고 있다고 말하는 것이 마땅하다. 임시로 응급 콜레라 병원을 설립하고 위생 규칙을 강화하고 전염병의 악화를 막으라고 2만 냥(1천 달러)을 할당했으며 이 돈은 흔히 한국말로 표현되듯 탐욕스런 하급관리들의 손에 "먹혔다."

병원을 짓는 데 필요한 사람의 두 배 이상이나 되는 목수들이 고용되었으나 이 사람들은 개인적으로 팔아 쓸 물건을 만들거나 아무것도 하지 않은 채 그저 서서 시간을 보냈다. 할 일도 거의 없는 상당수의 관리가 고용되어 아무 일도 하지 않았으므로 그들의 업무는 증가되었다. 그러나 봉급은 받아갔다.

외로운 외국인들

그 당시에 서울에 있던 유럽, 미국, 일본 전체 의사들의 모임에서 에비슨 박사(O. R. Avison)가 이 응급 병원과 위생 업무의 총책임자로 선출되었으나 일본인 모두가 서구인들의 감독 하에 일하고 싶지 않다고 말해 결국 미국인들만이 적을 무찌르려고 남아 있었다.

수많은 난관과 방해에 부딪힌 후에야 환자들을 맞아들이기 위한 낡은 막사 건물이 대강 준비되고, 일단의 간호사와 의사가 구성되었다. 그들은 대개 조선 사람 고용자의 도움을 받고 있는 감리교파, 침례교파, 장로교파의 선교사들이었다. 그 건물은 서둘러 환자를 맞아들일 만큼 신속히 준공되지 못했으며 장소의 성격상 목적에도 맞지 않았다. 그것은 너무 트여 있고 습기 차고 냉기가 도는 곳으로 환자를 따뜻하게 하거나 격리시킬 방법이 없었다.

독자들은 미국처럼 문명화된 의료 상태를 상상하지 마시라. 여러분이 상상하는 “필수품들”과 아시아에서 우리가 가능한 대로 모은 “필수품들”은 말은 같지만 내용은 다르다. 아마도 여러분들은 침대와 시트, 베개가 필수품이라고 시대에 걸맞지 않는 생각을 가질 것이다. 결코 그렇지 않다. 우리의 환자들은 작은 무명천을 깔은 마룻바닥에 누워 있었기 때문에 그들을 간호하기란 대단히 고된 작업이었다.

그러나 우리의 업무에 관련된 좌절은 단순히 편의 시설의 부족, 아니 거의 절박한 필요나 위생 규칙 강화와 협조의 부족뿐만이 아니었기 때문에 에비슨과 그의 감독 아래 일하는 외국의 의료진들이 과감하고 지칠 줄 모르게 일했지만 그것은 감당하기 어려운 투쟁이었다. 주민들 대다수가 병원에 가기를 꺼렸으며, 대개가 가정에서조차 그들을 치료하려는 외국의 의사를 받아들이려 하지 않거나 우리의 의약품은 물론 조선의 의약품을 사용하려 하지 않는 상황에서 그들을 강제로 치료하려는 것은 위험할 수도 있다. 그러니 어쩌면 좋단 말인가! 대개의 경우 그 전염병은 모든 수단을 동원한 의학도 거부할 만큼 대단한 것이다.

이 당시의 전염병은 이제까지 내가 본 것 가운데서 가장 절망적이고 치명적인 것이었으며 의약품도 최종적인 결말을 조금 지연시키는 것 이상의 효과가 없는 듯했다. 독소는 곧 신경 중심 세포에 침투하여 모든 조직에 퍼진다. 근육은 심한 경련으로 조이고, 심장이 멎기도 하고, 극심하게 춥고 맥박이 희미해지고 정신이 오락가락하거나 또는 갑자기 아무런 증세도 나타나지 않다가 희생자가 되어 곧 죽기도 한다.

전염병의 아주 심한 증상이 사라지고 구토와 고통이 없어지고 맥박이 거의 정상적으로 회복되어 환자가 거의 퇴원해도 좋을 정도가 된 뒤에 다시 알 수 없는 변화가 일어나 폐렴, 요독증 또는 무시무시한 질병의 다른 후유증으로 불쌍한 희생자가 죽는 경우도 있다.

콜레라 응급 병원

언더우드 씨는 서울의 여러 곳에 설치해 놓은 검역소의 책임을 맡고 있었으며 그곳에 보고된 모든 환자는 곧 응급 치료를 받았다. 이러한 임무를 수행하도록 그가 가르치고 있는 몇 명의 젊은 기독교인들이 있는데 언더우드 씨는 직접 그들과 함께 나가서 감염 지역을 찾아 살균제를 뿌리고 젊은이들과 주민들에게 어떻게 집과 대지를 정화하는가를 가르쳐 주었다.

이 젊은이들은 지성과 정열과 용기를 가지고 지칠 줄 모르고 일했다. 검열관과 모든 의사와 간호사들은 조선의 국기 위에 적십자를 붙인 휘장을 달고 있었기 때문에 이방의 조선에서조차 십자가의 기호는 모든 곳에 전해졌으며 조선 정부의 문장보다 더 권위가 있었다.

사람들은 *끈끈*이라는 식물이 콜레라를 예방하는 신비한 힘이 된다는 것을 알았다. *끈끈*이는 아무데에서 손쉽게 얻을 수 있는 것으로서 아주 더러운 도랑의 가장자리를 따라 흩어져 있었다. 콜레라를 퇴치하는 매력 있는 또 하나의 것으로 *끈끈*이로 하얗게 칠해 문 옆에 매달아 놓은 조롱박도 있었다.

경련은 쥐가 다리를 갉고 올라와서 가슴까지 이르게 되는 것이라고 조선 사람들은 믿기 때문에 콜레라를 "쥐난다"라고 부른다. 따라서 그들은 고양이의 영혼에게 기도하며, 문에 종이 고양이를 매달며, 경련이 난 곳을 고양이 가죽으로 문지른다. 그들은 높은 장소에서 하나님께 기원과 제물을 드린다. 감염 지역의 거리에는 매 25피트 간격으로 5피트 정도의 높이에 새끼줄을 가로질러 매달아 놓고 거기에 종이로 만든 기원문을 달아 놓았기 때문에 지나다닐 수가 없었다.

나의 가마꾼이 가마를 메고 지나가려고 하다가 그 가운데 하나를 끊었을 때, 그것을 보호하러 왔던 주인이 "더 높은 위치에 걸어 놓으라"고 경고하여 나는 어쩔 줄을 몰랐다. "예, 더 높게 매달수록 좋겠지요."(Better put them up a little higher)[1]라고 했던 불쌍한 조선의 형제들은 땅에 훨씬 더 가깝게 매달았던 것이다!

역병(疫病)에 관련된 가장 애처로운 장면의 하나는 가엾게 바람에 찢겨지고 비에 젖어 무력하게 여기저기에 걸려 있는 이 종이 기원문이었다. 그것은 가엾게 여길 수도 없고 들을 수도 없는 무력한 귀머거리 신들에 대한 맹목적인 미신의 제물이었다. "그들은 확신과 탐색의 어설픈 손을 뻗쳐 결국에는 먼지와 폐물만을 끌어 모은다."(They reach lame hands of faith and grope and gather dust and chaff)[2]

8월 초, 콜레라가 기승을 부리는 듯하자 환자를 격리소에 수용하기로 결정했으며, 에비슨 박사는 웰즈(Dr. Wells) 박사와 언더우드 씨 그리고 나에게 이곳을 감독하고 관리하라는 임무를 주었다. 성벽밖에 높고 훌륭한 위치에 많은 안락한 방이 있고, 또 불쌍할 정도로 떨리고 맥박이 없다시피 한 그 병에는 말할 수 없이 좋은 뜨거운 바닥을 제공할 수 있는 격리소는 아주 이상적인 장소 같았다. 사실 그것은 그다지 크지 않았으나 환자들 대부분이 빨리 치료되거나 빨리 죽거나 하기 때문에 우리는 많은 환자를 받아들일 수 있었다. 언더우드 씨와 웰즈 박사는 구입 가능한 모든 필요 물품을 사들이

1) 미국의 저명한 흑인 영가 작사자인 브루스터(Herbert Brewster)의 송가에 나오는 한 구절임.
2) 영국의 시인 테니슨 경(Alfred Tennyson : 1809~1892)이 일찍 세상을 떠난 친구 할람(Arthur Henry Hallam : 1811~1833)을 기려 쓴 애도의 시 『추모』(1850)의 한 구절임.

면서 지칠 줄 모르고 일했다.

나의 남편은 조선 사람 간호자원단을 구성하기로 했다. 쉽게 도움을 얻을 수 있는 유일한 선교사들은 다른 곳에서 일하고 있고 또 정식으로 고용한 조선의 간호사를 너무나 많이 경험했기 때문에, 그는 기독교 봉사자 가운데 몇 명에게 그리스도의 사랑으로 이러한 봉사를 하도록 요청하기로 했다. 콜레라는 불쾌한 병이어서 사랑으로만 이 역겨움을 느끼지 않고, 이 불쌍하고 괴로운 피조물을 진실하고 다정하게 간호할 수 있다.

우리를 찾아온 몇 명의 남자는 이제까지 손으로 하는 어떤 노동도 해 본 적이 없는 학자와 양반이었는데 처음에는 망설였다. 그러나 마침내 그들은 이 일을 떠맡기로 결심했으며, 약간의 훈련을 거친 뒤 충실하고 헌신적이면서 가장 어렵고도 혐오스러운 일을 기피하지 않는 더할 나위 없는 간호사가 되었다. 매일 저녁 관심 있는 모든 사람이 들을 수 있는 격리소의 가운데뜰에서 기도와 찬송으로 예배를 보았다.

우리는 그 일에 대한 하나님의 은총이 이렇게 하나가 되어 기도하고 모두가 완전한 하나님의 피조물이라는 것을 인식하도록 하는 형태로 대답을 주었다고 믿었다. 여기서 또 봉사하는 사람들은 새로운 정열과 강한 신념과 희망을 얻었다. 웰즈 박사의 명석한 관리 능력은 최고의 상을 주어야 마땅하다. 그곳에서 5마일쯤 떨어져서 아파 누워 있는 작은 아들을 보살펴야 했기 때문에 나는 그 병원에서 격일제로 밤에만 봉사할 수밖에 없었다. 따라서 우리 3인조 가운데 다른 두 명의 노동은, 물론 견디는 데 필요한 힘이 공급되기는 했지만, 그래도 힘겨운 것이었다.

어느 서글픈 이야기

우리가 보지 않을 수 없는 장면 가운데에는 말할 수 없이 애처로운 모습이 많았다. 바로 그날 미망인이 되어 3명의 어린 아이를 돌보아야 했던 한 불쌍한 여인은 오한이 심했고 거의 맥박이 없었다. 아침 일찍 그의 장남인 열한 살 된 귀여운 녀석이 그를 보고 간호하려고 왔다. 그들이 전보다 훨씬 더 다정한 모습으로 엄마의 손을 비벼 따뜻하게 하면서 전보다 얼마나 더 따뜻해졌는가를 확인하곤 했다. "그가 살아날까? 살아날까" 생각하며 우리가 들어갈 때마다 애타게 우리를 쳐다보는 걱정스러운 작은 얼굴은 한 생명이 소생하기를 안타깝게 기대하게 만들기에 충분했다.

커다란 근심에 싸인 어린이의 얼굴은 세상에서 가장 슬픈 것이다. 우리는 그 여인이 꼭 살아야 한다고 생각했다. 오랜 사투 끝에 맥박이 다시 뛰었고 수족이 따뜻해졌으며 거의 모든 증상이 사라졌으므로 우리 모두는 희망을 걸어 보았다. "엄마는 이제 살아날 거야" 하고 그 아이는 기뻐하며 말했다. 이제 의식이 회복된 어머니도 "내가 살 수 있다면 좋겠다!"고 말했다.

그러나 주여! 다음날 세 아이는 어머니도 없고 아버지도 없는 고아가 되었으며 그 다음날 밤에 성문을 지나는 무시무시한 행렬에 풀이 죽은 작은 상주가 참석한 슬픈 장례가 있었다. 주변 언덕은 새로 만든 무덤으로 덮였다. 또 다른 불쌍한 늙은 아버지는 필사적으로 그의 열네 살 난 아들을 보살피고 간호했다. 그는 며칠 전까지만 해도 대가족이었던 식구 가운데 그의 노년에 남은 유일한 가족이었다.

우리 모두는 강렬한 희망을 가지고 그 어린 소년을 간호했다. 그리하여 그 소년과 노인들도 많이 회복되었다. 그토록 필요한 사람이었기에 그를 남겨 두려는 것처럼 보였다. 그러나 끝내 어린 육체는 점점 더 차가워졌고 지치고 희미한 맥박은 박동이 멈추었다. 그리하여 비탄에 잠긴 노인도 그의 마지막 희망을 뒤따라 땅에 묻혔다.

예수의 사람

그러나 우리는 우리의 환자 가운데 그렇게 많은 사람들이 살아남은 것을 진정 감사히 여겼다. 회복자의 65%가 거의 듣지 못하지만 이것은 격리소에서의 공적이었다. 신의 피조물인 우리는 대개 치유의 원인을 주로 다음의 세 가지에 기인한 것으로 생각했다. 곧 병의 초기와 그 진행에서 방부제를 가능한 한 많이 복용케 한 것, 몸이 다시 따뜻해질 때까지 아주 뜨거운 바닥에 환자를 눕히고 혈액 순환을 촉진시킨 것, 그리고 조선 기독교인들의 성실하고 지칠 줄 모르는 간호 때문이었다.

물론 여기서는 사용된 여러 가지 치료 방법과 처방에 대해서 상세하게 설명할 계제도 아니며 그럴 시간도 없다. 우리는 살롤로 치료가 가능하다고 믿었지만 여러 가지 다른 치료법도 그 증상을 억제하고자 사용했다. 사실상 우리는 알고 있는 모든 방법을 모두 동원했으며, 모든 치료가 신속히 이루어지지 않으면 아무 소용도 없었다.

우리에게 온 대개의 환자들은 도착했을 때 거의 쓰러질 상태에 있었다. 맥박이 거의 들리지 않을 경우도 흔히 있었지만 치료가 절망적이라고 느끼는 경우에는 계속해서 피하에 자극물을 투약하면서 바닥을 따뜻하게 하고 힘차게 비벼서 몸을 따뜻하게 해주어 살롤을 투입할 수 있을 정도로 원기를 회복시켰다. 이것은 기적적인 행동인 것처럼 보였다.

우리가 그러한 기적적인 치료를 했던 것은 웰즈 박사의 지시에 따른 것이었다. 어느 젊은 양반의 경우를 보면, 그의 가족은 처음부터 회복 가능성에 대해서 절망적이었고 나중에는 그의 수의를 준비하려고 집으로 가기도 했었지만 다음날 아침 놀랍고 기쁘게도 그들과 함께 나갈 때 그는 완전히 위험에서 벗어났다.

또 다른 인상적인 경우는 거의 70세가 된 늙은 부인의 예였다. 그의 아들과 딸은 아주 절망적인 상태에서 마지막 의지처로 우리에게 그를 데리고 왔다. 그의 병은 굉장히 심각한 상태로 의식도 없고 거의 맥박도 뛰지 않았다. 우리는 알코올로 그의 찬 수족을 문지르면서 아주 뜨거운 바닥 위에 눕혀 몸을 따뜻하게 하도록 했다. 사실상 그는 밤새도록 난로 위에 있었던 것이나 다름이 없었다. 그리하여 몇 시간이 지난 뒤 참으로 놀랍게도 점차 호전의 기미가 보이기 시작하더니 곧 그를 반기는 친구들에게 돌아갔다.

나는 여기서 의학계의 독자를 위해 우리의 진료 기록을 적어 넣고자 하는데 흥미가 없는 독자는 이 부분을 빼고 읽어도 좋다. 우리는 모두 173명의 환자를 받았으며 그 가운데 61명이 사망했다. 우리가 받은 사람 가운데 18명은 죽은 것이나 다름없는 상태에서 왔으며 몸이 굳어진 상태로 왔던 95명 가운데 다만 42명만 사망했고, 완전히 쓰러지기 직전에 왔던 35명 가운데 2명이 사망했다.

그리고 반쯤 쓰러져 왔던 4명 가운데 사망자는 없었으며 초기 증세를 보였던 20명 가운데 사망자는 없었다. 사망한 사람 가운데 25명은 전혀 반응을 나타내지 않았고 2명은 산욕의 합병증을 가지고 있었으며 2명은 이미 결핵에 걸려 있었다. 3명은 뇌막염을 일으켰고, 1명은 만성 방광염의 합병증을 앓고 있었고, 1명은 만성 신장염에 걸려 있었고, 그리고 2명은 살롤을 거부했다.

다른 곳에서는 감염된 사람의 거의 2/3가 사망했다는 점에서 볼 때 서울에서 이러한 회복 경과는 놀라운 일이 아니었다. 환자를 기독교인의 병원으로 데리고 가면 죽지 않고 산다는 내용의 포고문이 성벽에 붙었다. 매일 밤 환자를 위해 일하는 선교 단원을 본 사람은 이렇게 말했다.

"이 외국인들이 우리를 얼마나 사랑하는지 몰라. 그들이 이방인을 위해 하는 것만큼 우리는 우리 자신의 가족 가운데 하나를 위해서 그만큼 희생하려고 할까?"

어느 여름날 아침에 어슴푸레한 새벽 햇빛 속에서 서둘러 걸어가는 언더우드 씨를 보았던 어떤 사람이 말했다.

"저기 인간 예수가 가는군. 그는 쉬지도 않고 밤이고 낮이고 늘 환자 곁에서 일한다네."

어떤 사람이 물었다.

"왜 그는 그런 일을 할까?"

"그건 그가 우리를 사랑하기 때문이야."

사람들이 우리들의 봉사에서 주 예수를 발견하게 된다는 것보다 더 달콤한 보상이 있을 수가 있겠는가? 분명 그 전염병이 사람들을 구원하려고 돌아가신 주 예수를 그 사람들 앞에 보다 가까이 다가오게 했다는 점에서 보면 콜레라는 결코 나쁜 것만은 아니었다.

한국인의 감사

날마다 성안에서 죽은 사람들의 수효를 공정하게 세기는 거의 불가능했다. 그것은 죽은 사람들을 두 세 개의 문을 통해 옮겼기 때문이었다. 숫자가 점점 늘어나 하루에 3백 명 이상까지 되었으나 이후 점차 줄어들었다. 전염병은 6개월을 지속하지는 않았다.

성 밖의 인구는 반경 2마일 내의 사람을 포함하면 성안의 인구만큼은 될 것 같다. 모두 합하면 30~40만 명은 된다. 전염병이 거의 기세를 잃었을 때 조선의 외부로부터 다음과 같은 내용의 감사의 편지가 미국 공사를 통해서 전해졌다.

외부
개국 504년 7월 3일
1895년 8월 22일
외부대신 김윤식
미국 공사 실 씨(Mr. Sill)에게

근계
의약품을 위해 많은 돈을 사용하고 콜레라의 처방에 많은 노고를 해주신 덕분으로 많은 환자들을 치료해 주신 점과 …… 그의 친구 분들께 깊이 감사드립니다. 나는 귀하가 나의 정부를 대신해서 그들에게 감사의 뜻을 친절히 전해 주시리라 믿습니다. ……

김윤식㊞

병원에서 봉사했던 선교사들에게 선물이 전달되었다. 그것은 비단 두루마리, 부채, 내부와 수령인의 이름이 새겨진 은으로 된 작은 잉크스탠드와 여러 가지 진기한 것들, 예를 들어 이번에 선물하려고 강화도에서 재배된 특수 왕골로 만든 모자이크 돗자리 등이었다. 이 돗자리는 다양한 색을 기술적으로 아로새겨 무늬를 넣은 것이었으며, 우리가 받은 돗자리 위의 한쪽 끝에는 그 나라의 상징을 새겨 넣었고 다른 쪽에는 십자가와 "내부"라는 글자를 새겨 넣은 것이었다.

물론 이것은 대단히 만족스러운 것이었다. 아니 그 이상이었다. 조선 정부와 국민이 우리 주 예수의 사절인, 무능하며 하찮은 우리를 그들의 친구로 여겨 주고 우리가 그곳에 있는 한 그들의 구원자라고 인식해 주었다는 점을 깊이 감사드려야 할 것이었다.

그러나 그 무엇보다 좋은 일이 일어나고 있었다. 정부에서 격리소와 검역소에서 간호하고 봉사했던 조선 사람들의 이름을 묻고 그들에게 포상할 뜻을 알려 온 사실이다. 우리는 그 사람들이 댓가를 바라고 그러한 일을 수행한 것이 아니라고 말했으나 그들은 그런 말에 주의를 기울이지 않고 그 사람들에게 후하게 보상하겠다고 고집했다.

거의 모든 기독교인들은 이 예기치 않던 상금을 받자 곧 놀랍게도 자진해서 그 거액의 돈을 새로운 교회를 짓기 위한 자금으로 헌금했다. 그들은 그것을 하나님의 선물이며, 특히 기도에 대한 응답으로 보내 주시어 그들로 하여금 믿음으로 행할 수 있는 과업을 도와준 것이라고 생각했다.

새로운 교회

그리하여 그들은 빽빽하게 들어서면 2백 명을 수용할 수 있는 교회를 계속해서 지어 끝내 완성할 수 있었다. 그것은 진흙 벽에 기와지붕에 종이 창문으로 된 완전히 토속적이고 튼튼하며 오만하지 않은 건물이지만 조선에서는 최고의 모습으로 지은 것이었다. 그리고 그 당시에는 어느 누구도 창유리, 벽돌, 또는 돌로 만든 벽이 뽐내고 있다는 것을 아는 사람이 없었다. 그곳으로 작은 무리가 모여들었고, 기쁜 마음으로 그들 손으로 만든 것을 하나님께 바쳤다. 하나님의 눈으로 보면 그렇게 우상화되지 않았던 금이나 상아 제품보다는 희생, 사랑, 믿음과 기도로 이루어진 것이 훨씬 더 귀중하고 값지게 보였을 것이었다.

콜레라 전염병과 그에 관련한 사건들이 있는 뒤 오래지 않아 왕궁에는 진보와 문명과 개혁을 편드는 진보적이고 총명한 왕비가 살해되는 끔찍한 비

대궐의 원형문

극이 일어났다. 왕비는 총명한 외교가였기 때문에 항상 그의 정적들에게는 불쾌한 대상이었다. 청일전쟁이 끝난 뒤 일본인들은 사실상 조선의 독립을 공포했으나 실질적으로는 일종의 보호령을 수립하고 국내·국외 문제에서 왕비의 정책을 감독하고자 하는 것처럼 보였다. 많은 공직들은 가능한 일본 국민이나 친일파들로 채웠으며, 대개의 조선 군인들은 일본 장교들에게 훈련받고 그들의 명령을 따르고 있었다.

을미사변

애국심에 가득 차고 똑똑한 왕비의 밑에서 조선의 일본화 계획에 쉽사리 따르려 하지 않을 사람과 만나야 한다는 것을 깨달은 일본인들은 모든 정부의 업무에서 왕비가 참석하는 것을 반대했다. 우리가 들은 바에 따르면, 이러한 명령에 따라야 한다는 것을 강제로 약속을 받아 내었다. 자연히 이러한 약속은 지켜지지 않았으며, 왕비는 계속하여 분규의 원인이 되었고 그들과 그들 계획에 방해물이 되는 걸림돌이 되었다.

마침내 일본 공사관의 인사 조치로 결정적인 변화가 이루어졌다. 이제까지 일본 정부의 이름으로 왕비에 대한 일본의 지지와 보호를 약속했던 이노우에 가오루[3] 경이 소환되고 그와는 아주 다른 성격을 가진 미우라 고로[4] 경이 대신하여 왔다. 미우라 경은 아주 독실한 불교 신자였으며, 다른 나라의 이익과 견주어 일본의 이익이 확실하다고 생각되는 일에는 정열적으로

---

3) 이노우에 가오루(井上馨 : 1835~1915) : 일본의 정치가. 청년 시대 영국에 유학한 뒤 귀국하여 정계에 투신. 1876년에는 원로원 의원으로 부변리대신이 되어 강화도 조약을 채결했다. 그 뒤 외무대신(1884), 내무대신(1892), 대장대신(1897)을 역임했다.

4) 미우라 고로(三浦梧樓 : 1846~1926) : 일본의 군인. 야마구치현 출신. 18세에 기병대에 투신하여 사츠마반란(1877)의 진압에 큰 공을 세우고 1878년에 중장, 1882년에 육사 교장을 지냄. 구미를 시찰한 다음(1884) 귀족원의원(1890)이 되었고, 온건파 이노우에가 한국에서 물러간 뒤에 강경파의 지지를 얻어 조선 주차 일본 공사(1895)로 부임하여 을미사변을 일으킴. 추밀원 고문(1911)을 지냄.

헌신하는 사람이었다.

1895년 10월 8일, 아침에 우리는 왕궁에서 나는 총소리를 들었다. 이 시간은 조용한 시간이기 때문에 이와 같은 소리는 우리들에게 틀림없이 불길한 사건의 징조라는 것을 알게 했다. 모든 것이 혼란스러웠으며 확실하게 알 수 있는 것은 아무것도 없었다. 다만 어떤 일본 군대들이 새벽 3시에 왕의 아버지이자 또한 왕비의 가장 큰 정적인 대원군을 호위하여 그곳에 도착하더니 미국인 다이 장군의 지휘 아래에 있던 조선 사람 왕궁 경호원을 쫓아내고 자기들이 왕궁 문을 지키고 있다는 것만이 분명했다.

그때의 분위기는 불길한 의심과 소문으로 가득했지만, 오후가 될 때까지도 아무것도 정확히 알 수가 없었다. 오후가 되어 조선 사람 양반을 만났을 때 그가 완전히 놀란 모습으로 우리에게 말해 준 것은 왕비가 살해당했다는 소식이었다. 몇 시간이 지나서 이 뉴스는 확실해졌다. 그 당시 대원군은 그의 손자를 왕위에 앉히려고 왕에 대한 모반을 꾀했다는 이유로 왕궁에서 쫓겨나 그의 시골집[공덕동]에서 감시를 받고 있었다.

물론 대원군은 왕비에 대항하는 음모자들의 지도자가 되는 데 쉽게 동의했으며, 그가 그 군대의 선두에 서서 왕궁에 입궐하여 왕실의 인물들을 장악하고 자연스럽게 통치권을 소유하기로 했다. 그는 불가피하게 왕비를 제거하지 않을 수 없었다. 그리하여 그 군대는 그 노인을 가마에 앉히고 이미 모든 준비가 되어 있는 왕궁 문을 향해 행진했다. 탄약을 비밀리에 옮겼으며, 미국인에게 훈련을 받은 조선의 군대는 일본인에게 훈련을 받은 자들로 거의 교체되었다.

그리하여 몇 발의 총을 쏜 뒤 아무런 저항도 받지 않고 대원군의 군대는 궁궐에 들어갔다. 왕실의 거처는 좀 떨어진 거리에 있었으며, 이 소동에 대한 소식은 그들이 오기 얼마 전에 도착했다. 왕비는 깜짝 놀랐다. 그는 용감한 여인이었으나 자신이 모질고 강력하며 방심할 수 없는 정적과 직면하고 있으며 다모클레스처럼 그의 머리 위에도 머리카락에 묶인 칼[5]이 매달려 있어 그의 생명을 위협하고 있다는 것을 잘 알고 있었다.

왕의 둘째 아들인 의화군[6]은 변장을 한 뒤 아직 감시받고 있지 않은 작은 문을 통해 서울에 살고 있는 친구에게 함께 도망하자고 간청했다. 그러나 태후는 너무 늙어서 갈 수가 없었으며 왕비도 외국인이 왕궁을 점령할 것이 확실한 그 두려운 상황에 그를 혼자 놓아 둘 수는 없다고 하여 점잖게 거절했다. 그는 이노우에 경이 그에게 보호를 확언했던 것을 믿고 있었다.

민비가 더욱 의지하고 있었던 것은 조정의 신하의 한 사람인 정병하[7]라는 사람이 무슨 일이 일어나더라도 왕실의 가족들은 완전히 안전할 것이라는 확신을 갖게 해주었다는 점이었다. 이 사람은 하층 계급에서 태어난 사람으로 왕비가 출세를 위해 여러 가지 호의를 베풀었으며 왕비에게 매우 큰 신임을 받고 있던 사람이었다. 그는 왕비에게 숨지 말라고 충고했으며 왕비의 모든 일거일동을 다 알고 있었다. 그의 주머니보다 더 넓고 더 믿을 만한 정보는 없었기 때문에 물론 암살의 편리한 도구가 되었다. 그가 그 음모에 가담했다는 것을 나타내는 증거는 많이 있다.

외국인의 증언

왕비는 대단한 불안과 걱정 속에서도 그곳에 머물러 있었다. 그러나 대원군과 그에게 고용된 자객들이 몰려들어 와 왕비를 찾자, 그제야 왕비는 숨으려 하였으나, 아! 그때는 숨기에는 너무 늦었다. 상당한 혼란이 있어났다. 우리에게 들어오는 전갈도 갖가지였다. 그러나 발생했던 거의 모든 일을 목

---

5) 다모클레스(Damocles)의 칼 : 디오니소스의 왕이 연회에서 다모클레스의 머리 위에 머리카락 한 올로 칼을 매달아놓고 왕위의 위험이란 바로 그와 같다고 비유한 고사.

6) 의화군(義和君, 그 후의 의친왕) 이강(李堈 : 1877~1955)을 의미함. 그의 행적에 대해서는 신복룡, 『대동단실기』(서울 : 선인, 2014) 참조.

7) 정병하(鄭秉夏 : ?~1896) : 어윤중(魚允中)과 교유하여 벼슬길에 오른 뒤 내장원경과 농상공부 협판에 올랐으나 3차 김홍집 내각 당시 아관파천이 일어나자 김홍집과 함께 난민에게 피살됨.

격했던 러시아인 사바틴 씨[8]와 미국인 다이 장군의 공통된 말에 따르면 일본 관리들의 명령을 받은 일본 군대가 왕당파들이 있던 궁정과 건물을 에워쌌으며, 일본 관리들은 궁정에 서서 이 불법 행위가 행해지는 것을 지켜보았고 이 난동이 일본의 전문적인 자객들인 소시[9]에 의해 행해지고 있다는 것을 모두 알고 있었다는 것이었다. 약 30명가량의 암살자들은 "왕비, 왕비, 왕비는 어디 있느냐?"고 소리치며 왕실로 뛰어 들어갔다.

그리고서 미친 듯이 야만적인 사냥이 시작되었는데, 사람이라기보다는 야수들처럼, 궁정의 여인들을 붙잡아 머리채를 잡고 두들겨 패면서 왕비가 어디에 있는가를 말하라고 했다. 사바틴 씨도 질문을 받았고 죽이겠다는 협박도 받았다. 소시와 일본 제복을 입은 관리들은, 왕비로부터 주의를 분산시키려 애쓰며 서 있는 왕의 방으로 뛰어 들어갔다. "한 일본인이 그의 어깨를 잡고 그를 거칠게 다루었으며, 궁정 관리인 이경직[10]이 왕 앞에서 그 관리에 의해 살해당했다. 왕자 전하도 붙잡혀서 모자가 떨어져 부서졌다.

소시들은 그의 머리채를 잡아당기고 칼로 그를 위협하면서 왕비가 있는 곳을 대라고 추궁했다."[11] 마침내 그들은 불쌍한 왕비를 붙잡아 칼로 살해했다. 그리고 왕비의 몸을 덮어 여러 궁중의 여인들에게 가지고 가 갑자기 시체를 내보였다. 여인들은 공포에 질린 비명을 질렀다. "왕비 마마, 왕비 마마!" 이것으로 충분했다. 이러한 책략에 의해서 자객들은 그들이 정의의 희생자를 쓰러뜨렸다는 것을 확실히 보여주었다.

---

8) 사바틴(A. S. Sabatine) : 당시 조선에서 활약하던 러시아의 건축 기술자. 그는 을미사변 당시에 현장에 있던 중요 목격자로서 수기 『나는 명성황후 시해 사건의 목격자였다』라는 수기를 남겼다. 월간 *Classe*, 1996년 2월호, pp. 404~411 참조.

9) 소시(壯士)라 함은 한국어의 장사와는 그 의미가 전혀 달라, 남의 청탁을 받아 행악하는 낭인을 의미한다.

10) 이경직(李耕稙 : 1841~1895) : 청주 출신. 동학교도의 신원운동 당시 전라관찰사로 있다가 탄핵을 받아 파면됨. 을미사변 당시에는 궁내부 대신으로 재직 가운데 현장에서 피살됨.

11) (원저자 주) *Korean Repository*, 1894.

그 뒤 바로, 유해들은 멀지 않은 곳의 나무숲으로 옮겨 그 위에 등유를 끼얹어 불태웠고, 몇 개의 뼈만 남았다. 그 뒤의 모든 사태의 발전은 그 살인 행위야말로 정말 상상할 수조차 없는 죄악이라는 것을 증명하기 위한 쪽으로 흘렀다. 아마도 그들은 이러한 수단으로 그들이 그 범죄를 은폐하거나 그들의 관여를 감출 수 있으리라고 생각했으리라.

왕비는 탈출해서 숨어 있다느니, 잠시 일본인들이 데리고 간 것이며 어느 때인가 다시 데리고 올 것이라는 등의 이야기가 무수히 나돌았다. 공식적인 살해자의 숫자와 일본 히로시마에서 열렸던 미우라 경과 소시에 대한 재판에 대해서는 1895년에 발간된 『코리아 리포지터리』를 참고했다. 거기서는 다음과 같은 내용이 눈에 뜨인다.

> "피고 미우라 고로는 1895년 9월 1일에 취임했다. 그의 발언에 따르면, 조선의 일은 잘못된 방향으로 흐르는 경향이 있었다. 왕실은 날마다 더욱 더 전횡했고, 국가 업무 수행에 지나치게 간섭해 왔다. 무질서와 혼란이 일본제국 정부의 충고와 지도 아래 얼마 전에 재조직된 행정부에 이런 식으로 표출되었다. 왕실이 일본에서 완전히 등을 돌렸기 때문에 일본 장교의 지휘 아래 있는 조선 사람 훈련대를 해산하고 그들 장교들을 처벌할 계획이 논의되고 있었다. 더욱이 미우라에게 한 보고가 도착했는데, 그것은 왕실이 진보와 독립을 지지하고 있다고 의심되는 내각의 대신들 가운데 몇몇 관직을 박탈하고 다른 몇 사람을 살해함으로써 모든 정치 권력을 빼앗겠다는 음모를 꾸미고 있다는 내용이었다. 이러한 상황에서 그는 아주 마음이 어지러웠다. 왜냐하면 그가 생각하기로 그러한 왕실의 태도는 조선을 위해 노동과 자금을 대준 이 나라에 대한 심각한 배은망덕일 뿐만 아니라 내부의 개혁 작업을 방해하고 그 나라의 독립을 위태롭게 하는 것으로 생각되었기 때문이다."[12)]

---

12) (원저자 주) *Korean Repository,* 1894.

공식 보고서

이 보고서는 계속하여, 그 피고는 한편으로는 "조선의 독립을 보장하고" 다른 한편으로는 "그 나라에서 일본제국의 특권을 유지할" 구제책을 마련할 필요를 느꼈다고 했다. 더 나아가서 이 보고서는 대원군과 일본 관리들이 참석했던 회의 가운데 10월 3일자 회의에서는 다음과 같이 결정되었다고 기록했다.

> "그때 도달한 결정은 자신들이 위험에 빠져 있다고 생각하는 훈련대와 모든 진행 과정을 깊이 통탄하고 있던 젊은이들을 이용해서, 서울에 있는 일본 군대들의 협조를 받아 왕실에서 미움을 받고 있는 대원군의 궁궐 입성을 도와야 한다. 나아가 왕실에서 지나치게 영향력을 행사하는 왕비의 목숨을 끊는 데 이 기회를 이용해야 한다고 결의했다."

그 계획에 대해 몇 가지 더 구체적인 설명이 있은 뒤 그 일본 보고서는 다음과 같이 계속했다.

> "미우라는 대원군을 호위하기로 되어 있던 사람들에게 지난 20여 년 동안 왕궁에 그렇게도 많은 해악을 주었던 악마를 근절하느냐 못하느냐 하는 것은 이 일의 성공 여부에 달려 있다고 말하면서 궁궐에 들어가자마자 왕비를 해치우라고 그들을 선동했다."

그러고 나서 그 보고서는 그 음모를 수행하는 데 취해진 여러 가지 조치를 길게 설명하면서 다음과 같이 계속되었다.

> "그러고 나서 서울을 향해 서서히 행진하면서 일본 군대는 서울의 서대

문 밖에서 기다리고 있던 훈련대를 만났다. …… 새벽녘에 광화문을 통과하여 일당 전체가 왕궁으로 들어가 곧 내실로 쳐들어갔다. 이러한 사실에도 불구하고 처음에 그들이 생각했던 범죄를 피고 가운데 어느 누가 실제로 저질렀다는 것을 증명할 수 있는 충분한 증거는 없다. …… 이러한 이유로 피고는 무죄이다. …… 이 사건에 관련된 서류와 다른 문서들은 각자의 주인들에게 반환한다."

히로시마 지방법원
예심 판사 요시다 요시히데 ㉐
서기 다무라 요시하루 ㉐
메이지 29년 1월 20일
이 사본은 원본으로부터 취한 것임
히로시마 지방법원 서기

이것은 부연 설명을 필요로 하지 않는다. 미우라 경은 최근에 일시적으로 박탈당했던 모든 관직과 작위에 복귀했다.

제 10 장 을미년(1895)의 사건들

을미사변 후의 궁중

그러는 동안에 왕과 세자는 친일파로 구성된 내각에 의해 왕궁에 감금되었다. 왕비가 죽자 바로 군인들과 자객들은 흩어졌으며 일본 관리는 왕의 배알을 요청했다. 공식적인 보고에 따르면 미우라 고로 경은 비서 스기무라 후카시(杉村濬),[1] 대원군, 그리고 자객을 이끌었던 한 일본인과 함께 이 알현에 참석했으며 왕에게 세 가지 문서에 조인하라고 제시했는데, 하나는 앞으로 내각이 이 나라의 모든 일을 처리해야 한다는 것이었고, 또 하나는 이재면 왕자가 궁정의 관리를 맡아야 한다는 것이었으며, 나머지 하나는 궁정이 부(副)대신을 임명해야 한다는 것이었다.

그날 밤의 사건으로 마음이 어지러운 상태에 있었으며 적의 손아귀에서 어쩔 수 없는 입장이 되어 있던 왕은 이 세 개의 문서에 서명했다. 그런 뒤에 일본 군대가 철수했으며 훈련대만이 경호를 위해 남았다. 곧이어 군부대신이 친일파로 교체되었으며 "따라서 정부의 모든 무장 군대와 심지어는 전하의 개인 수행원들까지도" 왕실 가족의 반대파의 지배하에 놓이게 되었다.

1) (원저자 주) 을미사변의 공식 기록인 『코리언 리포지터리』 참조.

외국 공사관의 태도

러시아 공사 웨베르[2)]와 미국의 대리 공사 알렌(H. N. Allen)이 총성을 듣고 아직 일본 공사가 남아 있던 왕궁으로 달려와, 바로 전에 일어났던 사건에 대해 왕으로부터 들어 어느 정도 알게 되었다. 불쌍한 왕은 그날 밤의 놀라운 경험과 그에게 우상화된 왕비의 잔인한 살해가 있은 뒤 보기에도 딱할 정도로 완전히 기진맥진하여 충격 상태에 있었다.

몇 천 명이나 되는 왕실 친구들, 친척들, 관리들, 군인들, 하인과 수행원들도 거의 모두 심한 공포에 빠져 있었다. 모두가 하나같이 궁정에서 도망치려고 거의 미친 듯이 서둘렀으며 궁중에 있는 사람으로 식별될 수 있는 제복이나 다른 것들을 앞뒤 가리지 않고 찢거나 내던져 버렸다. 미국, 러시아, 영국 대사관은 조선 반역자의 무리들의 손에서 벗어나려는 사람들로 붐볐다. 외국의 사절들은 왕비를 무참히 살해한 데 대한 강한 분개와 함께 왕에 대한 동정을 나타냈다.

한동안 외국 사절들은 날마다 궁궐을 방문했다. 그들은 혁명 정부를 인정하지 않았기 때문에 왕의 생각과 정책을 알려면 그를 개인적으로 만나야 한다고 느꼈을 것이다. 그들은 왕을 잡고 있는 사람의 의도가 불확실하다고 느껴 스스로 정보를 얻고자 했고 또 남아 있는 왕실의 식구들에 대한 어떤 폭력적인 계획을 저지해 보고자 했기 때문이라고 보는 것이 타당하리라 생각한다. 조선의 통역자는 어느 누구도 신임 받지 못하는 상황이었기 때문에 언더우드 씨는 통역자로서 미국 공사와 동행할 것을 요청 받았다. 당시 프랑스의 가톨릭 주교는 프랑스 사절의 자격으로 행동하고 있었다.

나는 여기서, 왜 우리 정부와 동방 국가 간의 국제 문제와 같은 극히 중요

---

2) 웨베르(Karl I. Waeber) : 제정러시아의 외교관. 천진과 북경에서 외교관으로 있다가 1884년 한국에 부임하여 1897년 멕시코 공사로 전보될 때까지 주한 공사와 총영사로 활약하면서 러시아의 남진 정책에 기여했다.

한 일에 이때까지도 능숙한 미국인 통역자가 없이 우리의 고관들이 의심의 여지가 없는 조선의 통역자들, 그들 자신의 목적을 위해서 고의로 그럴 때가 아니라 할지라도, 겁을 먹어 아주 중요한 대화를 잘못 전하기도 하고 무능으로 말미암아 표현된 생각을 전적으로 오해하기도 하고 부주의로 전체 문장에서 가장 중요한 부분을 빠뜨리기도 하는 조선의 통역자들에 의존해야 하는 것인지 묻지 않겠다.

국왕의 신변 위험

왕의 모습은 오직 내각의 엄격한 감시 하에서만 볼 수 있었고 분명히 그는 심한 위압 상태에 있었기 때문에 그가 내각의 명령이나 정책에 반대되는 어떤 것도 말할 수 있으리라고는 생각되지 않았다. 아주 간혹 그들의 주의가 방문객에게 잠시 동안이나마 쏠리게 될 때면 왕은 언더우드 씨에게 작은 속삭임이나 사인, 또는 그의 팔 안에 아주 작은 메모를 슬쩍 떨어뜨림으로써 그의 희망이나 계획, 또는 정적들의 견해에 따라 이미 공개적으로 답변했던 문제들에 대한 그 자신의 견해를 간략히 전달하곤 했다.

왕은 시시각각으로 독살의 위험 속에 있었기 때문에, 또 다른 이유가 없는 것은 아니지만, 그의 무도하고 몰인정한 아버지 대원군은 다른 아들을 통해 그의 손자를 왕위에 앉히기를 염원하고 있었다. 왕 주위에 있는 많은 공모자들이 위태로운 상태에 있으며 자신에게 이로운 일이라면 무슨 짓이라도 할 사람이라는 것이 이미 증명된 사람들이었다.

따라서 왕은 얼마 동안 아무 음식도 먹지 않고 다만 밀봉된 깡통에 담긴 연유를 가져와 그의 면전에서만 열었고 달걀도 껍질 채로 삶았다. 이 소식을 들은 우리는 작지만 우리의 동정심을 보여줄 수 있는 기회를 포착할 수 있어 기뻤다. 그래서 유럽 공사관의 여인들과 나는 교대로 영양가가 높을 뿐만 아니라 맛도 괜찮은 음식을 특별히 준비해서 보냈다.

이 음식들은 작은 상자에 넣어 예일회사 제품의 자물쇠로 잠겨 전달되었다. 그 때 공사관과 왕궁 사이의 통역자 겸 사자였던 언더우드 씨는 때때로 하루에 두 번 열쇠를 날랐고 그것을 왕의 손에 쥐어 주었지만 평범한 관리들이 그 상자를 언제든지 편리한 시간에 옮겼다. 그것은 작은 봉사였을 뿐이었지만 우리의 충성을 필요로 했고 극도로 충격을 받은 사람들에게는 어느 정도 위안이 되는 것이었다.

하루는 언더우드 씨가 왕을 만나러 가는 길에 대원군을 만났는데 그가 이렇게 말했다.

"왜 그대는 모든 좋은 음식을 그에게 갖다 주는가? 그는 그런 것이 필요치 않다. 나는 늙어 이가 빠지고 없으므로 정작 그것이 필요한 사람은 그가 아니고 나이니라."

교활하고 잔인한 늙은 호랑이의 이빨과 발톱은 아직도 충분히 쓸 수 있는 것이었다. 왕비가 죽은 뒤 거의 7주 동안 미국인들이 한 번에 한 명 내지 두 명이 매일 밤 왕궁에 머물러 줄 것을 부탁 받았다. 그것은 그곳에 증인으로서의 외국인이 있음으로써 어떤 음모자가 더 극악한 반역적 범죄를 저지르기를 망설이게 하자는 생각 때문이었다.

분명 그들이 국왕을 시해하는 것이 필연적이라고 생각했다면 목격자들의 생명도 물론 희생되었을 것이지만 동양인들은 서구의 시민이 죽었을 때 그들 국가의 분노를 상당히 두려워했다. 따라서 왕과 세자를 습격할 기회는 선교단의 존재로 말미암아 어느 정도 감소했다는 것은 분명하다. 선교사들은 밤마다 두 명씩 평화의 복음을 전파하는 기쁜 일을 계속하는 것을 보장받고자 남아 있었다.

우리의 남편들이 궁 가운데서 망을 보면서 흉조의 소리를 들으려고 바짝 긴장하고 있는 동안 아내들은 집에서 혼자 밤을 지새웠다. 그들과 우리 모두는 자신들이 백성과 정의로운 통치자, 곧 최고위층뿐 아니라 최하위층의 친구라는 것을 증명하게 된 이러한 봉사를 기꺼워했으며, 특히 지난날 복음 전파를 금지하는 포고를 거절했다는 이유로 불충하다고 여겨졌던 사람들이 가장 적극적이고 지칠 줄 모르며 왕에게 봉사하는 것을 보여줄 수 있는 것을 기쁘게 여겼다.

미국인의 보호

암살 다음날 왕의 둘째 아들인 의화군이 우리 집에 피난해도 좋을지를 물어 왔다. 우리 집은 미국의 재산이었기 때문에 그가 체포를 모면할 수 있는 곳이었다. 공사관들은 고관들의 피난처로 가득 찼으며, 몇 명은 조선말로 "사랑방"이라고 부르는 객실에 머무르고 있었다. 우리는 물론 젊은 왕자를 기쁘게 맞이했으며 그에 대한 우리의 호의를 증명할 좋은 기회를 갖게 된 것을 기뻐했다. 이 피난민들이 있었기 때문에 우리는 의사 정부에 의해 계속 감시 받는 영광을 얻었으며 우리의 집은 매일 밤낮으로 모든 출구에서 스파이의 감시를 받았다.

그것은 나로서는 끔찍한 일이었다. 나는 일거일동이 탐정에 의해서 감시 받는 계층이 있다는 것을 전혀 몰랐으며 충분한 가치를 지니지 않는 한 어떤 방법으로든 정부와 충돌하는 것은 생각해 본 일이 없었다. 그러나 만일 정부가 잘못되었다면 올바른 이성을 가진 사람들이 그들에게 저항해야 하며, 정당한 권력자에 대해 적대적인 태도를 견지하고 있던 공모자와 반역자 일당에 저항하고 있는 정당하고 합법적인 지도자의 지지자들이 피신해 있다면 우리가 그들을 폭력과 죽음으로부터 지킬 수 있는 모든 일을 해야 하는 것이 피할 수 없는 의무이자 정의라고 나에게 신념을 준 것은 아마도 혁명적인 선조의 정신이었으리라 생각한다.

잘못된 사치 단속령

얼마 뒤에 새 정부는 새로운 관리들을 임명하였고 스스로를 은폐하려고 순진한 사람들을 왕비의 살해자로 몰아 고문하고 괴롭혔다. 그러나 그것은 아무도 속이지 못하는 쓸데없는 범죄 행위였다. 또 새로운 관청 부서를 여러 가지 만들고 그 자리에 높은 봉급으로 일본인들을 앉혀 놓고서는 터무니없을 뿐만 아니라 불법적이고 부당한 새로운 법령을 만들었다. 여인들은 얼굴 가리개를 쓰고 거리에 나오는 것이 금지되었으며, 담배 파이프는 틀림없이 규정된 규격의 길이여야 했고, 옷소매는 짧고 좁아야 했으며, 외투는 반드시 특정한 색으로만 입어야 했으며, 갓의 챙은 정해진 넓이의 것만 써야 했다. 이것을 "개화" 또는 개혁이라고 불렀다.

많은 일본인들이 떼를 지어 이 나라로 몰려왔으며 부지런히 재화를 모으려고 도시와 내륙에 길을 만들었다. 우리가 그것에 대해 아는 것이란 항상 합법적인 조치에 따르는 것이 아니었다는 것과 그들이 별다른 직업도 없다는 것이었다. 내륙에서 돌아온 선교사들에 따르면 그들은 돈이나 토지대장을 강탈하려고 농부들의 엄지손가락을 매달았다든가 여인들을 짐승처럼 다루었다는 비참한 얘기를 사방에서 들었다고 한다. 이 불쌍한 백성들은 마치 울타리가 부서지고 목자를 잃고 늑대들 가운데에 있는 양과 같았다.

친일파 정부가 취한 조치 가운데 하나는 왕비를 가장 사악한 여인으로 몰아 그를 가장 비천한 계급으로 폐서인하는 내용의 포고문을 왕의 이름으로 전국에 보냈던 것이다. 그러한 처사는 고독하고 괴로움에 빠져 있는 왕에게 상처를 주려고 잔인하게 계획된 것이었기 때문에 극심한 흥분을 일으켰으며 아마도 그것은 저항을 일으키고도 남을 만큼 고조되었다.

그들은 이것을 왕에게 서명하고 날인하라고 요청했으나 그는 비록 좌절된 상태에 있었을지라도 그의 죽은 아내를 모욕하는 그러한 조치를 필사적으로 거부했다. 그러자 내각은 강제로 그의 서명을 받아 내고 그들 스스로 그 문서에 서명했다. 이러한 행동은 대원군의 승인을 받은 것이었다. 왕비에 대한 대원군의 지칠 줄 모르는 미움은 왕비를 살해하고서도 직성이 풀리지 않아 무덤까지 따라가 그를 모욕하려 했던 것이다.

이러한 혼란과 흥분의 나날 가운데서 왕당파 가운데 몇 몇 사람이 왕을 구조하려고 시도했다. 이것은 그의 모든 친구들이 원했던 것이었지만 그렇게 하기란 아주 어려운 것이었다. 왜냐하면 왕은 계속 스파이와 경호원들에게 둘러싸여 있었으며 그들은 왕을 엄격하게 감시하는 것을 직업으로 또 관심사로 하고 있었기 때문이었다.

국왕 구출 계획

많은 조선 사람들이 왕의 탈출을 성사시키려는 여러 가지 계획을 가지고 나의 남편을 찾아와 충고와 도움을 구했다. 그렇지만 그는 누구를 믿어야 할지 알지 못했고 또 선교사의 신분인 탓으로 그가 그러한 일에 참가하거나 지지를 보낼 수가 없었기 때문에 내심으로는 그들의 목적에 공감하고 반역 정부에 대한 그의 반대를 나타내고 싶었지만 그들의 어떠한 계획에도 동의하지 않았다. 그러나 내 생각으로는 만일 그가 그렇게 할 방법을 찾아낼 수 있었더라면 그는 왕을 안전한 장소로 탈출시키는 것을 돕는 데 기꺼이 봉사하여 왕이 반대파에 대한 두려움 없이 그 자신의 정부를 세우도록 했을 것이 분명하다.

왕을 구조하려는 계획은 아주 비밀리에 이루어졌기 때문에 선교사들 가운데 누구도 그 계획에 관해 조금이라도 알고 있는 사람은 없었다. 두 명의 지도자인 윤 장군[3]과 다른 한 사람이 전날 저녁 늦게까지 우리 집에 머물렀

3) 윤(尹) 장군 : 여러 가지 정황으로 볼 때 윤웅렬(尹雄烈 : 1840~1911)을 의미하는 것으로 보임. 아산 출신. 윤치호의 아버지. 1856년에 무과에 급제한 뒤 남양부사를 거쳐 김홍집의 수신사로 일본을 다녀옴. 갑신정변 당시 형조판서로 입각했다가 3일 천하 뒤에 유배

아마도 이 사실이 많은 사람들로 하여금 나의 남편이 충성스럽고도 불었던 계획에 관련되었으리라고 확인시키는 원인이 되었던 것 같다.

그러나 왕의 정적들은 이 충신들의 계획을 눈치 챈 스파이와 변절자를 통해서 그 계획을 모두 알아내고 완전히 대비했다. 군대의 장교인 한 변절자는 문을 열고 안에서 구조대를 지원할 준비를 하는 척 했으나 사실은 모든 것을 임시 내각에게 폭로하고 왕당파가 들어오면 격퇴할 군대를 대기시키고 있었다.

어느 날 밤의 대궐

왕의 구조를 시도하기로 되어 있던 날 저녁에 나의 남편이 오후 내내 왕궁에 있다가 집으로 돌아오기 바로 전에 선교사 에비슨 박사(Dr. Avison)를 만났다. 그는 그의 집에서 말하기를, 그가 왕당파 가운데 한사람에게서 방금 들은 바에 따르면, 바로 그날 밤에 조선 사람들이 왕궁을 공격할 준비를 하고 있다고 했다. 언더우드 씨는 그것을 거의 믿으려고 하지 않았다. 그는 자신의 모든 감정과 느낌을 왕실이 충분히 이해하고 있기 때문에 만일 그것이 사실이었더라면 왕실이 그에게 알려주었을 것이다.

그러나 에비슨이 집에 있을 때 미국 공사관의 비서가 미국 공사의 요청으로 그를 불렀으며 그들도 똑같은 내용의 믿을 만한 정보를 가지고 있다고 말했다. 의심할 것도 없이 공격이 성공한다면 왕은 훨씬 더 심한 경계를 받을 것이고 반역자들로부터 심한 위험에 빠지게 될 것이기 때문에 미국 공사는 언더우드 씨에게 그날 밤 왕의 곁에 가까이 있어 줄 것을 요청했다.

되었고, 1910년의 춘생문사건으로 상해에 망명. 합방 뒤에 남작을 받음.

강제 입궐

문이 닫혀 있을 것이고 그 뒤에는 어느 누구의 출입도 통제했기 때문에 공사는 언더우드 씨가 출입 허가를 받을 때 제시할 수 있도록 그의 카드를 보냈다. 물론 그것은 다만 요청일 뿐이었기 때문에 언더우드 씨는 절대적으로 거절할 수 있는 자유가 있었으나 그는 사실상 가는 것을 기뻐했고 이러한 봉사를 위해 선택된 것을 영광스럽게 여겼다.

그리하여 그는 곧 동의하고 나서 지금 관립 학교에서 봉사하고 있는 헐버트 씨에게 함께 갈 것을 요청했다. 직업상 요청 받았던 에비슨도 그들과 합류했으며, 세 사람이 궁궐의 정문 앞에서 만났다. 그러나 그곳의 보초병은 어느 누구도 출입을 못하도록 단호한 명령이 있었다는 이유로 단번에 그들의 출입을 거절했다. 공사의 카드는 아무런 효력을 갖지 못했으나 보초를 서고 있던 관리가 이 카드를 가지고 궁전에 들어가서 허락을 받아 오겠다고 제의했다. 내각은 거의 확실히 거절할 것이기 때문에 언더우드 씨는 이것이 아무 소용이 없을 것이라는 것을 알았다. 그래서 그는 이렇게 말했다.

"아니오, 우리는 미국 공사의 요청을 받고 이곳에 왔는데, 만일 당신이 그 카드를 거절하고 그의 사자도 거절한다면 당신은 모든 책임을 져야 할 것이오. 나는 곧 되돌아가서 당신의 답변을 그에게 전하겠소."

바로 며칠 전에 대단히 화가 나서 왕궁 문에 있던 외교관의 출입을 거절했다가 심한 처벌을 받은 일이 있었기 때문에 그 보초병은 망설이지 않을 수 없었다.

"빨리 결정하시오."

언더우드 씨는 단호하게 말했다. 이렇게 해서 미국인들은 서둘러 들어갔다. 그들은 직접 왕을 알현하고 그들이 그날 밤을 위해서 그곳에 왔다는 것을 알리고 그의 뜻을 물었다. 그리하여 그들은 가까이 있는 다이 장군(Gen. Dye)의 방에서 왕의 측근 옆에 자리를 잡고 첫 번째 신호가 울리기를 기다리라는 요청을 받았다.

그래서 "세 사람의 경호원"은 장군의 방에서 사태를 기다렸다. 그 방은 다이 장군과 몇 번 대화를 갖기도 했던 곳이었다. 그때 불충한 조선의 한 관리는 그 우정 어린 음모에 언더우드 씨가 얼마간 역할을 했다고 의심하고 그에게 올가미를 씌우려고 언더우드 자신과 다른 사람을 배반하도록 유도했다. 그러나 나의 남편은 관련된 사람을 전혀 몰랐으며 계획을 세운 사람도 몰랐고 그들의 계획에 연루되지 않은 순수한 사람이었기 때문에 그 관리가 남편에게서 정보를 얻어낸다는 것은 불가능했다.

12시에 갑자기 총소리가 들렸다. 그는 용수처럼 벌떡 일어나 왕의 거실로 달려 들어갔고 나머지 두 사람도 바로 그를 뒤따라갔다. 한 무리의 군인들이 정렬하여 복도를 따라서 어깨를 붙이고 있었는데 그가 다가가자 "서라" 하고 날카롭게 소리쳤다. 그러나 그는 그들에게 아무런 주의도 기울이지 않고 재빠르게 지나쳐 갔다.

무엇을 어떻게 해야 할지를 생각하고 결정할 사이도 없이 에비슨과 헐버트도 뒤따라갔다. 바로 뒷문에 두 명의 관리가 칼을 교차하여 들고 서 있었다. 언더우드 씨는 권총으로 그 칼에 일격을 가하고 통과하였으며 다른 두 사람도 바로 그 뒤를 따라 들어왔을 때 왕이 소리쳤다.

"외국인들은 어디에 있느냐, 외국인들을 불러라"

"예, 전하 여기 있습니다.

"라고 대답하면서 세 명이 방으로 들어서자 왕은 그들의 손을 꼭 쥐고 밤새도록 옆에 있도록 했다.

일부만 무장한 불쌍한 왕의 충신들은 복병이 있는 곳까지 잘 들어갈 수 있었지만 그들이 이 덫을 발견했을 때는 이미 도망은 거의 불가능한 상태였다. 많은 사람들이 붙잡혔고 몇몇은 죽었으며, 그 나머지는 각 방향으로 흩어졌다. 물론 반역자들은 이제까지의 불안스러웠던 것보다 훨씬 더 확고한 권력의 자리를 차지하게 되었다. 많은 사람들이 체포되었으며 사형 집행과 혹독한 처벌이 왕의 복위를 감히 시도했던 사람들에게 내려졌다.

우리의 작은 연극

언더우드 씨가 궁궐에 있는 동안 우리들은 집에서 작은 드라마를 만들고 있었다. 새로 온 선교사로 키가 큰 서구인이 우리 주택의 경호를 맡고 있었으며 커다란 6연발 권총으로 무장하고 있었다. 우리는 그가 보통의 어떤 위급한 사태에도 평상시와 다를 바 없다는 것을 의심하지 않았다.

우리 집에 관한 한 우리의 주요 근심거리는 왕자[의화군]의 안전이었다. 왕자는 다만 한 명의 수행원만을 데리고 우리의 거처와 좀 떨어져 있는 집의 저쪽의 기역(ㄱ)자 방에서 기거하고 있었다. 만일 모든 관심이 왕실에 쏠려 정적들이 왕자를 집에서 데려가거나 살해한다면! 우리는 형편없이 적은 수의 방어군이라고 느꼈지만 여전히 우리의 신경과민한 두려움이 근거 없는 것이기를 바라고 있었다.

약 10시 30분경, 우리들이 막 잠들려고 했을 때 정원으로 나 있는 객실 문을 날카롭게 두드리는 소리가 들려 왔다. 분명히 낯선 사람이었다. 우리가 알고 있는 사람이라면 대문으로 들어왔을 것이기 때문이었다. 일본인 관리들이 나를 기다리고 있다는 말과 함께 나는 곧장 달려 나갔다. 완전 무장을 한 채 제복을 입은 관리가 나를 보더니 왕자를 내놓으라고 요구했다.

물론 나는 의심이 들었다. 특히 그가 얼마나 많은 병사를 우리 집 구석 주위에 숨겨 놓았을까를 추측할 수밖에 없었기 때문이었다. 나는 그가 누구냐고 묻고 어째서 이런 시각에 왕자를 만나러 왔느냐고 물었다. 그는 유창한 조선말로 자기는 왕자의 각별한 친구라고 대답하고, 내가 왕자의 친구라고 알고 있는 어느 조선 사람의 이름을 대면서 자신이 그날 우리 집에서 식사를 했었노라고 덧붙였다.

그리고 한자로 새겨져 있는 카드를 나에게 보여주었다. 이것은 분명히 가

짜였다. 왜냐하면 왕자의 친구는 상투를 틀어 올리고 그 위에 갓을 쓴 사람이었는데, 이 사람의 머리는 일본인처럼 짧았기 때문이었다. 또 그 조선의 친구는 흰 비단 옷을 입고 있었는데 이 사람은 머리끝부터 발끝까지 일본군의 복장이었다. 나는 냉정하게 대답했다.

"이 카드는 한자로 되어 있어서 나는 읽을 수가 없어요. 당신은 전에 내가 한 번도 본 일이 없는 일본 관리요, 당신은 이 시각에 왕자를 만날 수 없소, 만일 왕자에게 볼일이 있으면 아침에 다시 오시오."

그러나 그 남자는 곧 왕자를 만나겠다고 강경하게 나왔다. 사실 그는 어떠한 거절도 받아들이지 않으려고 결심한 듯 보였으며 내가 고집을 부리면 부릴수록 왕자가 우리 집에 있다는 것을 알게 될 것이고 그렇게 되면 곧 숨겨둔 자객을 불러 왕자를 체포하거나 죽일 것이라고 나는 더욱 확신하게 되었다. 나는 강한 의구심과 함께 신경이 곤두서서 내 말끝의 억양이 점점 더 낮아졌고 마침내는 문법상 가장 욕된 어미를 붙여 곧 떠나라고 명령했다. 이러한 대화를 하는 가운데 조선말을 전혀 이해하지 못했던 우리의 서구인 경호원이 물었다.

"내가 쏴 버릴까요, 언더우드 부인, 당신이 쏘라면 쏘겠습니다."

그는 간간이 말을 반복하면서 실제로 쏠 것 같은 태도로 커다란 권총을 휘둘러 매우 위험스럽게 느껴졌다. 마침내 방문객은 왕자를 만날 희망이 없음을 알아차리고는 마지못해 되돌아갔다. 우리는 자신이 위대한 승리를 했으며 이 적을 쫓아낸 것이 우리를 영광스럽게 해 주는 것처럼 느꼈다.

그 동안 우리가 서 있던 맞은편 정원 쪽으로 문이 난 방에 있던 왕자는 방문객이 도착하는 소리와 우리가 길게 나눈 실랑이와 계단에 부딪치는 칼 소리를 들으면서도 그의 방문을 지키고 서 있었다. 그러는 동안 그의 수행원은 칼을 빼 들고 역시 정원으로 문이 열리리라고 생각한 작은 방의 문을 곧 잠그고 그 앞을 지켰다.

다음날 아침 내가 왕자에게 카드를 보여주었을 때 왕자는 기쁜 안색을 지으며 그의 조선 사람 친구의 이름을 확인했다. 그때 바로 그 사람이 나타났다. 그는 바로 그날 변장하기 위해서 머리를 자르고, 그의 외모를 완벽하게 바꾼 복장을 걸쳤던 것이었다. 그는 또 이러한 변장에 성공하려고 우리 집 문에서부터 무례한 말로 명령을 했다고 했다.

그러나 그가 나에게 주었던 놀라움은 제쳐 두고라도 그는 나에게서 모든 영광과 낭만의 기회를 빼앗아 갔으며, 그것을 완전히 저급한 코미디로 전락시켰기 때문에 나는 구차스럽게 사과하지 않았다. 가족의 웃음소리가 나의 귓전을 울리는 동안 나는 그를 용서할 수 없다는 느낌이 들었다.

윤웅렬 장군의 도피

왕궁에 대한 공격이 실행된 그 다음 날 아침에 그 일의 지도자요 추진자인 윤 장군을 우리의 사랑방에서 만났다. 그는 자신의 집이나 다른 조선 사람의 집으로 가는 것은 신상에 좋지 않다는 것을 잘 알고 있었기 때문에 우리 집으로 피신처를 찾아 도망 온 것이었다. 그는 누가 잡혀갔는지, 얼마나 많은 사람들이 경찰에 알려졌는지를 묻고서는 이렇게 말했다.

"그렇다면 나는 죽은 것이나 다름없습니다."

왜냐하면 그는 경찰이 잡힌 사람들로부터 관련된 모든 사람들의 이름을 알아내려고 아주 잔혹하게 고문하리라는 것과 만일 그의 행선지가 알려질 경우 미국 공사는 경찰에게 가택을 수색할 권리를 주지 않을 수 없게 될 것이라는 것을 잘 알고 있기 때문이었다. 나의 남편은 그가 오랜 친구였기 때문에 가능한 한 오래 그를 숨기기로 했고 머지않아 그를 나라 밖으로 나가게 해주겠다고 약속했다.

우리들 몇몇처럼 왕의 입장을 열렬히 지지하고 새로운 내각을 인정하지 않았던 러시아 공사는 이 의견을 듣고 윤 장군을 중국으로 보내겠다는 계획을 세웠다. 우리 집 바로 옆에 다른 장로교 선교사의 집이 있었으며 그 집은

상투 튼 모습

러시아 공사관과 닿아 있었다. 바로 그 뒤에 일종의 외교관들의 클럽 하우스가 있었는데 몇 발자국만 가면 아주 작은 성문이 하나 있었다.

그리하여 윤 장군은 목사 M 씨의 집과 우리 집 사이에 있는 출입문 방에서 묵었다. 그날 밤 언더우드 씨는 윤 장군과 그의 친구를 면도시키고 M 씨의 옷과 자신의 옷을 입히고 얼굴을 잘 가려줄 수 있는 모피 모자를 씌워 주었다. 그리고 언더우드 씨는 이 변장한 두 사람을 러시아 공관과 클럽 하우스의 뜰로 안내하여, 그곳 문을 통해 나왔다. 그곳에서 그들은 달리 의심받지 않았다.

그 문을 지나 조금 더 가자 가마가 기다리고 있었다. M 씨와 한 성서공회 사람이 그들을 만나서 제물포까지 호위하여 주었으며 제물포에서는 러시아 포함에서 나온 한 경호원을 만나 지부까지 갔다가 배를 바꾸어 타고 상해에 안전하게 도착했다. 상해에서 그들은 반갑게 영접을 받았으며 M. E.라는 선교사의 집에서 왕이 권좌를 다시 찾을 때까지 기거했다.

언더우드 씨는 왕궁에 대한 무해한 공격 사건을 조장했으며 그것을 주도하기까지 했다고 일본의 신문에서 심하게 질책을 받았다. 그러나 그는 전혀 혐의가 없을 뿐만 아니라 그것에 대해 전혀 몰랐었으며 그에 대한 티끌만한 증거도 발견될 수 없으면서도 심한 비방을 받아야 했다.

언더우드 씨가 직업의 성격과 앞으로 살아 나갈 목적에 대해서 생각하지 않았었다면 그러한 것을 두 번 생각할 가치도 없는 것으로 여겼을 것이다. 사건 전날 밤 윤 장군이 우리 집에 있었다는 것과 언더우드 씨가 미국 공사와 왕의 요청으로 사건 당일 밤에 왕궁에 있었다는 두 가지 사실이 널리 퍼진 소문의 근거를 제공하는 데 이용되었으며 그 사실을 아는 사람들에게 반박할 여지를 주지 않았다.

왕정복고파를 격퇴한 모반자들은 이제는 정말 고압적인 태도로 모든 일을 처리했으며 그들이 "개화"의 진전이라고 주장했던 다른 불쾌하고 포악한 사후 금지 법령 가운데에는 양반에서 천민에 이르기까지 모든 상투를 잘라

버리라는 명령[단발령]을 내렸던 일이 있다. 양반들조차 그들의 저항도 헛되이 이러한 무자비한 단발령이 강제로 실시되었다고 들었으며 그 조치는 분명 무리를 이루고 있는 모든 양의 털을 깎으려고 이루어진 것이었다. 이것이 무엇을 의미하는가에 대한 설명은 다음 장에서 언급될 것이다.

제 11 장 아관파천

조선 사람들에게 가장 존경받고 또 가장 보편적으로 확고하게 정착되어 있는 전통과 미신적 관습은 그들의 상투를 틀고 끈으로 묶으며 둥글게 감아 핀으로 고정시키는 것이다. 그 위에는 털이 많은 쐐기돌 같은 것이 매달려 있는 것 같으며, 그 주위에는 사회, 종교와 정치가 집중되어 있다.

중국의 변발은 당초에 정복한 민족이 피정복자에게 붙여 준 뱃지였으며, 현재는 종속을 표시하는 것이기 때문에 그다지 중요한 의미가 없다. 그러나 상투는 그렇지 않다. 상투는 몇 세기의 역사를 가지고 있으며, 고대의 역사, 그림, 도자기와 자수품에 따르면 그 역사는 국가의 발생 시기까지 거슬러 올라간다.

단발령 사건

소년들이 약혼했거나 결혼할 시기에 이르렀을 때에는 엄숙한 의식을 치른다. 적당한 증인들 앞에서 점성가나 점쟁이들 가운데서 선택한 사람들이 마치 소녀의 머리처럼 갈래로 땋아서 등에 길게 드리운 머리카락은 가르마를 중심으로 작은 원을 그리며 면도한다. 남아 있는 긴 머리털을 부드럽게 빗질하여 위로 올려 면도된 지점 위로 단단하게 묶는다. 그러고 나서 머리카락을 비틀어 묶어 높이 2 내지 3인치, 직경 약 1인치가 되는 작고 단단한 상투를 튼다. 호박, 산호, 은 또는 금이나 보석이 박힌 핀이 이것을 고정시킨다.

그 다음 그물같이 생긴 머리띠로 리본을 단 "망건"으로 상투 아래 귀 바로 위 머리를 둘러서 조인다. 그것은 흐트러진 머리카락을 단정하게 묶는 역할을 하며, 대나무 조각이나 비단 또는 말총으로 도림질한 모자를 써도 보이도록 되어 있다. 남자가 벼슬을 얻게 되면 작은 속이 들여다보이는 말총으로 만든 모자를 상투 위에 쓴다.

상투를 다 틀고 나서 아주 길고 좋은 새 옷을 입고 나서야 그 소년은 성인이 되는 것이다! 잔치가 벌어지고 성인이 된 그는 아버지의 친구분들에게 부름을 받고 축하를 받는다. 앞에서 언급한 바처럼 어떤 소년들은 약혼할 때 머리를 올리기도 하지만, 보통 그날이나 다음날 결혼한다.

나이가 몇 살이든 상투가 없이는 성인으로 여겨지지 않고 존칭도 붙여지지 않으며 정중한 대우도 받지 못한다. 비록 어리다고 할지라도 상투를 틀었을 경우 그는 그 가족의 남성이 받는 존경과 의무를 부여받으며, 제사를 지낼 때 제물을 바치고 기원하는 데 한 몫을 차지하며 조상들의 영혼도 그들에게 영광을 부여할 가족의 일원으로 인정하고 그를 보호하고 축복하게 된다.

기독교도들의 단발

여기서 잠깐 흥미 있는 여담을 소개하겠다. 이러한 관습은 많은 기독교 개종자들의 종교와 아주 밀접한 관련을 가지고 있다. 그들은 우상을 파괴한 뒤 상투를 자르는 것이 구식 생활 관습과 미신적 행위를 아주 효율적으로 타파하는 적절한 조치라고 생각하고 지금 상투를 자르고 있다. 그러한 행동은 성인이 따로 떨어져 나오는 것처럼 가족과 친지들로부터 그들을 나오게 해주는 것이라고 그들은 생각한다.

그들은 선교사로부터 어떠한 요청도 받지 않은 상태에서 순전히 그들 스스로의 판단으로 단발하기 시작했으며, 어떠한 경우에는 우리 가운데 몇 명이 그들에게 과거의 관습을 불필요한 것으로 팽개치는 것이 보기에 좋지 않다고 충고해도 아랑곳하지 않았다. 그러나 이렇게 소중한 자부심과 존경의 대상을 포기하는 일은 새로운 신자들 가운데서 점점 더 불어나고 있다.

어느 젊은 친구는 머리를 자른 뒤에야 오랜 악습을 타파할 수 있었다고 나의 남편에게 말하기도 했다. 상투를 자르고 나서야 사람들은 그가 열렬한 신자라고 믿었고 그에게 간섭하지 않았다. 그러나 이러한 경우는 정복자나 매국노들의 명령에 의한 강요된 복종에서가 아니라 아주 자발적으로 이루어진 것이기 때문에 별개의 문제이지만 상투를 자르는 일은 많은 댓가를 치렀다.

사회 계급에서 가장 낮은 계층은 삭발한 불교의 승려이다. 그들은 매일 살과 피, 죽은 시체를 만져 멸시받는 백정보다도 냉대를 받는다. 승려는 변발한 소년들보다도 더 낮은 계층으로서 그 당시에는 서울을 더럽힌다 하여 4대문 안에 들어서지 못하게 되어 있었다. 지금 조선의 모든 아들들은 이러한 계급으로 떨어지게 된 것이다. 친숙한 인간의 원초적인 결합, 가족적 전통의 존중, 귀신에 대한 미신, 죽은 조상의 분노와 혐오, 뿌리 깊은 관습에 대한 철저한 속박, 나약하고 세속적이며 경멸받는 승려에 대한 혐오, 이러한 모든 것들은 단발이라는 신성 모독 행위를 허용치 않았다. 그들의 긍지, 자존심과 위엄은 모두 비난받고 발아래서 짓밟혔다.

여성은 남자들보다 훨씬 더 고통스러웠기 때문에 부루퉁하니 화난 얼굴들이 곳곳에서 보였으며, 비통과 울부짖음의 소리가 집집에서 끊임없이 들려 왔다. 4대문에 보초가 서서 통과하는 사람마다 칼로 상투를 잘랐기 때문에 농부나 식량, 땔감을 나르는 사람들은 상품을 시장으로 가져가기를 거절했다. 모든 주요 도로에 남자들이 배치되어 지나가는 사람들의 상투를 잘랐

러시아 공사관

으며, 모든 공직자와 군인은 일시에 삭발을 당했다. 통곡과 비탄과 울부짖음 소리가 들려 왔다.

잔혹한 탄압

그것은 개인의 자유에 대한 잔인한 공격이었으며 앵글로 색슨족이라면 고통을 말하기보다는 차라리 죽겠다고 할 만한 것이었다. 그것은 힘없고 나약한 이 나라를 더욱 동정하게 만들었고 용서할 수 없다는 생각을 가지게 했다. 단발은 중국인이나 일본인들로부터 조선 사람들을 구별하는 특별한 표시에 너무나도 모진 충격을 가한 것으로, 이것은 조선의 국가적인 주체성을 말살하고 조선을 일본에 합병하려는 최초의 중요한 계획 가운데 하나라고 우리는 생각하지 않을 수 없었다. 그런 의도를 가졌다면 그보다 더 잘못된 계획은 없다.

단발령은 이 나라의 참된 마음을 가진 사람들로부터 강력한 원망을 샀으며, 조선 사람들이 그들의 고대 정복자와 적에게 느꼈던 뿌리 깊은 증오에 더욱 짙은 물감과 더 쓴맛을 첨가했다. 우리 가운데 일부는 조선 사람들의 입장에 서서, 우리들의 국가적인 경험을 생각하면서 우리가 사는 곳에 다수의 조선 사람들을 숨겨 주고 그들이 피할 수 있을 때까지 가능한 한 오래 보호해 주었다.

불법이 가득 찼다. 국모로 추앙 받던 왕비가 살해되었고, 왕은 사실상 감금 상태에 있었다. 나라는 매국노들의 의견과 정복자들의 도구에 의해 지배되었으며 이제 마지막 바람이 이 나라의 모든 가족에게 너무나 거세게 불어왔다. 깊은 원한과 반감이 전국에서 일어났다. 그러나 그들은 지도자도, 무기도, 조직체도 없었으며, 어떻게 해야 할지도 알지 못했다. 불쌍하게도 짓밟힌 이 단순한 민족은 누구에게 도움을 청하여 기대야 할지를 몰랐다. 그들은 누가 빈궁한 자의 주장을 들어주고 답변하며, 누구에게 보호를 애원할지 몰랐었다.

동학의 무리가 다시 이 나라에 퍼져, 각처에서 봉기가 일어났으며, 상투를 자르고 시골로 내려갔던 감사 몇 명은 이들에 의해서 쫓겨났다. 군중들은 감사들을 통치자로 받아들이기를 거절하였으며, 몇 명은 실제로 죽음을 당하기도 했다. 감영이 파괴되었으며 혼란을 진압시키기에는 군인들도 무력했기 때문에 사태는 더욱 악화되어 가는 듯했다. 다수의 외국 군함과 배가 제물포에 있었으므로 해병 대원들은 제물포에서 퇴각하여 공사관으로 물러나라는 명령을 받았다. 어느 누구도 다음에 무엇이 일어날지를 모르는 상황에서, 갑자기 모든 상황을 완전히 뒤바꾸어 버리는 일이 발생했다.

영은문

곡산의 전교

그러나 지금 여기서 나는 몇 가지 다른 문제를 잠시 언급해야겠다. 서울에서 북쪽으로 2백마일 정도 되는 거리의 황해도 북쪽에 위치한 곡산 지방에서 매우 흥미로운 기독교 사업이 시작되었다. 우리가 해 온 거의 모든 일이 그랬듯이 이 또한 주께서 당신의 말씀과 영혼으로 이곳의 백성들과 직접적인 교류를 통해 이루어진 업적이었다.

그곳에서 사업상 서울로 올라오게 된 어떤 사람은 그가 알고자 했던 것들을 언더우드 씨에게서 도움 받고 나서, 그의 "교리"에 관심을 갖는 것 이상으로 그가 보답할 수 있는 길은 없다고 느끼고 중국어로 된 복음서 네 권을 사 그의 짐에 넣어 집으로 가져가 읽지 않은 채 선반 위에 올려놓았다. 이 책들은 확실하지는 않지만 몇 달 동안 선반 위에 그냥 방치되어 있었다.

마침내 어느 날 한 친구가 그 책들을 발견하고 먼지가 가득 묻은 그것을 내렸다. 그는 이것이 무엇이며 언제부터 그 책들이 이곳에 있었는지를 물었다. 그 책의 주인은 그것을 한 번도 읽지 않았으며, 그것은 서울에 있는 외국인들이 가르치고 있는 새로운 교리를 담고 있는 책이라고 대답했다. 조 박사는 호기심이 일어나 책을 빌려 집에서 읽기 시작했는데 읽을수록 더욱 더 빠져들었다.

나는 기독교 조상의 귀중한 유산, 믿음이 깊은 선조들의 투쟁, 기도와 승리를 내버리고 싶은 마음은 없으며 여러 세기에 걸쳐 그리스도의 가르침이 의미하는 바를 포기하고 싶지도 않다. 그러나 나는 네 권의 복음서를 이방인이 곧 읽을 수 있었던 것을 높이 평가하고 싶다. 그들은 아무런 선입견도 없고, 신학이라는 유리에 붉은 색이나 초록 또는 파란색으로 채색하지도 않았다.

"처세술이 능한 사람"이나 편협한 광신도들에 대한 비판이나 논평도 하지 않고 줄과 줄 사이의 문맥을 그대로 받아들인다. 그들은 완전히 치우치지 않은 마음으로 성경을 읽기 때문에 그 놀라운 계시를 달콤하고 즐거운 경이로 받아들일 수 있는 것이다. 한 단락 한 단락 진리에서 진리로 꽃피다가 갑작스런 큰 기쁨으로 연결되며, 무지의 어두움이 정복되는 것이다.

가여운 소망

거의 대부분의 사람들은 이방인의 이러한 보상을 부러워한다. 그는 하나님의 말씀을 기쁘게 받아들이고 경탄하며 경배했다. 그 사람은 유교와 불교의 공허한 껍질인 철학적인 가르침을 잘 알고 있으며, 결코 어떤 기독교인 선생님에게서 단 한마디의 그런 말도 들어 본 적이 없었다. 그는 편견에서 해방되었는데 이는 주님의 말씀과 만난 결과인 것이다.

그는 진심으로 하나님의 진리를 믿고 받아들였으며, 주저하지 않고 과거의 미신과 철학적인 사고에서 완전히 돌아서서 그 자신을 그리스도께 맡겼다. 이 좋은 소식은 아주 빨리 널리 퍼졌다. 그것은 그가 새로 발견한 기쁨을 말로 전달했기 때문이라기보다는 그 자신의 놀라운 변화 때문이었다.

다른 사람들 또한 곧 믿음을 가졌으며, 누군가가 그곳으로 내려와 주님의 명령이 잘못 이해되거나 이행되지 않는 일이 없도록 그들에게 더 많은 것을 가르쳐 달라는 요청을 서울로 보냈다. 그렇지만 요청의 손길은 여러 곳에서 뻗쳐 오고 있는데 서울이나 다른 곳에서는 일꾼이 너무 적어 마치 추수한 곡식은 많은데 거두는 사람이 적은 것처럼 여러 지방에서 마케도니아인의 울음[1]은 너무나도 애처롭게 울리고 있었다.

성서도 번역해야 했고 이미 시작한 작업도 관심을 가지고 돌보아야 했지만, 한마디로, 갈 수 있는 사람이 없었다. 그러한 요청은 여러 번 왔으며 마침내는 한 편지가 우리의 눈물을 흘리게 하고야 말았다. 그들은 말했다.

"왜, 아무도 우리를 도우러 오지 않을까요? 왜 아무도 우리를 가르치려고 하지 않을까요? 왜 그렇게 죄에 빠져 있는 우리를 하나님은 구원하도록 하시지 않는 것일까요?"

상투를 잘라야 한다는 법령이 공포된 지 약 한 달이 지난 뒤 언더우드 씨는 에비슨 박사와 함께 곧 일을 시작했다. 도시에서는 흥분이 다소 가라앉은 상태지만, 곡산에서의 요청은 잠시도 지체할 수 없었다. 그곳으로 가는 길에 의료와 복음 사업으로 잠시 멈춘 탓도 있지만, 걸어서 갔기 때문에 그들이 서울을 떠난 지 약 3주일 후에야 곡산에 도착했다.

그들은 아주 열렬하고도 순진한 신도의 무리가 우상을 멀리 던져 버리고 조상 숭배를 멈추고 모든 일에서 그들이 아는 데까지 주님을 섬기고 있는 것을 보았다. 그러나 세례를 나타내는 말인 "씻는 의식"은 그들을 당황하게

---

1) 『신약성서 사도행전』 16 : 9–10.

만들었다. 성서에 있는 "믿고 세례 받는 자는 구원받을 것이다"[2]라는 말이 무엇을 뜻하는지 그들은 알 수 없었다. 그들은 곰곰이 생각하고 공부했다. 주께서는 그들에게 이것이 죄를 씻어내는 표시라는 것을 보여주셨다.

그리하여 오래 기다린 뒤에도 선생님이 오지 않자 그들은 각자 집으로 돌아가서 성부·성자·성신의 이름으로 자신의 몸을 씻고 자신과 형제들을 위해 기도하는 것과, 만일 그들이 어떤 면에서 죄가 있다면 이런 의식으로 하나님이 그들을 용서하시리라는 데 의견을 모았던 것이다. 선교사들이 그들을 발견했을 때 이들이 앞에서 말한 방법으로 의무상 세례를 받았다고 할지라도 주께서 보실 때 이미 진정한 세례를 받았다고 인정할 만한 것으로 느껴졌다.

처음으로 그들 모두가 그리스도의 죽음을 기념하려고 술과 떡으로 예배드릴 때 그 방에서 울지 않은 사람이 한 사람도 없었다. 조 박사의 얼굴에 눈물이 끊임없이 흘러내렸다. 나중에 조 박사의 한 이웃이 간증회에서 이렇게 말했다.

"옛날의 조 씨는 '냉혹한 사람'으로 알려졌습니다. 그는 어릴 적에 아버지가 그를 때렸을 때도 운 일이 없었으며 나이 드신 어머니를 무덤에 눕힐 때도 결코 울지 않았을 뿐만 아니라 그의 사랑하는 아내가 죽었을 때나 그의 장남이 죽었을 때도 그의 눈이 젖거나 뺨에 눈물을 볼 수 없었던 사람이었습니다. 그런데 그 조 씨가 울었습니다. 어떤 기적이 그의 눈에 눈물을 가져다주었을까요?"

아관파천

에비슨 씨와 언더우드 씨가 곡산에 있으면서 주께서 그의 말씀을 증거하

---

2)『신약성서 마르코복음』16 : 16.

시는 것에 경탄하고 섬기면서 단순한 마음을 가진 자들에게 전념하고 있는 동안, 서울에서는 놀라운 일들이 일어나고 있었다. 적들의 손에서 도움 하나 없이 4개월 동안 감금되어 있었던 왕이 갑자기 러시아 공관으로 무사히 탈출하였던 것이다!

우리가 왕의 측근으로부터 들은 이야기에 따르면, 나라의 일에 지치고 마음 아파했던 왕은 여인들의 거처에서 칩거하며 오직 그곳에서만 시간을 보냈기 때문에 그의 정적들의 밉살스런 간첩 행위를 어느 정도는 피할 수 있었다. 그러나 그들은 두 여인을 파견하여 교대로 밤낮에 왕을 감시하게 했다. 한 여인은 대원군의 아내로 밤에 왕을 감시하였고 또 다른 여인은 낮에 감시하라는 임무를 받았다. 그러나 그들의 감시망은 충분히 빠져나올 수 있는 것이었기 때문에, 왕실에 유폐된 왕을 탈출시키기 위한 계획이 두 명의 궁녀와 함께 세워 성공적으로 수행되었다.

누군가의 생일잔치가 있던 어느 날, 앞서 말했던 대로 교대로 왕을 지키며 숙식하던 두 명의 감독관도 왕과 함께 초대되어 향연에 참석해서 많은 술과 길어진 여흥을 즐기고 있었다. 왕의 감시자들은 밤새도록 즐기다가 동트기 전 깊은 잠에 곯아떨어졌다. 이야기는 이렇지만, 나의 생각으로는 아마도 두 여인들 가운데 하나가 왕의 어머니였기 때문에 그의 불행한 아들을 가엾이 여겨, 의도적으로 감시를 풀었을 것이라고 여겨진다. 달콤한 인간 애정의 손길이 뻗치기에 앞서 조금 긴 비밀스런 이야기가 보태졌을 것이다.

어찌됐든, 궁중의 모든 사람이 경계를 풀고 왕과 세자도 잠이 들었다고 생각될 시간에, 왕과 세자는 기다리고 있던 두 개의 여인용 가마에 탔다. 이 가마를 나르는 사람들은 특별히 선발되어 그 댓가를 두둑이 받았다. 그들은 평소와 다름없이 궁중의 여인들이 집으로 가듯이 대수롭지 않게 생각했다. 각 가마의 왕과 왕자 앞에는 두 여인이 앉아 어느 누가 보아도 왕과 세자가 보이지 않도록 했다. 문에 있는 보초에게는 많은 음식물과 독한 술이 이미 제공되었기 때문에 완전히 취해서 그들의 귀중한 짐을 실은 가마는 발견되거나 방해받지 않고 통과할 수 있었다.

왕과 세자는 제물포로부터 160명의 해병 대원이 이미 소환되어 있던 러시아 공관에 몸을 의탁하기로 되어 있었으므로, 길을 재촉하여 1896년 2월 11일 아침 7시나 8시경에 도착할 수 있었다. 이것은 찬탈자의 실각을 의미하는 것이었다. 왕과 함께 있는 자라야 모든 권위와 권력을 갖게 되는 것이다. 또 그것은 조선의 문제에 대한 일본의 영향력이 당분간 끝났다는 것과 "일본의 위신을 세우고자" 했던 그 대신의 단기적인 정책 때문에 그 나라는 거의 러시아의 손에 떨어졌다는 것을 의미했다.

우리의 주택이 러시아 공관과 아주 가까운 거리의 맞은편에 있었기 때문에 우리는 아주 색다른 어떤 일이 일어났다는 것을 곧 알게 되었다. 시야가 미치는 모든 거리에 서민, 군인, 그리고 양반의 가마와 종자들의 물결치는 군중으로 가득했다. 경비와 감시자들이 거리를 따라 몇 걸음마다 서 있었고 아무것도 구별할 수 없는 소음과 혼란 속에서 거의 소름끼칠 정도로 크게 소리치는 목소리들이 들려 와. 나는 곧 언더우드 씨의 서기와 조수를 그곳에 보냈다.

그들은 돌아와서, 왕이 바로 조금 전에 러시아 공관에 도착했으며, 정권을 잡았기 때문에 관리들과 군인들이 왕 주위로 몰려들어 서로 먼저 충성과 헌신을 언명하고자 하고 있다고 전했다. 그러고 나서 잠시 동안 나는 좀 바쁘게 생각했다. 물론 내가 처음에 가진 생각은 "이것이 지금 여기에 없는 선교사들에게 어떠한 영향을 줄 것인가?"하는 것이었다. 그리고 이것이 지금 불신을 받은 일본인들에게는 어떠한 영향을 줄까, 오지에 있는 모든 외국인들에게 이 나라의 국민들이 분노를 터뜨리지나 않을까? 그들은 외양이 같은 외국인을 다 같이 취급할 것인가?

나는 두려워하지는 않았지만 왕의 탈출과 친일 정부의 몰락 소식이 알려지면 에비슨 박사와 언더우드 씨가 상당한 위험에 처할 가능성은 있으리라고 생각했고 따라서 전갈을 보내야 한다고 생각했다. 그것도 이 소식이 조선 사람들에게 알려지기에 앞서 그들에게 가능한 빨리 도착되어야만 했다. 나는 매우 우호적인 우리의 친구 러시아 공사 웨베르(Karl I. Waeber)와 왕에게 두 사람의 선교사를 무사히 집으로 돌아오게 할 수 있도록 보호를 요청하는 편지를 보냈다.

나는 신속한 회신을 기대하지는 않았다. 왜냐하면 그때는 업무의 폭주와 방문객과 방문 예약자들이 많았기 때문이었다. 그리하여 할 수 있는 조치를 모두 취하려고 나는 곧 대필자를 불러 신속하게 처리할 일이라는 것을 알려주고, 그가 편지와 긴급을 알리는 경고장을 가지고 남편에게 출발하는 것을 보고야 안심할 수 있었다.

잠시 뒤에 이 편지 배달부에게 불길한 일이 일어날 수도 있다는 걱정이 생겼다. 그래서 나는 또 다른 사람을 다른 길로 보냈다. 나중에 보낸 사람은 어떤 이유로 의심받는 외국인들을 찾는 동학도들에 의해 저지당해 수색 받고 옷을 벗긴 채, 물론 그들이 읽을 수 없었던 편지를 발각 당해서 서울로 되돌아오지 않을 수 없었다.

편지를 가지고 출발한 그 다음날 러시아 공사관으로부터, 왕이 곧장 곡산으로 경호원을 보내어 두 외국인을 서울로 데려오게 할 것이라는 내용의 편지가 왔다. 거의 같은 시각에, 두 선교사의 친구이자 윤웅열 장군의 사촌 형제인 송도의 한 부자가 선교사들이 어디에 있는지를 알고 있기에 그들을 염려해, 특별히 그들을 안전하게 집으로 돌아올 수 있도록 경호원을 보냈다.

내가 할 수 있는 일은 모두 다 했으나 모든 일 가운데서 가장 어려웠던 것은 가만히 앉아서 기다리는 것이었다. 그러나 나는 곧 나와 같은 상황에 놓여 있는 자매가 있다는 것을 상기했다. 그는 이 일의 정확한 상황에 대해 나만큼은 잘 모를 것이며, 우리의 남편들에게 이미 어떤 소식이 전달되었는지도 모르리라는 생각이 들었다. 우리 집 앞의 거리는 흥분한 사람들로 꽉 차있었으며, 에비슨 부인은 우리 집에서 먼 거리에 있었다.

나는 가마를 타고 그들을 통과해서 우리 남편들을 안전하게 데려오려고 어떤 조치가 취해졌는지, 또 우리가 살고 있는 도시의 외곽에서 어떤 일이 일어나고 있는지를 그에게 말해 주어 마음을 진정시키기로 결심했다. 나는 바로 우리 이웃에 있는 군중들을 통과하였지만 그들은 나에게 아무런 주의도 기울이지 않았다. 조금 뒤 큰 길에 이르렀는데, 그 길을 건너면 병원과 에비슨 박사의 댁이 있었다.

민중들의 운집

우리가 길모퉁이에 도착했을 때, 상기된 얼굴과 헝클어진 머리에 아주 거칠고 사나운 남자들의 무리를 보았다. 그들은 "일본군들이 오고 있다. 그들이 불을 놓고 있다. 뛰어라, 뛰어!" 하고 서로에게 격렬하게 외치면서 우리를 향해 흩어지며 달려왔다. 나는 이 양반들의 현재 모습 이상의 어떤 것을 상상하지도 못했고 일본 군사들의 목표물이 되어 추격을 당하고 있으리라고는 전혀 생각지도 못했다.

그래서 나도 또한 가마꾼들에게 "뛰어라"고 힘주어 명령을 내렸다. 그 전체 무리가 모퉁이를 돌아 바로 우리가 서 있는 곳으로 몰려왔다. 사나운 폭도들 한 가운데 정의의 복수자들로부터 소중한 생명을 찾아 도망치며 공포에 휩싸인 무리와 함께 장로교 선교사가 서 있는 상황은 품위 있거나 바람직한 모습이 아니었다. 그러나 어찌할 수 없는 상황이었다. 나의 가마꾼들은 서두를 필요가 없었으나 우리들 못지않게 도망가기를 바라고 있었다.

그러나 그들은 매우 높이 평가할 만한 사람들로서, 이러한 상황에서도 내 운명을 내팽개치고 그들 스스로만 무사하려고 애쓰지는 않았다. 몇 분을 달려 우리는 병원의 정문에 도착할 수 있었고 그곳을 급히 돌아서자 우리들은 모두 무사했다. 날씨는 전혀 춥지 않았으나 나는 마치 사시나무처럼 떨고 있었다. 괴이한지고!

에비슨 부인과 나는 때늦게 엉뚱한 짓을 생각하며 크게 웃었다. 그리고 이곳에 온 용건을 마치자마자 나는 다른 길로 귀가를 서둘렀다. 그러나 바쁘게 서두르지는 않았다. 왜냐하면 거리마다 성난 사람들로 가득 차 있었는데 그중 어떤 사람들이 나를 무섭게 쏘아보며, "외국 놈"이라고 중얼거렸기 때문이었다. 그 날 밤 우리는 친일파 정권의 고위 관리[3]가 길거리에서 살해되고 군중들에 의해 시체가 찢겨졌다는 것을 알게 되었다.

군중들은 이 무시무시한 일을 끝마치고 그날 오후 나와 동행해 거리를 내려왔던 사람들이라는 것도 알았다. 젊은 일본인 하나가 그날 거리에서 돌에 맞아 죽었다. 그로부터 며칠 뒤에 에비슨 박사와 언더우드 씨는 무사히 돌아와 우리와 함께 있게 되었다. 믿음직스럽고 민첩한 나의 사자가 지름길로 가서 놀라울 정도로 빠른 시간 안에 곡산에 도착할 수 있었던 것이다.

분노한 군중

그 소식을 듣고 우리 남편들은 군중의 폭력이 얼마나 격화되어 가고 있는지 몰랐기 때문에 우리가 걱정되어 거의 2백마일 가까이 되는 거리를 60시간 안에 걸어왔다. 짐을 실은 조랑말의 속도가 느렸기 때문에 그들은 거의 걸어서 왔는데, 잠도 1시간 이내로 자고 음식도 걸으면서 먹으며 길을 재촉해 왔던 것이다. 왕이 보낸 경호원과 송도에서 간 경비원은 다른 길로 갔기 때문에 그들을 만날 수 없었다.

오는 길에 많은 조선 사람들을 만났는데 이들은 한편에는 동학도가 있고 다른 한편에는 친일파가 있는 상황에서 어느 쪽 편을 들어야 할지, 누구에게 보호를 요청해야 할지를 몰라 당황하고 있었다고 한다. 뒤에 따른 화근으로 이 나라의 격앙된 국민들이 많은 일본 시민들을 즉석에서 심판한 슬픈 얘기가 들려 왔다. 눈에 띄는 사람마다 일본으로 돌려보내려고 일본 대사관

3) 어윤중(魚允中 : 1848~1896)을 의미함. 그는 3차 김홍집 내각 당시에 탁지부대신으로 있다가 아관파천이 일어나자 보은으로 피신하던 가운데 난민을 만나 용인에서 타살되었다.

은 군대를 파견했다.

일본은 이번에 희생된 사람들에 대한 거액의 보상금을 조선 정부에 요구했다. 이 요구에 대해 "조선 왕비의 죽음을 보상해야 할 사람은 누구인가?"라는 물음이 나올 수 있다는 것이 넌지시 제시되었다. 그리하여 일본인들에 의한 불행한 통치는 잠시 종말을 내렸지만, 사실 그들은 중국에 승리를 거둔 뒤에 매우 행운이 트인 듯이 보이기 시작했으며, 그들이 유화 정책으로 만족했었더라면 아마도 그들은 더욱더 강력해지게 되었으리라고 생각된다.

러시아의 수중으로 넘어간 조선

왕은 러시아 공사관에서 최대의 예우를 받으면서 1년간 머물렀다. 그는 어떤 면에서도 러시아의 이익을 위한 강요나 영향을 받지 않고, 최대의 자유를 누리고 있었으며, 특별히 방해받지 않으며 지내고 있었다. 왕을 모시는 집주인으로서 그 정도까지 세심한 배려를 했던 그 진짜 신사는 심지어 왕에게 조언을 해 달라는 간청을 받고도 어떤 방법으로도 왕에게 조언하기를 거절했다.

9월에 있었던 왕의 생신에 즈음하여 남편은 그것이 기독교인들의 충성을 표현하고 아울러 지난날에 있었던 어떤 집회보다도 기독교를 광범위하게 알릴 수 있는 훌륭한 기회가 될 수 있으리라고 생각했다. 왕의 생신이 매우 가까워졌다는 것을 염두에 두고 있었으면서도 그런 생각은 생신 하루인가 이틀 전에야 비로소 떠올랐다.

왕의 생신

남은 시간은 짧았다. 그러나 독립문 가까이에 천 명 이상을 수용할 수 있는 큰 정부 건물의 사용 허가를 이미 받았으며, 그곳에서 왕의 생신을 축하하는 기도와 찬양 모임을 기독교인들이 개최할 것이라고 널리 광고했다. 연단을 세웠으며, 건물에 깃발도 달았고 연사도 선정했다. 연사들 가운데에는 내각의 대신과 재능을 가진 몇 명의 조선 사람과 외국인 선교사들이 있었다.

언더우드 씨는 밤을 새워 소책자를 준비했으며, 특별히 감리교파 인쇄소[4]에서 몇 천 부를 인쇄했다. 또 "America" 곡조에 맞추어진 찬송가도 준비했다.

I

나의 사랑하는 나라의 행복을 위해
신이시여, 당신께 기도하오니
은혜로이 들어주소서.
당신 능력의 도움 없이는
우리의 땅은 죽어 있게 될 것입니다.
이 사랑스러운 대지를 강하게 해주소서.
가장 은혜로우신 주님이시여.

II

우리의 왕이시여, 만수무강 하소서
이것은 오늘 우리 모두
한 마음으로 드리는 기도입니다.
그의 고귀한 옥체를 모든 질병에서 지켜 주옵소서.
하늘에 계신 주 하나님
당신의 은혜를 우리 왕에게 베푸소서.

---

4) 아마도 삼문출판사(The Trilingual Press)를 의미하는 것이다.

III

당신의 전능하신 힘으로
우리의 국왕 전하가 왕좌에 오르셨나이다.
성령이시여.
우리 나라가 쓰러지지 않게 하시고
당신이 세우신
우리의 왕을 붙들어주소서.

IV

당신의 이 은혜로우신 선물
우리의 독립에 대해
주님
당신의 이름에 찬미 드립니다.
양반과 천민 모두가 하나가 되어
기도할 때
이 찬미는 그침이 없으리로다.

V

오직 한 분이신 주님
창조주이시고 영원한 왕이시여,
우리가 찬미하나이다.
우리 모두가 당신을 찬미할 때
우리의 땅이 행복할 것이며
힘과, 부와 자유가
주님의 미소 아래 가득 하리이다.

조선의 기독교도

그날 일찍 전 도시의 기독교인들과 소년들에게 팸플릿과 찬송가를 배포했다. 모임 시간 훨씬 전부터 양반과 천민을 가릴 것 없이 많은 사람들이 집회 장소 근처에 모이기 시작했기 때문에, 선교사들이 도착했을 때는 통로를 찾을 수가 없을 정도였다. 건물은 곧 많은 사람들로 붐볐고 넓은 출구나 연단과 건물 주변까지도 인산인해를 이루었다. 예배는 기도로 시작되었으며, 주로 종교적인 연설이 있었고 찬송가를 부르고, 일제히 주기도문을 외움으로써 끝을 맺었다. 그렇게 많은 사람들이 경건하게 반복하는 이 기도를 듣는 것은 참으로 감격적인 것이었다. 나는 이 책을 읽는 독자들을 위해 그때 조선 기독교인들이 사용했던 말이 무엇인지를 알려주려고 주기도문의 원문과 번역문을 다 기록하고자 한다.

"하늘에 계신 우리 아버지시여,
그 이름의 거룩하심이 나타나옵시며,
나라에 임하옵시고,
뜻이 하늘에서 이루어진 것처럼 땅에서도 이루어지이다.
오늘날 우리에게 일용할 양식을 주옵시고
우리가 우리에게 득죄한 자를 사하여 주는 것같이
우리 죄를 사하여 주옵시며
우리가 시험에 들지 말게 하옵시고,
다만 우리를 악에서 구하옵소서
대개 나라와 권세와 영광이 주께 영원히 있사옵나이다.
아멘[5)]
Our Father, who art in heaven,

---

5) 당시의 원문을 그대로 로마나이즈하여 기록한 것임.

Hallowed be Thy name,

The Kingdom come,

Thy will be done on earth as it is in heaven.

Give us this day our daily bread.

And forgive us our debts as we forgive our debtors.

And lead us not into temptation,

But deliver us from evil.

For Thine is the kingdom, and the power, and the glory for ever.

Amen.

제 12 장 믿음의 불길

행주의 전교

그 해(1895년) 늦가을에 언더우드 씨와 나는 다시 내륙으로의 여행을 떠났다. 이번 여행은 우리의 신혼여행 이후 처음이었으며, 이제는 6살 된 아들과 요리사이자 간호사며 모든 일을 보조하는 조선 여인과 함께 하는 여행이었다. 그와 그의 아들은 조선의 보교라는 가마를 같이 타고, 나는 다른 보교를 탔으며, 언더우드 씨는 걷거나 기회가 닿는 대로 자전거를 이용했다.

우리의 첫 번째 목적지는 행주였다. 이곳은 서울에서 10마일가량 떨어진 강가의 지저분하고 작은 어촌이었다. 이곳에서는 콜레라가 유행하던 바로 직후인 1895년 가을에 신화순이라는 조선 사람의 가르침을 통해 전도가 시작되었다. 신화순은 가난한 사람이었는데, 그의 고백에 따르면, 그는 교회 사업과 관련된 일자리를 얻어 볼까 하는 생각으로 기독교에 관심이 있는 척하면서 한동안 우리 주위를 서성댔다고 한다.

콜레라 병원이 개원된 뒤 그는 그곳에 몇 번 갈 기회가 있었는데, 외국 여성들이 조선의 아픈 가마꾼들을 밤새워 간호하는 것을 보고 매우 놀랐다고 한다. 언제인가 그가 정성을 다해 간호를 했던 가난한 환자가 죽자, 그 시체 위에 엎드려 우는 것을 보았다. 그는 "이 외국 사람들이 그처럼 우리를 사랑하게 만든 것은 그 종교에 무언가가 있기 때문이다. 그것은 자신을 잊게 만드는 것이며, 내가 이제껏 꿈꾸어 보지 못했던 신비하고 거룩한 것이리라. 나도 그것을 가져 봤으면!" 하는 생각이 들어 놀라며 그곳을 나왔다.

신자들의 새로운 삶

신화순은 굶주렸으나 주님께서는 그를 채워 주셨다. 그는 구세주를 발견했다. 그가 주님을 찾았을 때 그는 이 좋은 소식을 곧 다른 사람들에게 이야기해 주기 시작했다. 그는 지게를 지고 시골로 내려갔다. 지게는 조선 사람들이 무거운 짐을 나르기에 편리하도록 등에 메는 나무틀이며 모든 조선의 운반꾼들이 사용하는 것으로서, 그가 전도하며 말씀을 전하는 동안 그것으로 생계를 유지하기로 했다. 그렇게 해서 그는 행주까지 오게 되었으며, 행주의 강둑 모래 위에서 하루 종일, 비웃는 사람들에게 말씀을 전했다.

밤이 되어 어두워졌을 때 그의 복음을 시시하게 여기는 것처럼 보였던 한 사람이 그의 집에 와서 그 문제에 대해 더 이야기하지 않겠느냐고 물었다. 물론 그는 따라갔으며, 곧 또 한 사람의 신도를 얻게 되었다. 새로 온 전도자가 말했다.

"영혼을 구제하는 맛, 이 얼마나 좋은가? 이제 나는 다른 어떤 것으로도 만족하지 못할 거요. 내가 더 많이 얻기까지 결코 쉬지 않을 것이오."

개종한 이 사람은 그의 집을 전도 장소로 사용할 수 있도록 제공했다. 한 방에는 남자들을, 또 다른 방에는 여자들을 모아, 신 씨는 복음서와 소책자를 읽어 주고 교리 문답과 찬송가를 가르쳐 주었다. 신도의 수는 매주 늘어났으며, 그 작은 모임 장소는 너무 작아서 확장해야 했다. 마을의 전체 분위기가 점차 변화되어, 강 주변에서 가장 거칠고 가장 평판이 나쁜 곳으로 알려졌던 이 마을이 이제는 예절바르고 훌륭한 사람들이 사는 표본이 되었다.

개종한 주막 주인

이러한 영향을 나타내는 증거를 몇 명의 농부가 보여주었다. 어느 날 이들은 나의 남편이 공부하는 데 나타나, 행주에 있는 기독교인들과 어떤 일을 했었는지를 물었다. 언더우드 씨는 한편으로 그 사람들이 기독교인들을 비난하러 온 것이 아닌가 의심하면서 그렇다고 대답했다. 그들은 이렇게 말했다.

"저, 우리는 우리 마을 사람들이 실행할 교리를 담은 책을 사고자 합니다. 우리 또한 그 교리를 배우고 싶습니다."

그들이 사는 삼위라는 마을은 행주에서 3마일 정도 떨어져 있는 마을인데, 전에는 행주 사람들의 나쁜 품성과 시비 때문에 많은 어려움을 겪었었다. 그들의 밭에 있는 채소들이 도난당했고, 나무의 과일과 밤들이 없어졌다. 그들은 말했다.

"그러나 지금 그 행주 사람들은 나무에 올라 밤을 따지 않으며, 소년들도 밭의 채소에 손을 대지 않습니다."

믿음 속에는 손이 미치는 장소에 유혹적으로 놓여 있는 열매일지라도 배고픈 소년들이 그것을 따 가지 않게 하는 힘이 있었다. 그들은 이제까지 듣도 보도 못했던 것으로서 "도둑질하지 말라, 특히 발견되기 쉬운 경우를 삼가라"는 가르침을 받았다. 그러나 이 믿음의 힘은 어른들과 소년들이 훔치고자 하는 욕구조차도 막을 수 있는 것이었다.

행주에 한 술집 주인이 있었는데, 그의 유일한 생계 수단이 바로 술이었다. 그는 완전히 개종하게 되었고 곧 더 이상 그의 이웃들에게 술을 팔 수 없으며 또 양심상 다른 상인에게 그의 재고품을 도매로 넘길 수도 없다고 생각하여 술을 모두 거리에 내다 버렸다. 그는 가끔 힘이 별로 안 드는 일거리를 얻을 수 있었지만 가마꾼과 같은 노동은 힘에 부쳐 할 수가 없었다. 그에게는 밭도 없고 다른 직업도 없었기 때문에 아주 곤궁했으며, 그의 가족들은 굶주림에 허덕였다.

기독교적 삶의 증거

그러나 그는 결코 낙심하지 않았으며, 결코 주님에 대한 믿음을 포기하지 않았다. 마침내 그는 병들어 절름발이가 되고 말았다. 서울의 병원 이야기를 듣고 간신히 그곳으로 옮기는 동안 우리는 그의 이야기를 들었다. 바로 그때 나의 약국에 관리인이 필요했기 때문에, 우리는 그와 그의 부인에게 그곳에 살면서 필요한 잡일을 해줄 것을 요청했고 그들도 응낙했다. 그의 다리는 병원에서도 그다지 호전되지 않았고, 의사도 그에게 희망을 걸지 않았다. 그러나 그는 이것을 믿음과 기도의 주제로 삼았으며, 머지않아 완전히 회복되어 즐거워하게 되었다.

이것이 강가에 사는 농부와 어부의 강한 믿음의 이야기이다. 우리가 그 마을에 가까워짐에 따라 "기쁜 날, 기쁜 날, 주께서 우리 죄를 씻어 주신 날"이라는 찬송가 소리를 듣고 매우 놀랐다. 알고 보니 그것은 신 씨가 훈련시킨 소년 음악대들이 우리를 마중하러 나왔던 것이다.

우리는 이곳에서 2~3일 머물렀는데, 집회 때마다 어른 · 아이, 남자 · 여자 할 것 없이 그 작은 건물로 떼를 지어 몰려들었다. 언더우드 씨는 38명에게 세례를 주고, 한 젊은 부부의 주례를 맡아보았으며, 113명의 예비자를 받았고, 아기들 몇 명에게도 세례를 주었다.

어린 아이에 관해서 이야기를 하면, 그곳에서 여인들과의 첫 모임을 개최했을 때 일어났던 작고 슬픈 한 사건이 떠오른다. 나는 조선의 가정에서 많은 어린 아이들이 죽어 나간다는 것을 잘 알고 있었기 때문에, 그들의 관심을 끌려고 주님이 얼마나 어린 아이를 사랑하시는지를 그들에게 말해 주었다. "주님은 땅에서 어린 아이들을 당신의 팔에 안고 쓰다듬었으며, 이 어린 아이와 같은 영혼은 언제나 하느님 아버지의 얼굴을 뵈올 수 있다"[1]고 말했다. 따라서 온 마음을 다해 주님을 믿으며, 하늘나라에서 그들의 어린 아이들을 다시 보게 될 것이라고 했다.

깊은 슬픔에 눈물을 흘리고 있던 여인들 가운데 한 여인에게서 커다랗게 흐느끼는 소리가 터져 나왔다. 그가 입을 열더니 곧 격렬한 감정에 찢어지는 듯한 목소리로, 자신은 전에 무당이었는데, 광란의 순간에 그의 하나밖에 없는 아기를 향해 마루로 달려가 그 아기를 죽였다고 한다. 아기의 엄마인 바로 그 자신이 아기를 죽였던 것이다. 그는 자신이 다시 행복해질 수 있을지, 주님은 자신을 용서하실는지, 자신이 살해한 아기를 다시 볼 수 있을지를 물었다, 그는 자신이 너무나도 사악한 것을 두려워했다. 우리 모두 그와 함께 울었으며, 하느님은 무한한 자비와 용서의 사랑을 지니신 분이라는 얘기를 해주자, 그는 그리스도 안에서 평화를 찾게 되었다.

언더우드 씨는 행주의 경우를 통해 그리스도를 배우게 되었던 삼위도 방문하고, 몇 사람에게 세례를 주었으며, 많은 예비자를 받았다. 예비자들은 우상을 치우고, 주일을 지키며, 첩을 멀리 하고, 십계명에 따라 생활하고 있으나, 아직은 세례를 받을 정도로 성숙하지 않은 사람들이어서 우리는 그들의 예비자 명단을 만들었다.

내가 오전에 여인들과의 모임을 갖고 있는 동안 아줌마가 나의 어린 아들을 돌보기로 했으나, 예배가 끝난 뒤에 아들이 보이지 않아 아이를 찾아 나섰다. 작은 골목을 따라 내려갔을 때, 같은 또래의 아이들 7~8명이 우리 쪽으로 오고 있는 것을 보았다. 나는 속으로 그들이 마을에서 가장 더러운 아이들이라고 생각했다.

이 아이들 한 가운데에 나의 아들이 끼어 있었으며, 모두들 즐겁게 웃고 얘기하면서 어깨동무를 하고 즐거운 표정들이었다. 우리는 웃지 않을 수 없었다. 한편으로는 다른 것은 제쳐 두고라도 많은 세균을 가진 아이들과 접

1) 「신약성서 마태오복음」 10 : 14–15.

축했을 때 나타날 위험에 놀라면서도 한편으로는 기뻐하지 않을 수 없었다.

행주에서 조선의 나룻배를 타고 배천을 향했다. 밤에도 갑판 위에 계속 있었는데 날씨가 매우 쌀쌀했다. 갑판에는 잠을 잘 수 있도록 가려진 장소가 없었기 때문에 우리들은 갑판 아래로 내려가야 했다. 우리가 구멍을 통해 떨어지듯 내려간 그곳은 탐탁치가 않았다. 그곳에서는 오래된 생선 냄새가 났으며, 천장은 똑바로 앉을 수도 없을 정도로 낮았으며, 폭도 좁아서 남편과 아들, 우리들의 아줌마와 내가 겨우 옆으로 누울 정도였으며 움직이거나 돌아설 틈이 없었다.

반대편 끝에서 등불 하나가 희미하게 비치고 있었는데 아주 멀리 있는 것처럼 보였다. 바로 그곳에는 물, 쥐 비슷한 것, 커다란 딱정벌레와 바퀴벌레가 있었다. 이 소름끼치는 곳에 우리가 짐 꾸러미처럼 꽉꽉 넣어진 몇 시간 뒤 때때로 뱃사람들이 내려와 우리들 위를 기어가 물 양동이를 끄집어내었다. 그들은 밤새도록 우리 머리 위를 왔다 갔다 하면서 우리를 짓밟고 있었다.

그들 가운데 몇 명이 나간 것 같더니 바다에 폭풍이나 충돌 아니면 불이 났을 것이라고 생각할 정도로 크게 떠드는 소리가 들렸다. 그때 나는 폭풍과 충돌, 그리고 불, 이 세 가지가 다 일어났을 것이라고 거의 확신했다. 만일 그것이 사실이라면 우리들은 그곳에서 결코 빠져나올 수 없었을 것이다. 왜냐하면 우리들은 마치 정어리처럼 빽빽하게 쑤셔 박혀 있었기 때문이다.

그렇지만 사실 우리들은 폭이 넓으나 그리 깊지 않은 강을 겨우겨우 노를 저어 내려가고 있었고, 배가 가라앉기 전에 적절한 때에 쉽게 가까운 해안에 닿을 수 있었기 때문에, 상황은 우리가 그들의 태도를 보고 추측했던 것만큼 심각하지는 않았다. 그 다음날 아침 밝게 비치는 햇빛을 보게 되었을 때는 무시무시한 생각으로 가득 찬 밤을 지냈다는 것이 다만 우스갯소리가 되어 버렸다.

소래 방문

일요일은 종일토록 갑판 위에서 그 상쾌한 공기를 즐기고 노래하면서, 햇볕을 쬐고 앉아 있었다. 배천에서 해주까지는 걷기도 하고 가마를 타기도 하면서 갔다. 거기에서 다시 신학을 가르치는 교사반이 언더우드 씨를 기다리고 있던 소래로 갔다. 어느 곳에서나 따뜻한 마음으로 우리를 환영해 주는 것이 나에게 뜻하지 않은 기쁨을 주었다. 많은 사람들, 심지어는 여자들과 어린 아이들까지도 우리를 마중하려고 몇 마일을 나와 있었으며, 우리가 떠날 때는 우리를 보내는 것을 참을 수 없다는 듯이 무리 지어 우리를 따라왔다.

그때 해주에서는 겨우 몇 가지의 일만이 착수되고 있었다. 이곳은 황해도 감영이 있는 도시였으나, 정부 관리의 부하들로 꽉 차 있어 어느 지방보다 더 풍기가 문란한 곳이었다. 이곳 사람들의 사기와 뇌물과 억압과 "착취"와 같은 더러운 모든 정치적 부정행위와 부패로 백성들의 생활은 외면당하고 있었다. 사악한 남자들과 그보다 훨씬 더 사악한 여자들이 이 작은 마을에 암적인 병을 퍼트려 모든 사람들이 자만심과 육욕과 물욕에 깊이 빠져 세속의 신을 숭배하고 있는 것처럼 보였다.

소래에서는 성경 공부를 시작하는 날이 정해져 있었기 때문에 각처에서 사람들이 우리를 만나 보려고 그곳으로 왔다. 우리는 시간에 대어가려고 서둘렀다. 큰 도로를 따라 걷다가 언더우드 씨는 한 젊은 농부를 잡고 다소 친숙하게 말문을 열었다. 언더우드 씨가 그에게 물었다.

"예수교에 관해 들어본 일이 있습니까?"

그러자 그는 이렇게 대답했다.

"예수교? 아, 예! 그것에 관해서 아주 많이 들어봤어요. 이 지방에서도 많은 사람들이 그 교리를 실천하고 있는데 그거 아주 좋은 것 같더군요."

"당신도 믿습니까?"

한국의 아낙네들

"아, 아니오, 나는 신도가 될 수 없어요. 기독교인들은 남에게 좋은 일을 하려고 시간과 돈을 쓰지요. 나는 나 자신만을 위해 쓸 돈밖에 없어요. 그래서 나는 이 교리를 실천할 수가 없지요."

이것은 믿음을 가진 친구들이나 이웃들에게 기독교의 아름다운 열매가 어떻게 영글어가고 있는가를 보여주는 무심결의 증언이었다.

조금 더 가다가 가마꾼들에게 휴식을 주려고 가마를 세웠는데, 가까이 서 있던 선술집에서 한 늙은 여인이 나를 "구경"하려고 달려 나왔다. 나는 그에게 내가 누구이며 왜 이곳에 왔는지를 말하고 기독교 교리를 알고 있는지를 물었다.

"물론이에요. 그것 아주 좋아요. 아주 훌륭해요."

"그러면 왜 당신은 믿지 않습니까?"

"네, 술을 파는 것이 내 직업이니까요. 나는 결코 기독교인처럼 행동할 수도 없고 교인이 될 수도 없어요."

이것은 황해도에 사는 기독교인들의 생활에 대한 무의식적인 증언이었다. 그것은 곧 오실 주님을 위해 정결해야 하며, 곧은 마음으로 그를 섬겨야 한다고 가르침 받은 신실한 사람들에 대한 증거였다.

여성들의 활약

우리가 소래에 도착했을 때, 기독교를 믿는 모든 여인들이 나를 만나려고 내가 지난날 서울에서 알고 있었던 사람의 집에 모였다는 것을 알았다. 그들은 감, 배, 땅콩, 달걀 등 정성이 담긴 다과를 내놓았으며, 가장 친절하고도 온정 어린 방법으로 우리가 온 것에 대한 기쁨을 표현했다. 그들 가운데 대부분이 내가 지난날 보지 못했던 사람들이었으나, 그리스도 안에서의 결속은 매우 강력한 것이기 때문에 우리들은 첫눈에 서로를 사랑하고 있다는 것을 알았다.

이 마을에서 가장 부자인 김윤오[2] 씨는 전에 죄를 많이 지은 사람이었지만, 지금은 가장 강하고 열심히 일하는 지도자가 되어 있었으며, 우리에게 그의 새로 지은 사랑방을 쓰도록 제공했다. 그 방은 아주 널찍하고 햇볕이 잘 드는 방이었으며, 우리는 이 방이 지은 지 얼마 안 되었다는 것을 알고 몹시 기뻤다. 왜냐하면 우리는 작은 적들인 벌레를 겁낼 필요가 없었기 때문이었다.

언더우드 씨가 하루 종일 교회에서 남자 신도들과 성경을 공부하고 있는 동안, 각종 질병을 가진 환자들이 오전 몇 시간 내내 나를 찾아왔다. 환자들을 돌보고 나서 나는 소년 소녀들에게 노래하는 방법을 가르쳐 주었다. 그들은 노래하는 것이 무엇을 의미하는 것인지 잘 몰랐으며, 그들이 하느님을 향해 즐거운 찬양을 하는 경우에도 우리의 귀에는 전혀 즐겁게 들리지 않았다.

그들의 노래는 다만 가장 절망적인 혼란 속에서 한꺼번에 여러 건반을 누르는 소리, 신음 소리, 으르렁대는 소리, 늑대 소리를 혼합한 반음 높임과 반음 내림이 뒤섞인 이상한 불협화음을 결합한 것처럼 들리며, 마치 지옥에 있는 모든 것들이 시간을 앞질러 나왔거나 혹은 그 마을에서 쫓겨난 모든 악령들이 그들의 찬양을 방해하려고 되돌아 온 것 같았다.

젊은이들은 커다란 희망을 안고 일을 시작했으며 곧 눈에 띄게 모든 일을 잘 해내고 있었다. 매일 오후 여성들은 성경을 공부했다. 이곳에 온 대부분의 사람들은 세례를 받아 교인이 되거나 예비자가 되었으나 여전히 믿지 않는 사람들도 있었다. 매일 약 25명 정도가 김 씨의 안방으로 몰려들었다. 진리를 갈구하고 열심히 배우고자 하며, 어린 아이와 같은 믿음과 겸손한 사랑으로 모든 단어에 관심을 갖는 여인들을 가르치는 것은 기쁜 일이다.

---

2) 김윤오(金允五 : ?~?) : 독립운동가. 1906년 이갑 등 평안도 출신 인사들과 서우학회를 조직, 교육기관을 설치하는 한편 강연회를 통하여 민족의 각성을 촉구하고 독립정신을 고취하였다. 1908년 한북학회와 통합, 서북학회를 설립하여 총무가 되었고, 일진회 등 친일 단체에 대한 성토를 하는 등 항일운동에 힘썼다.

우리가 머무르고 있던 집의 주인인 김 씨의 부인은 아주 바쁘고 생활은 힘들었다. 그는 키가 작고 몸이 허약하지만 한 명의 하인만을 데리고 두 명의 자녀들, 그리고 남편과 늙으신 어머니를 위해 일하고 있었다. 그의 가족과 많은 손님을 위한 식사 준비만 해도 쉬운 일이 아니었다. 조선의 양반 집은 항상 식사 시간이면 많은 손님으로 붐볐다.

쌀은 완전히 정미되지 않은 채로 반만 껍질이 벗겨 나오기 때문에 커다란 절구에 넣고 무거운 공이로 오랜 시간 빻아야 한다. 방망이는 한쪽 끝이 더 크며, 여성 혼자서 들 수 있는 것이다. 그것은 여성의 곤봉 운동에는 아주 좋은 것이다. 물을 멀리에서 머리에 이고 날라 왔으며, 놋쇠 그릇과 수저의 윤기를 내야 하며, 의복을 빨고 다려야 한다. 그것은 내가 이미 언급했듯이 아주 힘든 것이다. 더욱이 가축을 돌보고 불도 피운다.

시골의 아낙네들은 들에 나가 목화씨를 뿌리고 담배와 쌀과 보리 손질을 돕는다. 목화가 무르익었을 때 그들은 그것을 따고 매만지며, 많은 노력을 쏟은 뒤에야 쓸 수 있게 된다. 그러고 나서 그들이 기거하고 일하는 작고 어두운 방에서 자신들의 옷감을 짜고 의복을 만들어 입는다. 그들은 겨울에 사용할 채소를 준비하고 말리며, 많은 힘을 들여 작은 등잔에 사용할 아주까리기름을 짜낸다. 또 가을에는 그 해에 먹을 김치를 담근다.

세례 요청자들

때때로 적절한 힌트를 주어 기독교 신도인 남편이 아내의 일을 돌보는 일도 있었다. 그것은 조선의 기독교 가정에서 놀라운 사건이 되었지만, 그 덕분에 아내의 무거운 일은 많이 가벼워졌다. 물론 작은 마을에서 우리는 음식을 만들어 먹었다. 왜냐하면 우리가 개인적으로 초대받는 것은 불쌍한 주부의 일에 아무 도움도 되지 못하기 때문이었다. 소래 사람들은 너무 관대하여 계속해서 닭, 달걀, 감 등을 우리에게 갖다 주었다. 우리는 이러한 고든 선물에 매우 당황했다. 그 사람들은 가난해서 그러한 선물은 그들에게 많은 희생을 안겨 준다는 것을 우리는 알고 있기 때문이었다.

어떤 사람의 하루 일당이 10센트도 안 된다고 할 때 닭 한 마리는 상당히 큰 액수이다. 그러나 우리는 그들의 호의를 거절할 수 없었다. 우리가 거절하면 그들은 너무나 서운하게 생각했기 때문이다. 그때 그 사람들은 이미 주일 학교의 운영 경비를 헌금하고 있었다. 그들은 이를 위해 들어오는 수입을 따로 비축했다가 헌금했으며, 수확이 적거나 수입이 충분하지 못할 때일지라도 그들은 필요한 금액을 장만했다.

이곳 소래에 있는 동안 우리는 우리가 잘 알고 있다고 생각했던 조선의 고래(坑)에 대한 새롭고 즐겁지 못한 경험을 했다. 한겨울에 아궁이를 역류하는 바람이 갑자기 불어 쳤다. 아궁이는 집의 한쪽 끝에 있고, 굴뚝은 또 다른 쪽 끝에 열려져 있었으므로, 연기 구멍 쪽으로 바람이 불어오면 불을 지필 수 없다는 으스스한 사실을 우리는 알았다. 참을 수 없을 정도로 뜨거워질 수 있는 바닥이 어떤 상태에서는 그렇게도 차갑고 축축하게 될 수도 있다는 것은 놀랍다.

나는 목도리와 깔개로 류머티즘에 걸리기 쉬운 뼈마디를 덮어야 했으며 그러는 동안 그들은 나에게 비교적 생소하고 커다란 그릇같이 생긴 화로를 가져왔다. 그러나 그날 밤 방이 몹시 들끓어 눈앞이 캄캄했다. 기절하지 않으려고 계속 노력하면서 그 추운 밤에 나의 남편도 밖에 나와 함께 몇 시간을 보냈다. 우리 아이들도 두통과 현기증이 난다고 했을 때 우리는 그 원인을 분명히 알고서 이산화탄소보다는 순수하고 찬 공기를 택했다.

차갑고 진눈깨비가 내리며 눈이 내리는데도 많은 신도들이 먼 거리에 어떻게 해서든 교회에 참석하는 것을 보고 감격스러웠다. 여성들은 깨끗한 겉치마를 걷어 올려 잡고 머리 위에 신발과 버선을 얹고, 바지 또는 뒤가 트여 있는 속치마는 젖지 않도록 아주 높게 둘둘 말아 올리고 머리와 어깨 위에는 얇은 무명 행주치마를 덮든지 그렇지 않으면 아무것도 걸치지 않은 채

개인 교사로부터 글과 바느질을 배우는 양갓댁 규수들

살을 에는 듯한 바람을 맞으면서 눈과 진흙 속을 몇 마일 터덜터덜 걸어오곤 했다.

우리가 그곳에 머무르는 동안 상당히 많은 사람들이 세례를 받으려고 교리 문답을 익혔다. 한 늙은 여인은 무지 때문에 교리 문답이 다소 미덥지 못하여 우리는 그에게 가장 바라는 것이 무엇이냐고 물었다. 그는 이렇게 말했다.

"언제나 예수님과 함께 하기를 바랍니다."

"그러면 어떻게 당신이 항상 그와 함께 하리라는 것을 압니까?"

"나는 지금 그에게 가까이 있으며 앞으로 항상 가까이 붙잡고 있을 것이니까요."

그는 적어도 예수께서는 정신이 필요로 하는 것은 다 공급해 주신다는

서당

것, 그가 사는 곳은 하늘나라는 것, 주님을 붙잡고 또 주님이 붙들어 주는 것이 하늘나라에 갈 수 있는 유일한 길이라는 것은 알고 있었다. 확실히 그는 한 마디로 모든 신학의 끝이자 목적을 알고 있었다.

그 당시 세례를 받고자 왔던 사람들 가운데 몇 명이 보여준 증거를 나의 일기장에서 몇 가지 간추려 보고자 한다.

> NO. 15 **김씨 부인** : 그의 친척과 친구들은 그에게 믿을 것을 적극 권유했지만, 그는 기독교인이 되지 않기로 결심했었다. 그러나 어느 날 밤 갑자기 이상할 정도로 뚜렷하게 그 자신이 굉장한 죄인임을 깨달았다. 그는 그 순간에 저항할 수 없을 정도로 강렬하게 누르는 힘 때문에 거의 무의식적으로 예수께로 마음을 열게 되었는데 그때부터 완전한 평화와 축복을 얻게 되었다. 믿지 않는 자에게 이것을 이야기했느냐고 물었더니 그는 그렇다고 대답

했다. 이제 그는 예수님을 믿은 지 1년 3개월이 되었다. 이 여인은 그때부터 주님을 섬기는 데 아주 자발적이고 헌신적으로 일을 해 오고 있다.

또 다른 사람 : 한번은 기도를 하고 싶은 사람은 손을 들라고 했을 때, 자신이 손을 드는 순간 가슴을 칼로 찌르는 듯이 느꼈다고 말했다. 그때부터 그는 자신이 예수님께 속하고 있다는 것을 느꼈으며, 그 뒤로 마음이 평안해졌다고 했다. 그는 하루에 세 번 규칙적으로 기도하고 마음속으로는 언제나 기도한다고 했다. 그가 기도하고 있는 동안에는 결코 죄에 빠지는 일이 없으나, 설령 태만과 기도의 부족으로 죄에 빠질지라도 그는 주님이 들어주시리라 믿고 그에게 용서를 청한다는 것이다.

NO. 5 : "무엇 때문에 믿습니까?"

"예수께서 나의 죄를 용서하고 또 나를 위해 돌아가셨기 때문입니다."

"당신이 용서받았다는 것을 어떻게 알 수 있습니까?"

"성경에서 말씀하시기를, 그에게로 오는 자는 누구든지 용서함 받을 것이라고 했기 때문입니다."

그는 사악한 마음을 갖고 악마를 숭배했었으나 지금 그의 마음은 완전히 바뀌었다. 회개가 무엇이냐고 묻자. "자신의 행동을 고치고 새로운 마음을 갖는 것"이라고 대답했다. 다른 사람에게 이 좋은 소식을 전했느냐고 묻자, 그는 그렇게 했지만, 아직까지 그 이웃 가운데 아무도 믿지 않는다고 대답했다. 그는 글을 읽지 못했다.

"예수님은 누구입니까?"

"하느님의 독생자입니다."

"왜 그분이 우리를 위해 돌아가셨습니까?"

"모르겠습니다."

"당신의 이웃 사람들은 당신이 더 이상 속죄를 하지 않아도 된다는 것을 알고 있습니까?"

"네."

"당신은 첩을 두면 안 된다는 것을 압니까?"

"네."

"예수님을 믿는다는 이유로 고통을 받은 일이 있습니까?"

"그들은 등 뒤에서 나를 비웃었습니다."

그는 이 지역에서 가장 부유하며 우두머리가 되는 사람이었다.

"만일 당신이 심한 고난을 받아야 한다면 어떻게 하시겠습니까?"

"그것을 감수하겠습니다. 하나님이 나를 도우실 것입니다."

그는 잘 가르침 받은 기독교인들이 그의 집으로 가서 이웃에 전도하는 데 필요한 비용을 지불했다. 그는 소래교회까지 먼 거리를 왔으며, 이웃들의 영혼을 매우 염려하는 듯이 보였다. 그는 자기 쌀을 가지고 그 공부 반에 왔다.

NO. 6 : 그는 자신의 죄가 용서받았다는 것을 알기 때문에 예수님을 믿고 있다고 말했다. 그는 마음이 변화되었으며, 자신의 죄가 용서받았다는 것을 알고 탐욕을 버렸기 때문에 이제는 예수께서 명령하신 것을 실행하기가 어렵지 않았다.

"예수를 잊은 적이 있습니까?"

"내가 어떻게 그를 잊을 수 있겠습니까? 내가 어떻게 나의 주님을 잊을 수가 있습니까?"

다른 사람 : 예수께서 그의 마음에 오셨던 봄부터 그는 모든 것이 평화로워졌다고 말했다.

"예수는 누구입니까?"

"우리는 한 분의 아버지를 가지고 있으며, 우리는 형제입니다."

"어떻게 해서 하나님이 당신의 아버지입니까?"

"믿는 자는 모두 그의 자식이 됩니다."

"당신이 그것을 어떻게 압니까?"

“내 마음이 평안하기 때문입니다. 나는 아주 행복합니다.”

“당신의 남편이 죽어서 슬프지 않습니까?”

“우리가 죽은 뒤에 우리는 하느님의 오른팔에서 다시 살게 될 것이기 때문에 두렵지 않습니다.”

“만일 어려운 일이 일어나면 어떻게 하시겠습니까?”

“나는 앞으로의 일은 모릅니다. 그러나 지금은 하나님께서 나를 돌보시며, 나는 그 분이 앞으로도 계속해서 그렇게 하시리라고 생각합니다. 나는 예수께 아뢰고 그의 도움을 청하겠습니다.”

“당신은 지금 지은 죄가 있습니까?”

“죄에서 벗어날 수 없는 인간이기 때문에 나는 죄가 없다고 말할 수 없습니다.”

그의 시아버지는 신자가 아니었으나, 그는 그의 집에 같이 살면서도 주일을 지켰으며 예배도 꼭 참석했다.

NO. 37 : 그는 반역자요 강도였던 동학도였다. 그는 2년 가까이 믿어 오고 있다.

“예수는 누구입니까?”

“그는 하느님의 아들이지요.”

“그분이 우리를 위해 무엇을 했습니까?”

“그는 십자가에 매달려 돌아가셨으며, 그의 값진 희생으로 나의 죄가 용서받았습니다.”

“당신이 그것을 압니까?”

“나는 성경을 읽을 줄은 모르지만, 내가 죄인이었음에도 예수님께서는 나를 살려주셨기 때문에 내가 용서받은 것을 압니다.”

“예수님은 어디에 계십니까?”

“하느님 오른쪽에 계시지요.”

“그밖에 또 어디에 계십니까?”

"그가 계시지 않는 곳은 아무데도 없습니다."

"예수님께서는 우리를 위해 무엇을 하십니까?"

"모릅니다. 다만 나는 내가 구원되었다는 것만을 알 뿐입니다."

"다른 사람에게 예수에 관해서 이야기해 본 적이 있습니까?"

"나는 언제나 이렇게 얘기합니다. 여기 있는 죄인인 나를 예수께서는 용서해 주셨다. 또 나를 벌주지 않았으며 마음의 평화를 주셨다. 어떻게 내가 그를 믿지 않을 수 있겠느냐고 얘기합니다."

이 사람은 아무리 날씨가 험악해도 10마일을 걸어서 교회에 왔다. 심지어는 일 때문에 20마일 밖에 있을지라도 토요일 밤늦게 와서 일요일 종일토록 아무것도 먹지 않고 교회에 있다가 밤에는 높은 산을 넘어 다시 집으로 돌아간다. 그는 신앙의 지도자에게 와서 예수님을 따르고 싶으며 세례를 받고 싶다고 했던 두 명의 동학교도 가운데 하나였다. 그 신앙의 지도자는 만일 그들이 신실한 기독교인이 되고자 한다면 자신을 정의의 심판에 맡겨야 한다고 말했다. 그때 왔던 두 사람 가운데 하나는 가톨릭교도가 되었는데, 지금은 윌리엄을 대장으로 하는 악명 높은 도둑의 무리에 속해 있다.

다른 한 사람은 그 자신을 완전히 정의의 심판에 내맡기고, 감옥으로 가서 사형을 선고받았다. 그는 감옥에 있는 동안 끊임없이 찬송가와 찬양을 부름으로써 다른 죄수들과 간수들을 놀라게 했다. 이 죄수들은 그를 미쳤다고 신고했다. 왜냐하면 어느 누구도 그와 같은 경우에 노래할 수 없기 때문이었다. 그가 감옥에 있는 동안 왕이 러시아 공사관으로 탈출하자 모든 죄수들이 풀려났고 그도 또한 석방되었다. 그때 이후로 그는 행복한 기독교 신자가 되었다.

또 다른 사람 : 그는 열아홉 살 된 젊은이로, 최근에야 예수를 알게 되었다. 그의 아버지는 신자였으나 어머니와 아내는 신자가 아니었다. 세례는 예수 안에 있다는 표시라고 그는 말했다. 그는 세례를 받지 않으면 구원된

것이 아니라고 생각했었으나, 지금은 그가 구원받았다고 주장했다. 그는 마음속에서 이것을 느껴 알고 있다고 말했다. 그는 모든 우상을 파괴했으며, 주일을 지켰다. 그는 산을 넘어 3마일이나 멀리 있는 교회에 나가며, 어떤 사람도 일요일에는 그를 위해 일하지 못하게 하지만, 그들이 일했을 때처럼 그날의 임금을 지불한다. 그는 자신의 비용을 들여 성경공부반에 참석하러 왔다.

위에서 언급한 것들은 이번 문답 시험에서 보통 들을 수 있는 질문과 답변 가운데 몇 가지 예를 든 것이다. 그들의 변화된 생활은 그것을 아는 신앙의 지도자가 그들에게 세례를 줌으로써 증명되었다. 이렇게 단순한 마음을 지닌 기독교인들, 세상과 모든 세속적인 악들을 멀리 보내고 하나님에게 매우 가까이 있는 것처럼 보이는 그들과 유쾌한 생활을 보낸 뒤에 우리는 다시 서울로 되돌아가고자 성경 공부반을 끝내야 했다.

일시적으로 우리가 고용했던 세 명의 가마꾼들은 아무 일도 하지 않은 채 약 3주를 기다리지 못해서 우리를 떠났다. 그런데 그곳에서는 가마를 타는 사람이 거의 없었기 때문에 이웃에서 그들을 대신할 만한 사람을 찾기란 보통 힘든 일이 아니었다. 그래서 우리는 달구지를 빌리기로 했는데, 그것은 바퀴 달린 운송 수단 가운데서 가장 원시적인 것이었다. 우리는 그 안에 침대 요, 누비이불, 바닥 깔개, 베개를 챙겨 넣은 짐 꾸러미를 넣고 하녀와 함께 우리의 작은 보물인 아들을 태웠다.

아주 어렵게, 어렵게 한 사람을 찾았다. 그는 나의 하인을 도와 내 가마를 운반하는 데 기꺼이 동의했다. 그러나 곧 기대하지 않게 곤란한 일이 생겼다. 나는 내 가마가 온 길과는 다른 길로 달구지가 가 버렸다는 것을 알았다. 왜냐하면 그 달구지는 겨우 한 사람만이 건널 수 있는 좁은 다리를 건널 수가 없어 여울을 건너가야 했으나 그 길은 가마꾼들에게는 너무나 긴 거리였다.

달구지가 가파른 산길에 있는 그 좁은 길을 지나갈 수 없었음에도 가마꾼은 자신이 갈 길을 단축시켜야 했으므로 좁은 다리를 선택했다. 나는 우리의 조수와 기독교인들이 우리 어린 아이와 함께 타고 있었기 때문에 모든 것이 잘 되리라고 확신하고 어쩔 수 없이 가던 길을 가야 했다. 언더우드 씨는 내가 순조롭게 출발하는 것을 보고 나서 다른 길을 가로질러 나는 듯이 가서 아이와 함께 있는 달구지 일행이 무사한지를 확인하고 다시 나에게로 되돌아 왔다.

진퇴양난

5시쯤에야 우리는 두 길이 만나는 곳에 도착했으나 달구지는 보이지 않았다. 날은 빠르게 저물어 가고 있었고, 아직 우리 앞에는 산길이 남아 있었으며, 길은 험하고 아주 한적했다. 우리는 어린 아들과 함께 있게 되기를 기원했다. 마침내 우리는 방금 지나온 마을로 가서 기다렸다. 시간이 흘러갔으나 달구지와 거기에 실은 귀중한 것들에 대한 소식은 없었다.

완전히 어둠이 깔리고 추위가 매서워졌다. 조선 사람들은 늦어지는 사람들을 위해 길을 비추도록 랜턴을 길밖에 내놓기도 하고 필요한 도움을 주기도 했다. 그러나 아무런 기별도 오지 않았다. 마침내 언더우드 씨는 더 이상 기다릴 수가 없어 그 달구지 일행을 찾으러 나섰다.

그들 두 팀 다 인적 없는 산 속으로 들어가자, 어둠이 내리고 있었다. 나는 두 가지 이유로 전적으로 하느님께 의지했다. 우리는 늘 모든 것이 잘 되리라는 것과 최선이 되리라는 것을 알고 있지만, "최선"이란 것이 하느님의 회초리를 의미하는 것인지 아니면 하느님의 의지할 지팡이를 의미하는 것인지를 알 수가 없기 때문에 그 고통에 대한 두려움으로 안절부절못한다. 그에 대한 두려움을 버리고 다만 기다리며, 고요하고 꿋꿋한 정신과 감사하는 마음을 가져야 한다.

장터

여인숙의 마굿간

마침내 감사하게도 그 두 팀 모두 전혀 다치지 않고 무사히 도착했다. 그들은 다만 추위와 배고픔을 느꼈을 뿐이었다. 그러나 그들이 호랑이나 표범 혹은 도둑을 만날 수 있었는데도 무사히 나의 팔에 그들을 안겨 준 것은 나에게 더욱 더 충만한 은혜를 깨닫게 해주었다.

그날 밤 우리는 작은 조선식 여관에서 잠을 잤다. 그곳은 다른 지방 여관과 다름없이 작았으며, 다만 다른 것이 있다면 조금 더 작고, 가축들과 여러 종류의 닭이 우리를 둘러싸고 있어 더 지저분하다는 것이었다. 가축과 우리를 갈라놓는 유일한 것은 종이 문이었다.

새벽 2시나 3시쯤에 갑자기 무시무시하게 울부짖는 소리와 여관 안에서의 갑작스런 공포의 소리가 들려 와 우리는 놀라 잠을 깼다. 남자의 흥분한 외침, 표현하기도 곤란하게 짖는 소리, 비명, 꽥하는 소리, 닭소리 등이 어우러져 들려왔다. 무시무시한 큰 소리와 발을 구르며 밀어제치는 소리 등으로 판단하건대 아마도 어떤 여러 마리의 야생 동물이 여관에 침입한 것 같았다. 언더우드 씨는 주의를 끌지 않도록 우리 방에 비치는 불을 끄고 소란의 원인을 알아보려고 밖으로 나갔다.

그가 바로 돌아와서 평상시에 유순하고 온순했던 황소 두 마리가 싸우다가 고삐를 풀고 외양간을 탈출했으며, 한 마리가 다른 놈을 추격하고 있더라고 말했다. 이 황소들은 덩치가 크며, 때때로는 다른 야생동물처럼 위험스러운 동물이다. 여관 안에 있는 사람 가운데 크게 다친 사람이 하나도 없었다는 것이 매우 놀라왔다. 왜냐하면 황소들이 계속 그 작고 제한된 공간에서 싸웠었더라면 그들은 거의 도망치지 못했을 것이기 때문이었다.

아주 작고 불편하고 작은 방에서 일어난 그날 밤의 기억을 제외하고는 돌아오는 여행길에 별다른 사건은 없었다. 다만 그날 밤 우리는 무시무시한 고함 소리에 다시 한 번 잠을 깬 사건이 있었을 뿐이다. 모든 어머니들은 그러한 종류의 고함 소리를 아주 떨리는 마음으로 듣는다. 그것이 무엇을 의미하는지를 잘 알기 때문이다. 그 어머니는 이러한 고함소리가 아이의 목

속에 있는 맹수 때문에 나온다는 것을 알고 치료받으려고 우리에게 달려온 것이다.

가막성후두염은 종이 문과 창문의 틈, 구멍을 통해 집에서 수마일 떨어진 사방에서부터 바람이 새어 들어오는 오두막에서는 그리 쉽게 치료되지 않는다. 우리는 곧 뜨거운 물과 화로 불을 준비했다. 그 어린 아이의 어머니는 언제나 가까이에 토란과 플란넬 헝겊을 가지고 있었다. 거의 한 시간 우리가 뜨거운 습포를 바꿔주고 있는 동안, 반쯤 숨이 막혀 헐떡이는 아이를 즐겁게 해주려고 우리는 마비된 창작력을 다 동원해서 옛날이야기를 들려주었다.

그 다음날 우리는 여행을 계속하지 않을 수 없었다. 왜냐하면 그곳은 우리가 길에서 경험하는 것 이상으로 우리를 노출시켜 불편했으며, 보통 이러한 병의 회복은 느리지만, 그 어린 아이는 매우 빠르게 호전적인 회복을 보였기 때문이었다.

제이콥슨 양의 죽음

1896년 4월 영국성공회 브라운 박사[3]는 왕명에 따라 정부의 재정 고문의 임무를 맡게 되었다. 이 자리에 있으면서 그는 뇌물 수수에 관련된 관리들을 제외한 모든 관련자의 이익을 위하여 오랫동안 계속하여 책임을 수행했다. 뇌물 수수 관리들은 브라운 박사가 그들의 기회를 박탈당했기 때문에 계속하여 그에 대해 불평했다.

1896년 여름에 매우 정열적이고 젊은 선교회 간호사이며, 놀라울 정도로

3) 브라운(John McLeavy Brown : 1842~1926) : 영국의 외교관이며, 법률학자, 법학박사. 중국에 진출하여 북경 주차 영국 공사관의 문부사(1864~1872), 참찬관(1871~1872), 해관(1872), 세무사(1877) 등을 지냄. 영국의 대한 진출의 일환으로 1893년 탁지부의 고문으로 부임했다가 러시아의 압력으로 1897년에 퇴진했다. 그 뒤 북경 주차 영국 공사관 참찬관(1906)으로 봉직함.

빠른 속도로 조선어를 익혔고, 모든 면에서 조선 사람들의 호감을 받았던 제이콥슨 양[4]이 몇 주일 동안을 이질로 심하게 앓았다. 그는 외관상으로 회복된 것 같아 일자리로 돌아갔으나, 바로 고열로 다시 쓰러지게 되었는데, 이 열은 보통 치료로는 물리치기 힘든 것이었다. 마침내 이 지역의 풍토병으로 발전해서, 우리들의 모든 노력에도 불구하고 우리의 사랑하는 자매를 데려갔다.

그러나 그의 임종은 통곡의 자리이기보다는 기쁨과 축하의 자리였다. 몇 사람이 그곳에 함께 있는 것이 좋다고 말했다. 우리는 그렇게 협조적이고, 동정심이 많은 자매를 잃었다는 슬픔을 나중에 뼈저리게 느끼게 되리라는 것을 알고 있었지만, 그때 우리도 그의 기쁨에 동참할 수밖에 없었다. 그의 침상은 마치 영광의 방으로 가기 위한 대기실 같아 보였다. 그의 얼굴은 미소를 띠고 있었으며, 그 위에는 신비한 영광의 빛이 감돌고 있었다. 그의 말은 모두 기쁨과 희망에 찬 것이었으며, 오직 주님을 깨달은 사람만이 느낄 수 있는 커다란 기쁨으로 가득 차 있었다.

우리는 거기서 우리의 이기적인 슬픔을 표현하는 것이 옳지 않다고 느꼈다. 그는 분명 행복에 젖어 있었고, 먼 길을 떠나는 것이 훨씬, 훨씬 좋아 보였다. 그의 유해가, 지금은 많은 유해가 묻혀 있는 묘지로 이송될 때, 그의 관은 조선 사람 신자들이 어깨로 운반했다. 조선의 기독교인들은 줄곧 더 좋은 땅에 대한 기쁜 찬송을 부르면서 따라갔다. 장례식은 마치 정복자의 개선과 같은 것이었으며, 이 행렬을 보고 듣고 있던 조선 사람들은 그것이 누구의 장례식이며, 왜 모두 의기양양하고 기뻐하느냐고 물었다. 이방인의 사체를 따르는 절망의 소리와 한숨 소리는 어디에 있는가 하고 의아해 했다.

조선에서는 시체를 운반하는 것을 매우 천한 일로 여긴다. 그런데도 조선 사람 신도들은 스스로 이 일을 함으로써, 그들이 사랑하는 자매의 유해에

---

4) 제이콥슨(Anna P. Jacobson : 1868~1897) : 미국 북장로회의 여성 의료 선교사. 1895년에 내한하여 제중원에서 봉사하다가 건강을 해쳐 사망함.

고용된 인부들이 손을 대는 것을 허락하지 않으려 했다는 사실은 그들이 저 이콥슨 양을 얼마나 사랑하고 존경했는지를 보여주는 것이었다. 그리고 나는 이곳의 백성들과 그들의 외국인 선생님 사이에 얼마나 자애의 정이 흐르고 있었는지를 보여주려고 이 사실을 여기에 언급했다. 나는 숭고하고 헌신적인 한 동료를 추모하는 뜻으로 이 작은 글을 바친다.

제 13 장 민비의 장례식과 독립협회

일본 여행

다음 해(1896) 봄에 언더우드 씨는 조선의 둘째 왕자[1]를 수행하여 일본을 거쳐 미국으로 가라는 요청을 받았다. 그가 기독교인 가정교사들의 지도를 받아 대학을 준비하거나 군대 훈련을 받으려고 미국에 간다는 것은 좋은 생각이었다. 내 남편은 이 계획이 장차 조선에 미칠 중요성을 인식했기 때문에 기꺼이 그 임무를 받아들였다. 모든 절차는 조선 정부가 밟았으며 언더우드 씨는 왕의 뜻을 정확하게 지시 받았다.

우리가 집을 떠나던 날부터 어느 곳에 가든 스파이가 우리를 따라다녔다는 것은 한편 놀랍고 화나는 일이었다. 언더우드 씨가 일본에 있는 몇 몇 양반들에게 보내는 편지는 매우 조심스럽고 비밀스럽게 취급했지만 수취인이 받아 보기도 전에 스파이들이 먼저 읽었다. 우리들은 어디서나 미행당했으며, 그들이 우리가 묵고 있는 방 바로 아래층에서 묵고 있다는 것을 알고는 오싹하는 즐거움을 느끼기도 했다.

1) 의화군 이강공을 의미함.

밀정

따라서 우리들의 일생에 두 번째로 탐정의 특정한 표적이 되는 영광을 받았다. 이것은 우리 각자의 마음속에 죄수, 법정, 그리고 온갖 더러운 악취와 형언할 수 없는 모든 것들을 떠오르게 했다. 그렇지만 우리는 양심에 거리끼는 일이 전혀 없었으므로, 그들의 무례에 대한 분한 마음을 제쳐 두고 오히려 탐정 놀이를 즐겼다. 우리는 확실히 그 탐색 작전 속에서 장난기 있는 즐거움을 선택했다. 탐정들은 의심할 것도 없이 그들 국가의 이익을 고려하여 왕자를 일본에 머무르게 하려 했다.

그러나 왕의 명령이 확고부동하다고 이해했을 때 더 이상의 곤란은 없었으며, 미국행에 관련하여 오랫동안 바라던 왕실의 목적이 성취되었다. 그러나 우리의 힘으로는 어쩔 수 없는 영향력이 행사되어 최근에까지 우리는 알지도 못하는 사이에 가톨릭 통역관이 왕자를 수행하여 미국으로 갔다. 그리하여 언더우드 씨가 미국에 가면 왕자를 위해 해 줄 계획과 희망들은 실망으로 끝을 내렸다.

조선의 여름

그 해 여름에는 병마가 우리 집에 들었다. 기운을 쇠약하게 하는 고열이 좀처럼 물러서지 않아 남편은 몇 주일을 병상에 누워 있어야 했다. 그의 건강은 서서히 쇠약해 갔으며, 극도로 여위어 어떤 영양분도 몸속에 남아 있지 않았다. 그때 우리는 한강변에 있는 절벽 위의 집에 살고 있었는데, 가장 무덥고 비가 많이 오는 여름이면 우리가 늘 지냈던 곳이다. 그러나 이 집은 서울에서 너무 멀리 떨어져 있었기 때문에 조언을 받거나 치료를 받기가 곤란했다. 그것은 친구들과 도움을 줄 사람들을 멀리 두고 그 병이 어떻게 될지 알지 못하는 고독한 작업이었다.

마침내 어느 날 밤, 나의 시련은 극도에 이른 듯했다. 비가 쏟아지는데, 그것은 구름에서 내리는 빗줄기라기보다는 성채를 포위하고 강철 같은 바람을 일으키는 적군이었다. 바람은 거의 허리케인과 같았으며, 무시무시한 천둥소리와 함께 번개가 끊임없이 번쩍였다. 남편은 너무 아파 의식을 잃은 채 거의 인사불성의 상태에 빠졌다. 빈약한 초가지붕은 조리처럼 물을 흘리기 시작했으며, 창틀과 문틈에서도 물이 흘러 들어오고 있었다.

병자는 무거운 침상에 누워 있었다. 그 침상은 너무 무거워 움직이기가 매우 어려웠으며, 그의 몸무게는 그것을 움직이는 것을 훨씬 더 어렵게 했다. 그러나 가능한 한 조심스럽게 그 침상을 옮겨야 했다. 별로 힘이 세지도 못하고 크지도 않은 여자 사촌과 나는 침대와 환자 위에 물이 떨어지지 않도록 있는 힘을 다해서 무거운 가구를 떠밀어 옮겼다. 헐렁한 옷가지와 목욕 타월, 침대 시트와 방수복을 찾았으나, 어느 곳이든지 끊임없이 내리는 빗물이 2층 마루를 지나 1층까지 떨어져 모든 것이 완전히 젖어 있었다.

부엌에는 용품이 하나도 없었다. 그것은 집 위에 떨어지는 폭포의 아래에 놓아두었기 때문이었다. 때때로 남편의 침대를 새로운 장소로 밀고 끌어당겨야 했다. 이 빈약한 집은 마치 격렬한 폭풍 앞에서 거의 쓰러질 듯이 흔들렸다. 이것은 아마도 모든 사람들이 일생에 한 두 번은 경험하는 것으로서, 그때에는 생명이 없는 자연도 주위 환경과 합세하는 것처럼 보이고 하나님까지도 당신의 얼굴을 숨기고, 보이는 것이나 보이지 않는 것이나 모든 우주의 힘이 결합해서 우리의 몸과 마음을 공격하는 듯이 보였다. 그러나 우리가 겪을 수 있는 인생의 모든 쓴맛을 경험했던 하나님은 결코 우리를 저버리지 않았다. 나는 그 무시무시했던 밤에 우리가 생각하는 것만큼 그렇게 외롭지는 않다는 것을 알았다.

오전에 에비슨 박사(Dr. Avison)가 서울에서 왔다. 친절하게도 그는 미풍이 부는 언덕 위에 있는 집으로 나의 남편을 초청했다. 거기서 나는 조언을 듣고 약을 받아야 했다. 환자는 양편에 손잡이가 있고 방수포, 담요와 우산을 덮은 등나무 의자에 앉아 여덟 명의 가마꾼들에 실려 서울로 돌아가게 되었다. 그 뒤 1주일이 채 되지 않아 어린 아들이 그와 똑같은 열에 시달리게 되었다. 아버지와 아들 둘 다 그 뒤 나흘 밤을 아주 심하게 앓고 난 뒤 홀쭉하게 여위었다. 몇 주일을 앓은 뒤에 그들은 창백한 해골처럼 움직였으며 누구도 그들을 쉽게 알아볼 수 없을 정도였다.

이 무렵, 왕이 외국의 공사관에 너무 오래 머물러 있다는 사실과 관련해서 어떤 계층들 사이에, 특히 친일파들에 의해 상당한 불만이 제기되자 1896년 10월에 중추원은 공식적으로 왕에게 그의 거처를 옮길 것을 요청했다. 러시아 공사 웨베르(K. I. Waeber)가 그 자리를 떠나고 다른 공사가 임명된 그 다음해 2월에 왕실 가족은 영국 영사관과 미국 공사관 가까이의 정동에 있는 궁궐[2)]로 옮겼다. 러시아 공사가 모든 군대를 관장하고 있었기 때문에 영향력은 여전히 강했다.

왕비의 장례

1897년 10월 왕은 황제의 지위에 올랐으며 곧이어 죽은 왕비의 작위를 황후의 위치로 올렸다. 그해 11월에는 황후 폐하의 장례식이 거행되었다. 지체 높은 사람들은 지관들이 적당한 장례 시기와 장소를 결정할 때까지 유해를 몇 달 혹은 몇 년 동안 방부 처리를 해서 밀봉해 두는 것이 보통이다.

따라서 그 많은 비용을 들여 유령을 숭배하고 자꾸만 그들의 결정을 번복하는 지관들과 거듭된 의논이 있은 뒤, 사망한 지 2년이 지나서야 묘소가 결정되고 무덤에 안치할 날짜를 잡고 준비를 하게 된 것이다. 이 장례가 치러지기 2주 전부터 경운궁에서 날마다 제사를 드렸으며, 왕비가 사망한 이후에 매달 1일과 15일에 특별한 제물을 바쳤다. 모든 궁정의 관리들은 정식

---

2) 경운궁(慶運宮). 즉 지금의 덕수궁을 의미함.

상복을 입었고 모든 국민들은 약식 상복을 입었다.

묘지로 선정된 지역은 동대문에서 성곽 밖으로 약 3~4마일 떨어진 널찍한 곳이었다. 이 장례식을 치르고자 돈과 수고와 비용을 아끼지 않았으며, 그에 관련된 모든 것은 황후라는 작위와 그에 대한 황제[3]의 애착만큼이나 당당하고 위엄을 갖추었다. 무덤은 석조물 위에 약 50피트 높이의 흙무덤으로 만들었다.

무덤 끝머리 쪽에는 유해들의 임시 거처이자 마지막 의식이 수행되는 화려한 사원을 세웠다. 장례식은 밤에 거행하기로 되어 있었기 때문에 궁정의 관리들, 외국 공사들, 그리고 다른 문상객들을 위해 또 다른 건물들을 세웠다. 조선의 양반과 외국인, 관리, 친구, 군인과 하인 등 몇 천 명에 이르는 사람들을 위해 술과 음식이 준비되었다.

장례 행렬

서울에 있는 주요 외국인들을 초대하는 정중한 초청장이 외부로부터 각 공사관에 발송되었다. 영구차에 실은 관은 11월 21일 아침 8시에 왕궁을 떠났으며, 여기에는 5천 명의 군인, 4천 명의 등을 든 사람들, 650명의 포졸과 시민, 군대의 고관 등 셀 수도 없이 많은 인원이 참석했다. 장례식은 아주 다채롭고 훌륭한 것이었다.

거리에는 몇 천 명이 붐볐고, 길 위에는 일정한 간격으로 아치가 세워졌다. 황후의 미덕을 열거한 무수한 두루마리, 거대한 명정들, 아름답고 작은 의자들, 영혼의 세계에서 사용할 구·신식의 군 장비를 실은 목마, 다양한 제복을 입은 관리, 제복을 입지 않은 관리들과 종자, 하인과 가마꾼 등등 묘사할 수 없을 정도로 대단한 광경이 벌어졌다.

---

3) 이 이후부터 고종의 칭호가 왕에서 황제로 바뀌는 것은 갑오경장 이후 칭제했기 때문임.

황제와 태자는 오후 1시가 되어서야 이 영구를 따랐다. 폐하께서는 우리에게 특별히 이 장례식 행렬에 참석해 달라는 초청장을 보내셨으나 우리는 아주 늦게 가고 싶었다. 그것은 사랑하고 깊이 애도하는 친구를 위해 화려한 행렬에서 남다른 마음으로 겸손하고도 개인적인 애도자가 되고 싶었기 때문이었다.

밤 8시가 거의 다 되어 우리가 도착했을 때는 왕실을 나타내는 빨간 색과 노란 색의 등이 넓은 지역을 밝히고 있었다. 이 등의 행렬은 거의 3마일가량 되는 구불구불한 길을 따라 두 줄로 약 2피트 간격으로 계속되었다. 공 가운데서는 화려한 깃발들이 앞을 향해 나부끼고 있었고, 이곳저곳에서 장작더미 불꽃이 밝게 타오르고 있었으며, 날씨가 아주 추웠기 때문에 군졸들이 불을 쬐고 서 있었다. 수정같이 맑게 빛나는 별빛이 총총한 밤이었다.

이렇게 고요하고 성스러움 밤에 장례식을 치르는 관습이 정착하게 된 데는 많은 이유가 있다. 이때에는 시간적이고 감각적인 것들이 왜소하고 아주 시시한 것으로 보이며, 세상의 번잡함이 모두 침묵하는 때이며, 행복한 날의 매정한 섬광이 가려지고, 고요함과 어두움이 슬픔에 싸인 마음과 조화를 이루어 마음을 달래 주는 진통제가 되는 것처럼 느껴진다. 그 시간에는 신성한 존재가 눈앞에 나타날 듯하거나 완전히 나타나 보이는 것 같으며, 영원과 영혼의 세계가 우리 가까이 있는 것처럼 느껴진다.

별빛 아래서의 매장

여섯 번의 기원과 제물을 드린 뒤에 유해에 대한 마지막 고별식을 거행한 다음에 매장하기로 되어 있었다. 새벽 3시에 모든 준비가 끝났다. 우선 왕실의 정신을 나타내는 아름다운 노란 색의 비단을 덮은 왕실용 상여가 지정된 상여꾼들에 실려 당당한 모습으로 언덕 위에 올라왔다. 그러고 나서 프른색 비단을 덮은 가마가 뒤따랐고 마지막으로 그 영구차 위에 있는 황후의 관을 올려놓았다.

이 관에는 긴 끈이 달려 있었고, 관이 흔들리지 않게 하려고 둘레에 가능한 한 조밀하게 남자들이 서서 끈을 잡았다. 물론 일반 상여꾼들 외에 한 사람이 관 앞에 서서 모든 것을 지시하며 인도하고 있었다. 모든 것은 아주 정확히 집행되었으며 한 번도 실수나 눈에 거슬리는 일이 없었다. 보통 이런 경우에 그릇 가득히 물을 담아 관 위에 올려놓았다가 한 방울이라도 넘쳐흘렀을 때는 상여꾼들에게 혹심한 벌과 책망이 떨어진다고 한다.

엄숙하고 장중하게 군인, 종자들, 깃발을 든 사람들, 한 사람 건너 노란 등과 붉은 등을 든 사람들이 양쪽에 줄을 지어 관을 따라 짧은 행렬로 행진하면서 모두가 일제히 낮고 곡조 있는 목소리로 통곡했다. 우리의 총명한 황후의 모든 유품도 무덤으로 함께 운송되었다.

맑게 빛나는 별들이 지켜보는 아래 날이 밝아 오기 바로 전의 어두움과 무한한 공간의 헤아릴 수 없는 심연 속에서 언덕을 돌아 오르는 이 행렬보다 더 엄숙하고 아름다우며 인상적인 것은 없었다. 영구차 뒤에 황제와 태자가 따랐으며, 이들은 개인 자격으로 이 고귀한 유해가 무덤으로 내려가는 것을 감독했다.

심지어는 관을 덮는 거대한 화강암 돌 아래 관이 잘 안치되어 있는지를 보려고 묘혈에 들어가 보기까지 했다. 다시 제물과 기원을 드리고 거대한 목마를 불태웠다. 그리고 조객들이 물러났다. 모든 외교관들과 초청된 손님들에게 작별의 말과 조문을 위한 알현의 기회가 주어진 다음, 장례식은 아침 8시경에 끝났다.

독립협회

폐하가 정동에 있는 대궐로 옮긴 때를 전후에서 얼마 동안 러시아의 영향력이 증대하는 데 대하여 염려와 불신이 증대하는 것 같았으며 그것은 황제에게 러시아 공관을 떠나 환궁하라는 공식적인 요청으로 표출되었다. 황제가 아직 그 공관에 기거하고 있는 동안, 러시아에 대한 불만이 일어나기에 앞서 중국으로부터 조선의 독립을 주장하려고 황제의 동의를 얻어 서재필이 독립협회를 조직했다.

중국에서 조공을 받으러 오는 칙사를 영접했던 과거의 아치형 영은문을 허물고 새로운 독립문을 세웠었을 뿐만 아니라 이 협회의 공식 업무를 위해 독립회관이라 불리는 커다란 건물이 세워졌다. 이것을 위해 태자가 1천 달러를 기증했다. 독립회관은 모든 계층과 많은 양반층에서 폭발적인 인기를 모았을 뿐만 아니라 평민들도 회원이 되었다.

그러나 이 협회의 진정한 목적은 일반적으로 "모든" 외국 세력, 특히 중국을 비롯한 러시아와 일본 세력으로부터 조선의 독립을 유지하는 데 있었다. 그리고 가능하다면 외국인에 의한 공직의 찬탈이나 영향력 행사에 저항하고 그것을 금지시킴으로써 국민의 권리와 국가의 자치권을 위해 싸우는 것, 한 마디로, "조선인을 위한 조선"을 만드는 것을 그 신조로 하고 있었다. 그리하여 서구에서 북구 쪽으로 위협이 바뀐 것처럼 보였기 때문에 독립협회는 러시아에 반대한다는 평을 듣도록 행동하기 시작했다.

독립협회의 지도자들에 관한 얘기는 흥미롭다. 서재필 박사는 지난날 개화파에 속해 있었기 때문에 일본으로 망명해야만 했던 사람으로서, 일본에서 잠시 머무른 뒤에 미국으로 갔었다. 그는 아주 높은 신분의 부유한 사람이었으나, 재산을 몰수당했기 때문에, 스스로 벌어 일류 대학을 우등생으로 졸업했다. 그 뒤 자격 시험을 거쳐 미국 시민이 되었다. 그는 가벼운 일로 충분한 보수가 주어지는 미국 정부의 관직을 얻었기 때문에 의학 공부를 할 수 있는 여유가 있었다. 그 뒤에 매우 경쟁률이 높은 시험을 통과하여 국립의료원에서 일하게 되었다.

그러나 서재필의 마음은 고국을 향해 있었기 때문에 청일전쟁이 일어나고 일본의 국위가 선양된 뒤에 조선으로 되돌아 왔다. 조선에 와서 그는 왕의 고문이 되었고, 곧 『독립신문』을 내기 시작했다. 그것은 절반은 조선어로, 절반은 영어로 인쇄되었다. 서재필은 조국의 복지와 독립에 정열적인 헌신 의지로 가득 차 있는, 재능 있고 명석하며 설득력 있는 웅변가라는 것이 입증되었다.

서재필은 아마도 젊고 정열적인 애국 투사가 가지고 있는 공통적인 결점이지만, 이 위대한 목표의 성취를 너무나도 참을성 없이 서두르는 것 같았다. 서재필은 독립협회의 초대 회장이었으나, 황제의 구조를 위해 왕실을 공격했었던 윤웅열 장군의 아들 윤치호에게 그 자리를 물려주었다. 서재필과 마찬가지로 윤치호도 몇 년 동안 조선에서 멀리 떠나 있었으며, 중국과 미국에서 감리교 재단의 학교에서 교육을 받았다.

그렇지만 윤치호는 아직 조선의 시민권을 보유하고 있었으며, 그 역시 뛰어난 문장가요, 웅변가이며, 정열적인 애국자요 진보주의자였다. 뒤에 그는 서재필을 승계하여 『독립신문』의 편집을 맡았다. 그들을 따르는 사람들은 대개 추진력 있고 열성적인 젊은이들이었으며, 대부분이 기독교인이었고, 학생이었다. 아마도 서울에서 가장 총명하고 원기 왕성하며, 진실로 애국적인 젊은이들이 거의 다 모인 것 같았다.

이미 말한 대로 웨베르가 전보하고 황제가 러시아 공사관으로부터 환궁하고 새로운 러시아 공사 스페이어[4]가 온 이후, 조선은 그 어느 때보다 러시아의 영향권에 있게 되었다. 러시아인들이 궁궐에 떼 지어 몰려들었으며, 군대와 국고가 완전히 그들 손아귀에 있었다. 그러나 그들의 절대적인 우월권은 다만 몇 주 또는 몇 달이 안 갈 것 같아 보였다.

---

4) 스페이어(Alexi de Speyer) : 제정러시아의 외교관. 일본 주차 러시아 공사관의 서기관으로 부임했다가 1885년 묄렌도르프(G. von Moellendorff)의 요청으로 내한하여 1896년 이래 러시아 공사를 역임했다. 1898년 2월 친로파의 이범진 등과 수구파 정부를 움직여 절영도의 조차권을 비롯하여 한러은행 설립 등을 획책. 「독립신문」이 이를 폭로하여 실패하였다. 그 뒤 외교 고문 묄렌도르프와 제휴하여 고종과 민비를 친로정책으로 이끌었다. 1885년에 일어난 거문도사건으로 영국 함대 사령관 도웰(William Dowell) 제독과 일본 나가사키에서 교섭하였고, 그 후 재차 내한하여 한로 비밀협약을 체결하려다 실패하였다.

이즈음 1898년 2월에 독립협회는 모든 러시아인들을 군대와 정부 관직에서 해임할 것을 요청하는 탄원서를 왕에게 제출했다. 러시아 공사는 황제에게 이 문제에 관한 황제의 의사를 표명할 것을 요청했고, 곧 황제는 이 뜻에 찬성한다고 발표하여, 모든 러시아인들은 일시적으로 철수했다.

이와 동시에 1898년 4월 12일, 여순이 일본인들 손에서 러시아인들의 손으로 넘어갔다. 많은 사람들은 이 사실을 조선으로부터 러시아의 철수와 밀접한 관련이 있는 것으로 생각했다. 이럴 경우 조선을 먼저 생각해서 러시아가 그러한 행동을 취했다는 것은 정말 있을 법하지 않은 일이었다.

독립협회는 더욱 더 대중화해 갔으며, 야단스럽고 목청 높은 집회를 빈번하게 가졌다. 집회에서는 공적인 문제들이 아주 자유롭게 토론되었으며, 고위 관직자들의 잘못된 행동은 혹독하게 비난을 받았고 대중에게 공개되어 비웃음을 샀다. 그들은 불합리한 법령들을 날카롭게 비평하고 심하게 매도했다. 그들은 희망과 애국심으로 가득 찼으며, 그들의 목적과 소망이란 모든 잘못을 올바르게 하며, 모든 악습을 버리고, 조선은 하루아침에 자유로운 정부와 국민을 새로 만들 것처럼 보였다.

독립협회는 아주 대규모의 대중 집회를 열었다. 모든 상점은 문을 닫았으며, 전 국민이 동요했고, 믿어지지 않을 일이지만 심지어는 여인네들도 집회에 참석했다. 그 결과 고문과 반대의 여지가 있는 관습들의 철폐, 그리고 더 많은 자유를 허용할 것 등 7개 개혁을 요구하는 청원서를 정부에 제출했다.

내각은 이 요청을 승인했으며 황제는 여기에 개혁을 위한 6개의 새로운 규칙을 추가했다. 윤치호는 중추원의 부의장으로 추대되었다. 곧 일반 공공 집회가 열렸으며, 그들이 지정한 한 위원회는 새로운 개정 법령을 몇 만부 인쇄하여 각지에서 온 사람들에게 나누어 주었다.

13개의 새로운 법령 중에는, 입법 단체인 민중 의회가 설립되어야 한다는 것이 제시되어 동의를 받았다. 그것은 아주 제한적이나마 왕에게 조언할 권리를 가지며, 100명의 민중으로 구성되는데 그 가운데 50명은 인민 투표에 의해 선출되며 나머지 50명은 왕이 임명한다는 내용이었다. 그제야 정부는 독립협회에 대해 경계심을 갖기 시작했으며, 그들이 정부를 전복시킬 수도 있는 수문을 열어 주었다는 것을 깨닫기 시작했다.

이 의회를 위한 첫 번째 선거가 독립협회에서 실시되기로 했던 전날 밤, 협회의 지도자 17명이 체포되었다. 이 사람들을 사형에 처하려는 것이 법부대신의 뜻이었지만, 민중들이 한꺼번에 일어나 각 처에서 흥분된 집회를 가졌다. 거센 흥분이 표출되자 결정이 바뀌어 17명을 사형에 처하는 대신 유배시킨다는 판결이 내려졌다. 그러나 민중들은 끊임없이 분노했다.

거대한 군중들은 무장하지도 않았고 폭력에 의지하지도 않았지만, 그들은 분노하며 모든 공공장소에 있는 정부 관사 앞에 모여서 체포된 17명을 석방하든지 그들 자신들을 체포하라고 위협했다. 마침내 위협적인 시위와 분노한 군중들이 들끓은 지 5일이 지난 뒤, 17명의 지도자들이 석방되었다. 사실상 이제 독립협회는 그들이 승리를 획득했고 정부는 패배했으며, 이제부터는 국민들은 어떤 것도 성취할 수 있다고 생각했다.

황제가 아직도 이행하지 않은 13개 항목의 개혁을 약속하라는 요구가 다시 제기되었다. 이에 대해 정부 관리들은 개인 자격으로 이 군중들 앞에 스스로 나와 해산을 명령했고, 만일 군중들이 그렇게 해준다면 요구된 모든 것을 이행하겠노라고 약속하자 모든 사람들은 조용히 해산했다. 긴 인내의 시간을 기다린 뒤에도 아무런 결과가 나타나지 않았다.

어떠한 약속도 지켜지지 않았으며, 어떠한 개혁도 시행되지 않았을 뿐 아니라, 해고되었던 악질 관료가 다시 복직되었다. 그러자 한 달 뒤 국민들은 그들의 요구를 반복하려고 당시 가장 넓은 도로였던 종로에서 다시 모였다. 그때 경무사 김정근은 경찰들을 소집하여, 종로로 가서 해산하지 않은 군중들이 있으면 결과를 개의치 말고 비무장한 군중 모두를 죽이라고 명령했다. 한 사람도 빠지지 않고 거의 모든 경찰들은 자신들이 그 사람들과 하나라고 하면서 그들의 뱃지를 떼어 던짐으로써 그러한 명령에 복종하기를 거부했다.

그러자 군인들이 소집되었다. 주요 도로에 많은 군대가 주둔하고 무력을 휘둘러 군중들을 해산했다. 그렇게 되자 독립협회는 자신을 억압하려 하는 것은 황제가 아니라 악덕 관리들이며 그들의 건의안은 결코 폐하에게 전달되지 않았다고 주장했다. 그들은 오랜 전통에 따라 황제의 선처를 바라는 건의안을 가지고 왕궁 앞에 모였다. 몇 천 명의 남자들이 그곳에 조용히 앉아서 밤낮으로 14일 동안 회답을 기다렸다. 그것은 매우 감동적이고 인상적인 광경이었다.

침묵할 줄 알고 인내심이 있으며 결의가 굳은 시민들의 이러한 대열을 보고 웃음이 나오지 않았다. 많은 사람들이 그들에게 먹을 음식을 가져왔으며 몇 몇 사람들은 먹을 음식을 준비하고 또 잠을 잘 수 있는 천막이나 칸막이를 가져오기도 했다. 또 어떤 사람들은 다른 사람들이 지키고 기다리고 있는 동안 먹을 것을 가지러 갔다가 가능한 한 빨리 돌아왔다. 그들은 황제로부터 대답을 들을 때까지 그 왕궁 앞에 머무르려고 온 것이었다.

보부상

독립협회가 왕궁 앞에서 며칠 동안 진을 치자 보부상이 서울의 다른 곳에 모여 공공연히 그들이 비난하며 진을 쳤다. 보부상들은 그들의 이름에서도 나타나듯이 행상인들의 협동조합이며, 상호 이익과 보호를 위한 비밀 결사로 서로 연계를 맺고 있다. 그들은 전국적인 판매망과 연락망을 가지고 있으며, 필요할 때는 언제든지 서로를 도울 것을 맹약하고 있다.

보부상은 비밀공제조합원들처럼 그들만이 통하는 비밀 신호와 암호를 가지고 있었으며, 이것으로 서로에게 자신을 알린다. 이렇게 거대한 길드의 어떤 조합원이 다른 사람을 만나게 되면 비록 처음 보는 사람들일지라도 그의 힘이 닿는 데까지 상대방을 도와야 할 의무를 갖는다. 이러한 방법으로 그들은 곧 막대한 힘을 가지게 되었고 상하, 빈부를 가리지 않고 모두에게 공포의 대상이 되었다.

보부상들은 아주 간단한 통지로도 막강한 조직체를 소집할 수 있기 때문에 무법 집단이라는 평판이 오랫동안 그들에게 붙어 왔다. 대원군이 집권하고 있는 동안, 그 교활하고 기민한 늙은 정치가는 이 위험스러운 조합을 적대시하기보다는 동지로 만들기로 결심하고 이들에게 많은 특혜를 주었다. 그 가운데 하나는, 몇 가지 품목에 대한 세금을 거두는 권리였다.

이에 대한 보답으로 보부상들은 어느 때든지 정부의 명령에 따라 정규적으로 조직을 편성하고 지방의 감사나 다른 관리의 통제 아래에서 봉사할 준비를 갖추고 있기로 했다. 그들은 특징적인 밀짚모자를 쓰고, 다른 조선 사람들과는 조금 다른 옷을 입고 있었기 때문에 어디에서든 쉽게 알아볼 수 있었다.

이 거대한 보부상 집단의 출현에 대해서 황제는 궁중 앞에 모인 사람들을 진정시키려고 경찰이 그 행상인들을 되돌려 보낼 것이므로 두려워할 필요가 없다는 내용의 짧은 전갈을 독립협회에 보냈다. 그러고 나서 이들의 둘레에 경찰의 비상 경계선을 쳤다. 그러다가 마침내 어느 이른 아침 보부상들이 공격을 시도했다. 그때는 밤이어서 독립협회 사람들의 일부가 집에 돌아갔거나 아침을 먹으려고 갔기 때문에 그 숫자가 상당히 줄었을 때였다.

경찰은 곧 철수했다. 전체 독립협회 회원들은 강제로 해산되었으며 대부분이 몹시 다쳤다. 독립협회 회원들이 이 길을 다시 되돌아오려고 시도했을 때 군인들에 의해 차단되었으며, 그들의 적인 보부상들은 궁궐에서 보낸 음식으로 잔치를 벌이고 있었다. 그렇게 되자 독립협회 회원들은 여럿이 함께 행상인들을 쫓아내기로 했다. 그 행상인들 가운데 소수가 다치거나 죽었다. 잠시 뒤에 벌어진 두 번째 전투에서 협회원들은 후퇴하게 되었으며 한 명이 죽음을 당했다.

독립협회의 충돌

그러나 이 협회원 일단이 다시 종로에서 모였다. 그들이 "해산하면, 그들이 요구한 모든 것을 들어주겠노라"는 황제의 약속이 있었으므로, 그들은 다시 해산했다. 10일 뒤에 황제는 이들을 불러 왕궁 앞에서 만났다. 황제는 몸소 나와 대신들에 둘러싸여 특별히 만든 연단 위에 서 있었다. 외국 공관에서 나온 사람들도 한 쪽 천막을 차지하고 있었으며, 그 외에도 많은 외국인들이 그곳에 참석했다.

황제가 정부의 일에 대해 대중과 의논하려고 몸소 나왔다는 것은 오랜 역사를 지닌 이 나라에서는 아주 새로운 일이었다. 그때 독립협회 회장인 고영근[5]과 전 회장이었던 윤치호도 황제의 부름을 받고 참석했다. 왕은 손에 든 노란 황실용 종이에 인쇄된 서류를 통해 13개 개혁 종목의 수행을 엄숙히 약속하고 있었다. 그렇게 되자 집회는 해산되었다. 군중들은 또 다시 30일을 기다렸으나 "아무런 일도 일어나지 않았다."

그들은 다시 종로에 모여 그들의 요구를 새로이 재개했다. 그것은 우리 주님의 우화에 나오는 미망인—오랫동안의 기다림이 불공정한 판단으로 끝나자 계속 와서 그를 지치게 하였고 마침내는 소망을 성취했던 미망인과 같은 값어치 있는 성공이었다. 그들이 햄프턴[6]이나 크롬웰, 워싱턴이나 롤랑[7]과 같은 지도자만 있었더라도 역사는 한 번 더 반복되었을는지도 모른다.

정의롭고 두려움을 모르는 지도자가 부족했다기보다는 크롬웰과 워싱턴의 뒤에 서 있는, 굽힐 줄 모르고 꺾이지 않는 단호한 마음을 가진 몇 천 명의 사람들이 더 필요했다. 그들은 자신의 요구를 반복했고, 왕의 약속이 이

5) 정확히 말하면 고영근은 독립협회의 회장이 아니라 만민공동회 의장이었다.
6) 햄프턴(Wade Hampton : 1752?~1835) : 미국의 독립전쟁의 영웅으로서 군인이자 의회의원(1795~1797)을 지냄.
7) 롤랑(Jean M. Roland : 1734~1793) : 프랑스혁명 당시 지롱드당의 지도자로 내상(을 지냄. 혁명에 실패한 뒤 아내(Jeanne M. Roland)가 처형되었다는 말을 듣고 자결함.

행될 때까지는 정부의 어떠한 업무도 이루어지지 못하게 할 것이라고 주장했다. 때때로 군대가 와서 그들을 해산했으나 그들은 다시 모였다. 마침내 정부는 그들이 공화국을 수립하고 대통령을 뽑으려고 한다는 죄를 씌워 경찰과 군대를 서울 전역에 배치시켰다.

대대적인 체포가 이루어졌고, 심지어는 3~4명의 작은 모임도 포졸과 밀정이라는 아주 현명한 체계에 의해 해체되었다. 모든 집회가 금지되었고, 열린 집회는 해산되었으며, 독립협회는 건물과 재산을 몰수당했다. 국민들은 마음의 준비도 되어 있지 않았었고 시기가 무르익지도 않았던 것이 사실이었지만, 혁명의 시작처럼 보였던 독립협회의 운동은 적어도 당분간 막을 내렸다.

제 14 장 전도 여행(1) : 평안도

그 다음해(1897)에 우리는 다시 한 번 내륙으로 긴 여행을 떠났다. 이번에는 우리의 동반자들과 캐나다에서 새로 도착하여 선교 방법을 배우고자 했던 몇 명의 선교사들도 동행했다. 이 여행을 떠나기 직전에 언더우드 씨는 그의 관할 아래 기독교인들이 살고 있는 강변 마을을 다시 방문하여 평소와 같이 어디서나 지속적인 성장을 하고 있는 것을 보았다.

문제점이 전혀 없다거나 다시 죄에 빠져들어 불성실하게 된 사람이 없지는 않았지만 그러한 예는 아주 드물었다. 믿음에 대한 자극이 그 방해보다 월등히 앞서 있었으며 계몽에 의해 작은 모임들이 꾸준히 늘어났고 가정 생활의 수준도 아주 높아졌다. 행주에서는 널찍한 새 교회가 세워져 선교단을 놀라게 했다. 그가 전에 그곳을 방문했을 때와 다름없이 새로운 신도들이 신앙 생활을 하고 있었다.

전도 사건

김포에서의 선교 시작은 신 씨와 관련된 것으로서 아주 흥미로운 것이었다. 신 씨의 말에 따르면 어느 날 밤 그가 자고 있을 때, 한 목사가 긴 지팡이를 짚고서 그에게로 오는 것을 보았다고 한다. 목사가 손에 가지고 있던 지팡이는 지방을 여행할 때 사용하는 것이었다. 그 지팡이로 목사는 잠자는 그를 힘껏 깨우면서 말했다.

"자, 여보시오. 일을 하러 가야 되지 않겠소."

그리고 강 건너 김포를 가리키면서 다시 말했다.

"일어나 저곳으로 가서 말씀을 전하시오."

신 씨는 잠이 깨어 일어났으나 곧 다시 잠에 빠졌다. 그러자 그 목사는 다시 와서 더욱 다급하게 그를 깨우며, 복음을 들고 김포로 가라고 말했다. 그는 다시 잠이 깼고 세 번째도 다시 잠이 들었으며, 전과 똑같은 꿈을 꾸었다. 그는 김포에 사는 어느 누구도 알지 못했으며, 그곳이 다른 어느 곳보다도 복음을 전파하는 데 희망 있는 곳이라고 생각할 이유도 없었다. 그러나 그 꿈은 그에게 아주 강렬한 인상을 주어, 그곳에 가야겠다고 느끼게 했다.

그가 김포에 도착했을 때, 한 두 가정이 몇 권의 책을 통해 기독교에 관심을 가지고 있었고 누군가 그들에게 와서 더 많은 것을 가르쳐 주기를 바라고 있었다. 한때는 억세고 악명 높은 싸움꾼이었던 남자는 이제 이 부근의 기독교인들 가운데서 지도자가 되었고 강변 마을에 빛나는 등불이 되었다. 그리고 이와 같은 김포는 가장 약속된 선교의 땅이라는 생각을 들게 했다.

그해 가을에 언더우드 씨의 사업의 한 부분인 교사반 모임이 해주에서 열리게 되었다. 그 반은 하루에 5시간씩 공부했으며, 여성들은 내 방에서 나를 만나 배웠다. 교사반이 수업을 끝내고 한 시간 후인 오후에 노방 전도를 했는데, 우리들의 캐나다인 친구인 그리어슨 박사[1]와 맥크레이 씨[2]는 팸플릿

1) 그리어슨(R. G. Grierson : 1868~1965) : 캐나다 장로교회 선교사. 캐나다 파일힐신학교를 졸업하고 1899년에 내한하여 함경도 성진의 욱정교회 목사로 시무하면서 제동병원을 창설하여 구료 사업에 전념하였고, 이곳의 3·1운동에도 깊이 관여했다. 1935년에 귀국. 그의 행적에 관해서는, 강만승(편역), 『그례슨 박사 선교 수기』(서울 : 청해출판사, 1970) 참조.

2) 맥크래이(D. M. McRae : 1868~1949) : 캐나다 장로교 한국 초대 선교사. 노바스코티아 케이프브레텐에서 출생(1868). 달하우지대학을 졸업한 뒤 장로교신학대학에 입학. 신학대학 재학 중 매켄지(W. J. McKenzie) 목사 후임으로 내한(1898). 함경남도에서 선교 개시.

도 나누어주고, 노래도 부르고, 악기도 연주하면서 거리 전도에 많은 도움을 주었다. 매일 밤 그 교실에서 일반 성경 공부와 예배 모임을 가졌다.

그리스도의 증거들

성경 공부가 연기되어 우리는 관할 구역 가운데 몇 구역을 순회했다. 강변 마을의 신도 수는 아주 놀라울 정도로 증가했다. "어떻게 해야 하는지 방법도 모르던 것을 갑자기 깨닫기도 했다." 한 곳에서는 두 노인이 여행하다가 조금 피곤해서 길옆에 앉아 쉬면서 찬송을 불렀다. 가까이 살고 있던 한 농부가 이 이상한 노랫말을 듣고 노인들에게 와서 물었다. 그 뒤 얼마 되지 않아 그 농부는 가족과 함께 신도가 되었다. 그 집으로부터의 축복이 이웃집과 친구들에게도 넘쳐흘렀다.

또 다른 경우는 한 젊은 여인이 이교도의 시댁 식구들 틈에서 예수님을 향하여 매우 굳건히 서 있음으로써 마침내 승리하여 전체 가족을 믿음으로 이끌게 되었으며, 그 가족은 또 다른 사람들을 데려왔다. 이러한 경우는 다른 여러 지방에서 공통되는 사례에 지나지 않는다.

교리 문답으로 신앙을 파악하는 과정에서 배움이 얕은 불쌍한 사람들의 대답 가운데 특별히 한 늙은 할머니의 대답은 함축성 있고 감동적인 것이었다.

"예수님이 어디에 계신가요?"

"그 분은 바로 이곳에 언제나 나와 함께 계십니다."

"네, 그 밖에 또 어디에 계시지요?"

그는 목사에게 만족스러운 대답을 할 수가 없어 당황하고 망설이다가 말했다.

"나는 다만 늙고 무식한 할멈일 뿐이오. 그분이 그밖에 또 어느 곳에 있는

영생남학교 창설(1907). 함흥YMCA 창설(1918). 3 · 1운동 때 일제의 만행을 규탄하고 한국인의 인권을 옹호함.

엿장수 소년

지는 알지 못하오. 그러나 내가 '아는 것은' 다만 그 분이 언제나 바로 이곳 내 집안에 계시다는 것이오."

우리의 손길을 통해 생명의 양식을 얻었다는 이유로 우리에 대한 이곳 사람들의 헌신적인 태도는 나에게 특별히 감동적인 것이었으며, 어디서나 목사들과 주민들 사이에 존재하는 관계는 특별히 가깝고 애정에 찬 것이었다. 선교사들 가운데 한 사람이 한동안 아팠을 때 마을의 여인들은 큰 집회를 열어 몇 주일 동안 매일 그 선교사를 위해 기도했다. 이 기도회는 선교사 몰래 완전히 자발적으로 열린 것이었고 다른 지역들과 아무런 사전 약속도 없이 이루어진 것이었다.

그 다음해(1898)에 나는 남편과 함께 지방을 여행하지 못했지만, 운이 좋게도 1900년에 화이팅 박사[3]와 언더우드 씨, 그리고 우리의 작은 아들과 나는 다시 황해도 지방을 여행할 수 있었다. 우리는 2월에 출발했다. 그때에 해주와 제물포 사이를 왕복하는 작은 증기선이 운행되고 있었는데, 그것이 옛날 것보다 편리하면서도 값이 저렴했기 때문에 우리는 그것을 이용하기로 했다.

진보를 의미하는 그들의 소위 개화가 지난번 우리가 여행한 이후로 상당히 많이 진행되어 있었다. 한 시간에 약 15마일을 달릴 수 있는 철도가 서울과 제물포 사이에 놓였다. 앞에 말한 작은 증기선도 상당히 기적적인 개화의 증거이다. 그것은 보통의 쾌속선이나 작은 예인선만한 것으로서 그다지 넓지 않았다.

이 배에는 선실이 두 개가 있었는데 둘 다 키 큰 사람이 똑바로 서 있을 수 없을 정도로 천장이 낮았다. 그 가운데 하나는 서너 명이 편하게 앉을 수도 없을 정도의 폭을 가진 것으로서 불행한 하층 계급의 승객들의 방이었다.

---

3) 화이팅(Harry C. Whiting : 1865~1945) : 미국 북장로교회 소속 목사 겸 의료선교사. 1903년에 내한하여 평양선교부 소속으로 평양장로병원과 황해도 재령 일대에서 활동하다가 1919년에 아내가 죽은 이듬해 귀국했다.

다른 하나는 길이 12피트에 폭이 6피트 정도 되는 좀 넓은 방으로서 탁자 한 개와 의자 여섯 개가 있었으며, 열 명 내지 열두 명의 1등급 승객들이 타는 곳이었다.

이 방에서 사람들은 "모든 세계인"을 만난다. 조선의 관리와 평민, 일본 또는 중국의 상인, 프랑스 가톨릭의 사제, 방랑하는 곡예사, 가수, 기생과 기독교 선교사를 만난다. 선교사들을 제외한 모든 사람들은 담배를 피워 바람 가르듯 멋있게 연기를 내뿜었고, 대개의 사람들은 토속주나 외국산 술을 마셔 지나치게 취해 있었다.

이 배는 아름다운 성벽과 성문을 가진 유서 깊은 강화도를 지나 강을 따라 북쪽으로 항진하다가 마침내 바다로 나왔다. 해주의 작은 어촌의 해변에 닿기 위해서는 이 바다의 지류를 가로질러야 했다. 우리가 개화의 산물을 처음으로 이용한 바로 그때는 아직 강에 얼음이 녹지 않고 있었으며, 배가 운행을 시작한 지 불과 두 번째의 운행이었다.

사방에 보이는 것은 없었고 다만 우리의 작은 배보다 훨씬 큰 거대한 얼음 덩어리만이 있었다. 얼음 덩어리는 한번은 이쪽으로 또 한 번은 반대쪽으로 우리를 밀고 쿵쿵 부딪히며 우리의 진로를 방해했다. 때때로 심한 충격을 이기고 다시 원기를 회복하여 서투르게 장애물을 밀어 제치면서 한참 동안 숨 가쁜 고역을 치르면서 우리 배는 계속 앞으로 밀고 나가 마침내 깨끗한 바다에 이르렀다. 그리하여 육지로 가면 사흘이 걸릴 것을 다만 16시간 만에 여행을 끝냈다.

마침내 8시 30분에 우리는 끈적끈적한 차돌과 바위가 깔려 있고 길게 뻗친 진흙 갯벌에 도착했다. 그러나 반쯤 얼어붙은 눈이 바위들을 덮고 있어 어두움 속의 앞길을 몹시 위험스럽게 만들었다. 그곳에서 얻은 것이라고는 음식은 고사하고 다만 따뜻한 방 하나 뿐이었으며, 말이 "따뜻한 방"이지 그것은 문밖보다는 약간 덜 추운 곳이었다.

우리들은 완전히 굶주리고, 지치고, 얼어 있었으며, 배고픈 사람들이 흔히 그렇듯이 완전히 기가 죽어 있었다. 우리는 모두 좀 더 편히 쉬려고 마루로 나왔다. 그리고 다음날 아침 조금 기분 좋게 잠을 깨었다. 우리들의 항해에서 이보다 더 최악의 상태는 없었다.

해주의 신도들은 우리를 아주 따뜻이 환영하면서 우리 주위에 몰려들었다. 그들 모두는 얼마 전에 죽은 사랑하던 지도자 매켄지 목사를 잃은 데 대해 아주 슬퍼하고 있었다. 우리는 이틀 동안 그들과 함께 모임을 갖고 그 모임에 오고자 하는 모든 사람들을 만나 이야기할 수 있었다. 그 동안 우리는 이 신도들의 신앙을 굳세게 하고 위로했으며, 가능하다면 돌아오는 길에 그들과 더 많은 시간을 갖겠노라고 약속했다.

그곳에서 만난 한 가엾은 젊은 부인으로부터 남편이 기독교 신자가 되기를 포기하고 예전의 생활로 되돌아갔으며, 시어머니는 그를 몹시 학대한다는 얘기를 듣고 우리는 동정심을 일으키지 않을 수 없었다. 창백하게 여위고 눈물이 어려 있는 그 여인은 우리들에게 와서 조언과 도움을 청했다.

건물 대신 성경을

해주에서 우리는 장연으로 계속 여행했다. 장연에서는 지도자를 위한 교사반이 그 해에 열릴 예정이었으며 또한 화이팅 씨와 내가 여자들을 위해서 이와 비슷한 교리반을 개최할 계획을 세우고 있었다. 그곳으로 가는 길에 한 낯선 사람이 내 남편이 미국인인 것을 보더니 우리에게 물었다.

"혹시 그 원 목사를 아십니까? 그 원 목사는 때때로 이 지방에 내려와서 서로에게 착하고 친절하게 대하라고 가르쳐 주었습니다."

그는 조선의 기독교 교리서를 읽었노라고 했다. 길을 계속 따라가, 불과 몇 년 전만 해도 전혀 복음을 알지 못했던 마을에 이르러 우리는 분명한 빛의 증거들을 발견했다. 길옆의 여관 이곳저곳에서 우리는 기독교 서적을 볼 수 있었고 그 가족들도 거의 반쯤 희미하게나마 믿기 시작하고 있었다. 어느 곳에서든 그들은 "교리"를 듣고 좋아했다.

어느 곳에서나 우리를 즐겁게 환영하면서 우리의 이야기를 들을 준비를 하고 있었다. 장연에서는 상당히 많은 여인들이 우리를 맞이하려고 모여 있었다. 그곳에 도착한 지 하루, 이틀 뒤에 한 병든 여인을 만나려고 나는 혹독한 바람 속에 10마일이나 되는 거리를 찾아갔다. 그 때문에 나는 심한 감기와 기관지염에 걸렸다. 5일 동안 그 병과 싸우다가 마침내 3주나 되는 긴 시간 동안을 방안에서 꼼짝 못하고 누워 있었다.

우리와 함께 공부하려고 5마일에서 12마일이나 되는 거리를 걸어왔던 많은 여인들에게 이것은 아주 절망스러운 것이었다. 그러나 화이팅 여사가 그 자신과 내 역할을 동시에 의연하게 해냈다. 언더우드 씨의 학급에서 공부했던 목사와 지역 지도자들이 그 지방의 모든 마을에서 대표로 활동하고 있었다. 그 무렵에 그들은 전도회를 조직했다. 그것은 우리가 도착하기 전에 그들 스스로 전도회를 조직하여 부분적인 계획을 세우고 있었다. 그들은 언더우드 씨의 조언을 받아 그들의 계획을 완성했다.

그들은 그 지역의 지도를 가지고 두 명씩 짝을 지어 일을 준비했고 각자에게 4개 마을이 할당되었다. 그들은 각자 한 달에 한 번씩 자기에게 할당된 마을을 방문하되 그 해 동안에는 매주 일요일마다 방문하기로 약속했다. 전반적인 일을 살피고, 이 선교사들에게 조언하고 도우며 언더우드 씨에게 보고할 수 있도록 두 명의 감독관이 임명되었다. 모든 비용은 그들 자신이 부담하기로 했다.

교사양성반의 교육이 끝났을 쯤에는 나도 가마를 타고 다닐 수 있을 정도가 되었다. 3주나 되는 긴 시간 동안 높이 8피트도 안 되며 작고 유리창 하나 없는 방안에서 대부분의 시간을 혼자 지냈던 나는 신선하고 달콤한 공기와 햇볕에 자유로이 있다는 것이 얼마나 기쁜 일인가를 깨달을 수 있었다.

장연을 떠나기 전에 우리는 한 기독교 여인에게 영원한 작별 인사를 했다. 그는 항상 미소와 부드러운 말로 "모두가 은혜요, 모두가 사랑입니다"라고 말하면서 예수님 품안에서 조용히 잠들었다. 계획했던 대로 화이팅 씨는 더 이상 우리와 함께 가지 않고 서울로 돌아갔다.

씨뿌리기

장연을 떠난 뒤 우리가 처음 들린 곳은 온창[4]이라는 마을이었는데 그곳에서 몇 명의 신도들을 만날 수 있었다. 신도들 가운데 그곳에서 처음으로 개종했던 한 여인은 전에는 죄책감으로 말미암아 많은 고통과 부담을 안고 있었다고 한다. 마침내 그는 장연에 가면 죄를 용서할 수 있는 위대한 인물에 대해서 그에게 말해 줄 수 있는 인물이 있다는 소식을 듣게 되었다. 그는 곧 그에게 가서 예수님에 관해 듣게 되었고, 용서와 평안을 찾았다. 그리고 이 좋은 소식을 널리 전하려고 마을로 되돌아 와서 이웃에게 "말씀을 전파했다."

여성들 가운데 또 하나는 행상을 하는 여인으로서, 주일을 지키려면 상당한 희생을 감수해야만 했다. 그들의 장사는 거의 작은 장이나 5일에 한번 씩 돌아가며 열리는 장날에 이루어지는 것이었다. 그러나 아주 빈번히 이 장날이 일요일과 맞아 떨어졌기 때문에 이 하루를 놓치면 5일 동안의 이익을 모두 잃는 것이었다. 그렇지만 그는 이에 별로 개의치 않고 즐거운 마음으로 주일을 지켰다. 또 다른 경우로 선술집을 경영하는 사람도 주일에는 주요 수입원이 되는 술을 팔지 않기로 결심한 사례도 있었다.

그 다음에 우리가 들린 곳은 조천이었다. 우리가 그 마을 가까이 다가가자마자, 우리를 만나러 어린이들과 여인들, 그리고 남자들이 마중 나와 있었다. 그들은 우리를 그 마을에서 가장 부유하고 또 우두머리 격인 사람의 집으로 안내했다. 근처의 작은 마을에서 와 기독교인이 되기를 고백한 많은

---

4) 온창(溫昌) : 연안의 당시 이름.

사람들이 문답을 거쳐 세례를 받았다. 우리를 그렇게도 필요로 하는 곳에서 머물 수 있는 시간이 짧다는 것은 아주 곤란한 일이었다.

우리가 작별의 말을 하지 않을 수 없었을 때 대부분의 여인들은 정말 울었고 남자들과 어린 아이들은 우리를 몇 마일 밖까지 배웅했다. 또 그들 가운데 몇몇은 우리의 다음 마을까지 따라오기도 했다. 그들은 우리가 그들에게 해준 그 작은 일을 대단히 고맙게 여겼으나, 오히려 우리는 그들의 어린 아이와 같은 단순한 믿음과 하나님에 대한 전적인 의지를 그들로부터 배울 수 있게 허락해 주신 주님께 감사했다.

그 마을의 지도자의 부인인 하 씨는 마을에서 글을 읽을 줄 아는 유일한 여인으로서 다른 여성들을 훌륭하게 가르쳤다. 조용하나 강인하고 총명한 그는 보기 드문 조선의 여인상으로 보였으며, 조금만 더 교육을 받는다면 아주 훌륭한 일꾼이 될 수 있을 듯했다. 그는 최근에 얻은 4복음서와 『사도행전』을 아주 잘 알고 있었다. 그러나 그가 조언과 가르침과 지도를 받을 수 있는 기회는 매우 적었다.

우리의 다음 목적지는 조천에서 약 12마일 떨어져 2천명이 사는 작은 시골이었는데, 몇 시간의 여행 뒤에 바로 닿을 수 있었다. 이곳에서 우리는 허리를 굽혀야 하는 부엌과 방이 두개 있는 깨끗하고 안락한 작은 집에서 묵었다. 그 집은 주민들이 우리를 위해 절반의 비용을 부담하고 교회 가까이에 지은 것이었다.

우리 방으로 오르는 계단은 조상 제사에 쓰던 돌로서 예전에는 매우 소중히 여기던 것이었으나 이제는 사용할 곳이 없었다. 여인들이 나를 반기며 떼 지어 들어왔고 다음날 폭 16피트 길이 24피트가 되는 넓은 방에서 이들을 가르쳤다. 외국 여자와 아이를 보려고 온, 그러나 기꺼이 그리스도에 관해서 듣기를 원하는 이교도의 여인들로 방안이 붐볐다. 그리고 평상시와 다름없이 이들에게서 사탕과 과일, 다른 음식들이 쏟아져 나왔다.

많은 사람들이 세례를 받기 위한 문답을 치렀으며, 만족스러운 개종의 증거를 보였으나, 그 모든 사람들 가운데서도 가장 나의 흥미를 끈 것은 한 늙은 귀머거리 여인이었다. 그는 전혀 듣지 못했으며 좀 우둔했다. 조선 사람 지도자조차 그가 질문을 듣고 이해할 수 있도록 한다는 것이 거의 불가능한 듯했다. 그는 세례를 받기를 열렬히 원했으나 우리는 그가 복음을 충분히 알고 있는지를 몰라 당황했다. 마침내 한 질문이 그의 귀에 들린 것 같았다.

"당신이 죽으면 어디로 갑니까?"

그의 얼굴빛이 밝아졌고 대답이 나왔다.

"나는 예수님께로 갈 것이요."

바로 이것이다. 하늘이 아니고 예수님인 것이다. 이것이 바로 언제나 우리에게 감동을 주는 본질이다. 예수는 지금 그들이 머물고 있고 미래의 희망이며, 그들의 지혜이자 정의로움이며 숭배의 대상인 것이다.

이곳 은율로 복음을 처음으로 들여온 사람은 상당한 재산이 있는 고관 댁의 한 남자였다. 그는 사무실을 하나 사려고 서울에 갔다가 그리스도에 관해 듣고 사무실을 사는 대신에 한 짐의 책을 사 은율로 가지고 왔다. 그리고는 그의 이웃에게 이 책을 나누어주었다. 바로 그때 한 관리가 그곳 은율로 내려가게 되었다. 그는 언더우드 씨의 친구였기 때문에 그곳으로 언더우드 씨를 초대했다. 언더우드 씨는 그에게 감사를 표시하면서 이렇게 말했다.

"만일 내가 간다면 그것은 오직 선교의 목적으로 간다는 것을 당신도 아시겠지요?" 그 관리는 이렇게 대답했다.

"물론이요. 얼마든지 와서 선교하시오."

그리하여 언더우드 씨는 만일 그가 그 곳에 있는 동안 널찍하고 편리한 관청 건물을 그의 뜻대로 예배 장소로 사용할 수 있게 해준다면 그곳을 방문하겠다고 했더니 곧 수락했다. 그래서 그해에 성경반이 그 곳에서 열리기로 되어 그와 더불어 기독교 지도자들의 모임이 마련되었다. 언더우드 씨는 사전에 듣지 못했던 일이었지만, 사무실보다는 주님을 선택한 한 남자가 열성적으로 준비하고 있었다.

은율에 있는 기독교 신자들도 아끼지 않고 찬조하기 시작했다. 그렇지만 그렇게도 열심히 복음을 전파했고 그렇게도 너그럽게 일을 도왔던 그 남자는 세례를 받지 못했다. 문제는 바로 그가 두 명의 아내를 거느리고 있었다는 것이었다. 그는 둘 가운데 누구도 자신이 떼어 보낼 수 없었고, 그들도 자신을 그의 가족의 일원으로 만들어 준 그에 대해서 강한 귀속감을 가지고 있었으며 절대적으로 그에게 의존하고 있었다.

한 남자의 모든 아량과 관대한 행위와 온유함이 이 두 여인의 마음을 끌었다. 그들은 기생들과는 달리 그 지방 사람들의 눈으로 볼 때 어떤 책임감을 공유하고 있었다. 그들은 무도하거나 사악하지 않았으며, 그러한 생활에서는 인내와 고분고분한 마음을 가져야 한다는 관습을 지키며 지내고 있었다.

그러나 마침내 그는 우리가 그곳에 있는 동안 그의 두 번째 부인에게 충분한 수입을 낼 수 있는 땅과 집을 주어 내보낼 결심을 하기에 이르렀다. 그렇게 해서 그와 그의 아내와 어린 아이, 장성한 아들 내외와 어린 손자, 그리고 거기에 딸린 모든 사람들이 세례를 받았다.

은율의 주민들은 자신의 예배당을 세월을 뿐만 아니라, 선교사들을 위해 손님용 집을 짓는 데도 경비의 절반을 지불했다. 우리가 떠날 때는 걸을 수 있는 모든 신자들이 우리에게 작별을 하려고 나왔다. 그들은 "평안히 가시요."라고 인사했다. 우리는 서로를 위해 기원하면서 헤어졌다. 늘 그렇듯이 남자와 소년들의 긴 행렬이 우리 뒤에 뻗쳐 있었다.

우리가 찾아갈 다음 도시는 6마일 떨어진 박천이었다. 지난날에 우리가 보통 다니던 거리는 20~30마일이었는데, 이제는 6마일이나 8마일 또는 12마일 정도의 가까운 거리에서 멈추어야 했다. 박천에 도착하기에 앞서 우리는 어느 농촌에 멈추어 그 곳 기독교인들의 작은 집단을 만나야 했다. 그곳은 지나던 신자들에 의해 믿음의 씨앗이 뿌려져 온 가족이 개종하게 되었던 곳이다.

이곳에서 우리는 그리 멀지 않은 다른 마을에서 온 젊은 새댁을 만났는데 그는 남편과 더불어 최근에야 신도가 되었다. 박천에서도 우리는 변함없이 온정 어린 환영을 받았다. 거기서 나는 소래에 살던 김씨 부인이 구원의 천사처럼 스스로 정한 곳에 가서 보수도 없이 말씀을 전파하고, 전혀 읽을 줄도 모르는 가난한 여인들에게 복음을 가르치고 있는 것을 보았다.

이웃 마을에서 온 상당히 많은 사람들이 이곳에서 세례를 받기 위한 시험을 보았고 우리가 떠나오기 바로 전에 세례식과 성찬 예배를 드렸다. 교회가 아직 다 건축되지 않아 아주 습기가 많고 추웠던 데다가, 사람들로 붐비기까지 해서 나의 어린 아들은 우리의 모임이 끝날 때까지 바깥에서 내보냈다.

목사의 아들

그러나 겨우 예배가 무사히 시작되었을 때, "목사의 아이가 우물에 빠졌다"는 소식이 들려 왔다. 언더우드 씨는 긴 찬송가를 부르게 하여 사람들이 자리를 뜨지 않도록 해 놓고는 아이를 구출하러 달려 나갔다. 그러나 우리가 도착했을 때 그는 그 차가운 욕조에서 구조되어 우리들의 방으로 옮겨져 있었다. 우리의 짐을 전부 실은 달구지는 다음 장소를 향해 곧 출발할 수 있도록 문 앞에 세워 두었었다.

짧은 순간에 모든 짐을 끌어내리고 트렁크를 열어 마른 옷 몇 가지를 꺼냈다. 이 달구지가 이미 떠나 몇 마일을 가지 않은 것 만해도 무척 다행이었다. 내가 숙소로 막 뛰어갔을 때 나는 물에 젖어 떨면서 나를 기다리고 있는 작은 동물처럼 젖은 아이를 발견했다. 다행히도 그는 별다른 상처를 입지 않았으며, 곧 몸이 마르고 따뜻하게 되었다. 그의 젖은 옷은 달구지에 매달려서 훌륭한 스프링클러 역할을 했다.

떠나기 직전에 나는, 온몸에 천연두 종기가 나 거의 발가벗은 아이가 문가까이 서 있는 것을 보았다. 나는 한 주민에게 현재 이 마을에 이러한 질병을 앓고 있는 사람이 얼마나 있는지를 물어 보았다. 대답을 간추리면 "어느 집에나" 그런 환자가 있다는 것이었다. 내가 물었다.

"왜 우리가 묵었던 집안에는 한 사람도 없었지요?"

"아, 그게 아니라, 당신들이 오던 그날 그 방을 당신들에게 내주려고 그들은 아이를 데리고 나왔습니다."

우리는 그 오염된 작은 방에서 먹고 잠을 잤으며, 담요를 그 곳에 펼쳐 놓았고, 트렁크를 열어 놓았으며 우리가 가진 모든 것들을 그 전염병에 노출시켰던 것이다. 우리의 짐 꾸러미가 도착하기에 앞서 우리는 심지어 그들의 부엌 용구, 수저와 밥그릇까지도 사용했던 것이다. 우리 부부는 자주 그 병균을 접촉하여 완전히 면역되었다고 믿고 있다. 언더우드 씨는 가장 악성인 질병을 가진 사람도 간호한 적이 있으며 나도 환자들 사이에서 병균과 접촉을 가졌었지만 우리의 아들은 어쩌면 좋을까!

그리하여 우리는 가장 가까이 있는 전보국에 발 빠른 심부름꾼을 보내어 평양에 있는 웰즈 박사(Dr. Wells)에게 전보를 치게 했다. 그러나 그 전보국은 24시간이나 걸리는 곳에 있었다. 웰즈 씨는 곧 바이러스가 든 용기를 날랜 사람의 손에 들려 보냈고 그는 그것을 가지고 일주일 후에야 우리에게 도착했다.

풍천

우리는 이 나라가 천연두와 홍역과 백일해로 가득 차 있다는 것을 알 수 있었고 천연두의 경험에 덧붙여 홍역과 흡사한 병을 겪었다. 이 작은 마을 가운데 어느 마을에서의 상황은 다른 마을에서와 비슷했다. 현감이 있는 풍천에서는 거의 견딜 수 없을 정도의 많은 사람들이 우리에게 몰려들었다. 그때 현감이 멀리 나가 있었고 그의 대리인이 우리를 도우려 하지 않는 사람이었기 때문에 상황은 더욱 심각했다.

외국 여자와 어린 아이를 한 번도 본적이 없었기 때문에 우리들은 호기심에 차 진기한 것을 보하려고 몰려든 사람에게 완전히 포위되어 있었다. 그러나 그것은 잘못되었거나 불법적인 일이라고 할 수가 없다. 그날 밤 그 곳에 있는 기독교인들과 짧은 모임조차 갖지 못할 정도로 우리는 너무나 지쳤기 때문에, 방문을 걸어 잠그고, 방어망을 치고 커튼을 내린 채 우리들만 안에 있었다.

그런 상황에 놓여 있을 때마다 나는 지난날에 결코 느껴 본 일이 없지만, 우리의 정결한 주님의 입장을 얼마나 공감하게 되는지 모른다. 주님은 몇 천 명의 열렬하고 이기적인 군중들의 끈덕진 요구에서 완전히 벗어나 작은 휴식을 취하려고 산이나 사막으로 몸을 숨겼으나, 거기에서도 군중들은 몰려들어 그를 따랐던 것이다.

우리가 알고 있는 바로는 "그들은 먹을 시간 여유도 없었으며" 따라서 주님은 자신에게서 병 고침을 받은 사람들이 그 소문을 내지 못하도록 했다. 그러나 이것도 전혀 쓸모없는 것이었다. 그는 쫓기는 사람만이 느낄 수 있는 단 몇 시간의 평온과 안정을 얼마나 갖고 싶었을까? 그러나 그는 또 얼마나 참을성 있고 온화하며 자비로웠던가! 그것은 쫓겨본 사람만이 알 수 있을 것이다.

그 다음날 나는 방에 가득 찬 이교도의 여성들에게 성경을 이야기했다. 들어 올 수 없었던 사람들은 창가에 가득 모여 있었고, 보거나 들을 수 있는 곳이라면 어디나 사람들로 가득했다. 그들은 흥미나 관심을 가지고 거의 한 시간 이상 들으면서 때때로 아주 현명한 질문을 하기도 하면서, 극진한 존경심을 가지고 나를 대해 주었다.

그날 오후에 또 다른 작은 집단을 만났는데, 그들은 소래의 김씨 부인이 방문하고 가르친 사람들 가운데 가장 희망적인 사람들이었다. 우리는 그들과 함께 할 수 있는 짧은 시간을 유용하게 쓰려고 노력하면서 대화하고 찬송하고 기도했다. 몇 명이 교리 문답을 받았으나 상당 기간 동안 믿음을 가-

졌던 두 세 명만이 세례를 받았다.

풍천을 출발해서 아주 아름다운 계곡과 훌륭한 경치를 지닌 산을 넘어 산속에 아늑하게 자리 잡은 마을에 이르렀다. 이곳에서는 복음에 대한 관심이 산중의 다른 두 마을에까지 전파되었으며, 이 모든 것은 소래에서 온 여인에 의해 시작된 것이었다. 그는 글을 몰랐으나 그가 만나는 모든 사람에게 끊임없이 그리스도를 전파했다. 그의 아들은 그 지역의 복음 전도자였고 그의 가족도 또한 모두 기독교 신자였다.

그때까지 우리가 순회하는 동안 언더우드 씨는 150명에게 교리 문답을 했으며 그 가운데 절반은 세례 지원자 명부에 기록했다. 풍천에서 우리는 조선 사람들이 악마를 쫓으려고 집의 문설주 기둥과 문 위에 피를 뿌리는 관습이 있다는 것을 알게 되어 아주 흥미로웠다. 장연에서의 한 반에서 내가, 유대 민족이 이집트를 떠나기에 앞서 이러한 일을 행했으며,[5] 그것이 무엇을 뜻하는 것인지를 이야기하자 그들은 서로를 바라보고 놀라며 소리쳤다.

"아니, 그것은 우리의 풍습입니다."

그러나 풍천의 여관에서 우리는 그것이 다만 최근에야 행해졌던 것임을 알게 되었고, 조선의 그 지역에서 아주 보편적인 풍습이라는 것도 알았다. 또 그곳 조선 사람들은 누룩을 넣지 않는 빵 잔치와 아주 유사한 한식의 풍습이 있다는 것도 알았다.

칠봉에서 원통까지의 경치는 아주 아름다웠다. 산을 가로질러 길이 나 있었고 그 길을 따라 멋진 냇물이 있었다. 이러한 산의 고요함 속에는 아주 훌륭한 안식이 있으며, 그곳에는 성스러운 침묵을 깨뜨릴 세속적인 어떠한 소란스러움도 없이 다만 자연의 소리만이 인간을 감싸고 있는 평화로움을 돋보여 주고 있다. 여기서는 누구든지 하나님이 가까이 있어 그와 쉽게 대화

---

5) 『구약성서 출애굽기』 12 : 22-25.

할 수 있다고 느끼게 된다. 이러한 풍경 속에서 모든 사람의 마음이 아무런 노력 없이도 고양된다.

원통을 출발해서 앞서 여러 번 언급했던 소래를 향했다. 우리는 교회 옆에 있는 학교 교실에서 묵었는데, 그곳은 마치 햇볕이 잘 들고 쾌적한 아파트 같았다. 소래의 학교는 이미 전국적으로 유명해진 곳이었으며 다른 지방에 사는 기독교인들이 그들의 아들들로 하여금 기독교적 가르침을 받을 수 있도록 그곳으로 보내고 있었다. 다음날 아침 일찍, 작은 소년·소녀들의 무리가 문밖에서 우리를 기다리고 있었다. 그들은 특별히 준비한 풀을 먹이고 염색하고 빳빳하게 다림질한 주황, 초록, 노랑의 아주 밝은 색의 깨끗한 새 옷을 입고 있었다.

그 뒤에 우리는 그들과 매일 아침 노래 공부 시간을 가졌으며, 아울러 성경도 들려주고 설명해 주었다. 아이들의 공부반에 바로 이어서 여성들의 공부반이 시작되었으나 많은 여성들이 어린이반에 와서 함께 공부하기도 했고 또 많은 어린이들이 여성들 시간에 와서 배우기도 했다. 오후에 여성들은 또 다른 성경 공부를 위해 다시 왔으며, 밤에는 남자, 여자, 어린이들이 모두 함께 언더우드 씨와 기도하고, 찬송하며, 성경을 공부했다.

나는 이곳 소래에서 다시 한 번 몹시 앓아누웠으나 병이 가장 악화되는 듯해 보일 때 회복되었다. 그것은 나를 위해 밤을 새워 기도한 김씨 부인과 다른 많은 이곳 기독교인들의 기도에 대한 주님의 응답으로 이루어진 것이었다. 이러한 사랑과 헌신은 목자와 신도들 사이의 유대를 더욱 굳게 만들어 주었다.

내가 여행을 할 수 있게 되자 우리는 곧 해주와 서울로 돌아갈 길을 재촉했다. 왜냐하면 서울에서 60마일가량 되는 시골 마을에 있던 기포드 씨[6]의 사망을 알리는 슬픈 소식이 왔기 때문이었다. 그는 조선 사람 조수 한 사람

---

6) 기포드(D. L. Gifford) : 그의 행적은 잘 알려져 있지 않으며, 『한국의 생활상』(*Everyday Life in Korea*, New York : Fleming H. Revell Co., 1898)이라는 저술이 전해지고 있음.

만 지켜보는 가운데 외로이 떠났다. 어느 날 밤 갑자기 그가 심한 병을 앓고 있다는 것을 거의 알아차리지 못한 가운데 짧은 기간 병을 앓은 뒤 그는 곧 세상을 떠났다는 것이었다.

기포드 씨는 그곳의 모든 사람들로부터 사랑을 받았으며, 그의 영적인 품격과 헌신을 알지 못하는 사람이 없었다. 그는 아시아 이질에 걸린 뒤 건강을 회복할 수 없을 정도로 아주 허약한 상태에 있었다. 그는 얼마 전에야 약간 회복하기 시작했으며 마침내 시간이 지나면 완전히 회복할 수 있으리라는 희망을 가질 수 있게 되었다.

그러던 터에 한 조선 사람의 전갈이 예고도 없이 기포드 여사 앞에 불쑥 나타나 그의 남편이 죽었다는 것을 알렸다. 그는 결코 다시는 남편의 얼굴을 볼 수 없게 되었던 것이다. 그리고 여성들이 소중히 여기며 그들의 아픈 가슴을 조금이나마 위로하는 작은 유품의 하나인 유언서로 슬픔의 위로를 삼아야 했다. 그는 마치 줄기가 거칠게 꺾인 백합처럼 풀이 죽었다. 그에 대한 첫 번째의 충격이 끝나고 친구들이 평화롭고 편안한 밤의 휴식을 위해 그를 두고 떠난 며칠 뒤 그의 마음은 조금씩 평안을 되찾고 있었다.

그러나 한 조선 하인이 그의 방에 들어가서 그의 남편은 자신이 병을 무관심하고 가볍게 여겼기 때문에 거의 치료를 하지 않은 채로 홀로 죽어 갔다는 것을 말했을 때 그는 그 충격을 이겨내지 못했다. 친절하며 조용하고 불평하지 않던 그는 점점 더 약해져 갔으며, 사랑하는 남편이 죽은 지 단 한 달 뒤에 그의 온화한 영혼은 그의 뒤를 따랐다. 그들 부부는 가장 마음이 잘 맞고 서로 어울리는 부부였으며, 그들이 그렇게 빨리 다시 만나게 된 것은 주님의 자비로운 배려처럼 보였다.

기포드 부인은 모든 사람에게서 극진한 사랑을 받은 여인이었다. 그는 겸손하고 나서지 않는 조용한 성품을 지녔으면서도 지칠 줄 모르는 헌신과 자기 희생으로 선교 사업에 눈에 띄게 전념했던 여성 가운데 하나였다. 그는 이곳에서 그리스도를 위해 10년 동안 일했다. 그가 그렇게도 사랑하고 그렇게도 충실하게 봉사했던 조선 사람들은 그를 남편 곁에 안장했다. 우리 모두는 그의 죽음에 대한 손실이 표현할 수 없을 정도로 크며 인간적인 관점에서 보면 도저히 만회할 수 없을 정도라고 느꼈다.

평양

그해 가을에 우리는 1889년 신혼여행 이후 처음으로 평양을 방문했다. 그곳에서, 지금은 아주 규모가 커진 전체 선교단의 연례 모임을 개최하여 다음 해의 사업 계획을 논의하고 확정하기로 되어 있었다. 우리 모두는 흔들리는 작은 기선에 우리의 생명을 걸어야 했으나 예상과는 달이 그 기선은 우리의 목적지에서 그리 멀지 않은 곳에 우리를 안전하게 내려놓았다.

평양에서 우리는 대단히 변화된 모습을 보았다. 편안하고 쾌적한 집에 사는 선교사들, 조선 사람들의 비용으로 거의 2천 명을 수용할 수 있을 만큼 커다란 새 교회, 순박하고 열성적인 농민들의 대규모 집회, 이 모든 것들을 보고 듣는 것은 우리 인간의 영혼을 기쁘게 했다. 우리의 마지막 방문에서 이교도의 그 엄청난 돈의 소비를 보고, 권고할 사항과 그곳에 선교 지국을 만드는 문제를 논의하는 것이 우리에게는 대단한 감격이었다.

적어도 신교의 선교사의 초창기에 이 나라에 왔던 우리와 다른 분야에서 우리와 같은 입장에 있는 사람들에게 그 과제는 아주 엄청나고 아주 감격적인 것으로 보였으며, 오지에서 하나님의 권능과 의로움의 놀라운 증거를 보면서 우리의 마음은 기쁨과 경외로 가득 찼다. 어떻게 우리가 움츠리거나 의심하거나 두려워할 수 있으며, 어떻게 "영광과 존경과 지배와 권능의 권좌 위에 앉아서 영원히 어린양을 돌보시는 그분에게"[7] 돌리지 않을 수 있겠는가!

---

7) 『신약성서 요한계시록』 5 : 13.

나는 북쪽의 황해도와 평양 지방에서 행한 하나님의 업적을 개인적으로 더 많이 보지 못한 탓에 이 책을 읽는 독자들이 그곳의 기독교인들에 대해 보다 잘 알 수 있는 흥미 있는 사건들을 많이 알려주지 못하는 것을 유감으로 생각한다. 그렇지만 1901년과 1902년에 평양과 신천에서 보내 온 보고서 내용을 밝히는 것으로 그것을 대신하고자 한다.

> "이곳 평양 분국 관할 지역 전체에는 세례를 받은 성인이 3,100명, 세례 지원자 명단에 오른 사람이 3,737명이 있다. 또, 12,000명 이상이 다소 규칙적으로 다양한 방법을 통해서 복음을 계속 접하고 있다. 올해에 세례를 받은 사람은 모두 642명이며 세례 명부 등재자는 1,363명이다. 평양에 있는 교회에는 1,153명의 신도와 세례 명부 등재자가 있으며, 주일에 보이는 수는 1,200명에서 1,600명 사이이다."
>
> "이 밖에도 은율 순회 교회와 서울 본부를 포함한 8개 지방 교회가 있으며 184개의 지교회가 있어 그곳에서 5,684명의 신도와 세례 명부 등재자가 일하고 있다."
>
> "이곳에는 40여 개의 초등학교가 있고, 교육관 1개, 5명의 여선생과 37명의 남선생을 포함하여 전체 42명의 선생이 있고 학생 수는 740명이다. 올해에 13개의 학교를 세웠다. 한 학교를 제외한 거의 모든 학교가 자체 예산으로 운영되고 있으며, 그 한 개도 거의 자체 예산으로 운영되고 있다. 병원에 소속된 사람이 9,094명이고 4명으로 구성된 의학 교실이 있다."
>
> "평양에서 개최되는 것을 제외하고도 197개의 특별성경반이 개최되었으며, 지도를 받으러 온 사람은 약 2,300명이었다. 이 성경공부반 가운데 20개는 선교사들이 인도했고 나머지 87개는 조선의 지도자나 조수가 인도했다. 이 모든 성경공부반은 조선 사람 자체의 경비로 운영되었다."
>
> "이곳에는 현재 136개의 예배당이 있다. 올해에 건축 가운데 있는 것이 21개로서 예배당 설립에 사용된 돈은 5,367냥이었다. 그것은 모두 조선 사람들의 기부금이다."

"병원에 대한 기부금을 포함하여 조선 사람들이 기부한 전체 금액은 43,949냥에 달했으며, 이는 일본 화폐로 5,860엔이고 미금화로는 2,930달러이다."

"이러한 모든 일을 감독하고 수행하는 것은 7명의 성직 임명을 받은 선교사(한 사람은 일시 해고되었으나 곧 새로운 사람이 들어왔다.), 1명의 의학 선교사, 4명의 미혼 여성 선교사, 7명의 선교사 부인들로 구성된 단체이다."

"이곳에는 21명의 성직 임명을 받지 못한 전도사 또는 조수가 있고, 7명의 성서 연구 여성들, 15명의 성서보급원, 그리고 그 외 복음 전도의 일을 하는 다른 보조원 몇 명이 있다."

1901년과 1902년에 신천 지교회에서 보내 온 보고서들 가운데 몇 개를 인용해 보면 다음과 같다.

"우리는 이제야 이곳의 21개 마을 가운데서 15개 고을에서 모임을 만들었으며, 다른 6개 마을에도 적어도 4명 이상의 신도가 있다. 이 모임은 어느 선교사의 방문으로 조직되었으며, 각기 독자적인 명부를 가지고 있고 교회 관리원은 44명이다. 그러나 적어도 8개 지역은 매주 마다 주일을 지키려는 모임을 갖고 있으며 조수가 규칙적으로 방문하고 있다."

"지난해 7월부터 올해 7월까지 세례를 받은 숫자는 267명이었으며, 그 숫자는 우리가 지금까지 한 해 동안 이루어 왔던 것 가운데 가장 큰 수확이다. 3~4명의 노인들을 제외한 이 267명 모두는 적어도 1년 동안 세례 지원자 명부에 올라 예비 기간을 가졌던 사람들이다. 올 봄에 의주의 서부 지역을 방문할 수 있었더라면 수확은 더 컸을 것이다. 거기에는 아주 많은 사람들이 세례를 기다리고 있다."

"유아 세례자의 수는 15명이었다. 세례 지원자 명부에 오른 사람의 수는 696명에 이르렀다. 이들은 모두 적어도 2개월 이상 신앙을 지켜 왔으며, 대개의 경우는 그보다 훨씬 더 오래 신앙 생활을 했다. 이들은 아주 신중하게 시험을 치렀으며, 그 시험에서 적게 잡아도 150명의 세례가 연기되었다. 같은 시간에 5명의 교회 구성원이 일시적으로 자격을 박탈당했으며, 5명은 제명되었고, 16명의 세례 지원 명부에서 떨어져 나갔다."

"따라서 7월 1일에는 교회에 등록된 사람이 677명, 유아 세례자가 25명, 세례 지원 등재자가 1,340명, 모두 합해서 2,042명, 등록되지 않은 신자들과 합하면 모두 3,429명의 신자들이 한 교회에서 예배를 보게 되었다. 그러나 위에 언급하는 교회의 구성원 가운데 11명이 직분을 정지당했으며, 8명 이상이 다음 선교단 방문 때까지 회개하지 않으면 징계될 것이다. 이 19명은 교회의 구성 임원 가운데 2.8%에 해당하는 비율이다. 1,340명의 세례 지원 명부 등재자 가운데 109명, 곧 약 8.1%가 명부에 올라 있기는 하나 현재 기독교에 관한 흥미를 잃었다. 우리의 경험에 비추어 보면 이들은 적어도 3년 동안 보류하는 것이 좋다. 그렇지 않으면 그들은 상당한 죄를 짓게 되어 교회가 비판의 대상이 될 수도 있다. 그러나 그들 가운데 대부분은 어떤 새로운 환경 아래 놓이게 되면 다시 기독교인의 생활로 되돌아오기도 한다."

위에 인용한 것들은 교회가 어떻게 성장하고 있는가를 나타내 준다. 특히 평양으로부터 들어온 보고에 따르면 그들이 복음을 지원하고 이웃의 이교도들의 기독교 신앙을 향상시키려고 돈과 노동을 얼마나 넉넉히 내놓는가를 잘 나타내 준다. 나는 또 위에 언급한 같은 해에 보고서 가운데서 그들의 자립성에 대한 내용을 뽑아 소개하고자 한다.

"조선인 교회가 성직을 수여 받은 목사를 배출하자마자 교회는 그들을 재정적으로 지원해야 했다. 이 목적을 위해 교회는 준비를 해 오고 있다. 이곳 평양 지회에서는 단 한사람의 조수만이 전적으로 외국인의 지원을 받고 있으며 4~5명이 부분적으로 지원을 받고 있을 뿐이다. 그리고 아직 성직 임명을 받지 않은 사람 또는 조수들 거의 모두가 조선 사람 교회의 지원을 받는다. 단 한 학교가 예외일 뿐, 이곳 시골 35개 학교 전체가 학교를 운영하는

소래교회의 서 장로와 그의 가족들

조선의 단체들에 의해 유지된다."

"조선의 기독교인들은 자신의 예배당을 마련하는 것이 오랫동안 관례로 되어 왔다. 다만 적게 도와주는 것이 현명하다고 생각될 때만은 예외였다. 학교에서도 그러한 사고 방식을 고취시키려고 가능한 수단이 모두 동원되었다. 그리하여 교육에 가장 고귀한 가치를 두게 되었으며 학생들은 교육을 받으려고 노동과 돈을 기꺼이 제공할 수 있다는 생각을 갖게 했다. 교육은 상당한 비용을 들여 얻었을 경우에만 가치 있는 것으로 여겨지고 있다. 병원조차도 의약과 치료비를 지불할 수 있을 정도로 자립할 위치에 있게 되었다."

"기근이 있었음에도 불구하고 조선의 기독교 신자들은 모든 면에서 무엇이든 할 수 있다는 것을 보여주었을 뿐 아니라 기꺼이 그들의 몫을 제공하여 지원했다. 그들은 여러 집단의 운영비를 지원했을 뿐만 아니라 그 고장에 있는 초등학교도 지원했고, 학교 단체에 기금을 냈으며, 성직 임명을 받지 못한 전도자들의 봉급을 주었으며, 평양에서 열리는 교사양성반이나 서울에서 열리는 종교 회의에 대표단을 보내기도 했다. 가난한 사람들을 도우려고 상당한 돈을 내놓았으며 선교위원회에도 넉넉하게 기부금을 냈다."

여성의 도움

이 보고서들 가운데서 빠뜨려서는 안 된다고 생각되는 것으로서, 신천의 체이스 양[8]이 보낸 것을 하나 소개하고자 한다. 이것은 모든 기독교 여성 독자들의 가슴을 울리게 만들 것이다.

"평안도 북부에는 199명의 여성 세례 신자와 588명의 여성 예비자가 있으며 전체 1,200명에 달하는 여성 기독교 신자가 있다. 나는 이 많은 사람들 가운데 아주 단편적으로 몇 몇 사람들에게 갈 수 있었던 때가 있었다. 내가 만났던 사람들은 우리가 그들이 의당 지키기를 바라는 생활을 하고 있는 부분도 많았고 그렇지 않은 부분도 많았다. 그러나 내가 그들과 개별적으로나 집단적으로 가진 접촉을 통해서 얻은 인상은 무엇보다도 그들이 배우고자 하는 열망이 아주 강하다는 것이었다. 이곳의 요구를 들어주면 저곳에서 요구가 들어왔다."

"우리는 그 절박한 요구를 고려해 달라고 선교단에 요청했다. 어떤 곳에서는 명백히 불평하는 사람도 있었다. 그들은 목사가 방문해 주고, 세례지원자가 세례 시험을 받고, 여성들을 가르칠 사람을 오랫동안 기다렸다고 그들은 말했다. 여성들이 여러 번 먼 지역에서 와서 내가 신천을 떠난 뒤 그 다음 차례에는 꼭 그들의 모임을 방문할 것을 약속해 달라고 나에게 간절히 요청하곤 했다."

---

8) 체이스(Maria L. Chase : 1869~1938) : 미국 북장로교회 소속 여성 선교사. 1896년에 내한하여 부산 · 대구 · 선천 등지에서 봉사하다가 건강을 잃고 1911년에 귀국함.

"나의 학급에 참석했던 많은 여인들은 눈물이 글썽이는 얼굴로 다음과 같이 말하곤 했다.

'믿음에 관해서라면 나는 정말 믿고 있습니다. 나는 구원을 받으려고 지금 그리스도에게 매달리고 있습니다. 나는 그 외에는 아무 것도 믿고 싶지 않습니다. 그러나 나는 너무나 무지합니다. 나는 성경에 관해 알고 있는 것이 너무나 적습니다. 나는 무식해서 어떻게 성경을 읽어야 할지도 모릅니다. 나는 위대하신 예수님의 교리에 관해서도 아는 것이 거의 없습니다. 내가 그를 영광스럽게 하는 방법을 모르는데 어떻게 주님이 나를 당신의 자식이라고 기쁘게 부르실 수 있습니까?'

그들은 말하기를, 남성들은 커튼[9]의 다른 쪽에서 자기들이 이해할 수도 없는 훌륭하고 놀라운 것들을 가르쳤다. 그러나 한 여성이 그들 사이에 끼어 앉아 그들이 전혀 듣지 못했던 모든 문제들에 대해 들었다고 한다. 그들은 인내심 있는 한 여성이 자신들이 얼마나 무지한가를 내보인 것을 부끄럽게 여기지 않는다. 이러한 진심 어린 문제점을 들어주는 것은 쉬운 일이 아니다. 그리고 적당한 방법으로 그들의 요구를 충족시키기란 나 스스로도 어떻게 할 수 없는 일이었다."

9) (원저자 주) 교회는 커튼으로 반이 나누어져 한쪽에는 여성이 앉고 다른 한쪽에는 남성이 앉는다. 목사는 양쪽을 다 볼 수 있다.

제 15 장 전도 여행(2) : 황해도

또 다른 전교 여행

1900년 9월 26일 무렵에 우리는 평양을 출발하여 작은 일본 증기선을 이용해서 밤중에 진남포항에 도착했다. 우리의 일행에는 세 명의 젊은 여성이 동행했는데 그들 가운데 새로 도착한 한 여성은 선교 방법을 배우기를 원했던 사람이었고 또 한 명은 몇 주일 동안 북쪽 지방에서 시골 야외 생활을 필요로 했던 사람이며, 나머지 한 명은 그해 가을 은율에서 나와 함께 여성 교사반을 지도하기로 했던 여성이었다.

우리는 그날 밤을 진남포에서 지내지 않으면 안 되었으나 늦게 도착했기 때문에 여관이 어디에 있는지를 찾을 수가 없었다. 마침내 우리는 오랜 친구인 영국선교단 소속 스마트 신부[1]를 만나 그의 친절한 도움으로 일본 호텔을 찾을 수 있었다. 그들은 우리의 국적, 나이, 현직, 경력과 앞으로의 계획을 들은 뒤에, 우리가 다른 곳으로 가려는 것을 억지로 막고 터무니없이 비싼 가격으로 우리를 손님으로 맞았다. 우리의 야영용 침대를 사용할 필요

1) 스마트 목사(William Henry Smart) : 영국성공회 소속 신부로 1890년대에 인천을 중심으로 일본인과 중국인에 대한 전교에 힘썼다. 그의 행적은 이재정, 『대한성공회 100년사』(서울 : 대한성공회출판부, 1990)에 기록되어 있다.

까지는 없었지만 제공된 담요를 사용할 줄 아는 사람이 아무도 없었다. 방안에서 물을 사용할 수도 없었기 때문에 세척은 아래층에 있는 공중 시설을 이용해야만 했다.

은율의 기독교도들

다음날 아침 우리는 너무나도 특별한 여관 주인에게 기꺼이 작별을 알리고 금방 부서질 듯한 낡고 초라한 작은 배를 타고 강을 건넜다. 다행스럽게도 날씨는 화창하고 따뜻했으며, 강물은 잔잔했다. 여태껏 그렇게 낡은 배를 본 적이 없었음에도 불구하고 나는 우리 모두가 물에 빠지는 일은 없으리라고 확신했다. 우리는 하루 종일 강 위에 있다가 어두워진 뒤에야 육지에 닿을 수 있었다. 우리는 배가 육지에 도착하기까지 기다려 주었던 조수(潮水)에 감사했다.

그 다음날 밤은 무더웠다. 여관은 찜통이나 다름이 없었다. 다음날 아침에 우리 모두는 여느 때와 달리 기운이 없었다. 우리를 더욱 불행하게 만든 것은 우리 일행 가운데 젊은 아가씨들이 짐에 중요한 것을 첨가하여 우리 모두를 무척 당황하게 만들었다. 그날 저녁에 우리는 남자 반 두 개와 여자 반 하나가 열리기로 되어 있었던 은율에 도착했다. 여느 때처럼 우리가 도착하자마자 주민들은 우리를 만나려고 모여들어 붐볐다.

비록 1년 가운데 가장 바쁜 추수 때였지만 상당히 많은 여인들이 우리와 함께 성경을 공부하려고 왔다. 그들은 매우 총명했고 감수성이 높았기 때문에 그들을 가르치는 것이 즐거웠다. 아주 흥미롭게도 나는 여성들과 함께 그들의 가정을 방문했으며, 우리와 함께 간 조선 기독교인들이 믿지 않는 사람들과 얘기하면서 현명하고도 효과적인 방법을 사용하는 것을 보고 감탄했다. 어느 여인은 자신이 너무 무지하거나 부도덕해서 구원을 받을 수 없을 것이라고 걱정하면서 주저하고 있었다. 그에게 우리들의 조선 친구는 그에게 이렇게 말했다.

"만일 당신이 배가 고플 때 당신 앞에 밥 한 그릇이 놓여 있으면 그것을 곧 먹지 않습니까? 마찬가지로 당신이 바로 구원을 원한다면 당신은 다만 그것을 받아먹기만 하면 되는 것입니다."

그러자 듣고 있던 여인의 눈에 눈물이 고였는데 그 모습은 아주 선량해 보였다. 우리가 이야기하고 있는 동안 줄곧 또 다른 기독교 여인이 말씀에 주님의 은총이 함께 할 것을 기도하며 앉아 있었다. 세례를 원하는 신청자들을 시험하면서 조선의 지도자들이 그들에게 얼마나 신중하게 질문하는가를 보는 것은 아주 흥미로운 일이었다.

"당신은 매일같이 죄를 짓는다고 말씀하셨습니다. 그러나 주님께 용서해 주실 것을 요청하십시오. 그러면 당신은 즐겁고 평온한 마음을 갖게 될 것입니다. 그렇게 되면 당신이 짓는 죄는 결코 문제가 되지 않는 것이 아닙니까?"

또 지난날의 죄를 고백했던 한 여인에게 이미 그것은 용서받았으며 현재의 죄를 날마다 참회하라고 말하면서, 물었다.

"그렇다면 오늘 당신이 지은 죄는 무엇입니까?"

그는 평범한 말로 대답했으며 여러 가지 질문이 있은 뒤에도 특별히 언급한 것이 없었다. 그가 물었다.

"당신이 죄지은 것이 정말 무엇인지도 모르고 주께 나아가서 당신이 죄를 지었다고 고백하고 용서해 달라고 하는 것이 주께 영광을 돌리는 것입니까?"

일요일에 20명이 세례를 받았다. 세례식이 거행되는 동안 모든 사람들의 눈은 빛났으며 몇 몇 사람들은 주께서 그들을 위해 받으신 고통을 생각하며 어린 아이처럼 흐느끼기도 했다.

오후에 우리의 조선의 형제인 서상륜 씨는 우리들에게 성경 일과 책을 주었다. 그것은 무장한 기독교인의 아주 멋진 삽화가 들어 있는 것으로, 서 씨 자신이 채색했고 아주 적절한 표현들을 적어 넣은 것이었다. 처음 그림에서 조선 기독교인은 무장하지 않은 평상복 차림이었다. 계속되는 그림에서 차례로 필요한 물건들, 즉 투구와 방패, 신, 가슴 받이 갑옷과 칼 등이 첨가되었다. 이 그림은 아주 독특한 것이었으며 빼어나게 잘 그려진 것이었다.

밤에는 간증 집회가 있었다. 이 시간에는 차례로 주께서 그들을 위해 무엇을 해주셨는가를 이야기했다. 어떤 사람은 술주정뱅이였으며, 아무리 자신의 힘으로 그것을 벗어 보려고 했으나 다시 그런 습관에 빠지곤 했다고 한다. 그러나 주 안에서 몇 년 동안 자유로운 생활을 하게 되었으며 그의 이웃이나 친구들은 이것을 은혜의 기적으로 보고 있다고 말했다.

어떤 사람은 그의 가정 생활에 관해 이야기했다. 그 남자는 방탕한 노름꾼이었으며 그에 대한 악명은 주위의 모든 고을에 잘 알려져 있었다. 며칠 동안 집을 나가 방탕한 생활을 하고 나서 한밤중에 그의 집에 가는 날이면 성난 그의 아내는 그를 비난하고 잔소리를 했으며 그는 불쌍한 작은 여인을 심하게 때리고 학대했다.

"그때는 무척 불행했고 불안스러웠습니다. 그러나 이제는 평화와 사랑이 있을 뿐입니다."

가끔 찾아오는 한 이웃 여인이 그의 운명 속에서도 그와 같은 일이 일어나기를 애타게 바라면서 그의 놀랍도록 행복한 가정 생활을 간증했다. 이웃집 여인은 그 행복해진 부인이 이제는 아주 달라졌으며 이 모든 것은 예수를 통해 이루어졌다고 말했을 때 그의 말을 믿을 수가 없었다.

그러자 김씨 부인은 그의 남편을 불러 이것이 사실인지를 말하라고 했다. 그가 말했다.

"그렇다면 나는 한술 더 떠서 그것을 보증하지요. 종이와 펜을 가져오시오. 만일 예수께서 당신들의 집에 오신다면 그곳에는 평화가 있을 것이라는 것을 모든 사람에게 보증서를 써 주겠습니다. 사람들은 주께서 그의 기적의 일부를 이루려고 다만 한 번 이 땅에 오셨노라고 말하지만, 주께서 나처럼 사악한 자를 받아들여 그 마음을 바꾸어 놓는 것을 볼 때 주님은 이 땅위에서 행하신 적이 없는 위대한 기적을 지금 이루고 계시다고 여러분에게 말하고 싶습니다."

어떤 사람은 불치의 병으로 40년 가까이 고통을 받고 있었지만 주님께서 치료하셔서 지금은 건강하게 되었다. 또 어떤 사람은 거짓말쟁이여서 아무도 그를 믿지 않았으나 지금은 모든 사람들이 절대적으로 그를 믿게 되었다.

은율을 떠나기에 앞서 우리는 그 구역의 조선 기독교인이 인접 지역의 무신자들 틈에서 일할 조수나 전도사 두 사람을 더 고용해야 한다는 것과 그 해에 그 구역의 다른 지역에서 성경반이나 교사반 12개 반을 열어야 하며 6개 반은 서 씨가 맡고, 6개 반은 가장 총명한 지도자 김윤오 씨가 맡을 것을 결정했다. 은율에서 풍천으로 가는 동안 언더우드 씨는 방문하기 어려운 작은 지역들을 찾았다. 체이스 양(M. L. Chase)과 나는 집회를 나누어 열었으며, 작은 방은 예배를 드릴 때마다 꽉 찼고 사람들은 신중하고 주의 깊게 들었다.

외양간

우리의 숙소는 그다지 좋은 곳은 아니었으며 음식을 준비하라고 우리에게 할당된 곳은 외양간의 조그마한 구석이었다. 부엌에서 "돼지를 키우는 사람"에 대한 얘기는 들어본 적이 없었다. 그곳은 정말 상상하지도 못할 정도의 장소였다. 마침내 불평을 늘어놓은 다음에야 부엌을 위한 훨씬 더 위생적인 장소를 찾을 수 있었다.

언더우드 씨가 도착한 뒤에 12명이 세례를 받았다. 그곳에서 가장 큰 여인숙의 방을 빌려서 모든 사람이 참석하는 첫 예배를 개최했다. 모든 것을 다 듣고 난 뒤에 우두머리 되는 사람이 일어서서 말했다.

"우리가 들은 것이 진실이라는 것을 우리 모두는 압니다. 우리가 말할 수 있는 것은 그것을 바탕으로 오늘부터 열심히 믿겠다는 말 뿐입니다."

이 모임에 참석한 몇 명은 존경받는 양반이었기 때문에 이러한 모임에 모습을 드러내기를 꺼려 처음에는 문밖에 있었다. 한동안 설교를 듣고 난 뒤 그들은 겸손해져 발을 방안으로 들여놓더니, 집회가 끝날 때쯤에는 가장 앞줄에 앉아 아주 좋은 집회였다고 말했다.

우리의 부엌 설비, 소가 밤중에 우리의 침실로 들어오지나 않을까 하는 약간의 걱정, 그리고 새벽 2시부터 머리맡에서 끊임없이 울어대는 닭을 제외하고는 우리가 풍천에서 보낸 시간은 유쾌했다. 산중의 어떤 마을에서 가마꾼은 또 한 번 우리를 남겨 두고 가 버렸기 때문에 선교단의 두 숙녀는 달구지에 탈 수 밖에 없었다. 그들은 이 새로운 운송 수단을 약간 불안하게 생각했다. 그러나 조선 사람들은 달구지가 아주 안전한 것이라고 우리를 안심시켰으며, 우리의 작은 아들이 지난번에 그것을 타고 몇 마일 여행했었기 때문에 우리는 그들에게 한 번 타 보라고 권고했다.

그것은 우리가 마지막으로 의지할 수단이었다. 그들은 걱정을 많이 하며 짐 꼭대기에 자리를 잡았고 기운이 센 황소가 끌려 나왔다. 체이스 양이 그 황소를 믿어도 좋으냐고 물었을 때 그들은 그 황소가 이 나라에 있는 어떤 황소와도 싸워 이길 수 있다고 확신을 주어 그를 안심시켰다. 마구를 얻으려고 했을 때, 고삐가 걸쇠에서 빠져 아무런 신호도 없이 문자 그대로 소가 질주했기 때문에 우리 모두는 정말 놀랐다. 젊은 아가씨들은 그것을 타고 가는 것을 포기했다.

달구지와 산길

소달구지는 무거운 나무 사이에 아주 서투르게 두 개의 바퀴살을 연결한 정말 원시적인 것이었다. 부드러운 진흙길은 깊은 바퀴 자국으로 가득 차게 되며 가장 날씨가 좋을 때에도 말할 수 없을 정도로 심하게 쿵쿵 부딪치고 갑자기 뛰기도 한다. 마침내 그 기운찬 동물을 힘든 일에서 잠시 쉬도록 했을 때 모두들 서둘러서 달구지에서 내려와 그러한 것에 생명을 위태롭게 하기보다는 걸어서 서울로 돌아가는 것이 낫겠다고 단호히 결심하고는 힘차게 출발했다. 그러나 길이 멀었기 때문에 밤이 되기도 전에 그들은 마음을 바꾸어 다시 달구지에 신세를 져야 했다. 그때는 소의 거센 기운이 하루 동안의 여행으로 많이 완화되어 있었기 때문에 달구지는 아침보다는 훨씬 점잖아져 흔들림이 덜했다.

우리는 초저녁에 산중의 칠봉이라는 마을에 도착했으나 그 고장 사람들이 아주 신기한 방법으로 소달구지에 실어 가파른 산길을 끌고 온 우리의 짐이 아직 도착하지 않았다. 우리가 그날 사용했던 달구지는 매우 약해 거의 부서진 것이어서 산길 중간쯤에서는 거의 못쓰게 되었다. 우리는 다른 물건들을 아주 멀리서 가져와야 했는데 그 소는 하루 전만 해도 쌩쌩한 동물이었다고 말하지만 이제는 달팽이 걸음같이 걸었기 때문에 우리의 여정은 계속 지연되었다. 다행스럽게도 이때 우리는 젊은 숙녀들을 태워 갈 몇 명의 가마꾼들을 구할 수 있었기 때문에 모두 함께 여행을 하게 되었다.

어린 아들은 가끔 가마나 달구지를 의지하지 않고서도 걸을 수 있을 정도로 컸으며 때로는 하루에 20마일을 걷기도 했다. 조수 가운데 한사람인 신씨가 저녁도 거른 채 아주 피곤한 상태로 밤 12시쯤 짐을 가지고 와 말하기를, 만약 목사의 부인은 침대와 베개 없이 다녀서는 안 된다고 그가 단호히 주장하지 않았더라면 그 달구지는 도착하지 않았을 것이라고 했다. 그렇게도 친절하게 사람들은 그들의 선생을 보살펴 주었다.

산은 그 어느 때보다도 더욱 아름다웠다. 때는 10월이었고 언덕은 지난봄에 철쭉과 복숭아꽃으로 불그레했었는데 이제는 가을 단풍이 든 잎사귀들과 과꽃과 황금빛 나뭇가지로, 진홍색, 황금색, 자주색이 장관을 이루고 있었다. 내가 전에 보았던 그 어느 것보다도 찬란한 색들이 사방에 펼쳐 있었다. 쓴 열매와 단 열매들이 무수하게 나무와 바위를 장식하고 있었다.

소래교회의 김씨 부인과 그 가족들

여러 종류의 산딸기와 모세가 호렙에서 본 것을 연상시키며,[2] 불에 타지만 소멸되지 않는 덤불들이 바위틈에 무수하게 널려 있었다. 물론 성서의 그것과는 다르겠지만, 비유하자면 대지란 보이지는 않으나 그 존재를 느낄 수 있는 그런 성스러운 것이며 속세의 신발을 벗어버리는 것이 좋겠다는 느낌이 들었다.

며칠 뒤에 우리는 2천 피트 높이의 산을 넘었는데 그 풍경은 너무나 아름답고 야생적이었다. 여성에게 친절하고 지칠 줄 모르는 우리의 "대장"은 류머티즘 환자인 그의 동반자를 거의 정상까지 운반하다시피 했다. 그 밖에 다른 방법은 가마에 앉아 두 명의 지친 가마꾼들에게 몸을 맡기는 것이었는

2) 호렙(Horeb) : 시나이산이라고도 하며, 시나이반도 최남단에 위치한 해발 2,291m의 산임. 『구약성서 출애굽기』 3 : 1–5.

데 그들은 비틀거리기도 하고 부딪치기도 했다.

그렇지 않으면 손에 등산용 지팡이를 들고 천천히 몸을 끌며 올라가 바위 위에서 아래로 내려가다가 미끄러운 길에서 빠지기도 했다. 우리는 반대편 쪽으로 걸어 정다운 소래에 다시 한 번 들렀다. 그곳의 기분 좋은 뜨거운 방은 우리의 모든 고통과 피로를 금방 풀어 주었다.

백령도

우리는 소래를 떠나 백령도라는 어떤 섬을 방문하기로 했다. 백령도에는 조선 사람들의 가르침을 받은 신자들이 많이 있었다. 그 사연인즉 귀를 기울일 만 했다. 이 섬에 귀양을 오게 된 어떤 사람은 그가 떠나기 바로 앞서 감리교 신도인 그의 조카에게서 기독교 서적 한 권을 받았다고 한다. 젊은 조카는 그의 아저씨에게 이 종교는 모든 백성의 자유와 광명의 기초가 된다고 말했다.

그리하여 유배당한 그 사람은 고독할 때 이 책을 읽었으며 섬에 있는 주민들에게 그 교리를 가르치고 책자를 만들어 내기도 했다. 그는 해안 저쪽 반대편 소래에 그 책자와 교리를 더 잘 설명할 수 있는 사람이 살고 있다는 소식을 듣고 그 마을에서 가장 연장자이자 가장 존경받는 한 사람을 소래로 가게 해서, 서 장로에게 섬에 들어와 그들을 가르쳐 달라고 청하게 했다.

그들은 한탄스러울 정도로 무지했으며 예수를 믿는 동안에도 미신 숭배를 계속하고 있었다. 그들은 부분적으로 어떤 수단에만 의지하는 장님들 같았으며 인간을 걸어 다니는 나무처럼 생각했다. 서 씨는 그때 곧 갈 수가 없었으나, 얼마 뒤 그들을 방문했을 때 그는 마을 전체가 온통 귀신을 섬기는 일에 몰두해 있다는 것을 알았다.

서 씨는 섬 주민들에게 아주 열심히, 성실하게 성경을 설명했으며, 주민들은 그들의 우상 숭배를 곧 그만두고 하나가 되어 오직 한 분이신 참 하나님을 위해 봉사하기로 약속했다. 그러나 서 씨는 오래 머무를 수가 없었다. 그리고 몇 달 뒤 성실한 자원 전도사인 김씨 부인이 그곳을 방문했을 때 그는 그들 가운데 많은 사람들이 거의 완전하게 오랜 습관과 미신으로 되돌아가 완전히 거기에 빠져 있는 것을 알게 되었다.

처음에는 어느 누구도 그를 집안에 맞아들이려고 하지 않았다. 그러나 그는 집밖에 나와 있는 아낙네들에게 매우 다정하고 열성적으로 설득했다. 그러자 마침내 그를 안으로 불러들였으며 이야기를 듣고자 주위에 몰려들었다. 그의 가르침을 통해 획기적인 변화가 이루어졌다.

우리는 작은 조선 배를 타고 여행했다. 그 배는 너무나 작아 나쁜 날씨에는 불안스러울 정도였었지만 우리가 출발했을 때와 같이 높푸른 하늘과 반짝이는 푸른 물, 바다 위에 보석처럼 점점이 박혀 있는 매혹적인 섬들과 더불어 쾌청한 날씨여서 앞길에 전혀 방해를 받지 않았다.

백령도는 해안이 약 20마일쯤 되고 섬의 길이는 9마일쯤 되며 큰 마을 하나와 몇 개의 작은 마을이 있는 섬이었다. 그 섬은 너무나도 아름다웠고 비옥했으며 해안선을 따라 그림 같은 가파른 절벽으로 요새화되어 있었으며 절벽 뒤에는 아름다운 계곡과 부드럽게 기복이 진 평야가 아늑하게 드리워 있었다. 주민들은 모두 농사를 지으며 가장 단순하고 원시적인 방법으로 살아가고 있었다.

돈은 거의 볼 수가 없었는데, 사실상 그곳에는 가게나 시장이 없었기 때문에 돈이 필요하지 않았다. 그들은 부족한 것이 거의 없었다. 그들은 먹을 것, 의복, 작은 농가에 켤 불과 땔감을 스스로 생산하고, 자신의 노동력으로 생산해 낼 수 없는 단순한 물품들은 서로 물물교환을 하고 있었다.

주민들은 충분한 쌀과 땔감을 가지고 있어 모두들 충분히 만족하고 있는 듯이 보였다. 음주나 거짓 같은 것들은 거의 보이지 않았다. 그곳 관리의 말에 따르면 주민들은 아주 사소한 처벌조차도 거의 필요치 않다고 한다. 우리가 보아도 그들은 매우 유순하고 친절하며 단순하고 정직한 농부와 어부

가족들이었다.

우리는 언덕 위에 세워진 작은 교회를 방문했다. 그곳에는 몇 명의 신도들이 세례를 위한 시험과 세례식을 기다리고 있었다. 그들은 아주 무지했지만 가르침을 받기를 몹시 열망하고 있었다. 소래에서 나와 함께 있던 김씨 부인과 나는 그 여인들을 가르치느라 매우 바쁘게 지냈다. 조선의 여느 여인들과 마찬가지로 그들은 특히 찬송가를 즐겨 불렀으며, 찬송가를 무척 배우고 싶어 했다. 가사는 비교적 배우기가 쉬웠지만 곡조는 그렇지 않았다. 우리는 그들이 찬송가를 배움에 따라 우선 신성한 진리를 확실히 알게 되며, 그것을 다른 사람에게 공표할 수 있다는 점에서 찬송가를 배우는 데 좋은 점이 있다고 생각했다.

밤 모임

우리는 조류를 따라가려면 아침 일찍 떠나야 했기에, 전날 밤 그 작은 교회에서 작별 예배를 가졌다. 예배가 끝나고 인사말을 한 뒤 나는 짐을 싸려고 작은 방으로 갔다. 언더우드 씨는 어느 기독교인 가정을 방문해서 지도자들과 상담하고 마지막 조언을 했다. 약 10시쯤에 김씨 부인이 한 여인을 데리고 내 방으로 와서 아주 겸손하게도 나에게 늦은 시각이긴 하지만 한 가정을 방문해서 마지막으로 조금 더 가르쳐 주지 않겠느냐고 하면서 가련하게 말했다.

"우리는 너무나도 무지하지만 우리를 가르치고 인도해 줄 사람이 없습니다."

물론 나는 흔쾌히 그들을 따라갔으며 그들은 나를 한 농부의 오두막집으로 안내했다. 그 집은 동네에서도 가장 가난하고도 가장 조야한 집이었으며, 방 한쪽 구석에는 일꾼이 누워 잠들어 있었고 다른 한쪽에는 방에서 유일한 빛인 등잔이 받침 접시 안에서 희미하고 가느다랗게 타고 있었다. 우리가 등잔 밑에 앉자, 가난하고 고된 일을 하는 여인들이 우리 둘레 가까이다가앉았다.

그들의 얼굴과 손은 걱정과 고통, 험난한 생활과 기쁨 없는 삶을 나타내 주는 표지였다. 그러나 그들은 자신들을 변화시키는 영광스런 희망으로 기뻐했으며 이러한 믿음은 지식을 알고자 하는 많은 조선의 여인들이 가지고 있는 나무 같은 딱딱하고 완고한 모습을 내던졌다.

우리가 주님과 그의 가르침을 이야기하고 찬송가를 되풀이하고 있었을 때 문 밖에서 기침 소리가 들렸다. 거기에는 여러 명의 "남자 형제들"이 춥고 얼어붙을 듯한 11월의 찬 공기 속에 서서 우리의 이야기를 듣고 있었다. 일반적인 조선의 관습과 편견에도 불구하고 어느 여인이 그들에게 들어오라고 청했다. 나도 물론 남자들을 가르쳐보지 않았을 뿐만 아니라 가능한 한 남자들 눈에 띄지 않도록 해 왔다. 그러나 이 경우에는 달리 방법이 없었으므로, 그들은 들어와서 합류할 수밖에 없었다.

열심히 듣는 검은 얼굴들, 진지하게 귀를 기울이고 있는 모든 사람들, 신성한 진리를 더 많이 알고자 열망하고 의에 목마르고 굶주린 사람들의 모습은 내가 결코 잊을 수 없는 광경 가운데 하나였다. 그리고 작고 어둡고, 초라한 방, 모두를 비추며 가냘프게 타오르는 단 하나의 등잔불, 그 등잔불처럼 보잘 것 없고 연약한 것이 바로 나였으며 나에게는 그 모든 것이 신의 빛으로 보였다. "내 양을 먹이라."[3] 이것이 그분의 마지막 명령이었지만, 아직도 많은 사람이 오두막과 작은 마을에서 보잘것없고 배고픈 양들이 굶주리고 있었다.

다음날 아침 첫 새벽 무렵에 그들이 다시 왔다. 그들은 눈물을 흘리며 나에게 곧 다시 와 줄 것을 간청했다.

"우리는 너무나도 무지하고 너무나도 연약합니다. 어떻게 사탄의 유혹에서 벗어날 수 있을까요? 여기서는 우리를 가르치고 인도할 자가 아무도 없

---

3) 『신약성서 요한복음』 21 : 15–17.

습니다."

돌아오는 길의 여행은 첫 항해와 매우 달랐다. 매서운 바람과 비가 몰아쳤으며 작은 배는 파도 위에서 장난감처럼 흔들렸다. 김씨 부인과 나는 비에 흠뻑 젖었을 뿐 아니라 심하게 아팠다. 우리는 항구에 닿을 수가 없어서 가장 가까운 해안에 내렸다. 그곳에서는 비바람을 피할 수 있는 장소가 전혀 없었으며 조류마저 썰물이 되어 우리의 배는 무자비하게도 바위와 돌덩이에 부딪쳤으며 닻을 내릴 수가 없어 배 위에서 몇 시간을 보냈다.

소래의 추수감사절

그렇지만 모든 것은 언젠가는 결말이 나게 마련이었다. 우리는 마침내 무사히 착륙하게 되었고 곧 몸을 말리고 가까이에 있는 어촌에서 음식을 먹으면서 몸을 따뜻하게 했다. 소래에는 그 다음날 도착했다. 우리가 소래를 떠나기에 앞서 그곳 기독교인들이 연례 행사인 추수감사절 예배를 열었다. 그 교회는 너무 작아 모든 사람을 다 수용할 수 없었으므로 밖에 천막을 쳤다. 하느님께 그들의 풍성한 추수와 번영에 대해 감사를 드린 뒤에, 주께서 이미 주신 영적인 수확에 대해 감사했다.

그 한 해 동안에 인접 마을에서 예비자 명부에 오른 사람을 제외하고도 그 작은 교회의 노력과 선교를 통해 세례를 받은 사람들은 250명 이상이었다. 그들은 교회와 공부 교실을 확장·수리했으며 그들의 선생이 머물 사택을 세웠고 특별히 주일에 먼 곳에서 오는 사람들이 쉴 곳을 마련했다. 그들은 인색하지 않은 사람들이었다.

그들은 인도에 살고 있는 사람들의 굶주림에 관한 기사를 읽었을 때 스스로 기부금을 모아, 그 액수가 50원에 달했다. 그들의 하루 일당이 금화 10센트가 안 된다는 것과 그곳이 작은 마을이라는 것을 생각해 보면 이 금액은 큰 선물이었다. 돈이 없었던 몇 몇 여인들은 그들이 갖고 있던 묵직한 은반지를 쟁반 위에 내려놓았다. 대개의 경우, 이 은반지는 그들이 가지고 있는 유일한 장신구였으며 자랑거리였다. 그렇기 때문에 은반지들이 쟁반 위에 놓였을 때 우리는 그 기사가 이 사람들을 깊게 감동시켰음을 알 수 있었다.

지난해(1899)에는 상당히 많은 곳에서 기근이 발생했다. 축복을 받아 기근이 덜했던 소래는 주위의 작은 마을들을 도와주었다. 해주로 돌아오는 길에 우리는 여인들의 가정과 우리의 숙소에서 여인들과 흥미진진한 모임을 가졌다. 우리는 결혼을 준비하는 집에서 떡을 만드는 것을 도와도 좋다는 허락을 받았다. 많은 사람들이 벌떼같이 몰려들어 도와주고 있었으며, 우리들이 도와주어도 되느냐고 묻자 매우 놀라며 기뻐하는 것 같았다.

우리는 아주 서투르고 어색했으나, 마침내 우리도 그들과 하나라는 느낌을 그들에게 줌으로써 우리의 목적을 달성했다. 그 뒤에 결혼식에 초대됐을 때 우리는 소화할 수 없을 정도로 많은 음식을 먹도록 강요받았다. 그것은 다른 때라면 자살과 같은 것이라고 생각될 정도였다. 그러나 그것이 의무라는 것을 알았을 때 나는 눈 딱 감고 모든 위험을 무릅쓰고 거의 기적적이라고 믿을 정도로 먹어치웠다.

한 늙은 여인이 있었는데 그 분은 모임에 규칙적으로 참석하고 매우 신실했으며 내우 조용한 인품이었다. 그 여인은 크고 굵직한 목소리로, 그러나 박자나 곡조나 화음에는 아랑곳하지 않고 몇 줄을 뛰어넘기도 하고 마디에 상관없이 쉬기도 하며 마침표도 무시하고 노래를 불렀다. 찬송가가 그의 책에 없거나 그가 알지 못하는 것일 때는 그는 다른 노래를 택해서 이제까지보다 더 열심히 계속하는 것이었다. 부드럽게 충고했을 때 그는 이렇게 대답했다.

"네, 그것은 상관없습니다. 나는 당신을 따라 하는 것이 아니라 혼자서 노래(?)하고 있는 것입니다."

우리는 해주에서 며칠 정도밖에 머무르지 못했다. 급사가 은율로부터 급한 편지를 가지고 도착했기 때문이었다. 그 편지에 따르면 약 15일 후인 다음달 2일 밤에 모든 유교도들이 그 구역 안에서 가장 가까운 향교에 모여 모든 서양인과 그들의 사상을 따르는 사람들을 죽이고 그들의 집과 교회와 학교를 파괴하라는 내용의 왕실 비밀 포고가 지방 곳곳에 내려졌다는 내용이었다.

이 소식이 도착했을 때 직급이 낮은 한 관리가 공교롭게도 거기에 있었다. 그 하급 관리는 현감이 그것을 읽으면서 긴장하고 남의 이목으로부터 숨기려는 모습을 보고 이를 세상에 알려야겠다고 결심했다. 그는 이 포고문을 몰래 읽을 기회를 만들어, 그의 친척 몇 명이 기독교인이었기 때문에 곧이 무시무시한 소식을 그들에게 알렸다. 가족 가운데 한 젊은 남자는 매우 빨리 달릴 수 있는 사람이어서, 그가 이 포고문의 사본을 곧 우리에게 갖다주었다.

그 소식을 받았을 때 우리의 마음은 무엇이라고 표현할 방법이 없을 정도였다. 우리가 최근에 방문했던 평화로운 마을들이 떠올랐다. 그들 모두는 아름다운 생활을 즐거워했었다. 모든 사람들은 마치 꽃잎이 태양을 향해 뻗어나듯이 그리스도를 향해 자라고 있었다. 그들의 얼굴에 나타난 기쁜 희망의 빛, 행복, 안심, 친절한 사람들, 노인들, 아장아장 걷는 어린이들, 희망 없는 여인들, 순박한 농부들, 이 모든 것들은 무자비한 파괴에 직면해 있었다.

우리들로 말하면 우리는 조선에서 가장 위험한 곳에 있었으며, 조금이라도 움직일 때는 늘 다른 사람들의 주의를 끌었다. 왜냐하면 우리는 계속 도시 전체의 집중 대상이 되어 왔기 때문이었다. 만일 한 사람이라도 우리를 붙들려고 했다면 우리의 도피는 불가능했을 것이다. 설상가상으로 우리는 어린 두 명의 소녀와 어린 아이와 함께 있었다. 그곳 관리가 우호적이었기 때문에 우리에게 위협이 닥쳐오지는 않았다.

우리의 첫 번째 임무는 서울에 있는 미국 대사관에 소식을 전달하는 것이었으며 그것도 빨리 해야 되는 것이었다. 유럽어나 아시아어로 소식을 전하게 되면 오히려 의심하여 그것을 번역하게 되므로 그것은 소용없는 일일 것이었다. 마침내 우리는 라틴어로 소식을 전달하기로 결정하고 받는 사람도 해주나 서울에서 어떤 사람의 주의도 끌지 않도록 미국 대사관이 아니라 선교사 가운데 한 명의 이름으로 했다. 그렇게 해서 우리의 편지지는 무사히 전달되었으며 이어 곧 미국 공사에게 전달되었다.

처음에 우리는 그 소식을 믿을 수 없었다. 정부의 태도는 언제나 우리에게 우호적이었기 때문이었다. 그러나 최근에 중국에서 일어났던 의화단의 난이 이곳에서도 유사한 방법으로 일어날 수 있으리라는 점과 불교도들이 이렇게 기이한 조치를 취할 수 있을 정도로 왕실에 강력한 영향력을 행사하고 있다는 점을 생각했을 때, 그리고 외부의 시인과 반박을 통해서 이러한 포고의 유포가 외부에도 알려지지 않았다는 점이 명백해졌을 때 우리는 사태의 진원지를 더 이상 의심하지 않았다.

얼마 지나지 않아 기독교인들과 선교사를 통해서 이 소식이 강화도와 평양에 있는 선교사들에게도 전달되었다. 그 결정이 분별없이 이뤄진 것이라는 점과 곧 철회되었다는 사실은 첫 번째 포고령이 각지에 보내진 며칠 뒤에 다른 내용의 포고령이 내렸다는 사실로 증명되었다. 포고령에도 불구하고 처음 그 나쁜 소식을 들었을 때 나는 편안히 잠을 잤으며 일본 증기기관차를 타고 서울로 출발했다. 그러한 지시를 내린 관리는 체포되었으며 아마 형벌을 받았을 것이다. 조선의 관리들은 이번 일이 전혀 실수로 빚어진 것이며 정부와 황제가 알지 못하는 상황 아래에서 보내진 것이라고 강력히 주장했다.

황해도 여행은 6~8주가 걸렸다. 그곳에서는 즐거운 사건과 유쾌한 경험으로 가득 찬 것이었으며 온통 일뿐이었다. 1900년 가을에 신약성경이 전부 번역되어 배포되었다. 이 일을 기념하려고 감리교회에서 성대한 모임이 열렸다.

신약성서의 번역을 끝내다

감리교회는 서울에서 가장 많은 신도를 수용할 수 있는 제일 넓은 곳이었다. 감사 예배가 있었고, 번역한 사람들과 그들의 조선 조수들에게는 미국 공사관이 상당한 감사 표시와 더불어 책이 봉헌되었다. 당시 번역 준비위원회는 아펜젤러 목사, 의사인 스크랜튼 박사, 레이놀즈 목사[4], 게일 목사와 언더우드 씨로 구성되어 있었다.

일과

언더우드 씨는 주간 종교 신문의 편집뿐만 아니라 성경 번역, 팜플렛, 찬송가의 준비와 도시 교사반, 매주일 개최하는 예배와 회합, 학교와 선교사를 위한 어학 교실 등의 일을 했다. 그는 이 나라에서 복음을 전파하기에 가장 힘든 귀족과 양반들을 위해서는 특별한 노력이 필요하다고 생각하고 있었다.

이것은 사실이다. 왜냐하면 관청에 매어 있는 관리들은 종묘에 제물을 바치고 기원을 올려야 했기 때문이며, 다른 한편으로는 계급 의식이 너무 강렬해서 양반들이 복음을 들으려고 농부, 보부상, 노동자, 장삿꾼, 가마꾼 등 상민들 사이에 끼어 교회 바닥에 앉아 있기를 꺼렸기 때문이었다.

4) 레이놀즈(William D. Reynolds : 1867~1951) : 미국 남장로교의 한국 선교사. 버지니아주 햄펀시드니대학을 최우등으로 졸업(1887). 존스 홉킨스대학 의학부에서 라틴어 교수 역임. 유니온신학교 졸업. 한국 선교사를 위해 내한(1892). 호남 지방 선교에 치중하였으며, 남장로회 선교부 대표로 성서번역위원이 됨(1895). 평양장로회 신학교 어학 교수 및 『신학 지남』의 편집인을 역임함(1817).

양반들

거기에 덧붙여 양반들의 생활은 축첩 제도에 기반하고 있고 그것이 생활화되어 있다는 점이 문제였다. 양반들은 두셋의 가정을 이루고 있었으며 그 가운데 상당수는 그 이상의 첩을 두고 있었다. 이렇게 많은 부인들과 그들의 부모와 자식들은 남편으로부터 버림을 받는다면 상당히 고통스런 생활을 해야 할 것이다. 남편의 친구들과 친척들은 그가 조상의 위패를 모시기를 게을리 하면 그를 악마 같은 인간으로 쳐다보았으며, 그 조상의 영혼들은 모든 종류의 불행과 질병을 거느리고 요물처럼 그들을 따라다닐 것이다.

그가 돌아가신 부모를 존경할 때 그들은 부모가 당대에 존경받기를 기대하며, 자신을 기억해 줄 사람이 아무도 없다는 생각에 지나치게 공포 같은 것을 느껴 자식이 없는 사람은 보통 그들의 기억을 생생히 남길 수 있도록 양자를 들이는 것이 보통이다. 내가 앞서 말한 듯이 생각되지만 양반 계층의 첫 번째 부인들은 거의 격리되어 그 자신이 살고 있는 집이나 안방 밖에서는 결코 볼 수 없다. 그들은 외출할 때도 거의 완전히 덮여 씌운 가마를 타고 다닌다.

이러한 상황에서 남자들이 그들의 사회 전체를 완전히 뒤바꾸어 버리고, 그들의 가정을 파괴하고, 그들에게 가장 치욕적인 오명을 던져 주며, 그들의 수입을 앗아가고, 그들을 평민 계층과 나란히 서게 할 수도 있는 설교를 듣기를 망설이는 것은 이상한 것이 아니다. 따라서 그들을 교회에 참석하도록 설득한다는 것은 거의 불가능한 일이라는 것을 알고 있었다.

그렇기 때문에 우리는 우리 집에 와서 종교적인 문제를 이야기 해보자고 그들을 초청했다. 놀랍게도 우리의 초청은 아주 좋은 반응을 받아 두 개의 큰방이 조선의 고위층 양반들로 붐볐다. 이들 모두는 의심할 것 없이 호기심이나 예의상 왔던 것이다.

그 가운데에는 왕자와 장군과 내각의 중요 인물 등 모두 최고 계층의 귀족 출신들도 있었다. 그들은 모두 신중하게 경청했으며 많은 사람들이 사려 깊은 질문을 했는데, 이 질문들은 언더우드 씨를 도와 그들을 맞아 함께 이야기하려고 온 선교사들이 언급한 것에 대한 진정한 관심을 나타내 준 것이었다. 몇 사람은 책을 구입했고 많은 사람들이 개별적으로 이러한 문제에 관해 다시 이야기하려고 거듭해서 방문했다. 일요일 오후에 정규적으로 모임이 열렸으며, 환등 장치를 통해 예수님의 생애 가운데서 몇 가지 모습들을 보여주었다.

이러한 모임의 결과 가운데 하나는 언더우드 씨가 장로교 교회를 설립해야 한다고 요청할 수 있게 되었다는 것이다. 만일 그들이 지난날에 가지고 있던 자신들의 종교를 포기하고 외국인 교회에 함께 참석하라고 했다면 당시의 많은 공직자들은 스스로 선택하여 러시아인보다는 미국인을 더 선호했을 것이라고 들었다.

그들은 물론 우리가 그런 방식으로 교회를 조직할 수 없다는 것과 정치적인 목적이나 국가적인 목적으로 사람들에게 세례를 주지 않는다는 것을 알게 되었다. 교회를 세우자는 제안은 공식적인 것이 아니었으나 만일 우리가 이러한 기회를 이용하려고 했었다면 의도적으로 많은 귀족들의 이름을 명단에 올렸을 것이다.

제 16 장 갈등의 세월

휴가

1901년에 우리는 또 한 번 휴가를 갈 수 있었다. 이 휴가 기간 동안 우리는 미국의 거의 모든 대도시를 방문하며 기독교인들과 접촉을 가졌다. 우리는 그들로 하여금 조선에서의 주님의 위대한 업적을 깨달을 수 있게 했으며, 그 나라의 상황에 맞추어 국민 대중을 계몽시킬 수 있었다는 것을 이야기했다. 돌아와서 우리는 우리를 환영하려고 나왔던 옛 동료들의 모습 가운데서 우리들의 동료이자 형제인 아펜젤러 목사(H. G. Appenzeller)의 모습을 볼 수가 없었다.

선교단에서 최초의 전도사였던 그는 나의 남편과 함께 수고하며 몸과 마음을 다해 16년 이상이나 봉사했다. 그 두 사람은 이 나라에서 최초의 순회 설교를 함께 했었다. 그를 잃은 것은 조선에서 뿐 아니라 외국인 사회에서도 매우 애석한 일이었으며, 우리가 모든 면에서 정열적이고 언제라도 기꺼이 봉사할 준비가 되어 있는 사람을 필요로 할 때마다 그 애석함은 더해 갔다.

정동교회

우리가 휴가에서 돌아와 첫 번째로 관심을 가진 것은 사랑하는 정동교회 문제였다. 이 교회 교인들은 처음부터 매우 열성적이고 너그러우며 믿음으로 가득 차 있는 사람들 같았다. 이미 말한 대로 219명의 교인을 가진 이 교회는 그 도시 근처 5마일 이내에 다섯 개의 선교단을 만들어 활동했다. 그곳에는 이미 교회가 있었지만, 몇 개의 선교단에서는 가정집에서 예배를 보고 있었다. 이곳의 모든 예배와 선교를 정동교회의 교인들이 맡아 수행하고 있었다. 그들이 1902년에서 1903년 사이에 낸 기부금을 달러로 계산해 보면 다음과 같다.

학교 기부금 : 75.80달러
교회 운영 자금 : 75.40달러
복음 사업 : 45.82달러
자선 사업 : 20.66달러
도시선교사회에 기부 : 50.50달러

총액 : 268.18달러

이 총액은 정확한 산출액이 아니며 가장 큰 선교회인 찬다리선교회의 기부금은 포함되지 않았다. 조선 사람들의 기준에서 보면 찬다리는 번창하는 교외의 작은 농촌 마을이다. 일요일의 예배와 정규적인 기도 모임 외에 소녀와 부인들을 위한 6주간의 성경 공부반이 이웃의 여러 다른 지역에서 개최되었으며, 그 가운데서 두 곳을 제외한 다른 모든 지역에서는 참석률이 높았다.

그곳에는 기독교 교리를 가르칠 수 있는 여성들이 많이 있었으며 그들 가운데 한두 명은 몇 명의 여성 선교사들과 함께 약간의 필요 경비만을 받으면서 6주간의 선교 여행을 떠나곤 했다. 그들은 또 자주 그들 자신이 자발적으로 전도 여행을 떠나 이 마을 저 마을을 방문하고 자신들의 비용으로 산 성경책을 나누어주고 문맹의 시골 여인들을 가르쳤다.

황해도의 천주교도

우리가 조선으로 돌아온 지 얼마 되지 않아 언더우드 씨는 미국 공사와 우리 선교회의 몇 사람으로부터 해주를 방문해달라는 요청을 받았다. 황해도 해주는 우리 선교 사업에서 아주 중요한 지역이었다. 우리는 2월에 해주를 향해 길을 떠났다. 그 전 해 9월 이후에, 2만 명가량 된다고 알려진 그 지역의 조선 가톨릭 신도들이 프랑스 신부들의 지도 아래 "교회를 건축할 자금을 마련하려고" 백성들의 재산을 빼앗고 고통을 주며 위협하였다고 한다.

가톨릭 신자들의 행동을 중지시키려고 파견된 형리들에게 그들은 무기로 항거하면서 상처를 입히고 때리며 심지어는 감금하여 전체를 공포의 도가니로 만들고 있다는 보고가 계속 오고 있었다. 그리하여 겁 많은 그곳 관리는 신부들의 비호를 받거나 그 교파에 속해 있는 범법자에 대해 감히 손가락 하나도 대지 못했으며 그들을 두려워하면서 혹시 그들이 테러를 일으키지나 않을까 하는 걱정으로 그들의 사소한 명령에도 복종하고 있다고 했다.

마침내 상황은 더욱 악화되어 그곳 관리는 서울로 공문을 보내어 말하기를, 이러한 폭동과 무정부 상태에서는 그 지방의 정책을 더 이상 수행할 수가 없었다고 한다. 아래의 문장은 『코리아 리뷰』를 위해 그 관리의 불평 내용의 일부를 번역한 것이다.

> "신천, 차령, 안악, 장연, 봉산, 황주, 그리고 서흥 지역에서는 가톨릭 신도들이 수 없이 교란을 일으키고 있으며, 각 지역에서 진정과 탄원서가 쇄도하고 있다."

"어떤 경우 그 진정서는 교회 건립과 그 마을의 모금에 관한 것도 있다. 만일 기금을 내지 않으면 감금되어 얻어맞아 어쩔 수 없는 상황에 놓이는 경우도 있다. 언제인가 이러한 탄원을 받아들여 그 가톨릭 신도들을 체포하라고 명령했을 때 포도청이 습격당했고 형리(刑吏)들도 이에 저항할 수가 없었다. 형리들을 대신해서 심문하는 동안 나는 차령에 있는 가톨릭 신도들을 체포하라고 포졸을 보냈다. 가톨릭 신도들은 무리지어 일어나 포졸을 때리고 묶었으며 다시는 돌아오지 말라고 경고하면서 그들을 풀어 주었다. 그 뒤 나는 그 가톨릭 신자들에게 항의하려고 부하를 그곳에 보냈다. 그때 신천의 가톨릭 신도들의 많은 사람이 무장하고 파견된 부하를 체포하여 모욕을 주었다. 등등"

신부 가운데 하나는 특히 영향력이 있는 사람으로 가장 악명이 높았다. 그의 조선 이름은 홍석구이고 외국인들 사이에서는 빌렘 신부[1]로 알려져 있었다. 신도들은 그의 명령에 따랐을 뿐이므로 그들에게 이 모든 일의 책임을 물을 것이 아니라고 그는 나의 남편에게 말했다. 언더우드 씨는 이 신부와 몇 년간 약간 알고 지내 왔으며, 때때로 그를 만나기도 하고 그의 생활을 약간이나마 알고 있었다.

따라서 빌렘이 희생적으로 일을 하지 않는다고 하더라도 모든 열성을 다해서 일하고 있다고 남편은 생각하고 있었기 때문에, 그 신부가 그를 따르는 사람들에 의해서 벌어지는 모든 것을 알고 있다고는 믿지 않았다. 그러나 언더우드 씨가 그와 가진 개별적인 면담과 서한을 통해서 슬프게도 이러

1) 빌렘(Nicolas J. M. Wilhelm : 1860~1938) : 프랑스 파리외방전교회 소속 신부. 그는 본디 독일인이었으나 그의 고향이 프랑스에 병합됨에 따라 국적이 바뀌었다. 1883년에 신부 서품을 받고 페낭을 거쳐 1888년에 조선 교구에 배속되어 신천과 진남포 등지에서 포교했다. 그의 전교 방법은 매우 적극적이어서 개신교 및 주민과의 마찰을 빚었다. 그는 안중근이 처형되기 직전에는 여순 감옥을 찾아가 종부성사를 베풀었다. 그는 결국 1912년에 한국을 떠났다.

한 소문이 그의 행위에 대한 오해로 말미암은 것이 아니었다는 것을 알게 되었다.

선교사의 구출

이 슬픈 상황은 계속될 것 같았으며 어느 누구도 그것이 얼마나 더 계속될지 알 수 없었다. 그러나 이렇게 강탈당하고 괴롭힘을 당한 사람들 가운데 몇 명은 장로교인들이었다. 장로교 정신에는 압박에 저항하고, 자유와 공정한 심판을 좋아하며, 꾸준한 독립을 옹호하는 측면이 있다. 이들 가운데 특히 결심이 굳었던 어떤 사람은 결코 좌절하거나 기세를 꺾지 않고 계속해서 정의를 추구했다. 그는 먼저 선교사들을 찾아갔지만 이 문제는 조선의 형리들의 소관이라고 그들은 말했다. 그러나 그 지역의 형리는 이 거대한 비행에 대항하기에는 너무나도 무력해서 도움이 되지 않았다. 그리하여 그는 서울로 올라왔다.

서울의 관리는 프랑스를 두려워하여 감히 그 문제에 간섭하려고 하지 않았다. 그와 비슷하게 굳은 의지를 가진 다른 농부인 그의 동료들도 서울에 있는 선교단을 모두 찾아 다녔다. 그러나 모두들 조선의 내부 문제에 관여하기를 꺼려 그들을 멀리했으며, 조선의 관청에 영향력을 행사하기를 근본적으로 싫어했다. 그들 가운데 어느 누구도 그 문제가 얼마나 심각한 상태로 진행되었는지를 깨닫지 못했다.

이 불쌍한 남자들은 언변이 좋은 사람들이 아니었다. 그들은 다만 솔직하고 간단한 이야기만을 했다. 그러나 그들은 그들과 다른 몇 천 명의 사람들이 부당하고 지나친 학대를 받고 있다는 것을 알고 있었다. 다른 사람들은 그들이 할 수 있는 것이라고 참는 일 밖에 없다고 생각하여 힘든 해결책을 찾지 않았다.

어떤 도움이나 만족스런 결과를 얻지 못한 그들은 마침내 프랑스 공사관

지게꾼

빨랫감을 머리에 이고 가는 아낙네

으로 직접 가서 정의와 구원을 찾기로 결정했다. 그들은 공사관 안으로 안내를 받았다. 공사관원은 그들의 이야기를 신중하게 받아 들였으며, 조심스런 질문을 하기도 했다. 신도들은 배상 약속까지 받은 뒤 매우 정중한 배웅을 받고 그곳을 떠났다. 그들은 긴 시간 인내를 가지고 기다렸다. 그러나 어떠한 시정도 이루어지지 않았으며 시정할 기미조차도 보이지 않았다.

그들은 여러 차례 반복해서 프랑스 공사의 약속을 이행할 것을 요청했지만 항상 정중하고 모호한 말로 계속 연기될 뿐이었다. 마침내 그들은 서울에 있는 주요 신문에 그들의 이야기를 공개했다. 그 후에야 프랑스 공사는 실질적인 행동을 취하기 시작했다. 프랑스 공사는 즉각 조선의 외부에 "중국에서 의화단사건을 일으켰던 자들이 행한 것과 똑같은 행동을 했던" 무리들을 잡아 가둘 것을 요청했다.

사건이 이렇게 되자 장로교 선교사들은 그제야 상황을 알게 되었다. 게일

(James Gale) 목사와 언더우드 씨는 외부로 찾아가 그 고발당한 사람을 위해 변론했고 이 문제를 미국 공사 알렌(H. N. Allen) 씨에게 알렸다. 알렌은 매우 신중한 태도를 취했으며, 조선 정부가 임명한 조사 위원이 해주에 가서 그 일을 조사하도록 하겠다는 약속을 받아냈다. 평양에 있는 의사 모페트(S. A. Moffett) 씨와 언더우드 씨도 이 조사 과정에 참여해 줄 것을 요청 받았다.

진실을 밝히기 위한 이러한 시도에 대해 처음부터 끝까지 프랑스 신부는 여러 방면으로 영향력을 행사해서, 재판의 진행을 연기하고 방해했으며 해주에 간 그들을 괴롭히고 위협했다. 보고 받은 바에 따르면 그 신부는 편지나 특수 통신원 또는 전보 등을 이용해서 그들의 힘을 제한하고 계획을 방해했고 서울에서는 비밀리에 그를 제거하려는 계획을 세우기도 했다.

조사 위원은 강직하고 명석한 두뇌를 가진 단호한 성격의 사람이었으며, 외부에 있었을 때 유럽인들과 매우 밀접하게 지냈으며, 대단한 침착성을 지켜 온 사람이었다. 그는 조선에서는 결코 볼 수 없었을 정도로 평등 원칙에 따라 공정하게 재판을 수행했다고 한다.

빌렘 신부는 형부에 고발된 사람들을 데리러 간 한 포졸을 감금하고 고문했으며 그의 손목을 묶어 매달았다. 그들은 프랑스 공사관을 통해 서울에서 행사할 수 있는 모든 영향력을 다 사용했다. 그들은 조선 정부에 압력을 넣어 그 조사 위원에게 법의 심판 아래 붙잡혀 있는 죄인들을 석방하고 그들이 내린 처벌을 철회할 것을 요구했다.

포졸들은 고발된 모든 사람들을 법정으로 데려갈 수 있도록 보장한다면 일주일 동안 아무도 체포하지 않겠다고 그 조사 위원을 설득했다. 그리고 그들은 며칠 동안 데리고 있던 가장 악명 높은 죄인 두 명을 도망가게 했다. 그들은 조사위원 앞에 나타나 위협과 되풀이되는 요구로 그를 피곤하게 만들어 서울로 사표를 보내도록 강요했으나 황제는 그것을 수락하지 않았다.

천주교도의 훼방

빌렘 신부의 교회는 해주로부터 약 10마일가량 떨어져 있는 높은 언덕으로 둘러싸인 계곡에 자리 잡고 있었다. 그 당시 계곡의 입구에는 보초병이 지키고 있었고 언덕 위의 요지도 이와 같은 방법으로 수비하고 있었다. 누가 다가오는 것이 보이면 어떤 신호를 보냈다. 법을 피해 그 교회 안으로 도망쳐 들어온 사람에게 그 교회는 최후의 거점이었다. 그 교회는 피난처이자 예배 장소이며 또한 고문실이 있는 법정의 3중의 목적을 수행하는 곳이 되었다.

포졸이 몇 명의 범죄자에 대한 체포장을 가지고 와서 요구 사항을 말했을 때 빌렘 신부는 권총을 들고 문 앞에서 그들을 만났다. 빌렘은 그 얘기를 듣고 체포장을 보여 달라고 요구했으며, 그곳에 어떠한 범인이 있다는 사실을 부인했다. 그는 포졸을 안으로 들여보내지 않으려고 했으며 체포장을 되돌려 주려고도 하지 않았을 뿐만 아니라 위협적으로 그들에게 물러가라고 명령했다. 빌렘은 여러 번 그의 무장 경호대를 보내어 이미 붙잡혀 있는 죄인들을 지키려 했다.

살인범이나 반역죄의 경우에만 조선의 관리들에 의해서 사용되는 잔악한 고문을 자행하여 그 교회 안에서 그 신부는 불쌍한 농민들에게 강제로 돈이나, 필요에 따라서는, 집과 농토를 빼앗으려 했다. 언더우드 씨와 모페트 씨는 이 문제를 아주 신중하게 조사하고 또 재판에 면밀한 주의를 기울이면서 해주에서 몇 주간을 보냈다.

위에 언급한 사실에 덧붙여 그들이 밝혀 낸 바에 따르면 이 사건은 가톨릭교도들에 의한 장로교 기독교인의 박해가 아니라 이 나라 전체에서 사용되고 있는 착취의 한 방법이었으며 비기독교들에 의한 불평이 기독교인들의 불평에 20배가 된다는 것이었다. 프랑스 신부들은 적어도 그때에는 중국의 상황과 비슷하게 정의의 법정에서 재판을 받을 권리와 선고를 수정할 것

등을 요구했다고 한다.

우리가 들은 바에 따르면, 백성들이 거의 폭동을 일으킬 정도로 시달렸다는 것과 그들이 어떤 날을 잡아 봉기할 계획을 세웠으나 때마침 [1898년 3월 18일에] 조사 위원이 임명되었고 선교사들이 조사의 정당성 여부를 살피러 그 곳에 내려온다는 소식을 들었기 때문에 그들은 다소 가라앉은 마음으로 진전되는 상황을 지켜보기로 결정했다는 것이었다.

재판의 결과는 매우 불만스러운 것이었다. 명령을 받고 온 사람의 수가 적었고 신부들을 체포하려고 하는 모든 시도들이 방해되었기 때문에 체포된 사람들은 거의 없었다. 피고의 자백과 횡설수설, 그리고 많은 목격자들의 계속되는 증언에 따라 법정에 나온 사람들은 모두 죄가 있음이 증명되었다. 주모자를 포함한 많은 극악한 자들과 신부는 체포되지 않았기 때문에 벌을 모면했다. 그 조사 위원은 정부에 보낸 보고서에서 빌렘과 르각 신부[2]를 추방할 것을 요청했으나 조선 정부는 이에 대해 언급하지 않았다. 그렇게 할 필요성이 거의 없다고 생각했을 것이다.

수령과 신부의 면담

조선 사람들이 오랫동안 참을성이 없다거나 힘이 약하지 않았다면 벌써 오래 전에 그들의 신성한 지역에서 모든 외국인들을 들어 던져버렸을 것이다. 이곳에서 보고들은 바에 비추어 보면 중국에서 일어났던 의화단 사건의 원인을 찾기는 그리 어렵지 않다. 서구인에 대한 조선 사람들의 배반감은 이런 식으로 고조되었다.

이와 유사한 행위 속에서 오랜 시간의 인내는 결국 그곳에서 외국인들의 피를 물처럼 뿌리게 했으며 이러한 이유로 티베트는 현재 복음을 거부하고

---

2) 르각(Charles J. A. le Gac : 1876~1914) : 파리외방전교회 소속 신부. 1898년에 사제서품을 받고 1899년에 내한하여 황해도 일대에서 전교하다가 장티푸스로 사망함.

있다. 왕이 보낸 조사 위원의 참석 아래 이루어진 신부와 지방 관리와의 일문일답에 관한 다음의 보고서는 사태가 어떻게 진행되었는지를 잘 나타내줄 것이다.

조사 위원 이응익[3]이 참석한 가운데 황해 감사와 빌렘 신부 사이에 이루어진 일문일답의 공식 보고서

광무 7년(1903) 음력 2월 8일.

광무 7년 2월 8일에 황해 감사 이용직[4]과 프랑스 선생 홍석구(빌렘 씨)가 회견했다.

빌렘 신부 : 감사와 나의 논쟁은, 그가 박정모 씨를 체포하여 처벌하지 않았기 때문에 발생했다. 박 씨는 밤이 되면 조선 사람 신부의 교회에 돌을 던졌기 때문에 나는 황주 현감에게 박 씨를 체포하여 옥에 가두라고 요청했으나 박 씨는 그 고장에서의 영향력을 통해 풀려나 무사히 집으로 돌아갔다. 나는 더 이상 박 씨를 처벌할 다른 방법이 없는 것으로 생각했기 때문에 감사에게 편지를 보내 박 씨를 해주로 보내어 심하게 벌을 주도록 하라고 부탁했다. 그러자 그 감사는 말하기를 "그는 지방 관할의 백성을 해주로 데려오게 할 수는 없다."고 했다. 따라서 감사는 지방 관할 지역 외의 백성을 체포할 권한이 없는 것으로 나는 짐작했다. 그때 나는 놀랍게도 감사가 진남포에 있는 기독교인, 특히 가톨릭교도 몇 명을 체포하라는 명령을 내렸다는

---

3) 이응익(李應翼) : 생몰년 미상. 1883년에 개화정책의 일환으로 설립된 기기국의 사사를 지냈고, 1894년 갑오개혁 때에는 공조 참의로 특제되어 군국기무처 회의원으로 참여하였다. 그 뒤 승정원 승지, 학부아문 참의, 학부 학무국장, 한성사범학교교장, 외국어학교교장, 법부참서관, 법률기초위원, 법부 민사국장, 한성재판소 판사, 홍주 군수, 중추원의관, 외부 교섭국장, 거창 군수, 창원 감리, 궁내부 장례원 전례 등을 역임하였다. 1903년 해서사핵사로 임명되어 천주교 관련 충돌 사건의 진상을 조사한 「해서사핵사보」를 남겼다. 1906년에 훈4등 태극장을 받았고, 1910년 정2품에 올랐다.

4) 이용직(李容稷 : 1852~1932) : 1875년에 문과에 급제한 뒤 형조와 예조 참판, 황해도와 전라북도 관찰사, 궁내부 특진관을 거쳐 합방 당시 이완용 내각의 학부대신으로 합방에 공이 있다 하여 자작의 칭호를 받고 중추원 고문이 되었다. 3 · 1운동 당시에 독립청원서를 제출했다가 작위를 박탈당했다.

것을 알게 되었다. 나는 그것이 분명 잘못된 명령이라고 생각하고, 포졸이 체포하고 있던 사람들을 강제로 석방했으며 나를 따르는 모든 신도들에게 만일 누구든지 이 사람들을 다시 체포하러 오거든 강력하게 저항하라고 명령을 내렸다.

감사 : 황주에 사는 박 씨는 이미 체포되어 황주 감옥에 투옥되었으며 따라서 그가 황주로부터 해주로 소환되어야 할 이유가 전혀 없었기 때문에 나는 당신이 요청했던 것처럼 하지 않았다. 또한 지난번에 내가 보낸 서한에 대해 말하자면 내가 그를 체포할 수 가 없었던 것은 지방관할권에 관한 지방 제도에 따른 것이다. "나의 관할 지역 백성들이 호소문을 보낸 이후" 내가 그를 체포하라고 명령할 수 있었던 것은 재판 장정에 따른 것이다. 문제된 일이 적법하게 처리되는 동안에 어떤 불신이 있었다 하더라도, 당신의 추종자들을 모아서 포졸을 체포하고 살해하는 것이 옳은 일인가? 또한 법을 어긴 사람들을 석방하고 당신의 추종자들에게 당국의 권위에 저항하라고 명령함으로써 그들을 죄악에 빠지게 하고 공무원이 정의로써 통치하지 못하도록 하는 것이 옳은 일인가? 이 무지한 사람들을 계몽하기 위해서 주사(감사의 다음 서열) 한 명을 보냈다. 그러나 당신은 무장한 일당을 보내어 12마일이나 추격하게 했으며 어두워진 뒤에 그 관리를 붙잡아 살해했다. 그 주사는 국가의 관리이다. 그런데 무기를 들이댄 것은 어이없는 일이다. 당신은 어떤 권한으로 이와 같은 일을 했는가? 무슨 권리로 조선 사람들을 체포하고 살해하며, 법을 집행하려는 것인가?

빌렘 신부 : 나 자신도 이러한 일들이 옳지 않다고 생각하고 있으며, 그들에게 고의적으로 그런 행동을 했다. "재판 장정"에 대해 나는 아는 바가 전혀 없다. 그러나 나는 다만 당신이 전에 나에게 보내 준 편지를 믿고 있었을 뿐이다. 나 또한 그 일을 이해하고 싶었기 때문에 당신에게 다른 한 통의 편지를 보냈던 것이다. 그런데 당신은 내가 보낸 편지를 나에게 되돌려 보냈기 때문에 나는 아직도 화가 풀리지 않았다.

감사 : 당신이 나의 첫 번째 편지만을 받았다는 말은 당신이 하나만 알고

둘은 모른다는 것을 말한다. 당신의 편지를 내가 답장 없이 되돌려 보낸 것은 당신들이 주사를 체포한 후에, 당신에게 특사 편으로 편지를 보냈는데 당신은 아두런 회신도 없이 그 특사를 빈손으로 돌려보냈기 때문에 나도 화가 나서 그랬다. 또 장영이라는 사람의 문제에 관해서 내가 당신에게 보낸 편지에 대해서도 답장을 받지 못했다. 왜 나만 답장을 써야 하는가? 나는 답장을 하지 않은 채 당신의 편지를 가지고 있는 것이 잘못된 일이라고 생각했기 때문에 그 편지를 되돌려 보낸 것이다.

빌렘 신부 : 최근에 보내 온 당신의 편지 봉투에 "사함"이라고 쓰여 있었기 때문에 나는 그 편지에 답장을 하지 않았다.[5]

감사 : 질문에 대해 답변하지 않고 놔두는 것이 옳은 일인가? 당신이 이 모든 질문에 대답하지 못했다는 것은 아무 할 말이 없기 때문인가?

빌렘 신부 : 박창무의 잘못된 행동이 아직까지 처벌되지 않고 있는 때에 그를 세리로 선정했어야 했는가? 당신이 그를 체포해서 해주로 압송해 엄한 벌을 주었을 때라야만 내 울분이 가라앉을 것이다.

감사 : 지난해 8월, 내가 황주에 갔을 때 나는 박 씨의 문제를 신중히 조사했다. "그가 돌을 던졌다고 말하지만, 그가 그런 행동을 했다는 확실한 증거가 없고, 그 사건을 조사하는 동안에도 그는 감옥에 갇혀 벌을 받고 있었다." 그런데 어떻게 당신은 그때도 그가 처벌을 받지 않았다고 말할 수 있는가? 또 여러 달이 지난 뒤에 그에게 미미한 공무를 주는 것이 뭐 그리 정당하지 못하다고 할 수 있는가? 더욱이 당신은 그를 교회로 끌고 가 몹시 때렸으면서도 아직까지 당시의 분노가 가라앉지 않았다고 말할 수 있는가? 내가 그를 체포해 이곳에 데려와 그와 불평자들을 서로 대면하게 해도 좋은가?

빌렘 신부 : 비록 내가 그를 열 대 정도 두들겨 주기는 했지만 그것은 그가 지은 죄를 징벌한 것이 아니라 그 고을의 감사가 죄를 고백하라고 박 씨를 보냈는데도 그는 오히려 뻔뻔스러웠기 때문이다. 그 때문에 내가 그를

5) (원저자 주) "사함"(私函)은 서열이 약간 더 높은 사람이 보내는 편지의 겉면에 쓰는 것이다.

벌주었지만 그가 전에 지은 죄는 아직도 그대로 있다.

감사 : 당신이 조선의 관리가 아닌데 어떻게 조선 사람들을 체포하고 구타할 수 있는가?

빌렘 신부 : 그것은 만일 내가 그들을 구타하지 않았다면 내가 지금과 같이 지도자로서의 위치를 지킬 수 없기 때문이다.

감사 : 당신은 일개 시민으로서 조선 사람들을 체포하고 구타하는 등 방자한 행동을 했으며, 부하들에게 지시한 당신의 명령서는 그들로 하여금 8가지 면에서 법을 파괴하게 했다.

(1) 그들은 정부의 권위에 저항하고 졸개들을 구타했으며,

(2) 세금 내기를 거절했다.

(3) 교회와 집회 장소에서 그들은 정의의 심판대를 만들었다.

(4) 더욱이 명령도 받지 않은 무리들이 관청을 급습해서 관료들을 놀라게 했다.

(5) 그들은 멋대로 관료들을 체포하고 구타했으며, 감옥에 가두기까지 했고,

(6) 교회 설립을 위한 돈을 요구하면서 백성들로부터 강제로 기부금을 짜내었다.

(7) 더욱이 그들 멋대로 선산의 나무들을 베었고, 집단을 조직해서 강제로 죽은 자를 매장하고 무덤들을 옮기고,

(8) 교회에 갈 마음이 없는 사람들을 강제로 교회로 이끌었다.

빌렘 신부 : 나는 아주 조심스럽게 그러한 8가지 위법 행위를 멈추도록 주의를 줄 것이며, 전처럼 그렇게 행동하지 말라고 경고하겠다. 겁낼 것이 없다.

조사관의 보고서

조선에서 가장 인구가 많은 지방의 감사와 프랑스 선교사와의 독특한 일문일답에 관한 보고서의 내용은 여기서 끝났다. 그렇지만 유감스럽게도 약

속한 8개 위반 사항 거의 모두에 대한 그의 교묘한 약속은 얼마 되지 않아 계속 위반되었다. 나는 이 공식 문서 외에 그 조사 위원이 우리에게 직접 보내어 1903년 3월에 『코리아 리뷰』에 번역 · 게재한 내용을 덧붙이고자 한다.

> "나는 여러 지역의 백성들 사이에 발생한 동요를 아주 신중히 조사했으며, 최근에 이르기까지 공문서에 기록된 범죄의 수는 몇 백 개의 지역에서 다만 한두 건 뿐이라는 것을 알았다. 두세 마을을 제외한 모든 정부 관리들이 이러한 압박을 받고 있었으면서도 손을 접은 채 이들을 각성시키지 못하고 있었다. 불쌍한 백성들은 운명이 그들을 보호해 주게 될 날만을 기다리고 앉아 있었다. 그 문제를 조사하라는 왕의 명령을 받고서 나는 그 일을 수행하기 시작했는데, 날마다 법정은 탄원서를 가지고 오는 사람들로 가득 찼다. 그 광경과 들은 얘기들은 무어라 표현할 말이 없을 정도였다.
>
> 외국인들, 특히 프랑스에 의지한 가톨릭교도들은 매일 체포령을 내렸고 그들의 하수인들은 표범보다도 더욱 난폭했다. 잡힌 사람들이 받는 고통은 강도나 도둑들이 받는 바로 그것이었다. 생명은 가톨릭교도들의 손에 달려 있었고 물품이나 살림 도구도 모두 그들의 손에 있다. 이러한 행위가 매우 강력하게 제지되지 않는다면 결국에는 몇 천 명이 목숨을 잃게 될 것이다.
>
> 언덕 사이에 움푹 들어간 신천의 장계동에 살고 있는 빌렘이라는 프랑스 신부는 그의 주위에 범법자들을 모아 왔다. 그들의 집은 몇 백 채에 이르렀으며, 그들 가운데 많은 수가 외국산 총을 지니고 있었기 때문에 백성들은 두려워 감히 대들지 않았다. 이미 체포되었던 많은 사람들은 그 신부에 의해 석방되어 지금 강도 집단을 이루고 있다.
>
> 다음에는 어디에서 사건이 터질지 아무도 몰랐으며, 그것은 특히 불안을 주었다. '휘파람 신호'로 그곳에 모인 산적들은 법을 피해 온 자들이므로 마땅히 체포해야 했다. 그렇지만 그들은 위험한 무기를 사용할 수도 있었기 때문에 우리는 그들을 조사하는 일 외에는 달리 어떻게 할 수가 없었다. 이상이다. 신중히 읽고 전보를 보내기 바란다. 내가 군대를 사용할 수 있는지

의 여부를 전보로 알려주고, 사정에 따라서는 나에게 도움을 주기 바란다."

이 고통스러운 사업이 계속 진행되고 나의 남편이 날마다 법정에 나가 고통 받고 유린당하는 불쌍한 사람들의 비참한 이야기에 귀를 기울이고, 그들에게 상처를 준 잔인한 증거들을 비통한 마음을 살펴보는 동안, 나는 아침마다 성경을 공부하러 오는 기독교 여인들과 모임을 갖고 있었다. 오직 한 번 그 도시 외곽 근처의 작은 마을을 방문했다. 그 마을은 아주 많은 기독교 가정이 있었다.[6]

모든 기독교도 여인들은 내가 머무는 집에 신속히 모였다. 그 집 여주인은 건강한 농부의 아내로서 나를 환영하기 위해서 길까지 나와 내 두 손을 부드럽게 꼭 잡고, 마치 하늘에서 내려온 천사같이, 아니면 돌아온 사도처럼 밝고 기쁨을 담은 얼굴로 나를 반겨 주었다. 그의 방은 금세 기독교인들로 가득 찼으며, 그들은 우리가 하느님의 왕궁에 관한 일들을 이야기하고 예배를 하는 동안 열심히 들었다.

그러고 나면 그들은 그들의 집에서 가장 맛좋은 음식들을 가지고 와서 아낌없이 대접했다. 그들은 나의 두 명의 조선 사람 동료와 나, 그리고 기독교인들과 단순한 구경꾼들을 가리지 않고 모든 사람들에게, 심지어 나의 가마꾼들에게도 먹을 수 있는 만큼 많은 음식을 후하게 대접해 주었다. 한 여인은 말했다.

"나의 큰아들은 소래에서 얼마 전에 돌아왔는데 그와 그의 형제들이 그곳 학교와 교회를 통해 하나님과 그의 뜻에 대해서 많은 것을 배울 수 있도록, 좋은 농장과 집을 팔고 가족 모두가 그곳으로 이사하자고 아버지에게 재촉하고 있습니다."

---

6) 이상의 사건을 해서교안(海西教案)이라 한다. 교안 또는 교난이라 함은 유교적 전통 사회에서 천주교와 반천주교적인 민중 사이에 발생하는 분쟁을 외교적으로 처리하는 사안을 의미한다.

이 작은 마을에서의 복음 사업은 해주에 사는 한 젊은 여인에 의해 시작되었다. 그 소녀는 17세가 채 안되었으며 지난날 이곳에 살다가 해주의 기독교인 가정으로 시집을 가서 개종했다. 그는 가끔 친정에 와서 가족에게 그리스도를 받아들이고 믿음을 가질 것을 요청했다. 처음에 그 친정 식구들은 비웃고 비난했으나 얼마 뒤 그들은 귀를 기울여 듣기 시작했고 마침내 하나하나 그들의 마음을 돌리게 되었다. 조선의 다른 기독교인들을 따라서 그들은 "말씀을 전파했고" 마침내는 일곱 가정이 그리스도를 믿게 되었다.

해주의 여성 활동

우리는 해주에서 7주 동안 머무르고 서울로 되돌아 왔다. 그곳에서 우리는 파견 목적을 달성했다. 영국 사람들은 그곳 주민들이 강력한 저항도 못한 채 학대와 부당한 대우를 받고 있는 것을 보고 있을 수만은 없다는 것을 명백히 했다. 그 당시에는 참으로 어려운 일이었지만 우리가 백성들과 그들의 통치자들 사이에 끼어들지 않으려고 노력하면서도 프랑스 신부들의 경우와 같은 의무를 느끼지는 않았다.

어둠의 자식들은 빛을 싫어하는 오랜 습관을 가지고 있어 악마에게 빛을 경고하고 그것을 들이대는 것은 악마의 재출현을 막는 데 효과가 있을 것이므로, 현재 우리들의 희망은 이제부터 이러한 불법적인 행위들을 어느 정도 제한함으로써 기독교인들이 적어도 방해받지 않고 지내기를 바랄 뿐이다.

존슨 부부와 밀러 여사의 죽음

우리가 해주를 떠나기에 앞서 우리는 사랑하는 형제, 존슨 목사[7]가 마마

7) 존슨(Walter V. Johnson : 1873~1903) : 미국 북장로교회 선교사. 1901년에 오번신학교를 졸업하고 1903년에 내한하여 곧 병사했다.

로 사망했다는 소식을 들었다. 그는 그해 2월 초에 조선에 왔는데, 그의 헌신적인 아내는 이곳으로 오는 길에 일본 고베에서 세상을 떠났다. 우리 모두는 열성적인 젊은 형제의 헌신적인 영혼에 기쁨을 느꼈다. 이 두 사람의 가치 있는 생명이 결코 헛되이 주어진 것이 아니라, 하나님이 마치 그들이 계획했던 모든 일을 해낸 것처럼 그들의 희생을 인정하고, 그들 자신을 통해서 하나님의 목적을 더 잘 완성할 수 있을 것이므로 그들에게 좀 더 빨리 상을 주려고 그들을 불렀다는 것을 우리는 알고 있었다.

그 뒤 몇 달이 지나 우리는 사랑하는 자매, 밀러 여사[8]의 장례식에 참석해 달라는 요청을 받았다. 여사의 애정 깊은 동정심과 병과 고통에 대한 끈기 있는 인내는 선교사들과 조선 기독교 신자들의 사랑을 불러일으켰다. 그는 자신의 죽음이 한 달도 채 남지 낳았을 때도, 지금은 하늘 나라에 가 있는 많은 사랑스러운 선교단 어린 아이들 가운데 한 아이를 위해서 작고 시원한 바구니 관을 손수 만들어 주었다. 그리고 그가 이 세상에서 해방되는 그 시간에 "조선은 천국행 문같이 보인다."고 말하기도 했다. 일꾼으로 일하다가 주님 앞에 가는 것은 분명 행복한 일일 것이다.

여록

이 작은 회상의 사슬이 이제는 끝에 이르렀다. 이 회상의 목적은 가장 흥미로운 나라에 살고 있는 기독교인들에게 관심을 주기 위한 것이며 주님이 그곳에서 어떻게 일하셨는지를 나타내려는 것이었다. 나는 모든 일과 생활에 대한 지식도 없을 뿐만 아니라 자유롭게 이야기할 수도 없으며, 조선에

8) 밀러(Mrs. F. S. Miller : ?~1903) : 미국 북장로교회 선교사인 밀러(Frederick S. Miller) 목사의 아내인 안나 라이넥케(Anna Reinecke)를 의미함. 이 부부는 1892년에 내한하여 경신학교 등에서 봉사하다가 사망함. 남편 밀러는 그 뒤 재혼하여 청주에서 전교하다가 그곳에서 사망함(1937).

서의 선교사를 완전히 기록할 여지도 없고 능력도 없기 때문에, 불가피하게 이 책은 선교사 부부의 경험에 제한될 수박에 없었다.

이렇게 일어나고 있었던 일에 대해 단편적으로만 살펴보았지만 그것이 한 나라를 이끌어 갈 위정자들에게 한 나라를 속박에서 풀어 "자유"로 이끌어 나갈 굉장한 기회들이 있다는 것을 명백히 알려줄 수 있게 되기를 바란다. 그 자유란 "예수 안에서의 자유"이며 그것만이 진정한 자유라는 이름을 붙일 수 있고, 죄지은 인간이 사용할 수 있는 유일한 자유의 이름인 것이다.

미래에 세계의 선악을 좌우할 능력을 갖춘 중국에 아주 가까이 위치하고 있으며 또 그들과 가까운 친근성과 그 국민들과 넓은 공감대를 가지고 있는 조선은 하나님의 왕국을 세우려고 그 거대한 국가를 정복하면서 하나님의 권능의 가장 잘 다듬어진 화살이 되기를 바란다. 그러나 그 분의 궁극적인 목적이 무엇이든, 우리가 존재하고 있다는 특권은 의심할 여지가 없으며 마지막까지 힘을 다하는 것이 우리의 의무이다.

당신이 이 책에서 그 땅은 살기에 고약한 곳이라는 생각이 들게 하는 부분을 많이 보았든가, 정치적인 불안과 타락한 정부와 폭동과 강도들과 전염병들에 대해서 읽었고, 많은 선교사들이 티푸스의 고열과 마마와 설사병과 다른 심한 질병으로 목숨을 잃었다는 것을 알게 되었다면, 이 모든 것들은 당신에게 어려움과 희생이 크면 클수록 더욱 가치 있는 보상을 얻게 되리라는 것을 당신에게 알려줄 뿐이다.

만일 당신이 이 위대한 추수의 기쁨을 나누기를 원하고, 이것이 값어치 있다고 생각한다면 당신은 자신을 위해서나 당신에게 그 일을 요청한 사랑하는 사람들을 위해서 어떠한 위험도 겁내지 않을 것이며, 어떤 장애물에도 움츠러들지 않을 것이다.

하나님은 어느 곳으로든 향할 수 있는 불꽃 튀는 칼을 든 천사를 천국의 문에 세워 놓으셨다. 하나님의 왕국이 아직도 이렇게 지켜지고 있을까? 우리 모두는 고통을 통해야만 완전하신 그 분을 따라 들어갈 수 있을까? 그분이 "하늘의 왕국은 폭력에 고통 받고 있으며 폭력이 왕국을 힘으로 탈취했다"[9]라고 말씀하신 것은 무엇을 뜻하는 것일까?

우리 가운데 많은 사람들이, 우리 선교 지역의 출입문에 그와 같은 또 다른 불꽃의 칼을 놓아 그러한 불세례에 용감히 맞설 수 없거나 그렇게 하지 않는 사람은 들어갈 수 없도록 해 달라고 기도할 각오가 되어 있다. 두려워하고 믿지 않는 사람들을 위한 선교에는 하늘보다 더 좋은 곳이 없다 기드온의 군대[10]와 같이 지원자는 감소되어 확고히 신을 믿는 사람, 헌신하는 사람들만이 남아 이 귀중한 특권과 이 고귀한 부름을 받게 될 것이다.

암흑의 지배자들로부터 하늘의 왕국을 되찾고자 주의 군대에 들어오고자 하는 모든 사람이 기억해 두어야 할 것은, 그 분이 갈보리[11]로 가는 가시밭길을 조금도 망설이지 않고 포도즙을 짜듯이 걸어서 힘든 역경을 통과해 얼룩진 옷을 입고 오신 것은 바로 우리들—봉사하고자 하는 사람들을 위해서였다는 것과 그분께 사랑을 고백하는 사람들에게 그분이 세 번이나 반복하신 마지막 명령도 그분의 양을 먹이라는 것이었다는 점이다.

당신이 나를 사랑합니까? 내 양을 먹이시오.
당신이 나를 사랑합니까? 내 양을 먹이시오.
당신이 나를 사랑합니까? 내 양을 먹이시오.

|

나의 양들을 사랑하지 않는 자는
나를 사랑한다고 맹세치 마시오.

---

9) 「신약성서 마태복음」 11 : 12.

10) 「구약성서 판관기」 6~8장에 나오는 재판과관. 본디는 "벌목하는 사람"이는 듯이었다. 그는 므낫세 지파 아비에셀 사람 요아스의 아들로 그리심 산에서 그리 멀지 않은 오브라에 살았다. 그는 이스라엘의 다섯 번째 판관으로 40년 동안 사역했다.

11) 갈보리(Calvary) : 해골산이라는 뜻으로 그리스도가 처형당한 장소를 의미함.

나의 종이 되려거든
나의 소중한 양떼를 지키시오.

II

진실하고 충실한 추종자도
나를 따르기를 겁내거나
나의 뜻을 행하기를 두려워하는 자는
나를 사랑한다고 맹세하지 마시오.

III

나를 사랑한다고 울부짖지 마시오.
나의 양들을 보살피지 않는 사람이
어찌 빛나는 영광을 보겠으며
어찌 십자가의 용서를 받을 수 있나요?

IV

아니, 나를 사랑한다면 나의 양을 먹이시오.
황무지 사막에서 길을 잃어 헤맬 때
내가 그대를 확실히 지켜 주리니
마지막 그날까지.

V

당신이 주를 사랑한다면
나의 연약한 양들을 먹이시오.
지금 세상에서 방황하고
지쳐서 누워 있는 나의 양들을.

VI

나를 사랑한다고 맹세하지 마시오.
나의 이 어린 양들을 사랑하지 않는 사람이
어찌 진실한 나의 제자가 되기를 원하며
어찌 그의 사랑이 신성함을 보여줄 수 있겠소.

역주자 참고문헌

강만승(편역), 『그레슨 박사 선교 수기』(서울 : 청해출판사, 1970)

『구한말조약휘찬』(상 · 중 · 하)(서울 : 국회도서관입법조사국, 1964~1965)

『기독교대백과사전』(서울 : 기독교문사, 1983)

金源模, 『근대 한미관계사 : 한미전쟁론』(서울 : 철학과 현실사, 1992)

민두기, 『일본의 역사』(서울 : 지식산업사, 1977)

민경배, 『한국기독교회사』(서울 : 연세대학교 출판부, 1993)

朴大憲, 『서양인이 본 조선』(서울 : 壺山房, 1996)

『성경』

『세계인명대사전』(서울 : 문공사, 1973)

『세계지도』(서울 : 서문당, 1980)

申福龍, 『한국정치사』(서울 : 박영사, 2003)

유홍렬, 『한국천주교회사』(서울 : 가톨릭출판사. 1962)

이광린, 『개화당연구』(서울 : 일조각, 1973)

이광린, 『한국 개화사 연구』(서울 : 일조각, 1970)

이선근, 『한국사 : 최근세편 · 현대편』(서울 : 을유문화사, 1961)

이홍직, 『국사대사전』(서울 : 지문각, 1965)

『한국가톨릭대사전』(서울 : 한국교회사연구소, 1985)

『한국인명대사전』(서울 : 신구문화사, 1967)

『한국학대백과사전』(서울 : 을유문화사, 1972)

Avison, O. R., "Mrs. H. G. Underwood," in Federal Council of Evangelical Mission in Korea, *The Korea Mission Field*, Vol. XVII, No. 12, December, 1921.

Barhart, Clarence L. (ed), *The New Century Cyclopedia of Names*(New York, Appleton-Century-Crofts, Inc, 1954)

Encyclopedia Britannica(Chicago : The University of Chicago, 1963)

Hall, B, *Account of A Voyage of Discovery to the West of Corea and the Great Loo-Choo Island*(London : John Murray Co, 1818)

McCune, Geroge M. and Harrison, John A.(ed), *Korean-American Relations* Vol. I(Berkeley and Los Angeles : The University of California Press, 1951)

Palmer, Spencer J.(ed.), *Korean-American Relations*, Vol. 2(Berkeley and Los Angeles : The University of California Press, 1963)

Webster's Biographical Dictionary(Springfield : G. and C. Merriam Co., 1951)

Who Was Who among English and European Authors(1931~1949), Vol. 1(Detroit : Gale Research Co. Book Tower, 1978)

Critical Dictionary of English Literature and British and American Authors, Vol. 1(Philadelphia and London : J. B. Lippincott Co., 1897)

Who Was Who : 1929~1940(London : Adam and Charles Black)

The Encyclopedia of World Methodism(Nashville : The United Methodist House, 1974)

신복룡(역주), 『조선견문기』(서울 : 집문당, 2019); (H. N. Allen, *Things Korean*(New York : Fleming H. Revel Co., 1908)

신복룡(역주), 『대한제국멸망사』(서울 : 집문당, 2019); (H. B. Hulbert, *The Passing of Korea*(London : William Heinemann Co, 1906)

이재정, 『대한성공회 100년사』(서울 : 대한성공회출판부, 1990)

정기수(역), 『조선교회사서론』(서울 : 탐구당, 1966); (Charles Dallet, *Histoire de L'Eglise de Corée*(Paris : Victor Palme, 1874)

Google

Naver

역주자 **최수근(崔水根)**

건국대학교 정치외교학과 졸업 · 동 대학원 수료(정치학 석사)

동 대학원 정치학과 박사과정 수료

도미 유학

역주자 **신복룡(申福龍)**

충북 괴산 출생/ 건국대학교 정치외교학과 · 동 대학원 수료(정치학박사)/ 고등고시위원 역임/ 건국대학교 정치외교학과 교수 역임/ 미국 Georgetown 대학교 객원 교수 역임/ 건국대학교 중앙도서관장 · 대학원장 역임/ 한국정치외교사학회 회장 역임/ 건국대학교 정치외교학과 석좌교수 역임

저서 및 역서

저서

『한말 개화사상연구』(평민사, 1987)/ 『전봉준평전』(지식산업사, 1996)/ 『한국분단사 연구 : 1943-1953』(한울, 2001, 한국정치학회 저술상 수상)/ 『한국사 새로보기』(풀빛, 2001)/ 『이방인이 본 조선 다시 읽기』(풀빛, 2002)/ 『한국정치사』(박영사, 2003)/ 『대동단실기』(선인, 2004)/ 『동학사상과 갑오농민혁명』(선인, 2006)/ 『서재 채워드릴까요?』(철학과 현실사, 2006)/ *The Politics of Separation of the Korean Peninsula 1943-1953*(Edison, NJ : Jimoondang International & Seoul : Jimoondang, 2008)/ 『한국정치사상사』(지식산업사, 2011, 한국정치학회 인재상(仁齋賞) 수상)/ 『해방정국의 풍경』(지식산업사, 2016) 외 다수

역서

『민족자결주의』(A. Cobban, *National Self-Determination*, 1968 : 共)/ 『외교론』(H. Nicolson, *Diplomacy*, 1979)/ 『군주론』(N. Machiavelli, *The Prince*, 1980)/ 『칼 마르크스』(I. Berlin, *Karl Marx*, 1982)/ 『공산주의 간부 제도 연구』(Cho Jaekwan, *A Comparative Analysis of the Communist Cadre System*, 1985)/ 『모택동자전』(E. Snow, *Red Star over China : Genesis of A Communist*, 1985)/ 『데니의 생애와 활동』(R. Swartout, *O. N. Denny and the International Rivalries in Korea*, 1988 : 共)/ 『묵시록의 4기사』(E. Penchef, *Four Horsemen : Pollution, Poverty, Famine, Violence*, 1988)/ 『한국분단보고서』(1992 : 共)/ 『현대정치사상』(L. P. Baradat, *Political Ideologies*, 1995 : 共)/ 『정치권력론』(C. E. Merriam, *Political Power*, 2006)/ 『入唐求法巡禮行記』(2007)/ 『林董秘密回顧錄』(2007 : 共)/ 『한말외국인기록』 전 23권 외 다수